SEIN
lassen
Heilung im Leben und im Sterben

Originalausgabe:
Titel:Healing into life and death

ISBN: 0-385-26219-1
Verlag: Anchor Books Edition

Deutsche Ausgabe:
4. Auflage 2001

Verlag & Distribution GmbH
Postfach 101849
33518 Bielefeld
Tel. 0521 / 67179
Fax 0521 / 68771

Übersetzung: Matthias Wendt

Die Deutsche Bibliothek – CIP-Einheitsaufnahme
Levine, Stephen:
Sein lassen : Heilung im Leben und im Sterben / Stephen Levine. [Übers. Matthias Wendt]. – 4. Aufl. – Bielefeld : J. Kamphausen-Verl.
Einheitssacht.: Healing into life and death <dt.>
ISBN 3-933496-14-4

Bearbeitung: Hans-Jürgen Zander
Satz Werner Lange
Gestaltung: Klei Design
Herstellung: Clausen & Bosse GmbH, Leck

STEPHEN LEVINE

SEIN lassen

Heilung im Leben
und im Sterben

INHALT

Danksagungen

Viele Lehrer/innen haben die Übermittlung dieses Textes unterstützt und auf sie eingewirkt. Wenn jemandem für diese Arbeit Anerkennung gebührt, dann ist sie voll und ganz ihnen auszusprechen.

An erster Stelle stehen hierbei die Lehren, die den ungezählten Patienten zu verdanken sind, welche die Erfahrungen ihres Lebenspfades über kürzere oder längere Zeit mit uns teilten. Manche ließen uns an den allerletzten Augenblicken der irdischen Perspektive dieses Pfades teilhaben. Andere hatten diesen Endpunkt zwar scheinbar erreicht, erholten sich jedoch wieder von ihrer Krankheit und setzten ihre Reise im Körper in tiefer Dankbarkeit fort. Ihnen allen ist dieses Buch gewidmet - den letzteren ebenso wie den erstgenannten. Alle ließen uns zu Zeugen bemerkenswerter Heilungen werden.

Unser eigener Pfad der Heilung und des Erwachens ist von den Lehrern vieler Traditionen begleitet worden, denen unser Dank und unsere Anerkennung gilt. Wenn wir manchen von ihnen auch nie begegnet sind, haben ihre Lehren und ihr Beispiel doch einen großen Einfluß auf unser Leben gehabt.

In der Schule des Theravada-Buddhismus sind es zu allererst die Lehren des ehrwürdigen Aachan Cha wie auch die grundlegenden Techniken von Mahasi Sayadaw, vor denen wir uns verneigen.

Im Hinblick auf die nichtdualistische Advaita-Tradition möchten wir die auf uns überkommenen Texte von Ramana Maharshi und die Schriften von Nisargadatta hervorheben.

Was Zen anbetrifft, verneigen wir uns mit einem aufrichtigen *gassho* vor Suzuki Roshi und Seung Sahn wie auch vor der Linie ihrer Lehrer, die bis zum kristallenen Licht des Hui Neng und dem unermeßlichen Tao des Chuang-Tse zurückreicht.

In der namenlosen Tradition des Herzens berühren wir die Füße von Neem Karoli Baba und bieten unserem geliebten Freund Ram Dass, dessen Herz uns bei jedem Schritt auf dem Pfad der Heilung begleitet, Blumen dar.

Und wir erwähnen die Lieder von Kabir und Rumi, deren Lyrik das pochende Herz besänftigt und die Augen läutert, um uns über den rationalen Geist hinaus in die göttliche Gegenwart blicken zu lassen, die wir alle teilen.

Dieser Reihe großer Herzen möchten wir auch Jakki Walters zurechnen, die uns mit ihrer unerschöpflichen Geduld und liebevollen Hilfe unterstützte und dem Manuskript in unzähligen Stunden der Transkription und des Maschineschreibens Gestalt verlieh. Unser Dank gilt auch Barbara Iannoli, die uns aufmerksam zur Seite stand und sich der Durchsicht der ersten Fassungen dieser Arbeit widmete.

Wir bedanken uns für die freundliche Genehmigung des Abdrucks der folgenden Textzitate:

Auszüge aus *Open Secret: Versions of Rumi*, copyright c 1984 by John Moyne und Coleman Barks. Abdruck mit Genehmigung von Threshold Books.

Auszüge aus *The Kabir Book* von Robert Bly, copyright c 1971, 1977 by Robert Bly. Copyright c 1977 by The Seventies Press. Abdruck mit Genehmigung von Beacon Press.

Auszug aus *A Part* von Wendell Berry, copyright c 1980 by Wendell Berry. Abdruck mit Genehmigung von North Point Press.

Auszug aus *Being Peace* von Thich Nhat Hanh, copyright c 1987 by Thich Nhat Hanh. Abdruck mit Genehmigung von Parallax Press.

Einführung

Dieses Werk kann auf vielerlei Art Verwendung finden. Man kann es wie ein Buch lesen, gerade so, als würde man müßig an einem Flußufer sitzen - man kann aber auch hineintauchen, aktiv an ihm teilhaben und in ihm schwimmen wie in einem heilenden Strom. Sicherlich werden wir dabei nicht die Geschichte jenes intelligenten jungen Mannes vergessen, der glaubte, alles aus Büchern lernen zu können. Er las viel über die Sterne und wurde ein Astronom. Er las viel über Geschichte und wurde ein Historiker. Er las viel über das Schwimmen und – ertrank. Manche Dinge können wir nur lernen, indem wir uns allmählich durch sie hindurcharbeiten und tatsächlich erleben, wie die Wellen des Ozeans gegen unseren Körper schlagen. Unmittelbar in diesen Prozeß einzutreten heißt, der Heilung teilhaftig zu werden, um derentwillen wir Geburt annahmen – und es heißt, ganz und gar lebendig zu werden.

Das Geheimnis der Heilung ist,
daß sie überhaupt kein Geheimnis enthält.
Heilung ist ein offenes Buch.
Du stehst jetzt auf Seite 13.

KAPITEL 1

Was Heilung bedeutet

Als mich zum ersten Mal eine Krebspatientin fragte: „Soll ich meine Suche nach Heilung aufgeben und mich einfach dem Tod überlassen?", drehte sich mir der Magen um, und ich bekam weiche Knie. Fast drei Jahre lang hatte für Robin die Heilung ihrer Krebserkrankung im Mittelpunkt gestanden. Sie hatte durch die Anwendung verschiedener Techniken auch eine Besserung erzielt. Aber nach neun Monaten war der Krebs in vollem Umfang zurückgekehrt und zehrte den Körper durch vielfache sekundäre Tumore (Metastasen) im Wirbelsäulenbereich und in den Hauptorganen aus. Sie litt starke Schmerzen. Unfähig, länger als eine oder zwei Minuten ruhig sitzen oder liegen zu können, wußte sie weder ein noch aus. Ihre Frage bohrte sich in meinen Körper und lähmte meinen Verstand. Ich schaute in ihre Augen, und weder aus meinem Wissen noch aus irgendeiner Erfahrung heraus war ich in der Lage, sie zu beantworten.

Zweifellos war dies eine Frage, die nur vom Herzen beantwortet werden konnte. Und mein Herz flüsterte wie aus einem tieferen Wissen heraus: „Eigentlich muß die Frage lauten: Wo können wir Heilung finden?" Es ist die Frage, die das Leben selbst stellt: „Was ist Vollendung?" Sie stellt das Niemandsland zwischen Herz und Geist in den Brennpunkt. Wie können wir das, was scheinbar voneinander getrennt ist, zu einer Ganzheit vereinen? Worin besteht das Wesen der Heilung, in der sich alle Dualität auflöst?

Als die Heilung für Robin zum Gegenstand innerer Erforschung wurde und nicht mehr ausschließlich an ihre vorgefaßte Meinung gebunden war, begann sich ihr Schmerz zu verringern. Je tiefer sie diesen Prozeß erkundete und fragte: „Auf welcher Ebene kann man Heilung finden?", desto geringere Bedeutung maß sie ihrer ursprünglichen Frage bei, die das Leben dem Tod entgegenstellte. Nachdem Robin ihre Selbsterforschung einige Wochen fortgesetzt hatte, äußerte sie den Wunsch nach einem Heilungskreis. Mehrere bekannte Heiler/innen kamen bei ihr zusammen, um einen Kreis um sie zu bilden und alle Energien in sie hineinzuleiten, die auch immer für ihre Gesundung zur Verfügung stehen mochten. Ein intensives Auflegen der Hände wurde vollzogen. Ein paar Freunde, die dem Kreis von außen her zusahen, meinten später, daß die Energien förmlich greifbar gewesen seien. Es bestand in diesem Raum kein Zweifel darüber, daß die „heilenden Kräfte vorhanden waren".

Eine Woche später entdeckte man auf Robins Kopfhaut und an ihrem Rücken dreißig neue Tumore. Sie sagte zu mir: „Die Heilung hat funktioniert. Ich habe in meinem Herzen nie eine größere Offenheit gespürt, und es scheint, als würde sich die Krankheit ihrer Vollendung nähern."

In der Tat, die Heilung schien „funktioniert" zu haben. In den Wochen vor ihrem Tod sprach sie davon, ein Gefühl von Ganzheit zu erfahren, wie sie es nie zuvor erlebt hatte.

Ondrea und ich hatten bereits mehrere Jahre lang mit Schwerkranken gearbeitet, ehe wir das Wesen der Heilung zu erforschen begannen. Während eines Großteils dieser Zeit leiteten wir das Sterbe-Projekt der Hanuman Foundation und unterhielten jahrelang einen kostenlosen, vierundzwanzigstündigen Telefonberatungsdienst für all jene, die mit schwerer Krankheit, Trauer oder Tod konfrontiert waren.

Unsere Erfahrungen mit Schwerkranken waren ein wesentlicher Bestandteil unserer eigenen, innersten Heilung. Ermutigt durch Jahre der psychologischen und spirituellen Praxis wie auch durch eine zunehmende Anerkennung meditativen Dienens wurden wir von dieser Arbeit förmlich angezogen. Sie brach unsere Herzen auf. Sie gab uns neue Hoffnung.

Es war eine schmerzvolle Gnade, den Tod von Kindern mitzuerleben, die uns oft an unsere eigenen Kinder erinnerten - oder die sanfte, pergamentene Hand einer sterbenden Urgroßmutter zu halten, unsere Blicke in diesem großen Moment miteinander verschmelzen zu lassen und teilzuhaben am Hauch ihres letzten Atemzuges, während das Licht sie verließ und entschwand. Oder in einem sommerlichen Garten am Liegestuhl eines jungen Mannes zu sitzen, der vor seinem Tod ein letztes Mal den freien Himmel genießen wollte und im Kreis seiner Kinder und Angehörigen ein letztes Schlückchen Wasser zu sich nahm. Und als dann, wenig später ein kleines Insekt über sein Auge kroch, ohne daß er blinzelte, waren wir tief beglückt, daß er nach Jahren der Schmerzen und Qualen seinen letzten Atemzug so friedlich vollzogen hatte, daß keiner etwas davon gemerkt hatte.

Aber diese außergewöhnlichen gemeinsamen Erfahrungen mit Menschen, die sich an uns gewandt hatten, beschränkten sich nicht etwa auf die Oberflächlichkeit von „Todesvorbereitung Nr. 101". Jeden einzelnen begleiteten wir bei seiner Selbsterforschung, und jeder einzelne entdeckte seinen eigenen Pfad zum gemeinsamen Ziel. Alle fanden zu einer tieferen Erkenntnis, zu einem tieferen Lebensgefühl. Manche widmeten sich dieser Arbeit der liebevollen, sanften Selbstergründung in einer Weise, als wären sie verirrte Kinder, die im dunklen Wald auf einen Pfad gestoßen sind - tief beglückt darüber, dem Jetzt, dem Leben selbst endlich direkt zu begegnen. Für andere war es ein Kampf, zugleich aber eine große Erlösung von alten Ängsten und Verhaftungen - ein mühsam errungener Durchbruch auf einem Weg in ein neues Leben.

Unsere Arbeit mit Sterbenden hat uns über Jahre hinweg darin bestärkt, für den unmittelbaren Augenblick, in dem sich alles Leben offenbart, völlig offen zu sein, und die optimale Vorbereitung auf den Tod in einer vorbehaltlosen Offenheit für das Leben in all seinen Nuancierungen und Wandlungen zu sehen. Manchen erleichterte diese Offenheit für das Leben zwar nicht den Weg zum Tod, erschloß ihnen aber statt dessen Ebenen der Heilung, die vorher unvorstellbar für sie gewesen waren.

So zeigte es sich, daß eine Vorbereitung auf das Sterben, eine neue Offenheit für das Leben, stets zu einer tieferen Heilung führte. Bei manchen wirkte eine solche Heilung sowohl auf den Körper als auch auf das Herz. Nicht alle, die zum Sterben zu uns kamen, starben tatsächlich. Im Verlauf der Jahre begegneten wir vielen

Menschen, die in einem bestimmten Stadium der Öffnung tatsächlich körperlich zu gesunden schienen. Unsere Anteilnahme an der Freude derjenigen, die mit fortgeschrittenen Tumoren zu uns gekommen waren und nun auf ein ganz neues Leben ohne Krebs hoffen konnten, lenkte unsere Aufmerksamkeit mehr und mehr auf diesen Prozeß, auf dieses Phänomen, welches Heilung genannt wird.

Manche, die zu uns kamen, um ihre geistigen Verhaftungen zu erkunden und sich von ihnen zu lösen, erfuhren dabei auch eine körperliche Heilung. Während sie eine bestimmte Herzenswärme in sich erweckten, begegneten sie ihren Schmerzen mehr und mehr mit Bewußtheit und Mitgefühl - eine optimale Strategie für das Leben wie auch für das Sterben, die schon für sich allein eine tiefgreifende Heilung darstellt.

Als Ondrea und ich die Bedeutung der Heilung zu erforschen begannen, weitete sich der Kontext rasch aus. Wenn Heilung das war, was sie zu sein schien, wenn sie in der Auflösung von Beklemmungen, im Ausbalancieren von Energien und in der Schaffung inneren Friedens bestand, dann war sie zweifellos nicht auf den Körper, ja auf die sichtbare Welt beschränkt. Sie mußte die Möglichkeit umfassen, selbst die tiefsten, unsichtbarsten Wunden zu heilen - all die Qualen, die den Tod als einen Ausweg erscheinen lassen.

Eine Therapeutin, die diese Techniken etwa ein Jahr lang bei ihren Patienten angewandt hatte und sie dann auch täglich selbst auszuüben begann, sagte später: „Ich wurde sogar von Wunden geheilt, von denen ich überhaupt nichts wußte. Ich meine, ich hatte sicher keine lebensgefährliche Krankheit wie zum Beispiel Krebs. Aber ich litt unter der lebensgefährlichen Krankheit der Verzweiflung, der Depression, der Wut, der Trunksucht und der Selbstverachtung. Hübsch, was? Aber als ich mich mit diesen Dingen zu konfrontieren begann, anstatt mich aus ihnen herauszutherapieren und sie immer wieder von neuem zu analysieren, da fing ich an, sie richtig zu erforschen. Was für eine Abwechslung, das alles mal richtig kennenzulernen, anstatt immer nur auf der Oberfläche herumzutanzen! Ich kam mir selbst ein ganzes Stück näher dabei. Ich hörte mit dem Trinken auf. Ich besorgte mir einen jungen Hund, das erste Haustier, welches ich mir überhaupt gegönnt habe. Mir ist nicht mehr so bange vor dem, was kommt."

Bei dem Versuch, unsere Arbeit zu definieren, verdeutlichte sich die Schwierigkeit, Heilung auf eine bestimmte Ebene zu beschränken, mehr und mehr. Wenn Heilung tatsächlich die Integration von Körper und Geist in das Herz beinhaltet, dann haben wir uns seit jeher an ihr orientiert. Heilung ist das Wachstum, nach dem wir alle streben. Heilung tritt ein, wenn wir an unsere Grenzen stoßen, das unerforschte Territorium von Geist und Körper betreten und dann mit einem einzigen Schritt ins Unbekannte hinausschreiten, in den Raum, in dem sich alles Wachstum vollzieht. Heilung bedeutet Entdeckung. Sie überschreitet Leben und Tod. Heilung erwächst uns nicht aus den kleinen Gedanken unserer Selbsteinschätzung oder unseres Wissens, sondern aus der unermeßlichen, undefinierbaren Weite des Seins. Wir begegnen ihr in unserem essentiellen Wesen, nicht in unserem fiktiven Selbstbild.

Aus der Rückschau auf die letzen zehn Jahre der Arbeit mit krisenbelasteten Menschen resultiert die Erkenntnis, daß es nicht unsere Absicht sein kann, Menschen am Leben zu erhalten oder ihnen beim Sterben zu helfen. Wir wollen sie jedoch durch unsere Arbeit darin bestärken, alle Aufmerksamkeit auf den Augenblick zu konzentrieren - Heilung im Jetzt zu finden und die Zukunft aus dieser inneren Hingabe heraus ganz natürlich zur Entfaltung kommen zu lassen. Wenn dieser Augenblick vom Schmerz geprägt ist, dann wird das Gewahrsein auf den Schmerz gerichtet. Wenn der Augenblick Trauer bedeutet, dann wird die Trauer zum Brennpunkt. Wenn der Augenblick Krankheit beinhaltet, dann ist die Krankheit jene Lehre, auf die sich das Gewahrsein richtet.

Als wir mit unserer Arbeit begannen, glaubten wir wie die meisten, die zu uns kamen, daß Heilung nur den Körper beträfe. Nachdem wir aber einige hundert Menschen auf ihrem Weg zum Tod begleitet hatten und in vielen Fällen Zeugen des Krankheitsverlaufes gewesen waren, wurde uns klar, daß Heilung auf vielen Ebenen möglich ist.

Es fiel uns auf, daß es denen, die wieder gesund wurden, oft besser ging als vor Ausbruch ihrer Krankheit. Eine Zeitlang glaubte ich, daß diese „Extra-Besserung" eine Nebenwirkung der Heilung sei. Doch später sah ich ein, daß es sich eher umgekehrt verhielt und die Heilung des Körpers bei vielen eine Nebenwirkung der neuen Balance zwischen Geist und Herz war. Es war nicht so, daß diese Menschen sich deshalb besser fühlten, weil sie Heilung gefunden hatten, sondern daß sie gesundet waren, weil sie in sich einen Raum größerer Ruhe und tieferen Friedens gefunden hatten. Bei vielen glich die Heilung einem Aufblühen, das von Wurzeln genährt wurde, die tief in die dunkle, feuchte Erde des bislang unerkundeten Geistes hineinreichten. Im Erforschen des Geistes enthüllten sie das Herz. Und es waren viele, die das Licht des Herzens innerlich erblühen ließ.

Obwohl alle ein größeres Wohlbefinden, ein Gefühl stiller Erfüllung zu erfahren schienen, konnte nicht jeder, der sich dem Leben öffnete, auch das Leben im Körper fortsetzen. Jeder fand Heilung im Leben. Manche erlebten, wie ihr Körper wieder zur Ganzheit fand. Andere erlebten die Ganzheit des Todes. Wir begleiteten Menschen, deren Sterben die Vollkommenheit des Seins offenbarte - ihr Herz war so offen, ihr Geist so völlig befreit, daß es offenkundig war, wie gesund sie in den Wochen und Monaten ihres Sterbens geworden waren. Wie sehr waren sie doch geheilt! Sie erfuhren im Augenblick ihres Todes eine größere Heilung, eine größere Ganzheit als jemals zuvor in ihrem Leben. Sie fanden ihre Heilung im Tod, ihre Geschäfte waren bereinigt und ihre Zukunft stand weit offen.

In den neun Jahren, die nun seit Robins Frage und den Anfängen unserer Suche nach dem Wesen der Heilung vergangen sind, haben wir eine große Anzahl von Büchern mit Hunderten von verschiedenen Heilmethoden gesammelt, die sowohl den medizinischen Traditionen des Westens als auch den Heilpraktiken des Ostens entstammen: Bücher über die Gerson-Diät, die Weizen-Therapie, die Fiebermethode, die Makrobiotik, die Akupunktur, die Moxa-Medizin, über Ernährungs- und Bewegungstherapien, die Autosuggestion, die Bach-Blüten-Therapie, die Farbentherapie, die Harntherapie, die Bestrahlungstherapie, die Chemotherapie, über verschiedene Formen des Gebets und eine Unzahl von weniger bekannten experimentellen Therapieformen. All diese Bücher wurden uns von sterbenden Patienten überlassen.

Im Verlauf der Jahre stellte sich klar heraus, daß es keine einzige Methode gab, die bei allen gleichermaßen wirkte. Es schien keine Methode zu geben, die sich in entscheidendem Maße günstiger auf den Körper auswirkte als irgendeine andere. Es mag auch erwähnt sein, daß sich auf einem anderen Regal Dutzende von Büchern über spirituelle Disziplinen und die aus ihnen hervorgehenden heilbringenden Kräfte angesammelt haben - über den Buddhismus, das Christentum, den Sufismus, den Hinduismus und über Selbsterforschungs-Techniken des Judentums. Wir erhielten sie von Patienten, die in ihnen „den besten Weg" gefunden zu haben glaubten, deren Einsichten aber keineswegs bedeutsamer erschienen als die aller anderen. Die Parallele zwischen einer körperlichen und einer spirituellen Heilung war nicht zu übersehen.

Es schien keine körperliche Heilmethode zu geben, die bei allen Erfolg hatte, keine einzige Technik, die von all jenen gemeinsam vertreten wurde, die augenscheinlich geheilt wurden. Doch auf der anderen Seite begegneten wir hier und da auch einigen strahlenden Wesen, die sich in der Erforschung des Mysteriums und in der Loslösung von der scheinbaren Solidität der isolierten Persönlichkeit geübt hatten und mit einer universalen Essenz in sich selbst verschmolzen waren. Ohne daß diese Menschen in jedem Fall das Bedürfnis oder die Fähigkeit dazu hatten, ihre Erfahrungen zu definieren oder zu beschreiben, öffneten sie sich von ganzem Herzen für etwas, das jenseits der alten Pfade ihres Daseins lag. Zweifellos ging das, was den Eintritt der Heilung ermöglicht hatte, über irgendeine Heilmethode hinaus. Irgendetwas tief im Herzen begegnete der Krankheit in einer Weise, die alles Ungleichgewicht durch eine neue Harmonie ersetzte.

Manche meinen, daß die von uns angewandten Techniken zu einer sogenannten „spirituellen Heilung" führen. Ich fühle mich bei diesem Begriff jedoch nicht ganz wohl, denn er verleitet zu dem Glauben, als könne der spirituelle Geist verwundet werden - was nicht der Fall ist. Er ist das Unverwundete und Unverwundbare, die Grenzenlosigkeit des Seins - die Unsterblichkeit. Was von uns angeboten wird, ist somit keine spirituelle Heilung, sondern eher eine Heilung, die in den spirituellen Geist hineinführt. Auch die Redewendung „das Herz öffnen" kann leicht in die Irre führen, weil sie impliziert, daß das Herz manchmal verschlossen sei - während es in Wirklichkeit ebenso wie die Sonne immer erstrahlt und nur gelegentlich von vorüberziehenden Erscheinungen verdunkelt wird. Wir öffnen genaugenommen nicht das Herz, sondern machen den Weg zum Herzen frei. Wir erkennen, daß Hindernisse auf diesem Weg auch Hindernisse für die Heilung sind. So lassen wir auf unserem Pfad alles los, was den Weg blockiert. Heilen bedeutet nicht, die Sonne zum Scheinen zu zwingen, sondern sich von persönlichem Separatismus, von Selbsteinschätzungen, vom Widerstand gegen Veränderungen, vom Zorn, von der Angst und von Verwirrungen zu lösen - denn dies alles bildet den undurchsichtigen Panzer, der das Herz umschließt. Der Heilungsprozeß beginnt, wenn sich die dichten Wolken unserer Achtlosigkeit und Unfreundlichkeit auflösen. Er öffnet den Weg, auf dem sich in unserem Innern das Ewig-Heile enthüllt.

Ondrea und ich stellten nach einigen Jahren der Arbeit mit schwerkranken Patienten zuweilen fest, daß uns das Wort „Heilung" einen Schauer über den Rücken laufen ließ. Wir sahen viele, die im Namen der Heilung großes Leid erdulden mußten. Was man Heilung nannte, mochte in bestimmter Hinsicht sogar eine Beschleunigung des Todes darstellen. Viele schienen in der Schlacht um ihre „Heilung" intensive Gefühle der Selbstbewertung zu manifestieren. In manchen Fällen bekundete sich diese geringe Selbstachtung als Abscheu, in anderen als Schuld- oder Schamgefühl, und in wieder anderen als tiefste Angst. Diese Zustände schienen viele zu entkräften, und es hatte den Anschein, als würden sie im Namen der Heilung krankheitsfördernde Eigenschaften entwickeln. Angst und Schrecken strahlten in die Krankheit aus. Anspannung und Verwirrung schienen den „Geist der Krankheit" zu nähren, indem sie das „Herz der Heilung" verdunkelten.

Ursprünglich hatten jene wenigen Patienten unser Interesse auf die Heilung gelenkt, die mit Krebs im vierten Stadium oder fortgeschrittenen degenerativen Herzkrankheiten zu uns gekommen waren und nicht daran starben. Wir erlebten, daß Krankheiten aus Körpern verbannt wurden, für die es zuvor keine Rettung mehr zu geben schien. Den Ärzten blieb nichts anderes, als diese Patienten für „kuriert" zu erklären, wenngleich sie über die eigentliche Ursache der Heilung nur verwundert ihre Köpfe schütteln konnten.

Es gibt sogar ein Forschungsprogramm, das sich mit außergewöhnlichen Remissionen und Heilungen langwieriger Leiden beschäftigt. Doch mir geht es weder darum, die „Besonderheit" von Patienten hervorzuheben, die ihre physische Gesundheit wiedererlangten, noch will ich überhaupt die Besonderheit rein körperlicher Heilungen akzentuieren. Meinem Gefühl nach kommt hier eher etwas ganz Gegenteiliges zur Wirkung. Gerade das, was allen gemeinsam ist, was für alle wirklich universal ist, sehe ich als die eigentliche Grundlage unserer Heilung an. Viele Heilungen scheinen ein wirklich allgegenwärtiges Kriterium zu bedingen - nämlich das Gewahrsein selbst, das auf einen erkrankten Bereich konzentriert wird. Wir beobachteten, daß sich in Menschen, die von einem scheinbar unerträglichen physischen oder mentalen Zustand kuriert wurden, etwas ganz Einfaches, etwas Essentielles abspielte. Uns war es nicht darum zu tun, physische Heilung zu etwas Unerreichbarem, zu einem Luxus für die Elite zu machen und eine Autokratie der Kranken zu schaffen. Statt dessen tauchten wir in das Wunder der intensiven Erforschung der Hindernisse ein, die eine Heilung blockieren. Es ging uns um eine Befreiung von altgewohnten Posen und Versteckspielen, um ein wachsendes Vertrauen in das Mysterium, um eine zunehmende Konzentration von Mitgefühl und Bewußtheit auf den Bereich körperlichen oder seelischen Unbehagens. Ebenso wie man das zerstreute Licht der Sonne durch ein Vergrößerungsglas zu einem hellen Brennpunkt bündeln kann, wird das Licht heilenden Gewahrseins auf einen Bezirk konzentriert, der vorher im Dunkeln lag.

Hier aber besteht eigentlich ein Paradoxon. Obgleich die Kraft des Gewahrseins zur Heilung und Vertiefung nichts Besonderes, sondern ein allgemeines Geschenk für alle ist - wenn sie auf den Geist zu wirken beginnt, dann enthüllt sie unsere Einzigartigkeit. Sie enthüllt die besondere Konstellation von Eigenschaften, die uns befähigen, unseren eigenen Durchbruch, unseren eigenen Pfad, unseren eigenen Genius zur Heilung zu entdecken.

Während wir zu der Einsicht kamen, daß sich Heilung auf vielen Ebenen vollziehen kann, wurde auch deutlich, daß diejenigen, die nicht körperlich gesunden konnten, in spiritueller oder psychologischer Hinsicht keinesfalls unvollkommen waren. Wir beobachteten, daß die über lange Zeit gepeinigten Seelen vieler Sterbender im Herzen tiefen Friedens Heilung fanden. Und so empfanden wir großes Unbehagen, wenn manche Ärzte die körperlich Geheilten als „Superstars“ oder „außergewöhnliche Patienten“ bezeichneten. Sollten all jene, deren Krankheit ihren Höhepunkt im Tod erreichte, Durchschnittstypen, Menschen zweiter Klasse sein? Das konfuse Elitedenken, wonach diejenigen, die ihren Körper kurieren, irgendwie „besser“ seien als jene, bei denen das nicht der Fall ist, kann sich auf dem Totenbett, wenn die letzte Krankheit unausweichlich vor uns steht und uns aus dem Körper verdrängen will, in ein quälendes Gefühl der Niederlage verwandeln. Der Tod ist keine Niederlage, sondern vielmehr ein Ereignis in einem unaufhaltsamen Prozeß, das man auf dem Pfad der Heilung überschreitet, um weiter zu lernen und zu wachsen.

Manche Menschen ließen sich fast mühelos durch ihre Heilung führen, während andere stolperten, immer wieder zu Fall kamen und ihrer eigenen, latenten Vollkommenheit mißtrauten. Nie waren sie völlig bereit, sich die Frage zu stellen: „Auf welcher Ebene kann ich Heilung finden?“ Wir waren Zeugen tiefgreifender, spiritueller Heilungen bei denen, die am Leben blieben, erlebten aber auch wunderbare Heilungen bei denen, die starben. Einige von denen, die ihr natürliches Gleichgewicht wiederfanden, wurden von ihrer Krankheit befreit, während sich andere weiter auf den Tod zubewegten. Manche schienen in einer Weise zur Heilung des Geistes gefunden zu haben, die alle Menschen in ihrer Umgebung mit Frieden erfüllte, obgleich ihr Körper immer weiter verfiel. Offensichtlich war Heilung nicht das, was wir uns einmal darunter vorgestellt hatten. Offensichtlich war Heilung nicht auf den Körper beschränkt.

Die Frage „Wo mögen wir unsere Heilung finden?“ weitete sich aus. Es ging um die Heilung unseres ganzen Lebens. Um die Heilung, um derentwillen jeder von uns Geburt angenommen hat.

Viele von denen, die sich sowohl in physischer und psychologischer als auch in spiritueller Hinsicht einer Heilung näherten, schienen eine bestimmte gemeinsame Eigenschaft zu haben. Sie zeigten eine gewisse Bereitwilligkeit, eine Art von Aufgeschlossenheit für die Umstände, mit denen sie konfrontiert waren, ein bestimmtes Einverstandensein. Das war nicht immer auf den ersten Blick zu erkennen, denn unterschiedliche Temperamente bekundeten diese Eigenschaft auf ganz unterschiedliche Weise. Es war keine bestimmte Angewohnheit, kein bestimmter Tonfall, kein bestimmter Sprachgebrauch. Aber jeder Einzelne schien einen Prozeß zu durchlaufen, der ihn lehrte, loszulassen und mit jedem Augenblick, mit jedem Atemzug zu tieferer Lebenserfüllung zu gelangen.

Andererseits stellten wir fest, daß viele, die nicht wieder gesund wurden, ihrer Krankheit widerwillig gegenüberstanden und beispielsweise sagten: „Davon lasse ich mich doch nicht unterkriegen!" Sie richteten sich *gegen* ihre Krankheit oder ihre Tumore, um sie zurückzuschlagen - mit Selbst-Geißelung, mit Selbstverneinung, im „Kampf mit mir selbst", im „Kampf gegen den Schmerz". Andere jedoch lebten *mit* ihrer Krankheit statt *gegen* sie, nahmen einen innigen Kontakt zu ihr auf, erforschten sie und verzichteten auf alle Selbstpeinigung, indem sie ihr freundlich und mitfühlend begegneten - „gemeinsam mit mir selbst", „gemeinsam mit meinem Schmerz, mit meiner Krankheit." Die gegen sich selbst ankämpften, die uneins mit sich waren und ihre Krankheit „kleinzukriegen" versuchten, waren auch jene, deren Leidensperioden am schmerzhaftesten waren und deren Heilung am schleppendsten fortschritt - sofern eine Heilung überhaupt zu verzeichnen war. Diejenigen aber, die ihrer Krankheit in ihrem Herzen begegneten statt in ihrem Verstand, schienen völlig andere Erfahrungen zu machen. Zwar konnten nicht alle, die ihre Krankheit annahmen, im Körper überleben. Doch konnten wir bei ihnen eine Heilung beobachten, die über unsere früheren Definitionen oder Einsichten hinausging. Unbereinigte Geschäfte lösten sich in der liebevollen Güte auf, mit der diese Menschen dem Schmerz in ihrem Körper und der Verwirrung in ihrem Verstand begegneten. Der Schmerz schien zeitweilig einfach dahinzufließen. Uralte Widerstände und Ressentiments schienen in einer tieferen Harmonie aufzugehen. Vertrauen erhielt den Vorrang.

Diese Patienten erkannten, daß Krankheit keine Niederlage und Schmerz keine Bestrafung ist. Während sie ihren Schmerz und ihr Leiden in heilender Bewußtheit erforschten und den Zwiespalt, den Argwohn und die Resignation erkundeten, die das Leben nur allzu leicht als „nicht lebenswert" erscheinen lassen, schienen sie sich neu zu orientieren. Sie waren nun bereit, jede Auswirkung ihrer Krankheit als Lehre aufzufassen und zu erkennen, daß ihnen dieser Grenzbereich der Lebensanforderung geboten wurde, um erkundet und mitempfunden zu werden. Dies waren die Menschen, die ihren Schmerz und ihre Angst anerkannten und ihren aus Furcht und Widerwillen entstandenen Prägungen mit neuer Offenheit gegenübertraten - manchmal auch in einer ganz neuen Ehrfurcht vor dem Leben.

Wir betreuten einen Mann, der durch seinen Krebs unter starken Schmerzen litt und eine besonders schwere Zeit durchlebte. Eines Tages sagte er zu uns: „Wenn ich dem Schmerz voller Ruhe standhalten konnte, wurde er richtig transparent." Er sah die andere Seite des Schmerzes. Er erkannte, daß der Schmerz keine Bestrafung war. Er hatte immer geglaubt, daß all der Schmerz in seinem Körper den früheren Irrtümern seines Lebens zuzuschreiben sei. Er sagte: „Aber jetzt ist mir klar, daß das einfach nur die alte perverse Kehrseite der lange versteckten Schuldgefühle war, die ich auf den Körper projiziert habe." Von Kindesbeinen an hatte er Bestrafung mit Schmerz gleichgesetzt. Als er krank wurde, hielt er deshalb seine Schmerzen für eine Bestrafung. „Ich hatte das Gefühl, völlig versagt zu haben. Ich meinte fast, daß ich es so verdient hätte." Kein Wunder, daß es so schwer für ihn war, Heilung zu finden! Als er den Kampf gegen seine Krankheit einstellte und es sich gestattete, Zugang zu ihr zu finden, ja ihr manchmal vielleicht sogar zu vergeben, wurde sein Körper stärker und stärker. „Mein Schmerz belastet mich nicht mehr so stark. Es ist wirklich ein Wunder, daß ich nach all den Jahren Freundschaft mit mir selbst geschlossen habe. Meine Lebensfreude ist jetzt größer als jemals zuvor. Und ich glaube daran, daß ich leben werde."

Inzwischen sind seit seiner Remission zwei Jahre vergangen, und er bekennt, daß ihm der Krebs seine Angst vor Augen geführt und ihn mit allem in Berührung gebracht habe, „was ich in mir selbst verloren hatte". Er lehrte ihn, sich selbst zu finden. „Mit dem Krebs fing für mich eine Heilung an, die nie aufhören wird."

Viele Patienten in Krankenhäusern haben uns erzählt, daß ihre Erschöpfung und ihre Krankheit sie äußerst sensibel für ihre Umgebung gemacht habe - jedes Geräusch, jeder Geruch, jedes Wort sei durch ihre zarten und empfindlichen äußeren Schalen gedrungen. Die Krankheit hatte sie verwundbar und achtsam gemacht. Viele sagten, sie hätten bei allen Leuten, die während des Tages in ihr Zimmer gekommen waren - Hospizmitarbeiter, Ärzte, Schwestern, Verwandte oder Freunde - deutlich gespürt, ob sie ihnen Kraft gegeben oder Kraft genommen hatten. Bei manchen fühlte sich der Patient nach dem Besuch wohler, zuversichtlicher und gefestigter. Bei anderen fühlte er sich anschließend körperlich unausgeglichen, angespannt und schonungsbedürftig, und war verwirrt darüber, „wie das nun eigentlich gemeint war". Diese Erfahrungen zeigen, daß diese Patienten vermutlich spüren konnten, ob man ihrem Schmerz mit Angst oder aber mit Liebe begegnet war.

Eine Krankenhauspatientin, die unter beträchtlichen Schmerzen litt, erzählte uns, daß es ihrem Gefühl nach zwei Arten von Leuten gebe, die in ihr Zimmer kämen. Sie würde es bemerken, daß sich Leute von der einen Art nur widerstrebend an ihr Bett setzten, „auf ihrem Hinterteil hin und herrutschen" würden und kaum einen Moment stillsitzen könnten. „Sie lockern mir das Haar, tragen mir Lippenstift auf oder blättern meine Zeitschriften durch. Sie gehen zum Fenster, öffnen es, wenn es geschlossen war, und schließen es, wenn es offenstand. Aber sie können es nicht lange bei meinem Schmerz aushalten." Sie sagte, sie hätten in ihrem Herzen keinen Platz für ihren Schmerz, denn sie hätten dort auch keinen Platz für ihren eigenen. „Aber da waren auch die anderen", sagte sie, „die einfach hereinkommen und sich zu mir setzen konnten. Und wenn ich an diesem Tag sehr starke Schmerzen hatte oder so zappelig war, daß ich es noch nicht mal ertragen konnte, berührt zu werden, dann saßen sie einfach still neben mir. Sie *mußten* mir nicht unbedingt irgendetwas geben oder selbst irgendetwas bekommen. Sie mußten mich nicht von meinen Schmerzen befreien, doch sie gaben mir auch nicht das Gefühl, daß ich mich anders verhalten müsse, wenn ich Schmerzen hatte. Sie waren offen für meinen Schmerz, weil sie auch offen für ihren eigenen waren."

Was diese Frau von den Menschen zu spüren bekam, die es nur schwer bei ihr aushielten, war Mitleid. Mitleid entsteht, wenn wir Angst vor Schmerzen haben. Es veranlaßt uns, die Wirklichkeit des Augenblicks verändern zu wollen: „Ich will, daß du keine Schmerzen mehr hast, weil ich auch keine Schmerzen haben will." Mitleid kann eine sehr selbstorientierte Emotion sein, die sehr bedrükkend und unangenehm ist. Mitleid vermittelt ein Gefühl der Notlage. Wenn es sich auf den eigenen Schmerz richtet, erzeugt es aufgrund seiner „Ich-und-die-anderen“-Mentalität ein Gefühl der Isolation - einen der widersinnigen Kriege zwischen Verstand und Körper, die eine Krankheit zuspitzen können. Aber wenn wir jenem Schmerz Raum geben, wenn wir ihm mit Liebe und Barmherzigkeit begegnen statt mit Angst oder Haß, dann ist dies Mitgefühl. Wenn ich meinen eigenen Schmerz oder den eines anderen in einer ruhigen Erforschung des Augenblicks akzeptieren und jedes Gefühl von Bedrängnis oder Sorge vorbehaltlos beobachten kann, dann scheint die Verzweiflung, die uns bei einer problematischen Heilung oft überkommt, ihren Einfluß zu verlieren. Vielleicht erweist sich sogar die Angst nur als eine Seifenblase, die wie eine Wolke an uns vorüberschwebt - die Verzweiflung zerrinnt, Barmherzigkeit und heilende Bewußtheit breiten sich aus.

Wenn wir unserer gewohnten Konditionierung zur Überwindung des Schmerzes folgen, werden wir uns nur allzu leicht überwältigt fühlen, wenn die Dinge nicht nach unseren Wünschen laufen. Vielleicht haben wir sogar das Bedürfnis, den Schmerz eines anderen zu „bezwingen“. Es wird uns schwerfallen, mit einer Person einfach dort in Verbindung zu treten, wo sie gerade steht. Wir werden nicht fähig sein, sie mit unserer Liebe zu berühren, denn wenn wir irgendetwas von ihr wollen, und sei es nur, daß sie frei von Schmerzen ist, dann wird diese Person eher zu einem Objekt unseres Verstandes als zum Subjekt unseres Herzens. Wenn wir uns unserem eigenen Schmerz öffnen und unsere tief eingeprägten Widerstände und Aversionen erforschen können, dann erschließt sich uns die Möglichkeit, dem Schmerz des anderen voller Mitgefühl zu begegnen und ihm wie auch uns selbst mit klarerem Blick und tieferer Güte gegenüberzutreten. Wir erkennen bei diesen Gelegenheiten, daß die Arbeit an uns selbst eindeutig für alle fühlenden Wesen von Nutzen ist. Jeder, der sich um die Öffnung seines Herzens bemüht, kommuniziert mit den Herzen aller Menschen. Wenn wir einem Problem keine Nahrung mehr geben, unterstützen wir damit seine Lösung. Wir entdecken jeden Tag aufs neue, daß die Heilung, die wir uns selbst erschließen, eine Heilung für alle ist.

Wir arbeiteten mit Hazel, einer Frau, die in einem sehr angespannten Zustand ins Krankenhaus gekommen war. Sie war eine äußerst schwierige Patientin. Die Schwestern nannten sie einen „Satansbraten auf Rädern“. Kaum jemand wollte mit ihr zusammensein. Ärzte und Pfleger erzählten, daß sie immer, wenn sie auf Hazels Klingeln bei ihr erschienen, mit gehässigen Bemerkungen und üblen Schimpfworten empfangen wurden. Und so dauerte es von Mal zu Mal natürlich immer länger, bis jemand auf ihr Klingeln reagierte. Ihr ganzes Leben hatte sie darum gekämpft, alles zu kontrollieren. Kaum einmal hatte sie den Gang der Dinge einfach akzeptiert. Alles, was sie nicht wollte oder haben konnte, wurde verdammt und aus ihrem Herzen verstoßen. Fieberhaft griff sie nach allem, was sie bekommen konnte. Und so lag sie nun in ihrem einsamen Sterbebett und litt große Schmerzen. Sie hatte über so viele Menschen so oft ihr Urteil gefällt, daß nicht einmal ihre eigenen erwachsenen Kinder zu Besuch kamen. Ihr Zorn und ihre Verzweiflung waren zum Beispiel einer sich selbst erfüllenden Prophezeiung geworden.

Sechs Wochen lang nahmen ihre Isolation und ihr Schmerz ständig zu, bis eines Nachts eine Veränderung eintrat. Sie erreichte ein Stadium, in dem sie den Schmerz in ihrem Rücken und in ihren Beinen, vielleicht aber auch das Leid ihres ungelebten Lebens nicht länger ertragen konnte. Um vier Uhr morgens, als sie das Gefühl hatte, „die Wände hochgehen“ zu können, zog inmitten der pulsierenden Schmerzen ihr ganzes Leben an ihr vorüber. Mit einem Male war ihr klar geworden, wie sehr ihre heftigen Schmerzen, ihr Gefühl von Trostlosigkeit und Einsamkeit mit ihrer intensiven Verklammerung in Verbindung standen. Sie erkannte, daß das große Maß an Leid, das sie anderen in ihrem Leben zugefügt hatte, auf ihrem Sterbelager zu ihr zurückgekehrt war. Ihr blieb kein Ausweg. Noch nie war sie so einsam und hilflos gewesen. Im Gefühl ihres nahen Todes dachte sie an ihre Jugendzeit zurück, in der sie so lebenshungrig und weltoffen gewesen war. Sie erkannte, daß sie sich im Verlauf der Jahre immer mehr verschlossen hatte. Mit einem tiefen Seufzer ließ sie sich in all ihre Hilflosigkeit versinken. Entkräftet und unfähig zu weiterem Kampf, wie sie war, ergab sie sich, löste ihre Verklammerung und „starb in ihr Leben hinein“, in den Augenblick. Sie ließ in den Schmerz hinein los, der in ihrem Rücken und in ihren Beinen wütete, und begann jenseits aller Vernunft zu fühlen, daß sie in ihrem Schmerz nicht allein war. Sie spürte etwas, das sie später „die Zehntausend Leidenden“ nannte. Sie begann eine Empfindung für all die anderen Wesen zu spüren, die in diesem Moment ebenso wie sie im Todeskampf lagen. Zuerst erlebte sie sich selbst als eine dunkelhäutige, ausgezehrte Frau mit erschlafften Brüsten, die kraftlos am Boden liegt und ein verhungerndes Baby hält, dem sie keine Milch mehr geben kann. Für einen Augenblick war sie diese äthiopische Frau, die sich unter denselben Schmerzen im Rücken und in den Beinen krümmte wie sie selbst, und sterbend auf dem schlammigen Boden lag. Dann erfuhr sie sich als Eskimo-Frau, die an der Geburt ihres Kindes sterben muß und mit ungeheuren Schmerzen im Rücken, in den Beinen und Hüften auf ihrem Lager kauert und denselben Tod erlebt wie sie. Dann verwandelte sich ihr Körper in den einer Frau, die, mit gebrochenen Beinen und Rückenwirbeln in einem zerbeulten Autowrack eingeklemmt, am Rande einer verlassenen Straße ihren langsamen, einsamen Tod erleidet.

Bild für Bild der „Zehntausend Leidenden“ zog an ihr vorbei. Sie erlebte sich als einen jungen Mann mit gelb verfärbter Haut, der sich in einer Junkie-Wohnung auf einer schmutzigen Matratze zusammengekauert hat und an Hepatitis zugrunde geht - und als alte, blaßgesichtige Frau, die an Alterschwäche stirbt. Immer wieder war es der gleiche Schmerz im unteren Rücken und in den Beinen. Sie sah sich als eine Frau, deren unterer Rückenbereich von einem herabstürzenden Felsen zerschmettert wurde, und die allein und bar jedes menschlichen Beistands am Ufer eines Flusses liegt und stirbt. Sie sah sich als asiatische Mutter eines kranken Kindes in einer strohgedeckten Hütte an Cholera sterben. Jeder dieser Tode war ihr eigener Tod. Sie erlebte „die Zehntausend Leidenden gleichzeitig“.

In dieser Stunde größter Qual war etwas in ihr entstanden, das sie mit dem gewaltigen Maß an Leiden verband, an dem sie in diesem Moment teilhatte. „Der Schmerz war nicht mehr zu ertragen. Ich konnte das alles nicht mehr aushalten, und irgendetwas in mir zerbrach. Vielleicht war es mein Herz. Aber ich wußte plötzlich, es war nicht einfach *mein* Schmerz, es war *der* Schmerz.

Es war nicht einfach *mein* Leben, es war *alles* Leben. Es war das Leben selbst." In den Tagen, die auf diese außergewöhnliche Erfahrung folgten, öffnete sich Hazels Herz mehr und mehr für all die anderen Patienten, die unter Schmerzen im Krankenhaus lagen. Ständig fragte sie nach ihnen. Während der folgenden Wochen verinnerlichte sie die Erfahrung, die in ihr aufgebrochen war, noch weiter. Sie schritt über sich selbst hinaus. Und ihr Zimmer wurde zu einem Ort, den die Schwestern in ihren Pausen gerne aufsuchten, weil es zu einem Raum der Liebe geworden war. Auch ihre Kinder, die ihre Herzlichkeit und Hingabe am Telefon gespürt hatten, kamen nun zu Besuch und erfüllten ihre Bitte um Verzeihung. Am Rand des Bettes saßen ihre Enkelkinder, die sie vorher nie gesehen hatte - Herzen, die sie abgewiesen hatte, bevor sie geboren wurden. Ihr Zimmer wurde zu einem Raum der Heilung, der bereinigten Geschäfte, der allumfassenden Achtsamkeit. Ein paar Wochen später, wenige Tage vor ihrem Tod, brachte ihr jemand ein Bild von Jesus, das Ihn als guten Hirten inmitten einer Schar von Kindern und Tieren zeigte. Und diese Frau, deren Leben von so viel Hartherzigkeit und Isolation geprägt gewesen war, betrachtete das Bild und sagte mit brechender Stimme: „Ach Jesus, hab' Erbarmen mit ihnen, vergib ihnen, es sind nur Kinder." Hazels Heilung war eine der erstaunlichsten, die wir je erlebt haben.

Wenn sie auch nicht in ihrem Körper blieb, hatte sie uns doch vor Augen geführt, was eine tiefe und umfassende Heilung bedeutet. Sie hatte uns gezeigt, wie weit sich ein verschlossenes Herz öffnen kann, wie sehr ein Mensch in seiner Weisheit und in seiner Teilhabe am Leben wachsen kann.

Wir konnten aus Hazels Beispiel wieder einmal lernen, daß wirkliche Heilung das Herz mindestens ebenso umfaßt wie den Körper - daß wir alle zuvor aufgestellten Definitionen von Heilung aufgeben mußten, um ihre tiefere Bedeutung erahnen zu können.

Uns wurde allmählich klar, daß wir auch nicht den leisesten Begriff davon hatten, was Heilung bedeutet. Offensichtlich war Heilung nicht darauf beschränkt, die Disposition des Körpers zu verändern. Ondrea und ich mußten unserem „Nichtwissen" vertrauen, wenn wir in unserem eigenen Lebensprozeß - in der Essenz von Geist, Körper und Herz, die wir alle miteinander teilen -

forschen und vielleicht sogar herausfinden wollten, was Heilung bedeutet.

Hazel lehrte uns, daß die tiefgreifendste Heilung nicht isoliert zur Wirkung kommen kann. Sie muß sich auf die Gesamtheit auswirken, auf den Schmerz, den wir alle miteinander teilen. Der Wesenskern der Heilung birgt ein Gefühl für die Universalität, die dem Abgesonderten, dem Persönlichen innewohnt. Wir stellten immer wieder fest, daß diejenigen, deren Körper zu gesunden schien, bereit dazu waren, nicht nur die Schmerzen des Augenblicks, sondern auch das Leid ihres ganzen Lebens sanft und klaren Blickes zu erforschen. Wir beobachteten, daß sich die Heilung ihres Herzens und ihres Geistes weiter vertiefte, wie ihre Fähigkeit wuchs, sich einstmals beklemmenden und schreckensvollen Erfahrungen voller Erbarmen zu nähern. Sie lernten es, ihr Herz für etwas zu öffnen, das sie während eines ganzen Lebens aus ihm verbannt hatten. Ihre Heilung schien ein Prozeß zu sein, bei dem sie die Wirklichkeit des Lebens akzeptierten. Ihr Umgang mit der Krankheit, mochte er sich auch manchmal äußerst problematisch gestalten, ergab eher das Bild einer Pilgerschaft des Vertrauens und der Einsicht als eines Flüchtlingstromes. Die Erforschung der Krankheit hatte den uralten, selbstgeschaffenen Kerker, die Gefängniszelle der Angst und des Widerwillens zerfallen lassen, die wir offenbar unter Umständen für ein Krankenhauszimmer einzutauschen bereit sind.

Natürlich sprechen wir hier niemals von der Angst anderer. Es geht nicht um „andere Menschen“, sondern stets um einen Gesichtspunkt unser selbst. Es gibt keine „anderen“, sondern nur erweiterte Aspekte unseres inneren Lebens. Es sind nicht die Fluchtversuche eines anderen Menschen. Wir alle haben uns bemüht, vorbildliche Gefangene zu sein, und unser Schmerz kennzeichnet unsere stumme Verzweiflung. Jeder von uns ist in die Falle der Verhaftung getappt. Wir ähneln ein wenig dem Urwaldaffen, der sich leicht einfangen läßt, wenn man nur eine Bananenstaude mit einer Kette an einem Baum befestigt. Der Affe grabscht ungestüm nach der Bananenstaude, versucht sie vom Baum zu winden, kreischt auf, wenn er den Jäger nahen hört und brüllt, wenn er getötet wird. Es kommt ihm gar nicht in den Sinn, daß er vielleicht nur loszulassen braucht, um wieder in die sichere

Freiheit zu gelangen. Es fällt stets leichter, diese mißliche Lage bei einem anderen zu erkennen, als bei sich selbst. Es ist schwierig, die eigene Verklammerung, die eigene Angst vor dem Schmerz, das eigene Mißtrauen in den Augenblick anzuerkennen. Wir bilden uns ein, wir müßten viel eher Resultate erzwingen, müßten uns eher einen Weg zur Freiheit bahnen, als den Grund unter unseren Füßen zu entdecken. Doch wenn wir nur einen einzigen Schritt machen und dem Augenblick vertrauen, werden wir gewahr, daß ein vollständig ausgeführter Schritt mühelos zum nächsten führt. Wenn wir an diesem Moment gänzlich teilhaben, wird der nächste Moment selbst für sich sorgen.

In den Jahren, die seit Hazels einzigartiger Heilung vergangen sind, haben wir oftmals unsere eigenen körperlichen Schmerzen und Krankheiten als Mittel gebraucht, um das Universale im scheinbar Abgesonderten, Persönlichen zu erkennen. Gleichfalls haben wir auch andere dazu ermutigt. Diese Entdeckung des Makrokosmos im Mikrokosmos bietet ein großes Potential der Heilung. Die Erkenntnis, daß ich nicht einfach *meinen* Schmerz, sondern *den* Schmerz empfinde, dehnt das Wirkungsfeld der Heilung so weit aus, daß es die ganze Welt umfaßt.

Bei Hazel, die in ihrem Sterben für alle Kinder um Erbarmen bat, war eine großartige Heilung möglich. Die Verfassung ihres Körpers änderte sich nicht, wohl aber die ihres Herzens. Sie lernte es, sich ihrem Schmerz mit Erbarmen zu nähern statt mit Angst. Erbarmen ist das Gegenteil von Bewertung. Es ist die geistige Anteilnahme, welche die Weiträumigkeit des Herzens widerspiegelt. Wir gebrauchen den Ausdruck „Erbarmen" hier allerdings nicht im Kontext der Bitte um göttliche Gnade, sondern als ein Charakteristikum der Friedfertigkeit, der Güte. Ebenso wie liebevolle Anteilnahme ist das Erbarmen eine Eigenschaft des Geistes, die sich an der unverhafteten Natur des Herzens orientiert.

In den Augenblicken, in denen Hazel all diese anderen Identitäten in sich erlebte, die untrennbarer Bestandteil ihrer Erfahrung wurden, verringerte sich ihr Schmerz, und der Raum, in dem er dahinfloß, weitete sich erheblich aus. Der Schmerz war nicht etwa verschwunden, aber er hatte sich von einem Problem in eine Erfahrung verwandelt.

Sie hatte gelernt, daß der Schmerz nicht einfach ihr eigener

Schmerz war, sondern von allen empfunden wird, die in dieser Welt leben. In tiefer Hingabe, im Teilen ihres Schmerzes und ihres Körpers schritt sie über ihr altes Selbstbild eines isolierten Wesen hinaus. Diese Erfahrung ließ ihr eine innere Freiheit zuteil werden, die dem Leben und auch dem Tod Raum bieten konnte.

Während wir an den Erfahrungen von Menschen wie Hazel teilhatten, begannen wir die natürliche Kraft im Kern solcher Heilungen zu spüren. Wir lernten, was es heißt, die Geschäfte mit sich selbst und allen anderen zu bereinigen, an der ganzen Wirklichkeit des Augenblicks teilzuhaben, in klarer Bewußtheit positive wie negative Erfahrungen zu erforschen und sich Schritt für Schritt der wahren Herzensfülle des eigenen Wesens zu nähern. Wir lernten die Heilung kennen, die sich jenseits aller Beschreibungen und jenseits des zwanghaften Bedürfnisses vollzieht, den grenzenlosen Raum in einen kleinen Gedanken zu pressen und ein weiteres Etikett für etwas zu prägen, das letztlich unermeßlich ist.

> Wie an jedem anderen Tag wachen wir auch heute
> leer und furchtsam auf. Laßt uns nicht die Tür
> des Studierzimmers öffnen, um zu lesen.
> Greifen wir doch zur Zimbel.
> Laßt unser Tun so sein wie die Schönheit, die wir lieben.
> Auf hunderterlei Art können wir niederknien und den Boden küssen.
> Rumi

* * *

KAPITEL 2

Erfahrung gewinnen

Auch wenn wir unter seelischen und körperlichen Schmerzen leiden und manchmal Hoffnungslosigkeit in uns fühlen, sind wir niemals hilflos. Uns stehen Möglichkeiten der Heilung offen, die bisher nur wenige Menschen zur Kenntnis genommen haben. Es stehen uns Werkzeuge zur Verfügung, die uns, sorgsam angewandt, selbst über schwerstes Leid hinwegtragen können.

Jede der in diesem Buch folgenden Meditationen ist ein solches Werkzeug, jede von ihnen kann einen Weg zur Heilung öffnen. Diese Techniken sind mit Gartengeräten vergleichbar. Manche dienen dazu, den Boden vorzubereiten, wie zum Beispiel die Trauer- oder die Vergebungs-Meditation. Andere wirken wie Nährstoffe, die das Keimen unterstützen, wie beispielsweise die Meditation der liebevollen Güte, die Meditation des weichen Bauches und die Ahh-Atemübung. Manche sind wie ein Pflug, der für die weitere Feldbestellung eingesetzt wird, wie zum Beispiel die Achtsamkeits-Meditation und die Meditation der Durchwanderung des Körpers - Heilübungen, die uns durch das ganze Leben begleiten können. Jede einzelne Meditation schafft die Bedingungen, unter denen sich innere Güte entfalten kann. Manche dieser Übungen werden eingesetzt, wenn es notwendig ist, „Felsblöcke wegzurollen“ oder „Baumstümpfe auszugraben“, wie zum Beispiel die Meditationen über bedrückende Emotionen und über das Herz des Mutterschoßes, die Meditation des Loslassens oder die Heil-Meditation. Sie sind Spezialwerkzeuge, mit denen bestimmte Hindernisse freigelegt und entfernt werden können. Jede Übung korrespondiert mit einem bestimmten Aspekt der Vorbereitung, Anpflanzung und Ernte des einzigartigen Blütenfeldes, das wir in unserem Heilungsprozeß durchschreiten. Die Übungen fangen beim Herzen an und weiten sich in den Körper und den Geist hinein aus. Jede Meditation hat das Potential, eine bestimmte hemmende Schicht zwischen Herz und Geist/Körper freizulegen. Vom Herzen aus ebnen wir den Weg, auf dem wir Geist und Körper vollständig und ohne Bewertung oder Furcht erfahren können. Während wir uns ins Herz hinein öffnen, treffen wir in Geist oder Körper möglicherweise auf bestimmte Barrieren des Schmerzes. Mit Hilfe spezieller Meditationen können wir uns solchen Hindernissen mit heilender Weisheit und Bewußtheit nähern, um diesen Augenblick in einem neuen Mitgefühl und Verständnis wahrnehmen zu können.

Allerdings geht es am Anfang oft etwas langsam, denn die Konzentration verbessert sich nur allmählich und vertieft sich erst mit einer gewissen Erfahrung. Die Heilung ist jedoch ein Prozeß, bei dem jeder Schritt überaus kostbar ist. Wenn wir die Übungen erstmals praktizieren, sei es allein oder mit einem geeigneten Lehrer, ist durchaus mit Schwierigkeiten zu rechnen. Wenn diese geleiteten Meditationen in großen Gruppen durchgeführt werden, ist es nicht ungewöhnlich, daß jemand anschließend von außergewöhnlichen inneren Durchbrüchen erzählt, während andere dasitzen und etwas verdrossen denken: „Warum ist bei mir nichts passiert? Ich bin wirklich eine Niete!“ Und die uralten Gefühle der Unsicherheit und Selbstverachtung, die das Herz so oft blockiert haben, können wieder um sich greifen. Aber gerade diejenigen, die meinen, daß sie es „nicht so richtig geschnallt“ haben, lassen später oft erkennen, daß sie recht deutlich verstanden haben, was die Eigenschaften beeinträchtigt, die sie zu entwickeln suchen. Sie können die Natur dessen, was ihre Vergebung, ihr Erbarmen, ihr Loslassen oder ihre Heilung beschränkt, durchaus klarer erkannt haben als jemand, der „in einem glücklichen Moment“ in der Lage war, hinsichtlich der von ihm erkundeten Eigenschaften eine gewisse Erfahrungstiefe zu erreichen. Gerade wenn „es nicht funktioniert“, eröffnet sich oftmals ein klarer Blick auf die Arbeit, die zu tun ist.

Mache Dir diese Meditationen zu eigen. Experimentiere! Finde die Sprache und Ausdrucksweise, die Dir geeignet erscheint. Vertraue Deiner eigenen großartigen Gabe zur Heilung. Laß das Herz bestimmen, welche Meditation angemessen ist. Vielleicht fühlst Du Dich nur von ganz wenigen von ihnen angesprochen. Arbeite mit denen, die Dir ein „gutes Gefühl" vermitteln, nicht mit denen, von denen Du meinst, daß Du sie wählen „solltest". Überlasse es dem Herzen, Geist und Körper zu heilen. Lasse Dir diese Meditationen zu eigen werden.

Einige dieser Meditationen sind „Basis-Übungen" für das ganze Leben, wie zum Beispiel die Meditation des Loslassens, die Meditation der Durchwanderung des Körpers und die Achtsamkeits-Meditation. Es sind Grundübungen, die manche über Jahre hinweg täglich praktizieren. Andere Übungen, wie zum Beispiel die Heilmeditation, die Meditation über das Herz des Mutterschoßes, die Meditation des Loslassens und die Meditation über bedrückende Emotionen werden vornehmlich in bestimmten Situationen und für die Lösung bestimmter Probleme oder Verhaftungen gebraucht. Sie erweisen sich oft als „Durchbruchs"-Meditationen, mit denen tief eingewurzelte Hindernisse ausgeräumt werden, die dem tieferen Eindringen des Gewahrseins bei Grundübungen wie der Achtsamkeits-Meditation im Wege stehen. Manche Meditationen wie die der Vergebung oder des weichen Bauches ergänzen im weiteren Verlauf die Grundübungen. Die Arbeit mit der Vergebung und der Trauer ebnet den Weg, wie sie gleichermaßen auch Zweifel und Bewertungen abbaut und das Vertrauen in den Prozeß vertieft.

Unsere eigene Grundübung während der letzen zwanzig Jahre ist die Achtsamkeits-Meditation gewesen (näher beschrieben in dem Buch *A Gradual Awakening*). Aber es hat auch Perioden gegeben, in denen eine Ergänzungsübung unsere Fähigkeit vertiefte, die Erkenntnisse unserer täglichen Meditation anzuwenden. Die Vergebungs-Meditation, die wir seit etwa zwei Jahren in unsere tägliche Praxis integrieren, hat unsere eigene Heilung erheblich vertieft.

Wie bei den Heilmethoden gibt es auch unter den Meditationspraktiken keine, die besser wäre als irgendeine andere. Es gibt lediglich Übungen, die einem bestimmten Temperament besonders entgegenkommen. Es ist nicht einmal die Praxis selbst, die eine Heilung bewirkt, sondern die Intention, die Motivation und der Grad des Bemühens, welche in die Praxis einfließen. Selbst in einer Übung wie der Achtsamkeits-Meditation, die auf der Entwicklung eines absichtlosen Gewahrseins gründet, kann eine unbemerkt entstehende Selbstgefälligkeit oder Bewertungstendenz die Praxis erheblich beeinträchtigen, wenn sie nicht von ganzem Herzen und in mitfühlender und vergebungsvoller Bewußtheit ausgeführt wird. Auch Körpererfahrungs-Übungen können Schwierigkeiten noch vergrößern, wenn sie nicht im Sinne der Erforschung, sondern der „Überwindung" ausgeführt werden. Jede Übung kann potentiell zu einer Falle werden, wenn wir danach streben, einfach nur „gut im Meditieren" zu werden, ohne gleichzeitig auch unser Mitempfinden zu entwickeln und unser Konkurrenzdenken zu reduzieren.

Je mehr eine Übung aus dem Gefühl heraus ausgeführt wird, daß man sie praktizieren „sollte", desto mehr Ichgefühl wird sie erzeugen. Je mehr Ich vorhanden ist, desto mehr wird man zum Leidenden. Manche Übungen, die sich auf den Schmerz konzentrieren, können den „heiligen Krieg" in Geist und Körper anstacheln und das Bemühen um ein Niederringen des Schmerzes fördern, wenn sie unsachgemäß ausgeführt werden. Die Identifikation mit „jemandem", der leidet, würde sich verstärken. Manchmal konzentrieren wir uns mit Übungen wie der Schmerz-Meditation auf das eigentliche Schmerzzentrum, doch zu anderen Zeiten entspannen wir uns auch einfach und lassen uns vom Atem tragen wie ein Surfer von einer idealen Welle. Nachdem wir vielleicht fünfzehn Minuten lang mit der Heil- oder Schmerz-Meditation gearbeitet haben, legen wir eine Pause ein, um zu vermeiden, daß sich der Widerstand, von dem uns die Meditation befreien soll, unbewußt verstärkt.

Dies alles kommt sozusagen einem Balanceakt gleich. Worte wie „loslassen" oder „Hingabe" können von unserem Verstand leicht mißverstanden werden und dann in die Irre führen. Solche Vorstellungen müssen mit Feingefühl auf ihren Sinn geprüft und sorgsam ausbalanciert werden. Wenn man auf Ungerechtigkeit stößt, ist es wenig sinnvoll, sie einfach „loszulassen" und den Weg fröhlich fortzusetzen. Auch wenn wir der Unbarmherzigkeit in uns selbst gewahr werden, ist es ratsam, aufrichtig an sie heranzutreten und ihr auf den Grund zu gehen, um unsere tiefsten Verhaftungen nicht allzu voreilig unter dem Deckmantel des „Loslassens" verschwinden zu lassen, durch den der Verstand in Wirklichkeit nur ihre Verdrängung bezweckt. Was zu tun ist, wenn wir in uns selbst oder bei anderen Menschen auf Hartherzigkeit stoßen, ist jedem einzelnen überlassen. Es wird von der Arbeit abhängen, die man bis zu diesem Moment an sich selbst verrichtet hat, welche Lösung von der leisen Stimme des Herzens als sinnvoll empfunden wird. Man muß nicht den Vergewaltiger töten, um Vergewaltigung zu beenden. Ebensowenig darf man, wie es der tibetische Lehrer Chogyam Trungpa ausdrückt, ein „Mitempfinden der Idiotie" an den Tag legen und darauf verzichten, den Vergewaltiger zurückzuhalten, weil man einfach keinen Menschen verletzen will.

In der Sekunde, die nach einer Antwort verlangt, gibt es keine Lösungen, die von einem Moment auf den nächsten übertragen werden können. Klaren Blickes und offenen Herzens erspüren wir von Augenblick zu Augenblick, was wir tun müssen. Einfache Lösungen gibt es nicht. Deshalb ist es so wichtig, daß wir die notwendige Arbeit *jetzt* in Angriff nehmen, daß wir die erforderliche Heilung *jetzt* herbeiführen.

Von welchem Wert es ist, den Pfad der Heilung mit beiden Füßen zu beschreiten und eine Balance zu bewahren, die uns nicht leichtfertig in Extreme verfallen läßt, wird auf der Reise der Heilung manchmal erkennbar, wenn wir Perioden tiefen Friedens erleben und erkennen, mit welcher Perfektion sich der Prozeß entfaltet. Allzu voreilig ergeht sich der ungeduldige Verstand im ersten Erahnen dieser Perfektion in Phrasen wie: „Alles ist vollkommen." Das stimmt zwar, aber aus ganz anderen Gründen. Obwohl die Vollkommenheit, in der sich der Prozeß entfaltet, in der Tat Ehrfurcht und staunende Verwunderung gebietet, müssen wir die Tiefen dieses Ozeans der Bejahung mit der Sorge um diejenigen ausbalancieren, die an seiner Oberfläche ertrinken. Ist Hartherzigkeit vollkommen? Ist es der Tod Deines Kindes? Vollkommenheit ist nicht etwas, das wir herbeidenken können, Vollkommenheit ist etwas, woran wir teilhaben müssen, während wir gleichzeitig die Neigungen von Geist und Körper aus der Weite des

Herzens heraus anzuerkennen haben. Wir brauchen einfach nur den gegenwärtigen Moment vollständig zu erfassen, um zuverlässig erspüren zu können, welche Lösung die richtige ist. Hierzu fällt mir die Bemerkung des Zen-Meisters Suzuki Roshi ein: „Alles ist vollkommen, aber es gibt noch genügend Spielraum für Verbesserungen."

So muß also jede Technik mit der nötigen Balance und Einfühlsamkeit ausgeführt werden, damit uns das Praktizieren über die eigentliche Praxis hinausführen kann und wir nicht einfach nur Meditierende bleiben, sondern selbst zur Meditation werden. Heilen ist ein Hochseilakt, bei dem alles ins Gleichgewicht gebracht werden muß: Energie und Bemühung - Konzentration und Aufnahmefähigkeit - Weisheit und Mitempfinden - Gewahrsein und Barmherzigkeit - Verständnis und innere Loslösung - die äußere Erscheinungswelt und das, was sich jenseits der Erscheinungen vollzieht - das, was wir Geburt nennen und das, was wir unter Tod verstehen - und all das, was vor diesen Dingen kommt und über sie hinausgeht.

Man kann diese Meditationen langsam einem Partner vorlesen oder auch allein mit ihnen arbeiten. Manche erachten es als zweckmäßig, diese Übungen auf ein Tonband zu sprechen und sich solange vorzuspielen, bis sie „im Schlaf sitzen". Wir haben festgestellt, daß wir bei einer Meditation nur selten zweimal denselben Wortlaut verwenden. Wenn sich die Worte erst einmal in das Herz übertragen haben, wird die leise Stimme des Herzens die optimale Führung durch die Erfordernisse des Augenblicks übernehmen.

Wenn man diese Übungen einem Kranken in der Meinung anbietet, sie könnten hilfreich für ihn sein, sollte man berücksichtigen, daß manche Menschen auf die Anleitungen anderer empfindlich reagieren und daher eine Führung von außen nicht sonderlich schätzen werden. Wenn wir diese feinen Werkzeuge zur Verfügung stellen, müssen wir daran denken, daß manche Leute sich bedrängt fühlen könnten, auch wenn wir die besten Absichten haben. Das Gefühl für den rechten Zeitpunkt ist ein wichtiger Faktor, wenn wir jemandem mit diesen Übungen helfen wollen.

EINFÜHRUNG IN DIE EINFACHE MEDITATION DER LIEBEVOLLEN GÜTE

Zur Veranschaulichung unseres gemeinsamen Herzens wie auch der Heilung, die jedem von uns offensteht, beginnen wir die Heil-Übungen mit einer Meditation der liebevollen Güte. Mit dieser grundlegenden Übung können wir uns selbst, unseren Lieben und dieser ganzen Welt des Leidens und der Freude die Heilung erschließen. Wenn wir einige Wochen lang täglich zehn oder fünfzehn Minuten mit dieser Meditation experimentieren, erschließt uns ihr Potential die Möglichkeit, unser Leben mit Sanftmut und Ruhe zu erfüllen und selbst denen Heilung zu senden, die weit von uns entfernt sind. Manche Menschen praktizieren sie schon seit Jahren Tag für Tag.

Diese vereinfachte Version der Meditation liebevoller Güte macht es uns möglich, den rationalen Geist im Herzen aufzunehmen. Während wir unsere Aufmerksamkeit schrittweise vertiefen und den Weg zum Herzen in sanfter Beharrlichkeit klären, werden die ruhig wiederholten Worte mit dem Ein- und Ausatmen sychronisiert und schließlich mehr und mehr vom Atem getragen.

Wie auch bei allen weiteren Meditationen werden uns die Worte während der Verinnerlichung des Prozesses ganz und gar vertraut.

EINE EINFACHE MEDITATION DER LIEBEVOLLEN GÜTE

(Man kann sie einem Partner langsam vorlesen und auch allein mit ihr arbeiten.)

Nimm eine bequeme Position ein und lenke Deine Aufmerksamkeit allmählich auf den Atem.
Der Atem kommt und geht ganz von selbst - tief im Innern des Körpers.
Laß Dir ein wenig Zeit, bis sich die Aufmerksamkeit im gleichmäßigen Rhythmus der Atemzüge gesammelt hat.
Wende Dich ganz ruhig nach innen und sende Dir selbst Gefühle liebevoller Güte zu. Betrachte Dich so, als wärst Du

selbst Dein einziges Kind. Sage in Deinem Herzen still zu Dir selbst: „Möge ich in meinem Herzen wohnen. Möge ich frei sein von Leid. Möge ich Heilung finden. Möge ich Frieden erfahren."

Fühle einfach nur den Atem, der in den Raum des Herzens strömt, während Du mitfühlend und liebevoll mit Dir selbst verbunden bist.

Laß Dein Herz lautlose Worte der Barmherzigkeit flüstern, die Dich heilen - die Dich öffnen. „Möge ich im Herzen wohnen. Möge ich frei sein von Leid. Möge ich Heilung finden. Möge ich Frieden erfahren."

Laß im Herzen die Bereitschaft zu Deiner Heilung wachsen. Sende Dir in stillem Flüstern Gefühle des Wohlbefindens zu. „Möge mein Herz erblühen. Möge ich die Freude meines wahren Wesens entdecken. Möge ich im Jetzt Heilung finden. Möge ich Frieden erfahren."

Wiederhole jedesmal, wenn der Atem in Dein Herz strömt: „Möge ich im Herzen wohnen." Wiederhole bei jedem Ausatmen: „Möge ich frei sein von Leid."

Du atmest ein. „Möge ich Heilung finden."

Du atmest aus. „Möge ich Frieden erfahren."

Wiederhole diese Worte langsam und ruhig bei jedem Einatmen, bei jedem Ausatmen. Dies ist kein Gebet, es ist die Ausstrahlung eines liebevollen Wohlbefindens auf Dich selbst. Nimm wahr, was auch immer dieser Liebe, die Dich selbst berührt, im Wege steht - was dieses Erbarmen, diese Bereitschaft zur Ganzheit und zur Heilung begrenzt.

„Möge ich im Herzen wohnen. Möge ich frei sein von Leid. Möge ich Heilung finden. Möge ich Frieden erfahren."

Folge weiter dem Rhythmus dieses Atems, dieser Vertiefung der barmherzigen Freude und liebevollen Güte, die mit jedem Einatmen in Dich einströmt und die sich mit jedem Ausatmen weiter entfaltet.

„Möge mein Herz erblühen. Möge ich frei sein von Leid. Möge ich meine Ganzheit finden. Möge ich Frieden erfahren."

Das Erbarmen mit Dir selbst, mit Deinem inneren Wesen fließt ganz von selbst im Atem dahin, und während es sich offenbart, vertieft es sich mehr und mehr.
Auch wenn es anfangs so erscheint, als wären diese Worte nur ein Widerhall Deines Geistes - fahre ganz ruhig fort. Eine Empfindung von Wärme strömt in Dich ein, während Du einatmest - ein Gefühl der Geduld breitet sich aus, während Du ausatmest.
Wärme strömt in Dich ein, Geduld breitet sich aus.
Raum für das Leben. Raum für die Heilung.
„Möge ich im Herzen wohnen. Möge ich Frieden erfahren."
Jedes Einatmen vertieft die kraftspendende Wärme dieser liebevollen und mitfühlenden Beziehung zu Dir selbst. Jedes Ausatmen entfaltet sich zu einem tiefen Frieden, fließt hinaus in die Weite des Seins, führt in die unerschöpfliche Geduld, die nicht auf eine Änderung der Wirklichkeit wartet, sondern in liebevoller Güte mit ihr verbunden ist.
„Möge mein Herz erblühen. Möge ich frei sein von Leid. Möge ich Heilung finden. Möge ich Frieden erfahren."
Öffene Dich der Heilung mit jedem Atemzug. Erlaube es Dir, in Deiner wahren, grenzenlosen Natur Heilung zu finden.
Spüre noch einige Atemzüge lang, wie diese liebevolle Güte in Dich einströmt, wie Du Dich für sie öffnest. Fühle Dich in liebevoller Zärtlichkeit mit Dir selbst verbunden, strahle Wohlbefinden auf Geist und Körper aus und nimm Dich selbst mit diesen sanften, heilsamen Worten ganz und gar an.
Öffne Deinen Geist nun ganz sanft für einen Menschen, mit dem Du Dich herzlich und liebevoll verbunden fühlst.
Laß das Bild dieses geliebten Menschen in Deinem Herzen Gestalt annehmen und flüstere ihm bei jedem Einatmen zu: „Mögest Du in Deinem Herzen wohnen. Mögest Du frei sein von Leid. Mögest Du Heilung finden. Mögest Du Frieden erfahren."
Mit jedem Einatmen ziehst Du diesen Menschen in Dein Herz hinein. „Mögest Du in Deinem Herzen wohnen. Möge

Dein Herz erblühen."
Bei jedem Ausatmen erfüllst Du ihn mit Deiner liebevollen Güte. „Mögest Du frei sein von Leid."
Beim nächsten Einatmen ziehst Du sein Herz noch näher an Deines heran. „Mögest Du Heilung finden."
Mit dem nächsten Ausatmen breitet sich der Wunsch nach seinem Wohlergehen von Dir aus. „Mögest Du Frieden erfahren."
Atme dieses Wesen weiter in Dein Herz hinein und flüstere ihm und Dir selbst lautlos zu: „Möge Dein Herz immer offen sein. Mögest Du frei sein von Leid. Mögest Du im Jetzt Heilung finden. Mögest Du Frieden erfahren."
Setze das sanfte Atmen fort, das Euch verbindet, das stille Flüstern Deines Wunsches nach dem Glück und der Ganzheit dieses Wesens.
Laß den Atem aus sich heraus ganz sanft und liebevoll in das Herz hineinströmen, im Einklang mit Deinen Worten, mit Deinen konzentrierten Gefühlen der liebevollen Güte und Zuwendung.
„Mögest Du in Deinem Herzen wohnen. Mögest Du frei werden von allem Leid. Mögest Du Heilung finden, wo Du auch immer der Heilung bedarfst. Mögest Du den tiefsten Frieden erfahren."
Sende diesem Wesen Deine Liebe zu, Dein Mitempfinden, Deine Fürsorge.
Atme es in Dein Herz hinein und durch Dein Herz hindurch. „Mögest Du im offenen Herzen wohnen. Mögstest Du frei sein von Leid. Mögest Du Heilung finden. Mögest Du Deine innigste Freude erfahren, Deinen tiefsten Frieden."
Jetzt, wo Du dieses Wesen in Deinem Herzen spürst, fühlst Du auch die Sehnsucht dieser ganzen Welt, Heilung zu finden, ihre wahre Natur zu erkennen, Frieden zu erfahren.
Flüstere nun in Deinem Herzen bei jedem Einatmen, bei jedem Ausatmen: „Mögen alle Wesen frei sein von Leid. Mögen alle Wesen Frieden erfahren."

Laß Deine liebevolle Güte auf all diese Wesen ebenso ausstrahlen wie auf den von Dir geliebten Menschen und spüre, daß sie alle der Heilung bedürfen, des Friedens ihrer wahren Natur.
„Mögen alle Wesen Frieden erfahren. Mögen alle Wesen von ihrem Leid geheilt werden."
„Mögen alle fühlenden Wesen, auch die, die jetzt erst geboren werden, frei sein von Furcht und Schmerz. Mögen alle Wesen in ihrer wahren Natur Heilung finden. Mögen alle Wesen die vollkommene Freude absoluten Seins erfahren."
„Mögen alle Wesen, wo auch immer sie sind, ihre Heilung und Ganzheit finden. Mögen alle Wesen frei sein von Leid."
Wie eine Seifenblase schwebt diese ganze Welt durch Dein Herz und wird umfangen von Deiner liebevollen Güte.
Mit jedem Atemzug strömt die Liebe in Dich ein, die der Welt Heilung bringt, die den Frieden vertieft, den wir alle suchen. Jeder Atemzug nährt die Welt mit Barmherzigkeit und Mitempfinden, erfüllt sie mit der Wärme und Gelassenheit, die den Geist besänftigt und das Herz öffnet.
„Mögen alle Wesen in ihrem Herzen wohnen. Mögen alle Wesen frei sein von Leid. Mögen alle Wesen Heilung finden. Mögen alle Wesen Frieden erfahren."
Laß den Atem ganz ruhig kommen. Laß den Atem ganz sanft gehen. Deine Wünsche nach Wohlbefinden und Erbarmen, nach Fürsorge und liebevoller Güte werden hinausgetragen in diese Welt, die wir alle miteinander teilen.
„Mögen alle Wesen frei sein von Leid. Mögen alle Wesen im Herzen der Heilung wohnen. Mögen alle Wesen Frieden erfahren."

* * *

KAPITEL 3

Die Heilung annehmen

Die meisten Patienten, die zu uns kamen, um sich auf den Tod vorzubereiten, starben innerhalb eines Zeitraums von einem bis zwei Jahren. Für sie, die ebenso an sich selbst arbeiteten wie alle anderen auch, war es der Tod, in dem sie Heilung fanden. Bei anderen, die mit fortgeschrittenem Krebs oder sonstigen terminalen Prognosen zu uns gekommen waren, sich von den Schmerzen der Vergangenheit befreiten, ihre Geschäfte in liebevoller Güte und Vergebung bereinigten und sich dem Tod öffneten, besserte sich der Gesundheitszustand weitgehend. Es waren diese „Geheilten", die unsere Aufmerksamkeit ursprünglich auf die Frage lenkten, worin Heilung wohl bestünde. Einige von ihnen schienen wieder vollständig zu gesunden, während andere, die gleichfalls den Prozeß einer klareren Wahrnehmung ihres Lebens durchliefen, ihren Körper zwar nicht völlig heilen, aber ein Fortschreiten ihrer Krankheit doch immerhin verhindern konnten. Es war auch zu beobachten, daß viele, die sich während der Anwendung der Heil-Meditationen auf schwere Leiden wie den Krebs konzentrierten, geringere Erkrankungen und Beschwerden kurieren konnten - ob es nun Nierensteine, Halsentzündungen, Verstopfungen, kleinere Infektionen, Verbrennungen oder Knochenbrüche waren.

Wenn unsere Aufmerksamkeit auch anfangs der körperlichen Heilung galt, waren es doch schließlich die Heilungen, welche mehr als den Körper umfaßten, die von bleibendem Interesse für uns waren. Wir beobachteten, daß manche Patienten während ihrer Vorbereitung auf den Tod und der Bereinigung ihrer Geschäfte ein Gefühl tiefer Erfüllung erlebten, das sie mit Ebenen der Heilung in Berührung brachte, die vorher unvorstellbar für sie gewesen waren. Wir stellten fest, daß das heilsame innere Gleichgewicht bei denen, die voller Frieden den Tod durchschritten, um nichts geringer war als bei denjenigen, die ihre körperliche Gesundheit bis zu einem bestimmten Grad wiederherstellen konnten. Wir beobachteten ferner, daß sich sehr viele, die ihre Herzen läuterten und ihre Konflikte lösten, „lebendiger als jemals zuvor" wiederfanden und manchmal auch einen beträchtlichen Rückgang ihrer Schmerzen und Symptome verzeichnen konnten. Obwohl sie körperlich keine Anzeichen jener schon erwähnten „Extra-Besserung" erkennen ließen, hatte etwas in ihnen eine so umfassende Heilung im Leben gefunden, daß der Tod kein Problem mehr für sie darstellte.

Es wurde offenkundig, daß sowohl diejenigen, deren Körper gesundete, als auch die, die ihr Leben vor ihrem Tod vollendeten, den gleichen Prozeß durchliefen: sie öffneten sich ihrer Krankheit, waren äußerst aufnahmebereit und fühlten sich innerlich zur unmittelbaren Arbeit mit ihrer Erkrankung verpflichtet. Alle schienen auf ihre eigene Weise und so tief wie möglich ergründen zu wollen, was auf dem Wege der Heilung in Erscheinung tritt - Gefühle, Ängste und Hoffnungen, Pläne und Zweifel, Liebe und Vergebung.

Diese Lebenshaltung, diese Bereitschaft, die Heilung anzunehmen und mit der Erforschung des Wesens der Krankheit auch das Leben selbst zu erforschen, scheint eine Grundlage für die Heilung zu sein. Sie führt uns an die Dinge heran, die unser Leben eingrenzen. Wir begegneten einen Mann, der von allen liebevoll der „laute Larry" genannt wurde. Er litt schon seit seiner Jugendzeit an einer unheilbaren Blutkrankheit, deren Herkunft völlig im Dunkeln lag. Daß er seitdem mehr und mehr an Vitalität einbüßen mußte, hatte er anscheinend durch eine sehr lautstarke und überschwengliche Sprechweise kompensiert. Als wir ihn in seinen späten Zwanzigern kennenlernten, war es kaum möglich, bei ihm zu Wort zu kommen. Während eines fünftätigen Retreats über bewußtes Leben und Sterben, an dem er zum zweiten Mal teilnahm, verliebte sich der laute Larry. Dabei entdeckte er, daß sich ihm ein neuer Pfad geöffnet hatte - der Pfad des Herzens. Zum ersten Mal kümmerte sich der laute Larry um etwas anderes oder jemand anderen als um seinen hinfälligen Körper. Als sich sein Herz der geliebten Freundin zuwandte, berührte es auch seine Krankheit. Und während sein Herz und sein Körper während der ausgedehnten Vergebungs-Meditationen miteinander verschmolzen, begann sein Körper zu heilen, und seine Stimme wurde immer sanfter. „Jetzt muß ich nicht mehr etwas darstellen, was ich gar nicht bin. Ich dachte immer, daß ich nur überleben kann, wenn ich viel Aufhebens um mich mache. Aber jetzt kann es mir gar nicht wenig genug sein. Jetzt gibt es nicht mehr viele Hindernisse für meine Liebe." Die Ärzte fragten ihn: „Wie in aller Welt sind Sie bloß gesund geworden?" Und er erwiderte: „Ich habe die beste Medizin genommen, die es gibt. Und ich war der einzige Arzt, der sie zubereiten konnte. Ich habe *mich* genommen - vom Scheitel bis zur Sohle."

Diese Arbeit der inneren Öffnung wird Schritt für Schritt vollzogen. In tiefer Wahrhaftigkeit und konzentrierter Bewußtheit erkunden wir behutsam die physischen und mentalen Schmerzen und Verklammerungen, die von der Krankheit so deutlich hervorgehoben werden. In diesem ständig fortschreitenden Prozeß nähern wir uns unserer Angst mit Vergebung und heilsamer Bewußtheit und begegnen unserem Zweifel mit einer neuen Zuversicht. Sie führt uns mit jedem neuen Schritt ins Unbekannte festerem Boden entgegen, der unsere Weiterentwicklung trägt und unterstützt. Und der nächste Schritt folgt ganz von selbst. Geist und Körper werden mehr und mehr in einem alles akzeptierenden Gewahrsein erfahren, welches absichtslos die mentalen Zustände, Gefühle, Emotionen und Stimmungen beobachtet und erkundet, die in der Weite des Seins entstehen und vergehen.

So wie der Schmerz tiefe Verhaftungen in uns enthüllt - uralte Ängste, unbewußte Prägungen und unterschwellige Machtansprüche - so beginnt die Erforschung der Krankheit diese hintergründigen Neigungen zu heilen. Wir beobachteten, daß für viele die Beschäftigung mit körperlichen Krankheiten gleichbedeutend mit der Arbeit an seelischen Beschwerden war und eine Heilung tiefster Verhaftungen und Ängste bewirkte. So wurden sie in ungeahnte Freuden und in eine innere Freiheit hineingeführt, die sie sich nicht einmal erträumt hatten. Eine Krankheit veranlaßt uns zur Konfrontation mit unseren beharrlichsten Zweifeln am Sinn des Universums und an der Existenz Gottes. Sie bricht uns innerlich auf. Und sie lehrt uns, inmitten der Hölle ein offenes Herz zu bewahren.

Nicht alle, die aus dem uns bekannten Patientenkreis wieder gesund wurden, hatten in der gleichen Weise oder auf der gleichen Ebene Anteil an ihren Wunden oder Krankheiten. Manche erforschten sich selbst nur dort, wo sie Offenheit vorfanden. Viele erkundeten dagegen gewissenhaft die Natur ihrer Schmerzen und setzten, stimuliert von ihren aufsteigenden Verwirrungen und Ängsten, starke emotionale Energien frei.

Manche drangen tief in das Wesen ihrer Seele ein. Ein solcher Mensch war Marty, der seinen genetisch bedingten Knochenkrebs in Jahren der meditativen Öffnung zum Stillstand bringen konnte. Weil er sein Herz für seine Ängste und für die eminente Frage nach dem Sinn der Existenz aufbrechen ließ, weil er sich immer wieder die bedeutsame Frage stellte: „Wer ist es, der wirklich in diesem kranken Körper wohnt?", wurde er immer tiefer in seine Heilung hineingeführt. Martys Schwester hingegen, die an einem ähnlichen genetischen Erbe litt (es äußerte sich in einer Deformation der Knochen und barg das Risiko weiterer Amputationen in sich), kämpfte gegen die Krankheit, ja gegen das Leben selbst an. Und dieser Kampf überstieg einfach ihre Kräfte. Sie konnte den zunehmenden Druck ihrer unerforschten Ängste nicht mehr ertragen und fürchtete sich schließlich vor allem, was hinter der nächsten Ecke auf sie lauern konnte. Sie lebt jetzt in einer staatlichen Nervenheilanstalt.

Marty suchte Heilung im Herzen und fand heraus, daß diese Suche einen fortwährenden inneren Prozeß darstellt. Seine Schwester aber suchte Schutz im rationalen Geist und ging so in ihrer Verwirrung unter.

Jeder von uns sucht seine Heilung dort, wo sie zu finden ist. Jeder von uns wendet sich seinem Herzen zu, um aus dessen leisem Flüstern herauszuhören, was sinnvoll für ihn ist. Und jeder legt in sich frei, was auch immer den Zugang zum Herzen, zur Quelle der Heilung versperrt.

Eine schwerkranke Freundin, deren Krebs schon fortgeschritten war, suchte einen hochgeachteten Zen-Meister auf, um auf ihre Fragen zum Thema Heilung eine Antwort zu bekommen. Als sie ihm ihre Situation geschildert hatte, fragte sie: „Muß ich mich irgendeinem spirituellen Weg verpflichten, um gesund zu werden?“ Der Zen-Meister lächelte, lehnte sich vor und flüsterte: *„Du* bist der Weg!“

In der Erkenntnis, daß alle Wege zu ihr selbst führten, daß sie selbst dieser Weg war, den sie nun ganz und gar in sich selbst beschreiten mußte, hatte sie die Antwort auf ihre Frage gefunden.

Angezogen von der Lauterkeit und Offenheit dieses großartigen Lehrers fing sie an, täglich an den morgendlichen Meditationssitzungen im Zen-Zentrum teilzunehmen und auch die Intensivkurse am Wochenende zu besuchen, so oft es ihr angebracht erschien. Sie meditierte eine Weile und erforschte die Natur dessen, was sie „den Gast im Körper und den Grund seines Besuches“ nannte. Sechs Jahre ist es nun her, seit man ihr gesagt hatte, daß sie nur noch sechs Monate zu leben hätte. Und es hat sich gezeigt, daß diese Prognose keine Tragödie, sondern eine Initiation für sie gewesen ist. Im Rückblick auf die meditativen Übungen, zu denen sie das Verlangen nach einem geheilten Körper motiviert hatte, sagte sie kürzlich: „Weißt Du, diese Techniken haben in einer Weise auf mich gewirkt, wie ich das nie für möglich gehalten hätte. Ich habe gesehen, daß ich meinen Körper Atemzug für Atemzug wieder aufbauen und meinen Geist von Gedanke zu Gedanke öffnen konnte.“

Sie ging die rückhaltlose Verpflichtung ein, sich von alten Gewohnheiten zu lösen und auf dem Weg der Ehrfurcht und der Erforschung Tag für Tag einen neuen Anfang zu wagen.

Sie war, wie sie es ausdrückte, „eine absolute Anfängerin“ geworden. Sie ging nackt auf die Wahrheit zu. Im Vertrauen auf ihr „neues Unwissen“ beschritt sie den weiten, faszinierenden Weg, der vor ihr lag, wie in kindlicher Neugier. Bereit, sich von alten Denkweisen und Versteckspielen zu lösen, akzeptierte sie angesichts der extremen Zwangslage von Krankheit und Lebensbedrohung ihre „völlige Unwissenheit gegenüber dem Leben“. Weil sie sich dem Prozeß völlig hingab, konnte sie dieses erfüllende Gefühl der Vollkommenheit von den ersten Schritten an erfahren. Sie sagte, daß es etwa drei Monate gedauert habe, bis nach und nach ein Gefühl innerer Ruhe in ihr entstanden sei. Es wurde ihr bewußt, daß sie nicht alle Antworten kennen mußte, um das Problem zu lösen. Sie erkannte, daß die völlige Hingabe an das Problem die Antwort *war*. Sie schleppte keine alten Konzepte mit sich herum, sondern lernte als „absolute Anfängerin" in jedem Augenblick etwas Neues. Alles wurde akzeptiert, kein Moment war wie der andere. Sie vertraute jedem Schritt zur Erfüllung, stimmte sich auf das leise Flüstern des Herzens ein und entwickelte in sich eine heilsame Bewußtheit, in der sie jeden Moment mitfühlend akzeptierte und Veränderungen einfach zuließ, anstatt sie zu erzwingen.

Doch ebenso wie die meditative Arbeit jenes jungen Mannes mit genetisch bedingtem Knochenkrebs (der so viel Zeit damit verbrachte, die Beziehung des Herzens zum Geiste und zum Körper zu erkunden) nicht für alle Geltung hat, so war auch der Weg unserer Freundin ihrem Gefühl nach einzigartig auf ihren Prozeß bezogen. Bei vielen entwickeln sich die Hingabe und die Bereitschaft zur Erforschung des Wesens der Krankheit nach und nach. Ein Schritt folgt auf den anderen. In der Annäherung an den Kern des Seins vertieft sich die Entfaltung von Einsicht und Verständnis mehr und mehr.

Anfangs widmet man sich der inneren Erforschung vielleicht in unregelmäßigen Zeitabständen und praktiziert sie dann etwa eine Viertelstunde lang. Allmählich jedoch wird der Geist in seiner Sehnsucht nach Freiheit vom Herzen angezogen, und es entwickelt sich eine tägliche Meditationspraxis. Indem wir uns ein- oder zweimal am Tag für eine halbe oder ganze Stunde ruhig hinsetzen, breitet sich die Heilung von jenen stillen Momenten her immer weiter aus, bis sie den ganzen Tag durchdringt. Unsere Heilung wird zu einer ständigen Übung der Neuorientierung im Altgewohnten. Jeder Moment, in dem wir unmittelbar an diesem Prozeß teilhaben, in dem wir die Entfaltung von Geist und Körper im weiten Herzen deutlich erkennen und neue Einsicht gewinnen, ist ein Moment der Heilung.

In einem solchen heilenden Moment verhaftet sich der Geist nicht an seinem eigenen, vorüberziehenden Schauspiel. Er verliert sich nicht im persönlichen Melodram seiner inneren Vorgänge, sondern stimmt sich in einem Augenblick völliger Bewußtheit und tiefer Heilung auf die fortschreitende Entfaltung des Prozesses ein. Auch wenn die Erfahrung der unermeßlichen Weite, in der alle Dinge dahinfließen, nur eine Millisekunde währt, können Kraft, Gleichgewicht und Harmonie in Geist und Körper fließen. Jeder Moment der Teilhabe an der Weiträumigkeit des Seins vertieft den Kontext der Heilung. Jeder Moment, der direkt erfahren wird, löst die Verhaftung an unserem Leid. Aus der Einsicht erwächst uns Weisheit. Aus dem Erbarmen erwächst uns Mitempfinden. Die Kraft der Heilung wächst mit jedem Augenblick, wenn wir allem Unbehagen achtsam und offenherzig in der Gegenwart begegnen - in der wir alles finden können, was wir suchen.

Unser alter Freund Carl, ein Chiropraktiker, nahm an vielen unserer Workshops über bewußtes Leben und Sterben teil, um seine „Heilpraktiken verfeinern und anderen umfassender dienen" zu können, wie er sagte. Dann wurde Carl krank. „Ich erkannte, wie real das alles war, als der Arzt mir sagte, daß es Krebs sei. Da konnte ich mir nichts mehr vormachen, da war keine Zeit mehr zu verlieren. Nun mußte ich selbst lernen, von innen her zu heilen." Und genau das tat er. Er machte seinen Körper zu einem Laboratorium der gewissenhaften Erforschung des Heilens und experimentierte mit verschiedenen Heilmethoden. Er arbeitete mit der Fiebertherapie, mit der Harntherapie, mit verschiedenen Kräutern, Ernährungsmethoden und Körperübungen - bis zu erkennen war, daß sich der Tumor weiter ausbreitete. Eine Anzahl von Ärzten erklärte ihm, daß seine einzige Chance ein operativer Eingriff sei, obwohl der Krebs auch dann noch wiederkehren könne. „Am Anfang wehrte ich mich dagegen. Ich hatte gar nicht mit der Möglichkeit einer Operation gerechnet. Ich kämpfte gegen die Krankheit an, und als die Operation dann näherrückte, machte ich innerlich dicht. Ich war immer so ganzheitlich gewesen, und nun ließ ich die Ärzte auf eine Weise eingreifen, von der ich vielen meiner Patienten eher abgeraten hatte. Aber ich wurde von den Ärzten überzeugt, daß man diese Operation perfekt beherrsche und daß ich mir überhaupt keine Sorgen machen müsse. Trotz allem verlief die Operation nicht erfolgreich. Der Tumor verschwand nicht. Als das feststand, bekam ich wirklich Depressionen. Dann aber gab es bei mir irgendwie einen inneren Durchbruch. Ich wußte zwar nicht, wie ich an dieses ‚Heilmittel' herankommen sollte, nach dem ich suchte; aber ich wußte, daß ich meine Heilung zu oberflächlich angegangen hatte. Also fuhr ich zu dieser sehr angesehenen spirituellen Lehrerin, über die ich so viel Gutes gehört hatte. Ich war ganz zermürbt und konfus und fragte sie geradeheraus, wie ich meinen Krebs loswerden könne. Und wißt Ihr, was sie zu mir gesagt hat? ‚*Liebe* Dich selbst einfach.' Das warf mich um. Ich war schockiert. Ich wußte einfach nicht, was ich dazu sagen sollte. Sie hatte den Nagel genau auf den Kopf getroffen, und der Nagel ging mitten durch mein Herz. Ich hatte gedacht, sie würde mir ein Mantra oder eine Visualisation oder so etwas geben, irgendeine Methode, die etwas an meiner Krankheit änderte - statt dessen aber verlangte sie, daß ich mich selbst ändern solle. Diese Worte waren die unbegreiflichsten, die ich je gehört habe, aber sie stellten auch die Heilung dar, um derentwillen ich zu ihr gekommen war. Als ich anfing, auf mich selbst Liebe auszustrahlen, entdeckte ich, wie viel in mir blockiert war, und das erschreckte mich wirklich. Mir war klar, daß ich überhaupt nur wieder gesund werden konnte, wenn ich diese Angst vor der Liebe erforschen und mich von ihr lösen würde."

Es ist jetzt zweieinhalb Jahre her, seit Carl zu hören bekam, daß er seine „persönlichen Angelegenheiten notariell ordnen" solle. Kürzlich sagte er zu mir: „Je mehr ich mich selbst liebe, desto besser fühle ich mich. Wenn ich meinem vierzehn Monate alten Jungen jetzt in die Augen schaue, dann kommt mir zu Bewußtsein, daß seine Empfängnis fast genau zu dem Zeitpunkt stattfand, als man mir eröffnete, daß ich sterben würde. Die Dinge ändern ihren Lauf, wenn Du ihnen freie Hand läßt." Als Carl sich auf den Weg der Heilung begab, jeden Tag eine oder zwei Stunden in stiller Kontemplation verbrachte, seine Erfahrungen mit einem vertrauten Therapeuten teilte und tief in den Spiegel des Herzens seiner Frau hineinblickte, war er fähig, sein eigenes Herz als Kompaß auf der Reise zu den bisweilen wolkenverhangenen Ufern des Lebens zu benutzen. Er entdeckte immer tiefere Ebenen der Ganzheit. Jetzt ist Heilung für ihn nicht mehr ein Ziel, auf das man sich zubewegt, sondern ein immer gegenwärtiger Prozeß, der sich von Augenblick zu Augenblick entfaltet. Kürzlich sagte er, die erste Stufe der Heilung bestünde darin, daß wir unsere Geburt vollenden. Wenn wir uns nicht gestatten würden, geboren zu werden, zu voller Bewußtheit zu gelangen und an unserem Leben wirklich teilzuhaben, dann wären wir nie in der Lage, völlig zu leben oder völlig zu sterben.

Unlängst fragte mich ein Freund: „Welche Rolle spielen Karma und göttliche Gnade bei diesen spontanen Heilungen?" Nun, dies sind Konzepte, die ich selten für nützlich halte, weil sie mit einer Menge unklarer Bedeutungen beladen sind. Dennoch meine ich, daß es angebracht ist, diese Begriffe zu klären, denn sie kommen am Rande verschiedener Diskussionen über Heilung immer wieder zur Sprache. Gnade und Karma sind jedoch heikle Konzepte, wenn man sie ohne volles empirisches Verständnis ihrer subtilsten Schattierungen gebraucht. Ich bin bei der Beantwortung der Frage meines Freundes eigentlich nicht sicher, ob „spontan" überhaupt das geeignete Adjektiv ist. Die meisten arbeiten sehr hart daran, den Körper zu öffnen und das Herz zu läutern. Es bedarf einer beträchtlichen Motivation, um sich der Heilung so hinzugeben, daß man die Arbeit eines ganzen Lebens in ihr vollenden kann. Wenn es vielleicht auch zutrifft, daß jeder Moment der Heilung Gnade ist, weil er uns unserer wahren Natur näherbringt, so ist das bemerkenswerte Resultat dieser tiefgreifenden Abenteuer der Seele doch kein Geschenk von oben, sondern die Verwirklichung unseres Geburtsrechtes. Viele betrachten Karma als Bestrafung und Gnade als Belohnung. Ich sehe das jedoch anders. Karma ist eine sehr komplexe, vielschichtige Vorstellung, die einen außerordentlich einfachen, erbarmungsvollen Lehrprozeß zu erklären versucht, der uns wieder und wieder die Eigenschaften bewußt macht, die unser Herz blockieren und unsere Erfahrung erfüllten Seins begrenzen. Karma ist keine Bestrafung, sondern eine Gelegenheit, die uns auf jeder neuen Erfahrungsebene dargeboten wird, um uns wieder in ein Gleichgewicht zu führen. Es ist der barmherzigste und achtsamste Lehrer, den es gibt. Die Ursache der Krankheit als Karma in die unwiederbringliche Vergangenheit oder ihre Heilung als eine erwartete Gnade in die unerreichbare Zukunft zu verbannen, schafft ein Gefühl von Hilflosigkeit und Fatalismus.

Ich habe verschiedene schwerstkranke Patienten gefragt, welche Bedeutung das Karma im Kontext ihrer Krankheit habe. Ein Mann, der infolge eines Gehirntumors am Rande des Todes stand, erhob abwägend die Hand und sagte: „Karma ist ein Wind, der immer weht. Es hängt alles davon ab, wie Du Deine Segel setzt." Diese Definition von Karma ist wohl eine der besten, der wir bisher begegnet sind.

Gnade wird im allgemeinen als ein Geschenk oder als ein Eingreifen von oben definiert, aber es scheint dabei doch um etwas sehr viel Bedeutsameres zu gehen. Gnade ist die Erfahrung unserer wahren Natur. Gnade ist die Erfahrung des überströmenden Friedens grenzenlosen Seins. Und wenn man Gnade auch nicht mit einem Fingerschnippen hervorrufen kann, so ist sie doch potentiell in jedem Augenblick vorhanden. Man kann sich ihr jederzeit öffnen, indem man sich auf das Hier und Jetzt einstellt. Karma ist Gnade. Gnade ist karmisch.

Wie die Gnade kann auch die Heilung in ihren frühen Stufen die Orientierung ziemlich erschweren. Sie durchbricht alles Altgewohnte, um das Ewig-Neue zu offenbaren. Wie die Gnade führt uns die Heilung zu unserer wahren Natur. Sie ist kein Ziel, zu dem wir uns hinbewegen, sondern läßt uns entdecken, wo wir bereits sind - sie läßt uns an dem Prozeß teilhaben, der sich von Augenblick zu Augenblick entfaltet. Viele von uns beten um ein Wunder, wenn alles andere fehlgeschlagen ist. Wir sehnen uns nach einer Gnade, die uns von oben her zufallen soll. Doch Gnade kommt aus dem Innern. Gnade tritt in Erscheinung, wenn die Arbeit der Heilung im Gange ist. Es ist eine gnadenvolle, im spirituellen Geist erwirkte Heilung, die sich jenseits der Notwendigkeit einer Definition oder auch nur der Worte „Gnade" oder „Karma" oder „spiritueller Geist" vollzieht. Obwohl ein Großteil der Menschen, mit denen wir arbeiteten, anfangs keine spirituellen Neigungen hatten, fanden viele ihre Heilung, indem sie einen Weg beschritten, der oftmals als spirituelle Praxis zur Entdeckung eines höheren Selbst bezeichnet wird. Aber wir stellten auch fest, daß selbst jene, die vor sogenanntem „spirituellen Kram" zurückscheuten, im Verlauf ihrer täglichen Konfrontation mit der Vergänglichkeit des Körpers eine bestimmte Art von Herzensfülle und innerem Frieden entwickelten.

Es ist jedoch nicht so wichtig, welchen Namen wir unserem Pfad ins Leben geben. Es kommt darauf an, daß wir endlich am Leben Anteil nehmen, daß wir unsere Krankheiten und verborgenen

Wunden in eine mühevoll errungene Gnade und Ganzheit einbringen - daß wir endlich Geburt annehmen und mit dem aufrichtigen, inneren Streben nach Vollendung und einem tieferen Verständnis für unsere Heilung verschmelzen.

Wenn sich jene Menschen vielleicht auch nie als „spirituell“ bezeichnet hätten, so hatten sie doch eine wahrhaft spirituelle Heilung erfahren. Eine Freundin, die die Subtilität dieser Hingabe an die Heilung spürte, schilderte uns, wie sie eine arthritische Versteifung der Fingerknöchel ihrer rechten Hand kuriert hatte. „Es gelang mir, indem ich ein wenig Apfelwein und Honig zu mir nahm.“ Als ich sie fragte, ob das alles gewesen sei, erwiderte sie: „Es hilft, wenn Du ein wenig vor Dich hinsummst.“

Als wir die Bedeutung des Heilens weiter erforschten, begannen wir zu spüren, daß der Körper auf vielerlei Art gleichsam nur aus verdichtetem Geist besteht. Es wurde uns noch stärker bewußt, wie sehr unsere mentalen und physischen Schmerzen nach Mitgefühl verlangen. Wir sahen, daß Heilung schon schwierig genug war, wenn man sich einfach nur Mühe gab, nichts aus dem Geiste zu verdrängen und den Körper davor zu bewahren, sich in einer imaginären „Zwangsjacke“ der Heilung wiederzufinden. Man kann wahrhaftig sagen, daß diejenigen, die ausschließlich mit Hilfe hochwirksamer Arzneimittel kuriert worden waren, ohne mit ihrem Herzen daran Anteil zu haben, außerordentlich vom Glück begünstigt waren. Offensichtlich ist es nicht unbedingt notwendig, die von uns angebotenen Praktiken anzuwenden, um gesund zu werden. Sie sind nicht „der einzige Weg“ oder „der beste Weg“ zur Heilung. Sie sind einfach nur ein Pfad, der sich als praktikabel und gangbar erwiesen hat. Es gibt tatsächlich viele Menschen, die ohne den inneren Entschluß zum Erwachen aus ihren alten Lebensgewohnheiten siegreich aus ihrer Schlacht gegen die körperliche Krankheit hervorgingen, obwohl ihnen „ein Arm auf dem Rücken festgebunden war“.

Vor einigen Jahren geschah es, daß ein Mann, der uns um einer Beratung willen aufsuchte, sehr verärgert wieder aufbrach, weil unser Weg zur Heilung im Herzen beginnen sollte. Er meinte, er habe keine Zeit für einen solchen Unsinn, er wolle starke Medikamente, und das ganze Zeug mit dem „heilenden Augenblick“ sei ihm zu vage. Er vertraute sich den konkreten Methoden der

Chemo- und Bestrahlungstherapie an, und sein Krebs ging zurück. Aber er war einer von den „einarmig Geheilten", der seinem Leben nach wie vor entfremdet blieb. Nach drei Monaten rief er in unnötigerweise kleinlautem Ton wieder an, stellte uns zahlreiche Fragen und wollte wissen, ob man sich mit Hilfe der Vergebung von ungelösten Problemen befreien und wie man die Achtsamkeits-Meditation einsetzen könne, wenn man unter Gefühlen heftiger Erbitterung leide.

Er erzählte, er habe sich während seiner Krebserkrankung ausgemalt, daß sich sein ganzes Leben ändern werde, wenn er nur vom Krebs geheilt würde. Aber so war es nicht. Sein Leben blieb unbefriedigend. Ironischerweise verspürte er gerade jetzt, wo sein Körper kuriert war, den Wunsch, mit der Heil-Meditation zu beginnen. Er wolle noch einmal „ganz unten im Erdgeschoß" anfangen und sein Herz walten lassen, wo vorher Furcht geherrscht habe. „Jetzt, wo mein Körper wieder gesund ist, kann ich vielleicht lange genug am Leben bleiben, um wirklich geheilt zu werden."

Dies erinnert mich an einen Mann, der eines Nachts anrief und sagte, daß er Krebs habe und sich am nächsten Morgen dem Beginn einer Bestrahlungstherapie unterziehen werde, sich aber sehr unwohl dabei fühle. „Ich kann mich einfach nicht damit anfreunden", klagte er. „Fast mein ganzes Leben lang habe ich mich biologisch ernährt und versucht, möglichst wenig Umweltgifte aufzunehmen. Und jetzt muß ich zulassen, daß man mich mit dieser gefährlichen Bestrahlung unter Beschuß nimmt. Das ist alles so unnatürlich. Irgendetwas in mir rebelliert einfach dagegen - wie soll mich so etwas Schädliches wieder gesund machen? Es ist der reinste Weg durch die Hölle."

Wir diskutierten gemeinsam über die bei einer solchen Therapie verwendeten Strahlen und kamen darauf zu sprechen, daß sie als natürliche Strahlung überall im Kosmos zu finden sind. Er begann ihre Natürlichkeit zu erkennen. Er sah ein, daß sie zwar auf mechanische Weise von einer Maschine gebündelt werden, aber eigentlich überall vorhanden sind und keineswegs aus dem Nichts erzeugt werden. Als er die Natürlichkeit dieser Technik zu verstehen begann, kam ihm ein inneres Bild in den Sinn, das er bei seinen Behandlungen verwenden konnte - er wollte sich diese Strahlen als ein Licht vergegenwärtigen, das der Hand seines geliebten Jesus entströmte. Da er sein Herz nun öffnen konnte, sah er sich imstande, eine Kombination von Techniken einzusetzen, welche die Effizienz der Behandlung ohne oder fast ohne Nebenwirkungen zu steigern vermochte.

Es sollte erwähnt werden, daß viele der Techniken, die wir hier anbieten, auch in Kombination mit anderen Behandlungsmethoden recht nützlich sein können. Keine unserer Techniken soll irgendeine andere ersetzen oder unwirksam machen. Unsere Techniken sollen dazu beitragen, daß wir den Körper öffnen und die Heilung annehmen können. Mit ihrer Hilfe erschließen wir dem Geist seine ursprüngliche, heilende Natur und ermöglichen es dem Herzen, sich ganz und gar zu offenbaren. Durch sie erspüren wir unsere innere Universalität und treten mit der eigentlichen Quelle der Heilung in Verbindung: dem schon immer Geheilten, dem Ewig-Unverletzten.

Als wir im Anschluß an einen abendlichen Vortrag ein wenig über diese neuen Wege der Heilung diskutierten, sprach uns eine Frau namens Loretta an und sagte, sie wolle uns mit der Schilderung ihrer Geschichte in unseren Intuitionen hinsichtlich des Heilens bestärken. Loretta erzählte uns von der zwei Jahre währenden Schlacht, die sie mit dem Krebs ausgefochten hatte. „Ich hatte sehr verbissen gegen ihn angekämpft, um am Leben zu bleiben, aber dann eröffneten sie mir, daß ich sterben würde. Ich war so erschöpft und wußte einfach nicht mehr, was ich machen sollte. Ich konnte fühlen, daß der Tod immer näher kam. Ich fing an, Dein Buch *WER STIRBT ?* zu lesen und all meinen Verwandten und Freunden Lebewohl zu sagen. Aber als ich vom Leben Abschied nehmen wollte, wurde mir fast schockartig klar, wie wenig ich überhaupt gelebt hatte. Ich hatte zwar immer geglaubt, daß es mir um die Erhaltung meines Lebens ginge, aber eigentlich fand ich erst ins Leben zurück, als ich sah, an wie vielen Dingen ich mich festgeklammert hatte." Sie sagte, daß sie den Wert ihres Lebensinhalts erst erkannt habe, als der Tod immer näher rückte. Sie sei so sehr auf die Gesundung ihres Körpers fixiert gewesen, daß sie niemals darauf geachtet habe, wie bekümmert, wie unglücklich, ja wie krank ihre Seele gewesen sei. Sie war beglückt darüber, daß der Tod für sie zu einem Spiegel geworden war, der ihr „ganz real" zeigte, wie kostbar das Leben ist. Es war auch die Zeit, in der ihr Körper zu heilen begann. Vielleicht war sie sich zum allerersten Mal ihres Lebens sicher. Heute, drei Jahre später, ist sie dankbar dafür, daß sie krank wurde und dann wieder gesundete. Aber noch viel dankbarer ist sie dafür, daß etwas geschehen war, das sie aus sich selbst heraustreten ließ. „Ich glaube, ich habe so tief geschlafen, daß erst etwas so Gewaltiges wie der Tod kommen mußte, um mich aufzuwecken. Aber ich werde diesen Fehler nie mehr machen. Ich war dermaßen damit beschäftigt, daß es mir besser gehen sollte, daß ich nie richtig zur Kenntnis nahm, wie schlimm es um mich bestellt war. Ich habe mich selbst wirklich nie sehr freundlich behandelt. Ich war wütend auf meinen Körper, weil er mich zu bestrafen, zu betrügen schien. Ich war fast dauernd verärgert und verängstigt. Aber dann ‚ließ etwas in mir los und öffnete sich der Heilung', wie man vielleicht sagen könnte. Ich glaube, wenn ich jemals wieder krank werde, wird es nicht wieder so schrecklich sein wie beim ersten Mal. Mein Leben war so eng, und nun ist es so weit. Ich danke Gott, daß ich nicht so klein gestorben bin."

Wir haben mit mehreren Patienten gearbeitet, die sich angesichts ihres nahenden Todes imstande sahen, die Natur ihrer Krankheit und ihrer Schmerzen zu akzeptieren und zu erforschen. Sie stellten dabei voller Erstaunen fest, daß sich die Intensität von Schmerz und Krankheit mehr und mehr verringerte. Dies begründet sich vermutlich damit, daß die Blockaden und Verhaftungen unseres Lebens meist unter unserer normalen Wahrnehmungsschwelle liegen. Sie sind so „unbewußt", daß sie nur mittels direkter Erforschung enthüllt und im Licht des klaren Gewahrseins aufgelöst werden können. Was sich bei diesen Menschen verringerte, war nicht der Schmerz selbst, sondern der Widerstand gegen ihn. Sie konnten einen größeren Raum, ein Gefühl innerer Weite in sich schaffen, in der diese Empfindungen dahinfließen konnten. Während sie ihr Herz mehr und mehr läuterten und den Panzer lebenslanger Schauspielerei und Selbsttäuschung immer durchlässiger machten, wurde die Distanz zwischen dem rationalen Geist und dem Herzen schmerzhaft spürbar. In diesen bitteren Augenblicken der Heilung akzeptieren wir, daß wir an uns arbeiten müssen, und erkennen mitfühlend, daß ein Zulassen der Heilung theoretisch leicht, praktisch jedoch oft schwierig ist. Wir entspannen den Bauch, um den Geist zu entspannen. Und indem wir den Geist ins Herz hinabsinken lassen, schöpfen wir tief Atem und beobachten, wie die schreckliche Wahrheit unserer Selbstentfremdung in einer tiefen Barmherzigkeit und Bewußtheit dahinfließt, die uns das Gefühl gibt, endlich heil und ganz zu sein. Denn die Heilung, die wir alle suchen, geht viel tiefer als all unsere Persönlichkeit. Sie dringt zum eigentlichen Kern dessen vor, was wir als das „Sein“ bezeichnen. Sein ist das Gewahrsein selbst. Wir sprechen hier weder vom „Sein“ als dem Gegenteil des „Nichtseins“, noch vom Leben als dem Gegenteil des Todes und auch nicht von anderen dualistischen Konzepten der Existenz. Wir sprechen von der direkten Erfahrung der „Istheit“ - der Soheit, die alle Form beseelt und zugleich alle Form übersteigt.

Selbst wenn die Natur grenzenlosen Gewahrseins auch nur für einen Moment erfahren wird, kann sie die Ängste vor dem Tod zerrinnen lassen und die Verklammerungen lösen, die den physischen und mentalen Schmerz so sehr verstärken. Jede direkte Erfahrung der unermeßlichen Weite des Seins ist eine Heilung, die uns jenem inneren Funken näherbringt, der im Zentrum jeder Zelle wächst. Jeder Moment, in dem wir uns mit barmherzigem Gewahrsein in den Schmerz einfühlen, ist ein Moment der Heilung. Jeder Moment, in dem wir dem Leid mit Liebe begegnen, läßt uns gesunden.

Man kann es fast ein Wunder nennen, daß wir Vergebung und Liebe in etwas hineinstrahlen können, das wir so oft angstvoll und widerwillig abgewehrt haben! Wir gewinnen neues Lebensvertrauen, wenn wir unserem Schmerz und unserer Krankheit mit liebevoller Güte begegnen statt mit Haß und Wut. Die innere Verwirrung, die sich bei körperlichen Beschwerden oft einstellt, kann ihren erstickenden Griff lockern. Es eröffnet sich eine Alternative zum Leid. Sobald wir barmherziges Gewahrsein in unsere Beschwerden hineinfließen lassen, stehen wir gleichsam an einer Kreuzung. Zur Rechten spüren die von unserer Verwirrung erzeugte Anspannung. Doch direkt zu unseren Füßen bemerken wir voller Erstaunen den Geisteszustand, der diesem großen Schmerz-Verstärker zugrundeliegt. Wir entdecken die Konfusion selbst. Wir erkennen den Geisteszustand, der uns verzweifelt fragen läßt: „Was soll ich jetzt nur machen?“, wenn er mit Schwierigkeiten konfrontiert wird. Wir stoßen auf die Verwirrung, die sich immer wieder ungeduldig an die Forderung nach einer sofortigen Antwort klammerte. Indem wir jedoch auf diesen Zustand nicht reagieren, sondern antworten, tauchen wir in diese aus der Unbeherrschbarkeit der Situation resultierenden Gefühle ein und halten einen Moment inne, um die Dinge so zu erforschen, wie sie sind. Anstatt uns zwanghaft in die Verwirrung hineinzustürzen, die das Leben in eine Notlage verwandelt, lassen wir sie einfach nur zu. Wir erkunden diesen Zustand der Konfusion, als wäre er völlig neu für uns - wir werden zu „absoluten Anfängern". Und nun entdecken wir eine Alternative: Zur Linken führt ein zweiter Weg zu den ausgedehnten Wiesen und weiten Höhen des „Nichtwissens". Er führt auf die Bereitschaft zu, für alles Alte auf ganz neue Weise offen zu sein - und mit vertiefter Barmherzigkeit und Bewußtheit die Lehren anzunehmen, die auch immer der Augenblick für uns bereithalten mag.

Der koreanische Zen-Meister Seung Sahn weist seine Schüler oft an, „dem Nichtwissen zu vertrauen". Denn das ist der Raum, in dem alle Weisheit wurzelt und Alternativen ihrer Entdeckung harren. Nichtwissen enthebt uns aller etablierten Meinungen; es betrachtet die Dinge nicht aus der Sicht früherer Standpunkte und steht den vielfältigen Möglichkeiten offen, die der Augenblick birgt. Es zwingt keine Ergebnisse herbei, es läßt die Heilung zu. Ich erlaube mir, auf diese großartige Lehre zurückzugreifen, damit wir an der ihr innewohnenden Weiträumigkeit teilhaben können. Es ist dieselbe innere Weite, die in den Lehren des Zen-Meisters Suzuki Roshi mit dem „Anfänger-Geist" in Verbindung gebracht wird. Es heißt dort, daß wir die ganze Welt völlig neu entdecken können, wenn uns der Anfänger-Geist zu eigen ist.

Der Unterschied zwischen Verwirrung und Nichtwissen besteht darin, daß die Verwirrung nur einen einzigen Ausweg sieht, der zudem blockiert ist, während das Nichtwissen Wundern und neuen Einblicken offensteht. Der Schmerz erhebt oft die Forderung nach sofortigen Resultaten. Der Geist implodiert, und der innere Druck verschließt das Herz. In der Verwirrung haben wir uns weit von uns selbst entfernt. Im Nichtwissen sind wir unmittelbar präsent, sind faszinierte Beobachter. Den Schmerz mitfühlend und liebevoll zuzulassen heißt, in einem wachsenden Vertrauen auch in das Unbekannte die ganze Welt zu verändern.

Um ebenso wie unsere krebskranke Freundin ein „absoluter Anfänger" zu werden, müssen wir diesem unermeßlichen Nichtwissen vertrauen. So werden wir in jedem Augenblick neu geboren, werden offen und leer, haben für alles Raum und sind bereit, jederzeit einen neuen Anfang zu wagen. Für den absoluten Anfänger steht nichts von vornherein fest. Er löst sich von überlebten Gedanken und wird zu einem neuen Menschen, der jeder Heilung offensteht.

Alles geht ganz neu
aus dem Feuer hervor,
wenn die Augen vom Frieden
jenseits des Schmerzes trinken.
Gib acht,
im Schlußverkauf wird Leid angeboten -
laß Deine Kreditkarte ruhig stecken.

* * *

KAPITEL 4

Dem Pfad der Heilung folgen

Dem Pfad der Heilung zu folgen heißt, unmittelbar am Lebensprozeß teilzuhaben und seine ganze Wirklichkeit leichtherzig, mitfühlend und bewußt wahrzunehmen. Direkte Offenheit für unser Leben bedeutet, sich auf das unaufhörliche Entstehen und Vergehen von Gedanken und Gefühlen einzustimmen - auf den Erfahrungsprozeß selbst. Eine Erfahrung direkt zu erleben heißt, absolut aktiv und lebendig zu sein. Doch ein großer Teil unseres Lebens gleicht einem Gespinst verspäteter Reflexionen, einem träumerischen Nebel, der den soeben vergangenen Moment verschleiert. Oftmals besteht unser Leben eher in einem Nachdenken über die gerade abgelaufenen Ereignisse als in einer direkten Teilhabe an der Entfaltung des Augenblicks.

Wie mannigfach die Möglichkeiten der Heilung sind, denen wir auf dem Pfad barmherziger Erforschung begegnen, führte uns Howard vor Augen, der im Vietnamkrieg gekämpft hatte und von einer Landmine an der rechten Körperseite schwer verwundet worden war. Über ein Jahr hatte er schon in einem Veteranen-Krankenhaus zugebracht, und doch erzählte er uns, daß er von einer richtigen Heilung noch weit entfernt sei. Als wir darüber sprachen, was seiner endgültigen Genesung im Wege stünde und ihn daran hindere, seine offenen Wunden auszuheilen und sein rechtes Bein wieder voll zu gebrauchen, erzählte er uns von dem Tag, an dem er verwundet wurde. Er war mit einigen befreundeten

Kameraden auf Patrouille gewesen, und sie waren unter schweren Raketen- und Maschinengewehrbeschuß geraten. Als er losrannte, um Deckung zu suchen, trat er auf eine Mine. Die Explosion schleuderte ihn einige Armlängen weit über das Reisfeld, wo er als blutiges Fleischbündel im Morast liegenblieb. Die gegnerischen Soldaten stürmten an ihm vorbei und „löschten meine ganze Truppe aus". So hatte ihn seine Verwundung als einzigen überleben lassen. Er hatte das Gefühl, daß sie irgendwie mit dem Tod der Kameraden in Verbindung stand. Seine tiefen Schuldgefühle resultierten aus dem Schamgefühl des Überlebenden - ein Umstand, auf den wir in ähnlicher Weise auch bei Menschen stießen, die die Todeslager der Nazis überlebten. „Wie kann ich hier noch herumlaufen, während die anderen zwei Meter tief unter der Erde liegen?"

Aber in Wirklichkeit lief er keineswegs so unbeschwert umher. Jeder seiner Schritte wurde von deutlichem Hinken und schmerzvollem Zucken begleitet. Sein verkrümmtes Bein und seine erkennbare Behinderung waren zu einem wesentlichen Teil seiner Persönlichkeit geworden. Als ich Howard eines Tages nach seinen Schmerzen fragte, krempelte er mühsam den elastischen Stützstrumpf an seinem Bein herunter und zeigte mir mehrere eitrige, „weinende" Wunden. „Die habe ich nun schon jahrelang - sie scheinen niemals zu heilen."

Wir schlugen vor, seine Heilung mit einer gründlichen Erforschung der Schamgefühle anzugehen, die er mit sich umhertrug, weil er seine „Waffenbrüder" überlebt hatte. Wir empfahlen ihm, sehr aufmerksam alle in ihm aufsteigenden Gefühle zu beobachten, wenn sein Bein zu schmerzen begann. Er sollte sehr sorgfältig auf die Botschaften oder Lehren hören, die womöglich von seinem Bein ausgingen. Nach einigen Wochen schilderte er uns, daß er bei jedem Wechseln seiner Verbände beinahe „die Körper meiner Kameraden riechen" könne, „die im Urwald vermodern". Nachdem er an einigen Workshops über bewußtes Leben und Sterben sowie an verschiedenen Beratungsgesprächen teilgenommen hatte, fühlte er sich zu einer täglichen Arbeit mit der Vergebungs-Meditation hingezogen. Sie bot ihm die optimale Möglichkeit, die Trauer in seiner Seele und in seinem Körper anzuerkennen. Er spürte, daß eine wachsende Bereitschaft zur Vergebung seine

Gefühle des Grolls und der Schuld ideal ausbalancieren könne, und fing damit an, sich zweimal täglich für zwanzig Minuten ruhig hinzusetzen und mit der Vergebungs-Meditation zu arbeiten. Daß es ihm anfangs sehr schwerfiel, sich seinem Schmerz vergebungsvoll zu nähern, machte ihm die Blockaden auf seinem Pfad zur Heilung bewußt. Er erkundete sein „Jahrzehnt der Trauer“ und begann rasch zu erkennen, „wie sehr ich in ‚Nam‘ innerlich aufgerissen wurde.“ Er begann zu spüren, daß es um mehr ging als um „diesen zerstörten Körper“. Wenn er sich auf den Schmerz in seinem Bein konzentrierte, schien sich dieser durch den Körper nach oben zu bewegen und mit dem Schmerz zu verbinden, den er schon so lange in seiner Brust spürte. „Ich hatte mehrere EKG’s in den letzten paar Jahren, aber es hieß immer, daß mit meinem Herzen alles in Ordnung sei. Aber ich glaube, jetzt weiß ich, was los ist. Ich kann einfach nicht begreifen, daß ich diese Verbindung in all den Jahren entbehren konnte.“ Die Arbeit mit der Trauer und mit der Vergebungs-Meditation, der er sich so intensiv gewidmet hatte, offenbarte den Schmerz seines Herzens nur umso mehr. „Es ist, als würde mein Bein an meinem Herzen ziehen.“

Weil Howard so weit entfernt von uns lebte, konnten wir ihn nur gelegentlich besuchen, aber er rief ungefähr einmal pro Woche an und stellte uns technische Fragen zum Ablauf der Vergebungs-Meditation: „Was soll ich machen, wenn ich Vergebung auf mein Bein ausstrahle und schreckliche, blutige Vorstellungen in mir aufsteigen? Ist die Vergebung für die Burschen bestimmt, die mich in die Luft gesprengt haben? Werde ich jemals imstande sein, etwas zu verzeihen, was mir so viele Schmerzen bereitet? Wird mir dieses ‚Etwas‘ jemals verzeihen können?“ Im Verlauf der Wochen konnte man spüren, daß es anfangs das Bein war, das die Fragen stellte - später aber, als sich der Prozeß vertiefte, schien es sein Herz zu sein, das nach seiner lange ersehnten Heilung rief. Innerhalb weniger Monate wurden seine Anrufe unregelmäßiger, seine Fragen aber umso eindringlicher: „Wenn ich mich meinem Herzen zuwende, um mit meinem Bein zu sprechen, dann höre ich manchmal überhaupt keine Worte mehr, sondern empfinde nur noch ein Gefühl, das die beiden verbindet. Wenn das passiert, scheinen auch die Schmerzen im Bein verschwunden zu sein. Aber worauf soll ich mich dann konzentrieren?“ Er arbeitete so angestrengt wie möglich, um in allem seine Offenheit zu bewahren.

Nachdem wir ungefähr ein halbes Jahr nichts mehr von ihm gehört hatten, betrat er bei einem Workshop unversehens unseren Raum und ließ dabei nur noch ein ganz leichtes Hinken erkennen. Als ich ihn fragte, was geschehen sei, erwiderte er: „Die Wunden haben aufgehört zu ‚weinen', seit ich die Trauer und auch das Bein in meinem Herzen aufgenommen habe. Jetzt kann ich auf beiden Füßen stehen." Es war nicht so, daß der Schmerz in seinem Bein völlig verschwunden war, aber er hatte sich verändert. „Ich habe das Gefühl, daß ich meiner Verwundung vergeben habe, und ich glaube, so sonderbar es auch klingen mag, daß auch sie mir vergeben hat. Jedenfalls fühle ich mich jetzt wohl in meinem Leben. Nun wollen wir einmal sehen, woran ich sonst noch arbeiten kann." Die Offenlegung und Verarbeitung seiner Trauer hatte eine tiefgreifende Heilung in ihm bewirkt, die sich vielleicht noch jahrelang fortsetzen wird. Und er sagt: „Mein Körper holt jetzt irgendwie auf. Ich habe mich so lange verschlossen und vor meinen Gefühlen gefürchtet, daß erst all dieser Schmerz kommen mußte, um mich darauf aufmerksam zu machen."

Was es bedeuten kann, die Heilung völlig anzunehmen, zeigte sich ebenso klar bei einem befreundeten Therapeuten, der infolge einer degenerativen Herzkrankheit keine Treppen mehr steigen konnte und auch seine Praxis als Tanz-Therapeut aufgeben mußte. Er erzählte uns, daß er dann einmal ein Bild des heiligen Herzens Jesu betrachtet und an jenem Tag damit begonnen habe, „mein Herz für mein Herz zu öffnen". Er fing an, dieses leuchtende Herz in sein „altes, hinfälliges" Herz hineinzuatmen. Er sagte, daß sich mit jedem Atemzug ein Mitgefühl in ihm ausgebreitet habe, wie er es sich selbst nie zuvor zugestanden hätte. Er atmete das Herz Jesu direkt in sein eigenes Herz hinein.

"Ich ließ das heilige Herz mehr und mehr mit meinem kranken Herzen verschmelzen, und das machte mich richtig high." Seine Meditationen, die anfangs etwa zehn Minten gedauert hatten, erweiterten sich im Verlauf der Monate auf mehrere zwanzigminütige Perioden am Tag. Er suchte die Gnade der Heilung, und seine Krankheit schritt nicht weiter fort. Seit drei Jahren hat sich der Zustand seines Herzens nicht weiter verschlechtert. „Jetzt kann ich wieder eine Treppe hochsteigen, und hin und wieder ermuntert mich mein Herz sogar zum Tanzen - aber das Umherwirbeln macht meinen Körper immer noch ein wenig müde."

Bei manchen Menschen bedarf es vieler Monate des Schmerzes und der Hilflosigkeit, bevor sie ihre Suche nach Heilung vertiefen. Andere scheinen in einem einzigen Moment zu erfassen, auf welchem Pfad sie ihre Ganzheit finden können. Eine krebskranke Frau, die einmal an einem zehntägigen Retreat über bewußtes Leben und Sterben teilnahm, hatte mich am dritten Tag angesprochen und gesagt: „Ich fahre wieder nach Hause, um mich auszuruhen - ich bin nur gekommen, um zu erfahren, was ich als nächstes tun muß. Und ich habe bekommen, was ich gesucht habe." In den sechs Jahren, die seitdem vergangen sind, hat sich ihr Gehirntumor vollständig zurückgebildet. Als ich sie zuletzt traf, kam sie mit einem glücklichen Lächeln auf mich zu und sagte: „Kein Krebs mehr." Als ich sie fragte, ob er vollständig verschwunden sei, erwiderte sie: „Das weiß ich nicht, aber ich lebe mehr im Jetzt als jemals zuvor."

Bei manchen beginnt dieser ahnungsvolle Weg durch die Krankheit erst, wenn sie eine lange Periode schwerer Kämpfe und Leiden hinter sich haben - wenn sie infolge der mit ihrer Erkrankung verbundenen Probleme das Gefühl einer Niederlage bekommen und „einfach keine Kraft mehr zum Weiterkämpfen" haben. Wenn sich die inneren Widerstände dann abschwächen, beginnt sich ihr Herz jedoch oftmals zu öffnen, und das Gefühl der Niederlage geht trotz aller Schmerzen in eine neue Bewußtheit über. Thomas Merton sagte: „Die wahre Liebe und das wahre Gebet erlernen wir dann, wenn wir des Betens nicht mehr fähig sind und das Herz zu einem Stein geworden ist."

Dies war zweifellos bei May der Fall, deren vierzehnjähriger Sohn in ihren Armen an einer Krankheit starb, die sie für eine schwere Erkältung gehalten hatte. Sie hatte ihren Sohn immer wieder beruhigt, nachdem der herbeigerufene Arzt gesagt hatte, daß er „nur eine leichte Grippe" habe und „das allein wieder ausschwitzen und wie ein Mann durchstehen" könne. Aber der Junge starb. Die Schuldgefühle und Selbstzweifel, die seinem Tod folgten, ließen May innerlich zerbrechen. „Länger als ein Jahr war ich schier am Verrücktwerden, bis mir das Herz einfach brach. Ich konnte mich kaum noch rühren und nicht einmal selbständig zur

Toilette gehen. Ich war nur noch ein Wrack. Ich dachte, ich würde nie mehr auf die Beine kommen. Ich fragte alle Leute, die ich traf, ob sie jemanden kennen würden, der an seinem Kummer gestorben ist. Mein Leben war vorbei, ich hatte es verpfuscht. Alles hatte ich ruiniert. Und es wurde immer schlimmer, bis ich glaubte, ich müsse in Stücke zerspringen. Ein Jahr lang hatte ich täglich an Selbstmord gedacht. Ich wußte, daß jetzt etwas geschehen mußte - so oder so. Nachdem mich viele Therapeuten dazu ermutigt hatten, ließ ich den Schmerz einfach in mich ein. Ich dachte, er würde mich vernichten. Und vielleicht passierte das auch, denn irgendwie erlebte ich eine Wiedergeburt, als ich dem Schmerz und der Trauer Gelegenheit gab, mich zu töten - und dennoch am Leben blieb. Ich sah, daß dieser Schmerz den Rest meines Lebens bestimmen würde, und ich wußte, daß ich einfach mit ihm leben mußte. Seit diesen Tagen habe ich angefangen, dem Schmerz ebenso zu vertrauen wie der Vergebung. Und nun bin ich wieder mit meiner Familie vereint."

Die meisten von uns schieben die notwendige Heilung hinaus. Die Frage „Auf welcher Ebene kann man Heilung finden?" existiert für uns solange nicht, bis wir Krebs in unserem Körper entdecken - bis wir mit dem Tod eines Kindes, dem Verlust einer vermeintlich sicheren gesellschaftlichen Position, dem Altwerden, einer Ehescheidung oder einer chronischen Erkrankung konfrontiert werden.

Wir können die Trauer, die wir in unserem leidenden Körper und in unserem schmerzhaft isolierten Geist eingeschlossen haben, auf vielen Ebenen erforschen. Vielleicht muß wirklich erst ein traumatisches Ereignis eintreten, bevor wir dem Leben auf einer Ebene Beachtung zu schenken beginnen, auf der wir Heilung finden und von unseren subtilen, inneren Wunden erlöst werden können.

Als mir dies immer klarer wurde, änderte sich auch die Art und Weise meiner Arbeit mit Menschen, die Schmerzen litten. Wenn ich in den ersten Jahren Patienten mit extremen körperlichen Beschwerden betreute, nahm ich manchmal wahr, daß sich mein Herz dem Gebet zuwandte, um Fürsprache für sie einzulegen und eine Linderung ihrer Schmerzen zu erbitten. Doch im Lauf der Zeit erkannte ich, daß mein Wissen nicht ausreichte, um beurteilen zu können, was für den einzelnen am besten war. Als ich dann eines Tages bei jemandem saß, der große körperliche Qualen erdulden mußte, und mich dem, was auch immer das Göttliche sein mag, zuwenden und für diesen Menschen um ein wenig Erleichterung bitten wollte, fühlte ich etwas, das mir dieses Gebet untersagte. Offensichtlich war es für den Kranken nicht sinnvoll. Seither kann ich immer nur darum beten, daß jemand aus seiner Erfahrung alle Weisheit und Heilung gewinnen möge, der er sich öffnen kann. Ich kann es nicht mehr „besser wissen" als Gott, wenn es um die Bedeutung, Ursache oder Auswirkung einer Krankheit geht. Ich vertraue einfach dem Nichtwissen, um für den Prozeß offen zu bleiben und zu erkennen, wie tief unsere Heilung wirkt, wenn wir unsere Aufmerksamkeit auf das Leben richten und auf alles, was es umfaßt.

Unsere alte Freundin Vivien erwachte eines Morgens und mußte entdecken, daß ihre junge Tochter im benachbarten Schlafzimmer ermordet worden war. Sie konnte es sich nicht verzeihen, daß sie ihrer Tochter nicht zu Hilfe gekommen war. „Wie konnte es nur passieren, daß ich nichts gehört habe? Wie konnte es mir entgehen, daß sie mich brauchte?!" Die Ermittlungen ergaben, daß ihre Tochter schon getötet worden war, bevor Vivien an diesem Abend nach Hause zurückkehrte. Und doch wurde der rationale Geist angesichts seiner Unfähigkeit, den Tod abzuwehren oder den geliebten Menschen zu beschützen, tief erschüttert. Sie sagte, daß sie in den ersten Monaten fassungslos darüber gewesen sei, die ganze Nacht durchgeschlafen zu haben, während ihre Tochter erwürgt im angrenzenden Schlafzimmer gelegen habe. Ihr Körper begann zu schmerzen, und alte körperliche Leiden stellten sich wieder ein. Sie klagte: „Ich bin todunglücklich über dies alles." Sie meinte, daß sie alles tun würde, um ihre Tochter wieder lebendig zu machen - und ihre starke Anspannung war ihr nur allzu deutlich anzumerken. Dann erkannte sie eines Tages während der Arbeit mit der Trauer-Meditation: „Nichts wird wieder so sein, wie es einmal war." Sie ließ den enormen Schmerz dieser machtvollen Wahrheit in ihr Herz hinabsinken und begann, sich der Heilung zu öffnen. Anstatt fortwährend in sich selbst gegen die Bilder ihrer erwürgten Tochter anzukämpfen, ließ sie sich gänzlich von ihnen überfluten. Sie weinte und schrie und lachte und redete - redete ununterbochen mit ihrer toten Tochter. Und schließlich schlief sie ein. Anstatt gegen das anzukämpfen, was gewesen war, begann sie sich den Dingen zu öffnen, wie sie wirklich waren. Sie erlaubte es dem Schmerz, die Schichten ihrer alten Verklammerungen von ihrem Herzen abzuschälen. Er brannte sich durch ihr ganzes Leben der Isolation und der Angst hindurch, so daß sie in ihrem Mitempfinden und ihrem Heilsein nahezu transparent wirkte. Und wenn sie auch heute sagt, daß sie die Unmöglichkeit einer Wiederkehr ihrer Tochter völlig akzeptiert, fügt sie doch gewöhnlich hinzu: „Aber sie ist mir auch noch nie so nah gewesen."

Diese vielfältigen Ebenen der Heilung wie auch die mit ihnen einkehrenden Einsichten offenbarten sich besonders klar bei unserem alten Freund Bob. Er litt an Schmerzen, seit er sich einige Jahre zuvor bei einem Motorradunfall zahlreiche Knochenbrüche zugezogen hatte. Nachdem er jahrelang mit verschiedenen medizinischen Thearapieformen und Analgetika experimentiert hatte, um die Schmerzen zu unterdrücken und die extreme Körperreaktion auf die akuten Beschwerden zu mildern, erzählte er uns: „Vor kurzem hatte ich Gelegenheit, einen alten Traum zu verwirklichen. Ich bekam ein Stück Land geschenkt und genügend Bauholz, um mir ein eigenes Haus bauen zu können. Aber ich hatte immer wieder Bedenken und dachte, daß ich das bestimmt nicht schaffen würde. Trotzdem dachte ich oft darüber nach und stellte mir immer wieder die Frage, wie ich das wohl bewerkstelligen könne. Und irgendetwas in mir sagte: ‚Überlege doch mal - wenn Du Deine Gedanken auf Gott richtest, schmerzt Dein Rücken doch nicht mehr so sehr.'" Und so gelang es ihm, sein lange ersehntes Haus in den weiten Wäldern zu bauen, indem er für Gott sang. Damit war es geschafft. Nun lebt er nicht einfach in einem Haus, sondern in einem Tempel. Und Gott singt für ihn. Hin und wieder schmerzt sein Rücken noch, aber das spornt ihn dann nur dazu an, noch eine Oktave tiefer zu singen.

Wenn wir von den Erleuchteten sprechen, von den Heiligen und Illuminati, dann meinen wir vielleicht einfach nur, daß sie die Geheilten sind - die, deren Geist tief im Herzen versunken ist, die das Eine entdeckt haben, aus dem das Viele entsteht - das Ungeteilte, das Ganze. Victor Frankl berichtet in seinem Buch *TROTZDEM JA ZUM LEBEN SAGEN* von den wenigen Menschen, welche die

Schreken der Konzentrationslager überlebten, weil sie anderen dienten. Er erzählt von den Ärzten und Nonnen, von den Priestern und Rabbis, von den Menschen, die väterlich und mütterlich für andere sorgten. Sie überlebten, weil sie wußten, wofür sie lebten: für die Liebe und für die Heilung. Sie schritten über die den Körper so oft vernichtende Krankheit hinaus. Selbst in dieser Umgebung, die sie aller Kontrolle, aller Würde und aller damit scheinbar verknüpften Unabhängigkeit beraubte, hatten sie Liebe zu verschenken. Sie wußten, daß allein die Liebe ein wirkliches Geschenk ist. Sie wußten, daß wir uns in der liebevollen Bemühung um andere in Wirklichkeit um uns selbst bemühen. Ihr Leben offenbarte eine hohe Anerkennung des Seins, das wir alle miteinander teilen.

Der Pfad der Heilung ist ein Prozeß, bei dem wir die Verhaftungen der Vergangenheit in unserem Herzen aufnehmen und die Gegenwart in klarer Bewußtheit erleben. Er ist eine Rückkehr nach Hause, eine Rückkehr zum lebendigen Augenblick. Doch weil unser Sein viel mehr umfaßt als nur Geist und Körper, weil unser wahres Wesen unermeßlich ist, können wir die Grenzenlosigkeit dieses Pfades nicht beschreiben. Wir müssen ihn erleben.

Was wir hier mit dem „Pfad der Heilung" bezeichnen, kann sicherlich auch auf andere Art formuliert werden. Schwarzer Elch, der große Schamane der Sioux-Indianer, spricht davon, „in einer weihevollen Weise zu gehen". In einer weihevollen Weise zu gehen bedeutet, aus dem Leben eine Kunst zu machen - an jedem Moment so teilzuhaben, als würde es der letzte sein, und jeden Schritt so auszuführen, als wäre es der erste. Es bedeutet, Liebe und Bewußtheit in diesen kleinen Körper hineinzuatmen, um in den größeren Körper einzugehen, den wir alle miteinander teilen. Es bedeutet, daß wir unsere Schritte nicht erzwingen, sondern leichtfüßig vollführen - daß wir nicht noch mehr Ego erschaffen, nicht noch mehr zu „Machern" werden, nicht noch mehr isolierte Persönlichkeit schaffen, die nur weiteres Leid auf sich herabzieht. In einer weihevollen Weise zu gehen heißt, unser Leid loszulassen und der schillernden „Soheit" jedes einzelnen Augenblicks zu erlauben, den nächsten Schritt zu stärken und zu lenken.

Wenn wir in einer weihevollen Weise gehen, wirft uns nichts aus der Bahn, denn da ist nichts, was sich mit einem Ego, mit einem

Gehenden identifiziert. Statt dessen ist uns alles heilig - alles wird zu einem Prozeß, der sich entfaltet, zum göttlichen Moment, der für unsere Heilung vorgesehen ist.

Im offenen Körper, im offenen Geist und im offenen Herzen sind die Möglichkeiten unbegrenzt. Heilung kann überall gefunden werden. Jeder Schritt ist sehr kostbar. Jeder Schritt bringt neue Heilung.

Hältst Du Ausschau nach mir?
Ich habe den Platz neben Dir.
Meine Schultern berühren die Deinen.
Du findest mich weder in Stupas noch in indischen Tempeln,
weder in Synagogen noch in Kathedralen,
nicht in Messen, nicht in Kirtans, nicht darin,
daß Du Deinen Hals mit den Beinen umschlingst
oder ausschließlich vegetarisch lebst.
Wenn Du wirklich nach mir Ausschau hältst,
wirst Du mich sofort erblicken -
Du wirst mich finden im winzigsten Haus der Zeit.
Kabir sagt: Schüler, sprich, was ist Gott?
Es ist der Atem im Innern des Atems.

Kabir

* * *

KAPITEL 5

Das Ungeheilte erkennen

Wenn man bedenkt, wie vieles in unserem Leben nicht ausgelebt wird und wie viele ungelöste Probleme den meisten bleiben, kann es nicht überraschen, wie schwer manchen von uns das Sterben fällt. So sind Ondrea und ich in all den Jahren der Arbeit mit todkranken Menschen immer wieder auf ein sehr ergreifendes Phänomen gestoßen. Betroffen erlebten wir, daß viele Menschen nur allzu bereit waren, aus dieser Welt zu scheiden, daß viele so enttäuscht und des Lebens so müde waren, daß sie „nur noch sterben und alles hinter sich haben" wollten. Vielen erschien das Leben unerträglich. Unsere heutigen Lebensumstände machen es sicherlich oftmals verständlich, daß wir die Verhaftungen eines ganzen Lebens im Augenblick des Todes nicht einfach aufgeben können. Indessen hat dieser lebensverneinende Hang zu beständigem Rückzug unsere Aufmerksamkeit auf die zahlreichen Lebensaspekte gelenkt, welche diese Menschen ungeheilt hinter sich zurückließen.

Wenn wir von den Tendenzen sprechen, den Schmerzen des Lebens auszuweichen, sprechen wir eindeutig nie von anderen Personen, sondern immer von einem Zustand, der in jedem von uns existiert. Und da dieser innere Drang zur Flucht selbst die oberflächlichste Heilung zu erschweren scheint, müssen wir uns selbst ebenso mit ihm auseinandersetzen wie all jene, die Heilung finden wollen.

Weil wir spürten, wie wichtig die Erforschung der Barrieren ist, die das Leben eingrenzen und vielleicht sogar unseren Zugang zur

Krankheit blockieren, stellten wir jeden neuen Patienten vor eine Aufgabe: Stelle Dir einmal vor, Du gehst heute zum Arzt und erfährst von ihm, daß Du nur noch ein halbes Jahr zu leben hast. Anschließend bittet man Dich, ein großes Blatt Papier zu nehmen, in zwei Spalten zu unterteilen und in die linke Spalte all die Gründe hineinzuschreiben, um derentwillen Du noch weiterleben möchtest. Sicherlich fallen Dir dabei Hunderte von Dingen ein - Dein Interesse an der Welt, die Liebe zu Deiner Familie und zu Deinen Freunden, Dein Verlangen nach neuen Erfahrungen, Dein Wunsch nach einer Erfüllung alter Träume und nach der Zerstreuung alter Alpträume, das Verlangen nach dem Genuß dieser ungemein schönen, vielfach glitzernden Lebenssphäre. Du möchtest die Enkelkinder noch erleben, Deine Kenntnisse erweitern, weitere Liebesabenteuer auskosten, neue Bekanntschaften machen, weitere Projekte verwirklichen und noch oft in die leuchtenden Augen alter Freunde schauen. All diese Gründe würdest Du in die A-Spalte eintragen, welche die Überschrift trägt: „Warum ich am Leben bleiben möchte." Nun bittet man Dich, zur rechten Spalte zu gehen und dort alle Gründe aufzuzählen, um derentwillen Du in irgendeiner Weise Erleichterung verspüren würdest, wenn man Dich mit der Todesprognose konfrontiert - mögen diese Gründe auch noch so irreal und unbegreiflich anmuten. Was würde Dir dazu einfallen? Was könnte ein Grund dafür sein, daß Dir die Aussicht auf das Sterben nicht allzu unangenehm erscheint? Führe nicht die Liebe zu Gott oder Dein Vertrauen in den Gesamtprozeß an, sondern Deine Widerstände gegen das Leben, all die Umstände, denen gegenüber der Tod eine akzeptable Alternative wäre. Schreibe dies alles in die Spalte B und gib ihr die Überschrift: „Warum ich nichts gegen das Sterben hätte."

Was fiele Dir wohl ein, wenn man Dich fragte, warum Dir der Tod nichts ausmachen würde? Was könntest Du in Dir selbst entdecken? Weshalb hättest Du nichts dagegen, diese Welt zu verlassen? Welcher Grad von Lebensüberdruß, von Erschöpfung, von Trauer, von Verwirrung, von Angst, von Schmerz, von Unfertigkeit, von Verlassenheit, von Hilflosigkeit und von Hoffnungslosigkeit würde in der rechten Spalte zum Ausdruck kommen?

Wir investieren einen Großteil unserer Energie in das Bemühen, uns an Spalte A zu klammern, unsere Hochgefühle zu untermauern und unser Verlangen nach Resignation zu verdrängen. Und immer wieder stehen wir verwundert vor der Tatsache, daß wir nicht so *richtig* schmecken und riechen, nicht so *richtig* berühren, sehen und fühlen können. Wir sind schockiert, wenn wir schließlich erkennen, daß vieles von dem, was wir „Leben" nannten, nur eine nachträgliche Reflexion des Lebens war - daß wir unser Leben nur in den Gedanken, aber nicht in der Wirklichkeit gelebt haben. Wir haben das Leben zu einem Kampf und zu einer Zwangslage gemacht, statt uns seinem Strom zu öffnen. Und indem wir darum kämpfen, in Spalte A zu bleiben, werden wir nur noch tiefer in die Spalte B hineingezogen. Vielleicht besteht unser größter Schmerz darin, daß wir den Schmerz einfach nicht akzeptieren wollen. Die Märchenzeile „...und sie lebten glücklich bis an ihr Lebensende" infiziert unsere Pläne, verschleiert und abstrahiert unser Leben. Wir halten ständig außerhalb unser selbst nach dem Glück Ausschau und sind ständig von äußeren Voraussetzungen abhängig, um Freude empfinden zu können. Wir hadern mit dem Gefühl der Hoffnungslosigkeit und des schwelenden Grolls, in dem wir uns immer wieder verkapseln. Erwartungsvoll harren wir auf den nächsten Augenblick, anstatt ihn einfach zu leben.

Während unseres ganzen Lebens geben wir der linken Spalte Nahrung und fördern den Aspekt in uns, der „am Leben bleiben" möchte. Es ist fast so, als würden wir - wie ich es in meinem Sommerurlaub getan habe - an einem Aufsatz schreiben, der detailliert aufzeigen soll, weshalb wir das Leben so schätzen, welcher Durst zu stillen, welcher Hunger zu sättigen und welche Verlangen zu befriedigen sind. Vielleicht fällt uns dabei auf, daß es gerade unsere Unfähigkeit ist, diesen Verlangen dauerhaft Genüge zu tun oder unseren Durst für immer zu stillen, aus der die Apathie und Frustration resultiert, die in der Spalte B Zeile um Zeile füllt. Wir mögen in dieser Spalte zwar einige gute Gründe finden, um derentwillen uns das Leben „ein bißchen zu viel" geworden ist. Aber gerade sie definieren wahrscheinlich auch unsere Widerstände gegen eine Heilung. Es mag sogar sein, daß die Einstellungen in Spalte B die Krankheit auf irgendeine Weise entschuldigen wollen und sie eigentlich für ganz gerechtfertigt halten.

Vielleicht ist es diese Spannung zwischen den Polen der Begierde und der Verzweiflung, aus der die tiefe Erschöpfung stammt, die unsere Heilung einschränkt. Wenn wir Spalte A und Spalte B genau untersuchen, können wir fast den Konflikt zwischen rationalem Geist und Körper erkennen - zwischen dem Wunschbild unser selbst und der drohenden Lebenswirklichkeit. In diesem Niemandsland zwischen Spalte A und Spalte B, zwischen Geist und Körper, zeichnet sich das Ungeheilte scharf ab. In diese dämmerige Kluft hinein wird unser Herz als Vermittler gerufen - jenes Herz, das Jung als „den Ort des Zusammentreffens der Gegensätze“ definiert. Es ist der Ort, an dem wir die heilende Kraft des Gewahrseins und des Erbarmens dankbar anerkennen.

Nur selten erforschen wir die Spalte B. Selten können wir uns selbst voll und ganz akzeptieren. Vieles in uns schieben wir einfach beiseite. Schließen wir uns etwa selbst in die Arme und wiegen uns zärtlich hin und her, wenn wir Angst, Schuldbewußtsein und Selbstverachtung in uns fühlen? Behandeln wir uns selbst so, wie wir unser einziges Kind behandeln würden? Begegnen wir unserem Schmerz nicht vielmehr so ablehnend, feindselig und stur, daß ein Teil von uns immer unerforscht und ungeheilt bleiben muß?

Wie begegnen wir dem Schmerz, wenn wir uns beim Bilderaufhängen versehentlich mit dem Hammer auf den Daumen schlagen oder beim Durchqueren des Zimmers irgendwo mit der Zehe anstoßen? Nähern wir uns ihm liebevoll oder widerwillig und aggressiv? Wenn wir unsere Reaktionen beobachten, wird uns auffallen, wie oft wir dem Schmerz ganz automatisch mit Wut oder gar Haß begegnen. Wir erkennen den engen Spielraum unserer Konditionierung. Ausgerechnet wenn wir unser eigenes Mitgefühl am meisten brauchen, ist von ihm am wenigsten vorhanden. Wo verbirgt sich die edle Güte, die zwar potentiell vorhanden ist, die wir aber so selten in uns erwecken? Wo treffen wir sie an? Wie soll es uns jemals gelingen, unsere Heilung anzunehmen, wenn wir bedenken, wie sehr wir von unserer Fixierung auf die Flucht vor dem Schmerz, auf den Sieg über den inneren Feind beherrscht werden? Sind wir denn fähig, uns dem Schmerz mit einer neuen Sanftmut zu öffnen, statt ihm mit der altgewohnten Härte und Ablehnung zu begegnen? Können wir uns überhaupt erbarmungsvoll für etwas öffnen, das wir immer wieder unerbittlich verdammt und dem wir eine Daseinsberechtigung fast abgesprochen haben?

Wir haben festgestellt, daß viele Menschen allmählich in ihr Leben zurückfanden, indem sie die Wesensmerkmale ihrer selbst erkundeten, die den Tod eventuell höher einschätzten als das Leben. Wenn wir dem Überdruß, dem Selbstzweifel, der Verwirrung und dem beharrlichen Bewertungsstreben auf den Grund gehen, erkennen wir, daß sich der rationale Geist in diesen Zuständen oft gerne selbst ausschalten würde. Seine heftige Reaktion auf alles Unangenehme verdeutlicht auch seine Beziehung zu körperlichem Unbehagen, die sich in vernichtender Ablehnung äußert, in dem Wunsch, sich von der eigenen Existenz wie auch von aller Erfahrung zu befreien - in der Essenz von Spalte B. Wenn wir das Wesen der Verklammerung des rationalen Geistes an seinem Leiden erkennen, beginnen wir loszulassen und den Schmerz eines ganzen Lebens voller Mitgefühl zu betrachten, so daß nichts die Lösung alter Konflikte beeinträchtigen oder unsere natürliche Heilung blockieren kann.

Unsere Heilung vertieft sich, wenn uns bewußt wird, daß wir uns diesen Konflikten und Schmerzen mit einer neuen Sanftheit, mit einem innigeren Erbarmen nähern müssen. Daß wir aus einem weitherzigen Gefühl der Vergebung heraus zu akzeptieren haben, daß diese Wirrnisse existieren, obwohl wir unseren Rückzug aus dem Leben, der sich in Spalte B niederschlägt, nicht „freiwillig" vollziehen. Er resultiert aus den Reaktionen des unerforschten Geistes auf die Gefühle der Panik und Hilflosigkeit, die so oft in unserem Leben in Erscheinung treten und uns scheinbar keinen Ausweg lassen.

Hinsichtlich der Spalte B oder der Konflikte, die auf subtile Weise im Geist und vielleicht sogar unter der Schwelle unseres normalen Gewahrseins im Widerstreit liegen, können wir wahrlich nicht von Schuld sprechen. Wir brauchen sie nicht zu bewerten. Wir sollten sie einfach nur erkennen. Schuldgefühle führen uns nur vor Augen, mit welcher Unbarmherzigkeit, Unwilligkeit und Angst wir unserem Schmerz begegnen.

Wie können wir aber zur Heilung und Ganzheit finden, solange wir jene Komponenten unseres Lebens, die wir für inakzeptabel oder sogar verachtenswert halten, noch aus unserem Herzen verbannen? Wir sind durchaus imstande, den Geist sanft und behutsam zu durchforschen und die Wesensmerkmale, die uns immer wieder blind für jede Heilung machten, ein wenig mitfühlender, verständnisvoller und optimistischer zu betrachten. Wir sollten uns nicht immer wieder von denselben alten Mechanismen überrumpeln lassen, sondern Ängste und Zweifel mit einem humorvollen „Ahaaa!“ beherzt zur Kenntnis nehmen - auch wenn sie uns schon nicht mehr in echtes Erstaunen versetzen können. Was wir in tiefer Selbsterforschung ans Licht gebracht haben, kann uns nicht mehr überraschen. Die „Top-Charts“ des rationalen Geistes, seine altbekannten „Hits des Jahrhunderts“, die ständigen Wiederaufführungen der schmerzvollen Sehnsüchte, die uns immer wieder ergriffen haben, solange wir zurückdenken können, versetzen uns nicht mehr in Erstaunen.

Auch hier geht es uns nicht um die Heilung anderer, sondern um unsere eigene Heilung. Frei von jeder Selbstanklage finden wir uns inmitten unserer eigenen schmerzvollen Wirklichkeit wieder - absolute Anfänger, die sich Schritt für Schritt vorwärtstasten, um eine Heilung zu finden, die so tief ist wie unsere Verklammerung, so tief wie unser Schmerz.

Unsere Heilung und Ganzheit setzt nicht einmal eine Veränderung voraus. Es geht weniger um Veränderung als vielmehr um mitfühlende Offenheit. Wir müssen nicht einmal unseren Zorn, unsere Ängste und unsere Zweifel reduzieren. Wir müssen auch nicht liebevoller, mitleidsvoller oder weiser werden. Um heil und ganz zu sein, müssen wir uns nur von ganzem Herzen selbst annehmen und auch unserer Lieblosigkeit, unserer Erbarmungslosigkeit mit einem tiefen „Ahaaa!“ begegnen.

Es mag so klingen, als wäre es einfach zu schön, um wahr zu sein, daß wir nichts anderes tun müssen, als den Augenblick voller Güte anzuerkennen. Aber wir sind nicht so weit von unserer Heilung entfernt, wie wir glauben. Im Licht des klaren Gewahrseins können wir alles meistern, auch unsere Schmerzen und Ängste. Wenn wir uns der tiefen Selbsterforschung widmen, tritt die Heilung schon mit der Ausbreitung des Gewahrseins ein. Und alles beginnt sich ganz von selbst zu ordnen. Eine tiefe Heilung tritt ein - wir erkennen, daß uns „überhaupt nichts Besseres passieren konnte“.

Im *I Ging*, dem chinesischen Weisheitsbuch, wird im Hexagramm

„Das Heer" ausgesagt: „Man kann den Feind nicht überwinden, solange man sich nicht von der Verachtung befreit, mit der man den anderen straft." Dieser „andere", das sind wir sehr oft selbst. Aber auch hier kann man das Wesentliche leicht übersehen, denn wir müssen uns nicht von irgendetwas befreien, um heil und ganz zu sein. Wir brauchen nichts weiter zu tun, als alles, was bereits vorhanden ist, mitfühlend und bewußt zu akzeptieren und zur Entfaltung kommen zu lassen. Gewahrsein heilt.

Heil und ganz zu sein heißt, sich der Veränderung zu öffnen, nicht sie zu erzwingen. Manchen mag sich dies in ihrem Glauben an Gott offenbaren, anderen durch das Vertrauen in den Lebensprozeß. Veränderung entsteht nicht so, wie wir es uns vorstellen, sondern ganz von allein. Gerade weil wir so oft auf Veränderung drängen, bleibt alles gleich, und unser Gefühl der Unbewußtheit, Unvollkommenheit und Friedlosigkeit besteht weiter. Vieles von dem, was uns unsere Erziehung vermittelt hat, ist uns zuwider. Unser Egoismus ist uns lästig. Wir fühlen unsere Hilflosigkeit und Verzweiflung, unsere Hartherzigkeit und Verlassenheit sehr deutlich.

Wenn wir uns den Inhalten des Geistes öffnen, und sei es selbst am Punkt unseres intimsten, persönlichsten Schmerzes, haben wir die Möglichkeit, die im wesentlichen unpersönliche Universalität des Prozesses zu erkennen, in dem sich alles entfaltet. Indem wir jeden erfaßten Gedanken wieder loslassen, indem wir sein Erscheinen und Verlöschen auf der Leinwand des Bewußtseins beobachten, beginnen wir wahrzunehmen, wie der Prozeß, der uralte Impuls der Erfahrung, im grenzenlosen Gewahrsein dahinfließt. Schon der flüchtigste Einblick in die unermeßliche Weite, in der alles dahinschwebt, verändert den gesamten Kontext. Wir erleben die Freude der Unendlichkeit unseres Seins. Wir entdecken die Heilung, die immer und ewig vorhanden ist, wenn wir es uns nur gestatten, Zugang zu ihr zu finden.

Unser Leid loszulassen ist die schwerste Arbeit, die uns überhaupt erwarten kann. Aber es ist auch die Arbeit, die am meisten Früchte trägt. Zu heilen heißt, uns selbst in einer neuen Weise anzunehmen - in der Neuheit jedes Augenblicks, in der alles möglich ist, in der die Vergangenheit keine Schranken setzt und in der wir unserer Verklammerungen ohne Verwirrung oder

Bewertung gewahr werden. Wenn jeder Moment, mag er Freude oder Schmerz enthalten, sich in der unendlichen Weite unseres Seins verliert, dann erreicht die Heilung eine größere Tiefe, als wir es uns je vorstellen konnten, als wir es uns je erträumt haben.

Diese Lehre der achtsamen und gefühlvollen inneren Öffnung für unser tiefstes Leid ist Teil unserer essentiellen Heilung. Ich erinnere mich lebhaft daran, wie ich vor fünfzehn Jahren nach einem zehntägigen Retreat nach Hause kam und sehr froh darüber war, wieder „in die Welt" zurückgekehrt zu sein. Ich saß am nächsten Morgen ganz ruhig am Küchentisch, nippte an meiner Teetasse und beobachtete die aufgehende Sonne, als mich ganz plötzlich ein Gefühl der Selbstverachtung überkam. Mein Körper mit seinen 68 Kilogramm schien auf einmal 68 Tonnen zu wiegen. Ich war wie vom Donner gerührt und konnte mich nicht mehr bewegen. Ich war völlig starr vor Überraschung. Noch nie hatte ich so intensiv gespürt, wie gründlich ich mich selbst aus meinem Herzen verbannt hatte. Der Augenblick erfüllte mich mit Angst, und ich dachte: „Oh je, die Meditation hat mir den Verstand geraubt." Aber so war es natürlich nicht. Die Vertiefung des Gewahrseins hatte meine Aufmerksamkeit auf den Teil des Geistes gelenkt, der all meine Verzweiflung enthielt, der sich von sich selbst und von allem anderen abgetrennt fühlte. Die Meditation hatte mir tatsächlich den Zugang zu den Bereichen geöffnet, denen ich mich verschlossen hatte. Sie hatte mir den Schmerz bewußt gemacht, der sich tief in mir eingekapselt und mit jedem Moment der Selbstverneinung und der Verdrängung des Schmerzes tiefer in mich eingegraben hatte. Unwillkürlich geriet ich in Panik und rief meinen Meditationslehrer an, von dem ich Trost erwartete und hören wollte, daß ich beileibe nicht so schlecht sei, wie ich dachte. Aber stattdessen sagte er: „Nun setz' Dich erstmal hin und rieche ein wenig an den Blumen - sie wachsen auf Deinem eigenen Mist. Verdränge diesen Geisteszustand nicht. Du hast durch Deine harte Arbeit jetzt erkannt, wie wenig Platz Du in Deinem Herzen für Dich selbst hast. Ziehe Dich nicht wieder zurück. Gehe in diesen Schmerz mit etwas Neuem hinein - mit Güte und Bewußtheit." Ich konnte den lebenslangen Verteidigungsmechanismus in mir erkennen. Und wenn dieser Moment auch überaus schmerzhaft war, so war er doch auch äußerst kostbar. Er leitete eine Periode ein, in der ich mich der Heilung tiefer öffnete als jemals zuvor. Während der nächsten zwei Tage sann ich über die Wesenszüge meiner selbst nach, denen auszuweichen ich mich ein ganzes Leben lang bemüht hatte. Ich unternahm nichts, um mich von dem gewaltigen Maß an Selbstverachtung abzulenken, das da in mir aufgespeichert war. Immer wenn ein Gefühl der Bedrängnis oder Angst in mir aufstieg, flüsterte mein Herz: „Bleibe jetzt nicht stehen, laß die Heilung in Dich ein. Sei barmherzig, sei achtsam." Es war der Punkt, an dem sich mir die Liebe zum ersten Mal auf einer tieferen Ebene erschloß - in einem Raum, der über das „Ich" hinausging, das sich so lange an seine Schutzbedürftigkeit geklammert hatte und um dessentwillen selbst verachtete. Was ich erlebte, mögen manche als „heilsame Krise" bezeichnen - eine mit dem klaren Erkennen der Wunde verbundene Zuspitzung der schmerzhaften Symptome, eine gründliche Läuterung des Lebensweges, eine Rückkehr ins Leben.

Ein Lehrer wies einmal darauf hin, daß die „Meditation wirklich eine Beleidigung nach den anderen" sei. Und ein anderer Lehrer führte an: „Solange man Dich beleidigen kann, hast Du etwas zu verbergen." Denn das *Sein* kann nicht beleidigt werden, sondern nur unsere Abhängigkeiten und Krankheiten, unsere Selbsteinschätzungen. Die Anerkennung jener Wesenszüge in uns, die wir nicht akzeptieren, ist Teil der Großen Heilung, die uns zur Ganzheit finden und wirklich fortschreiten läßt, die uns erkennen läßt, daß Wachstum oft schmerzvoll ist.

Sollte ein/e Leser/in dieses Buches den Autor dennoch für jemanden halten, der in seinem Leben auf glatter See dahingesegelt ist, ohne mit den rauhen Wogen des Wachsens und Werdens kämpfen zu müssen, dann sollte ich vielleicht einmal meine Kinder aus ihrem Zimmer herbeirufen, damit sie erzählen können, wie „total daneben" sie mich manchmal erlebt haben. Inneres Wachstum mag zwar zuweilen große Wirrnisse und Schwierigkeiten mit sich bringen, aber wahrscheinlich kann nichts anderes zu einer wirklich tiefen Befriedigung führen. Nichts kann uns ein solches Gefühl der Vollendung und Ganzheit vermitteln wie die Heimkehr in das eigene Herz.

Dieser Weg der Erkundung beginnt in der Isolation und führt in die Universalität - zur Quelle aller Heilung. Die Erforschung unserer Erfahrung erlaubt uns schließlich das völlige Erleben des Augenblicks. Jedes Ausweichen erübrigt sich. Indem wir mit klarem Gewahrsein und offenem Herzen an allem teilhaben, bleibt nichts, was wir berühren, ungeheilt zurück. All unsere „Geschäfte" werden in der lebendigen Wahrheit jedes einzelnen Augenblicks ins reine gebracht. Das ist alles, was zu tun ist. Nichts bleibt am Ende verletzt und unvollendet zurück.

AHH-ATEMÜBUNG - EINE BRÜCKENMEDITATION

Dies ist unserer Erfahrung nach eine der einfachsten und wirkungsvollsten Übungen, um uns davon zu überzeugen, daß das Ewig-Heile nie weit von uns entfernt ist. Sie läßt uns das Herz erfühlen, das wir alle teilen, den einen Geist des Seins. Sie erschließt uns die Erfahrung immer neuer Ebenen unserer Verbundenheit. Sie kann uns durch den Geist hindurch und schließlich über ihn hinaus führen. Es ist eine Übung, in der zwei Menschen „mit sanften Augen sehen" können, welche Ebenen der Vertrautheit und Hingabe einem ungetrübten Gewahrsein zugänglich sind. Wir kennen viele, die diese Übung zur Vertiefung ihrer Beziehungen gebrauchen - zu ihren Partnern, zu ihren Kindern, zu ihren Eltern, zu Kranken und zu all jenen, denen sie helfen möchten. Sie ist eine Führerin in die Offenheit, in der uns eine Ahnung unserer essentiellen Weiträumigkeit zuteil werden kann.

Diese Meditation kann von zwei Personen zwanzig bis fünfundvierzig Minuten lang praktiziert werden. Dabei können Dauer und Erfahrungstiefe im Erkunden dieser Übung immer wieder variieren. Wenn man sich die Übung ganz zu eigen machen möchte, ist es wichtig, daß man sich völlig mit den Erfahrungen sowohl der aktiv als auch der passiv beteiligten Person vertraut macht - obgleich Gebender und Empfangender am tiefsten Punkt der Übung in der Einheit aufgehen, die jenseits des isolierenden Verstandes auf uns wartet.

Die Einfachheit dieser Technik sollte nicht dazu verleiten, ihre innere Kraft zu unterschätzen, durch die zwei Wesen eins werden können.

Von einem solchen Zustand der grenzenlosen, nichtdualistischen Bewußtheit spricht Seng-Tsan, der dritte Zen-Patriarch, wenn er sagt:

> Für den geeinten Geist, der sich
> im Einklang mit dem Weg befindet,
> hört alles ichbezogene Streben auf.
> Zweifel und Unentschlossenheit verlieren sich,
> und ein Leben des wahren Glaubens wird möglich.
> Mit einem einzigen Hieb sind wir von der Fessel befreit;
> nichts haftet uns an und nichts halten wir fest.
> Alles ist leer und klar und leuchtet aus sich selbst,
> ohne Einsatz geistiger Kraft.
> Hier sind Gedanke, Gefühl, Wissen und Vorstellung ohne Wert.
> In dieser Welt der Soheit gibt es weder ein Selbst noch etwas anderes als das Selbst.
> Willst Du Dich mit dieser Realität direkt in Einklang bringen,
> dann sage, wenn sich Zweifel in Dir erhebt, ganz einfach:
> "Nicht zwei."
> In diesem „Nicht zwei" ist nichts voneinander getrennt,
> und nichts ist ausgeschlossen.
> Ganz gleich, an welchem Ort oder zu welcher Zeit:
> Erleuchtung heißt, in diese Wahrheit einzugehen.
> Und diese Wahrheit liegt jenseits einer Erweiterung oder
> Verminderung von Zeit oder Raum;
> in ihr sind zehntausend Jahre ein einziger Gedanke.

Bei dieser Atemübung wird die Person, mit der man in Verbindung treten möchte, gebeten, sich in bequemer Haltung je nach Belieben auf ein Bett oder auf den Boden zu legen und den Körper zu entspannen (ein Gürtel wird geöffnet, eine Brille wird abgenommen, die Arme liegen ganz bequem zu seiten des Rumpfes, die Beine ruhen nebeneinander - der ganze Körper ist gelöst). Das Atmen soll auf ganz natürliche Weise erfolgen. „Du brauchst nichts weiter zu tun als zu fühlen, was geschieht."

Um die Person in ihrem Wissen zu bestärken, daß es um ihre ureigene Erfahrung geht, sei sie nun gewöhnlich oder spektakulär, solltest Du sie nicht berühren, obwohl Du neben ihr sitzt. Wenn sie von der Meditation in den nichtdualistischen Raum jenseits des alten Geistes getragen wird, soll sie nämlich nicht denken, daß dies einem Eingreifen von Deiner Seite zuzuschreiben sei oder daß etwas Magisches mit ihr geschehe. Sie wird hingegen spüren, daß diese sich in ihrem Innern ausbreitende Erfahrung nur von ihr selbst abhängt.

Du sitzt ungefähr in Höhe der Körpermitte Deines Partners, achtest auf seine Atemzüge und richtest Deinen Blick auf das Heben und Senken seines Bauches. Bestärke ihn darin, ganz natürlich zu atmen. Er braucht den Atem weder zu kontrollieren, noch anzuhalten, noch zu steuern, sondern kann sich auf ganz natürliche Weise entspannen. Ohne weitere Kommunikation löst Du Dich nun von Deinem eigenen Atemrhythmus und atmest so wie Dein Partner. Wenn Du das Heben seines Bauches wahrnimmst, atmest Du ein. Wenn Du das Senken des Bauches wahrnimmst, atmest Du aus. Löse Dich vollständig von Deinem eigenen Atem und gleiche Deine Atmung ganz der seinen an. Atme seinen Atem in Deinem Körper.

Wenn Du Dich erst einmal auf die Atmung des anderen eingestimmt hast, ist es wichtig, daß Du nicht „abschaltest", sondern Deinen Blick stetig auf das Heben und Senken seines Bauches richtest, um Dich auch den feinsten Veränderungen seiner Atmung anpassen zu können, wenn er von wechselnden Geisteszuständen und Gefühlen bewegt wird. Auch wenn Dich ein tiefes Gefühl des Friedens überkommt, darfst Du Deine Augen nicht schließen und die Verbindung zu Deinem Partner unterbrechen. Stimme Deine Aufmerksamkeit sehr fein und genau auf die subtilsten Veränderungen im Heben und Senken seines Bauches ab, so daß sich Dein Atem diesen Veränderungen völlig anpassen kann.

Im Verlauf einiger Atemzüge, es mögen ungefähr acht oder zehn sein, beginnst Du den Atem Deines Partners in Deinem eigenen Körper zu atmen. Während Ihr beide ausatmet, läßt Du jedesmal ein AHHHH erklingen. AHHHH ist der große Klang des Loslassens. Ermögliche es diesem Klang, sich mit jedem Ausatmen tiefer und tiefer in Deinen Körper hinabzusenken, bis auch Dein Bauch das AHHHH im Einklang mit Deinem Partner atmet. Wichtig ist, daß der andere Dein AHHHH hören kann, daß es klar zu vernehmen ist. Laß Dich nicht abgleiten in ein unhörbar geflüstertes AHHHH, das zwar angenehm für Dich sein mag, die Verbindung zu Deinem

Partner aber unterbricht.

Jedes gemeinsame Atemholen wird lautlos vollzogen. Während der neben Dir liegende Partner still ausatmet, entfährt Deinem Mund von Deinem Bauch her und am Herzen vorbei dieser große Klang des Loslassens, das tiefe AHHHH der Befreiung, das vom anderen so vernommen wird, als käme es von ihm selbst. Er selbst braucht das AHHHH nicht von sich zu geben.

Wie bei all diesen Meditationen ist es wichtig, daß Du sie Dir ganz zu eigen machst - jede Art des Experimentierens ist erlaubt. Wenn Du aber die ersten Male mit einem Partner arbeitest, dann erlaube ihm, Stille zu bewahren, und vertiefe das AHHHH, das innige Loslassen in diesem mächtigen inneren Klang mehr und mehr.

Halte diese Verbindung durch das Atmen aufrecht, indem Du den Atem Deines Partners in Deinem Körper atmest und das AHHHH bei jedem Ausatmen solange hervorbringst, wie es angenehm für Euch ist. Im Verlauf dieser Übung können die Zustände des Geistes immer wieder wechseln. Manche fühlen einen Frieden, der alles Begreifen übersteigt. Andere nehmen im Herannahen dieses Friedens wahr, wie sich vorübergehend Ängste vor der entstehenden Intimität, sexuelle Energien oder Gefühle des Zweifels aus dem Atem heraus bilden und wieder auflösen. Bleibe hierbei ganz ruhig. Doch laß die neben Dir liegende Person wissen, daß sie die Kontrolle behält und Dir immer dann, wenn sie die Übung beenden möchte, durch das Heben ihrer Hand das Signal zum Abbruch geben kann. Hier soll kein Druck ausgeübt, sondern einfach dem Wunder des Herzens die Möglichkeit gegeben werden, sich nach Belieben zu offenbaren und uns die Tiefen des Seins zu zeigen, das wir miteinander teilen können.

Es hat sich gezeigt, daß diese vermeintlich simple Übung für viele von außergewöhnlichem Nutzen ist. Wir kennen zahlreiche Krankenschwestern und Ärzte, die diese Übung in ihrem Krankenhaus bei Patienten anwenden, die unter starken Beklemmungen und Anspannungen leiden. Bei denjenigen, die in einer Krankenhaus-Atmosphäre nachts keinen Schlaf finden können, mag es geschehen, daß sie wohlig zu schnarchen beginnen, während die Meditation erst halb vollzogen ist. Laß es geschehen. Du brauchst keine Ergebnisse zu erzwingen. Laß die Meditation selbst die

Führerin sein. Betrachte alle vorgefaßten Meinungen einfach als weitere Gedanken, als weitere Seifenblasen, die durch die sich überlagernden weiten Räume einer gemeinsamen Realität schweben. Manche erzählen, daß sie gar nicht unterscheiden konnten, wessen Gefühl es eigentlich war, das irgendwann während des Übungsverlaufs in Erscheinung trat. Ein nach der Meditation geführtes Gespräch darüber, was auf ihren verschiedenen Stufen alles geschehen ist, kann die Verbindung der beiden Partner oft noch vertiefen. Dies ist ein weiterer Aspekt ihres Potentials für eine Bereicherung der gegenseitigen Beziehung.

Wir kennen viele Menschen, die mit schwerkranken Patienten gearbeitet und diese Übung angewandt haben, um ihnen bei der Befreiung von geistiger und körperlicher Angst zu helfen. Sie scheint selbst dann Wirkung zu zeigen, wenn der Patient im Koma liegt. Bei verschiedenen Patienten war sogar im Augenblick ihres Todes ein Zeichen der Vollendung wahrzunehmen, wenn das AHHHH sich mehr und mehr vertiefte und ihr Atem schwächer und schwächer wurde, bis der sanfte Hauch des AHHHH endlich den Körper verließ und das Leben mit sich forttrug. Viele, die einem sterbenden Menschen zur Seite standen, haben die außerordentliche Möglichkeit entdeckt, an seinem Tod im tiefen AHHHH eines innigen Loslassens teilzuhaben, das ihn bis zur Schwelle begleitet und sie schließlich sanft überschreiten läßt. Es ist eine Übung, deren zahlreiche Anwendungsmöglichkeiten jeder für sich selbst entdecken wird, während er oder sie tiefer in sie eindringt.

Wenn Du den Atem eines anderen in Deinem Körper atmest, dann schenkst Du dieser Person vielleicht eine größere Aufmerksamkeit als jemals zuvor. Kaum einmal lauschen wir jeder Silbe, die ein anderer spricht, und noch viel weniger stimmen wir uns auf die subtile Ebene ein, auf der sich jedes von einer Pause gefolgte Einatmen und jedes in der Stille endende Ausatmen vollzieht. Diese tiefe Aufmerksamkeit läßt uns erkennen, daß wir nicht zwanzig Jahre in einer Höhle zu sitzen brauchen, um Einblick in unser höheres Wesen zu bekommen. Viele Menschen, die sich vorher nicht im entferntesten mit Meditation beschäftigt und diese Übung mit jemandem praktiziert haben, entdecken etwa um drei Uhr morgens, wenn sie allein sind und nicht schlafen können, wenn sie Ruhelosigkeit und Schmerz in sich fühlen, daß sie ihren eigenen Atem beobachten und im tiefen AHHHH ihres Loslassens große Erleichterung finden können. Sie entdecken einen Frieden, den sie vorher nicht für möglich gehalten haben. Diese Übung ist wahrhaftig ein Weg, um eine Form der Meditation, ein tiefes Lauschen auf den Atem und eine umfassende Befreiung von inneren Fesseln zu vermitteln, der keines Dogmas und keiner Philosophie bedarf. In der Wahrheit selbst liegt die Wahrheit verborgen. Was auch immer erfahren wird, muß ganz und gar erfahren werden.

* * *

KAPITEL 6

Innerer Widerstand

Als ich vor einigen Jahren auf einem langen Meditations-Retreat das Kommen und Gehen der Gedanken im Gewahrsein beobachtete, durchlief ich eine Erfahrung, in der ich mir selbst wie einem ominösen Fremden in einer dunklen Gasse begegnete. Während ich an diesem Nachmittag still meditierte und wahrnahm, wie Gefühle und Gedanken, Sinnesempfindungen und Phantasien in einem unaufhörlichen Prozeß ineinander übergingen, begann sich der Geist selbst zu betrachten und zu bekunden, wie perfekt er diesen Vorgang schon beherrschte. Mich durchfuhr der Gedanke, daß ich „die Sache endlich im Griff" hätte, und eine Woge des Stolzes flutete mit ihrem subtilen Schauder durch Geist und Körper. Plötzlich aber erfaßte mich nur noch eine einzige Vorstellung: das Bild meiner sechsjährigen Tochter, die mit dem Gesicht nach unten ertrunken in einem Swimming-Pool trieb. Gleich darauf hatte ich die Vision meines dreijährigen Sohnes, dessen Kopf gerade von dem schweren Rad einer riesigen Planierraupe zermalmt wurde. Der eben noch empfundene Frieden verschwand, Angst schoß in mir empor, und das Gewahrsein stürzte in die geistigen Räume, die uns Hieronymus Bosch so minutiös vor Augen führt und zu denen sich Franz Kafka so beklommen bekannte.

Je energischer ich diese Bilder verscheuchen wollte, desto schmerzhafter blieben sie vor mir stehen. Mein Körper begann zu glühen und zu einem festen Panzer zu erstarren. Meine Brust wurde zu Stein. Eben noch hatte ich mir vorgestellt, über den

Dingen zu schweben, und nun fühlte ich mich plötzlich hilfloser als je zuvor. In Körper und Geist breitete sich ein Ur-Entsetzen aus, mit dem ich noch nie in Berührung gekommen war, und meine Kleidungsstücke sogen sich voll Schweiß. Die Bilder wurden immer intensiver.

In dem Wissen, daß ich dem Geistesgeschehen nicht anders als abwartend und gelassen begegnen konnte, versuchte ich, den Prozeß in allen Einzelheiten zu beobachten. Obwohl ich in manchen Augenblicken erkannte, daß diese Gedanken nichts anderes als ein neues, vorüberziehendes Schauspiel waren, traten diese Momente der Klarheit weit in den Hintergrund. Jede Klarheit wurde sofort wieder erstickt von einem stark konditionierten Widerstand, von einem tief eingeprägten Verlangen nach Absicherung, Veränderung und Richtigstellung. Zwei Stunden lang versuchte ich nun schon, diesen Bildern standzuhalten, wobei ich alle zehn oder fünfzehn Minuten aufstehen mußte, um zu urinieren - die Visionen „trieben" das Wasser förmlich aus mir heraus.

Konfrontiert mit der extremen Verhaftung, Angst und Aversion, die mich angesichts dieser Vorstellungen ergriffen hatten, erkannte ich allmählich, daß sie nur noch eindringlicher wurden, je mehr ich sie zu verdrängen suchte. Jedes Gefühl von Weiträumigkeit hatte sich in der massiven Verdichtung meines Widerstands verloren. Das Gewahrsein implodierte in der Identifikation mit diesen erschreckenden Bildern. Nach fast drei Stunden - meine Kleidung klebte schweißdurchnäßt am Körper - wurde mir langsam klar, daß mir nichts anderes übrig blieb, als den Schmerz in mich einzulassen und so tief wie möglich in seinen eigentlichen Kern einzudringen. In meinem Innern hallten die Worte des großen Sufi-Dichters Rumi wider: „Für den Menschen, der Gott liebt, ist das Feuer wie reines Wasser!"

Dies Sekunde für Sekunde zu ertragen, war die schwerste Arbeit, die ich je verrichtet habe. Sie erwartete mich bei jedem Einatmen, bei jedem Innehalten und bei jedem langsamen Ausströmen des Atems, der aus sich selbst heraus im Körper zu atmen schien. Zweifellos löste meine Abwehr einen heftigen Gegendruck aus. Meine Qual bestand in meinem Widerstand. Die geistige Kontraktion angstvollen Widerwillens angesichts dieser Gedankeninhalte waren die Ursache meines Leides. Angst und Widerstand raubten mir jeden Überblick, und es war klar, daß jedwede Zielsetzung, und sei es auch nur der Wunsch nach einer Befreiung von diesen Gedanken, nur noch mehr Leid erzeugen würde. Ich mußte diese Gedanken bestehen lassen und mich auf den Widerstand selbst konzentrieren. Um Frieden zu finden, mußte ich mich von jeder Vorstellung des Friedens und ganz besonders meiner selbst als einem vorbildlich Meditierenden lösen und mich ganz und gar auf meinen Widerstand, der einer tieferen Heilung entgegenwirkte, einlassen.

Die unentwegte Offenheit gegenüber Schmerz und Widerstreben, gegenüber körperlicher Anspannung und fieberhafter Erregung verschaffte den Bildern schließlich mit jedem Atemzug mehr und mehr Spielraum. Allmählich begannen sie in einem absichtslosen Gewahrsein dahinzufließen. Während ich den Widerstand einfach als Forschungsobjekt akzeptierte, begann der geistige Schmerz zu zerrinnen, und die fiebrige Erregung klang ab. Der Widerstand wurde schwächer und schwächer. Und weil das Gewahrsein nicht länger von dunklen, unerforschten Gefühlen der Furchtsamkeit und Hilflosigkeit blockiert wurde, erhielt es endlich direkten Zugang zu den Bildern selbst. Ich war mehr und mehr imstande, meine Verklammerung zu lösen, den Widerstand aufzugeben und diesen Schmerz rein und klar zu empfinden.

Ich wurde einer neuen Zärtlichkeit, einer weitherzigen Offenheit gewahr, die mit dem Schmerz meines Körpers verschmelzen wollte. Ich begann, Liebe in die Bilder meiner sterbenden Kinder hineinfließen zu lassen. Ich hielt an nichts fest - an keiner Angst, an keiner Pflicht, an keiner Verwirrung und an keiner Trauer. Ich ließ mich in die Liebe hineinsterben, die sich auf so natürliche Weise mit meinem Schmerz verbunden hatte. Ich lernte, daß Loslassen einfach Zulassen bedeutet - daß es bedeutet, dem Kern der Verwirrung in liebevoller Bejahung zu begegnen.

Während ich dem Zentrum der Verklammerung so nahe wie möglich blieb und alle verfügbare Bewußtheit aufbot, entstand in mir die Vision eines Gesichtes, in dessen Augen ein Licht tiefen Mitgefühls und Erbarmens erstrahlte. Es war das gleiche Licht, das in den Augen der neugeborenen Babys und der gütigsten Heiligen leuchtet. Mit der Stimme des Herzens sagte mir diese Vision, ich solle meinen „sanften Blick bewahren“ und mit den Augen Gottes schauen - mit dem Herzen. Sie trug mir auf, jene quälende Verklammerung des alten Geistes, jene furchterregenden Bilder mit göttlicher Barmherzigkeit und einer tiefen menschlichen Bewußtheit zu betrachten. Und wenn die Bilder auch immer noch langsam an mir vorüberzogen, konnte ich doch mit sanftem Blick erkennen, daß der Schmerz der Liebe nicht entgegenwirkte - daß Erbarmen und Mitgefühl wirklich herbeigefleht werden, wenn der Blick liebevoll auf das Zentrum des Schmerzes gerichtet ist. Jedes geistige oder körperliche Objekt, das wir mit sanftem Blick betrachten, erhält unseren Segen. Wenn wir die Welt, wenn wir unseren Schmerz mit den Augen liebevoller Güte sehen, entsteht in unserem Herzen Raum für unsere Heilung.

Obwohl mein Körper infolge der schweißnassen Kleidung ein wenig fröstelte, begann er sich wieder in der Weiträumigkeit des Prozesses zu entspannen, und die inneren Bilder gingen in eine ruhige Bewußtheit über. Die körperliche und geistige Schwere wie auch die Identifikation mit Widerstand und Furcht lösten sich allmählich in einem schimmernden Lichtfeld auf - die Bilder flimmerten und sprühten wie ein Funkenregen, der die Leere erhellte. Die Verklammerung löste sich. Die essentielle Stille kehrte wieder zurück. Alle Erstarrung war dem Gefühl reinen Seins gewichen, und mit den flüchtigen Bildern der Furcht floß auch alles andere sanft im weiten Raum eines unverhafteten Geistes, eines offenen Herzens dahin. Ich hatte zum ersten Mal die Kraft erlebt, mit der die Liebe Schmerzen auflösen und Geist und Körper wieder ins Gleichgewicht bringen kann.

Im Anschluß an dieses Erlebnis verspürte ich Halsschmerzen, die sich während der nächsten Tage des Retreats zu einer Angina entwickelten. In Erinnerung an die jüngst erhaltene Lektion konzentrierte ich mich auf die Empfindungen in meinem Hals und näherte mich dem Zentrum der Schmerzen im entzündeten Gewebe mit sanftem Gewahrsein. Nach zwanzig Minuten fühlte ich mich schon besser. Drei Stunden später war mein Hals wieder völlig in Ordnung, und ich spürte keinerlei Beschwerden mehr.

Mir wurde bewußt, daß ich bei dieser Gelegenheit erstmals eine Krankheit liebevoll akzeptiert hatte und daher direkt zu ihr in Beziehung treten konnte. Zum ersten Mal hatte ich es einer Krankheit erlaubt, einfach vorhanden zu sein, anstatt sie abzuwehren und zu bekämpfen. Indem wir den Widerstand, der sich wie eine Fessel um geistige und körperliche Beschwerden legt, voller Ruhe erforschen und uns von ihm lösen, öffnet sich uns eine neue Ebene, und unser Schmerz kann die Heilung leichter empfangen.

Es ist im Verlauf der Jahre deutlich geworden, daß dem Prozeß, Liebe und Bewußtheit in einen Bereich mentaler oder physischer Schmerzen hineinfließen zu lassen, eine einfache und natürliche Wahrheit zugrunde liegt. Auch bei einer kleinen Verletzung will unsere Hand unwillkürlich die Wunde oder Prellung berühren - ein unbewußter Akt, der das innige, bewußte Bestreben reflektiert, durch sanfte Berührung eines verhärteten Bereichs in Geist oder Körper den Heilprozeß zu fördern und Schmerzen zu lindern.

Dieses tief im Körper verankerte Wissen schlägt sich im Konzept der „Pforten-Theorie" des Schmerzes nieder. Hierbei geht es um die Beobachtung, daß die sanfte Berührung eines schwer geschädigten Bereiches das Schmerz-Signal mittels der „neuronalen Pforte" irritieren kann, ein Phänomen, bei dem schwächere Sinnesreize durch unmerkliche Inbesitznahme derselben Botenleitung zu den Schmerz-Rezeptoren im Gehirn stärkere Sinnesreize ersetzen können. Diese instinktive Reaktion, von Beschwerden betroffene Bereiche einem weitaus schwächeren Sinnesreiz auszusetzen, gibt einen Hinweis auf die fundamentale Heilwirkung von Barmherzigkeit und Bewußtheit.

Indem wir der tiefen Intuition vertrauen, die uns jenseits des gewohnten Fluchtreflexes erwartet, entdecken wir, daß erbarmungsvolles Einfühlen in einen Bereich des Unbehagens Schmerzen erleichtern kann. Einem Schmerz in mitfühlender Bewußtheit zu begegnen heißt, mit sanftem Blick zu schauen. Mit sanftem Blick zu schauen heißt, das Leben mit einer urteilsfreien Güte und Offenheit wahrzunehmen, die im heilenden Herzen Raum selbst für unsere beharrlichsten Verklammerungen schafft. Den rationalen Geist mit sanftem Blick zu betrachten heißt, Vergebung zu üben. Dem Körper in dieser Sanftheit zu begegnen heißt, teilnahmsvolle Freude zu erfahren. In unserem sanften Blick spiegelt sich eine Welt des Friedens und der Heilung wider.

KAPITEL 7

Die Brücke der Liebe

Ein Lehrer sagte einmal: „Der rationale Geist erschafft den Abgrund, und das Herz überquert ihn." Liebe ist unsere Brücke. Sie ist das Raunen der fundamentalen Soheit. Um in diese Wirklichkeit einzutreten, lösen wir uns von den Gedanken und Gefühlen, die für Barmherzigkeit und Vergebung undurchlässig sind. Wir lösen uns vom Widerstreben und von den bangen Zweifeln, die das Gewahrsein zur Identifikation mit dem Ungeheilten verleiten. Wir lassen den Geist im Herzen schweben.

Um von den Untiefen *meines* Schmerzes zu den Ufern *des* Schmerzes zu gelangen, müssen wir den Fluß der Achtlosigkeit überqueren und uns fortwährend unserer wahren Natur wie auch der Heilung erinnern, die immer unsere volle Hingabe an den Augenblick erwartet. Der Fährlohn ist die Liebe und eine beständige Bewußtheit, ein Loslassen unseres Leides und ein Erleichtern unserer Bürde. Wie ein Schiff, dessen schweres Frachtgut über Bord geworfen werden muß, weil es stürmische See zu durchqueren hat, durchtrennen wir allmählich mitfühlend und bewußt die Fesseln unserer Verhaftungen, um uns von allem zu befreien, was unsere Weiterentwicklung behindert.

Auf halber Länge der Brücke begegnen wir den Zolleinnehmern in der Rolle Buddhas, in Gestalt der heiligen Mutter, in der Verkleidung des Todes und der Neugeburt, und sie alle bitten uns, unser Leid auf dem Kollektenteller abzulegen und mit neuem Mut einen weiteren Schritt durch ihre Reihe zu machen.

Wenn der Geist klar ist, können wir den ganzen Weg zum Herzen überblicken. Wir erkennen, daß alles scheinbar so Festgefügte - Gedanken, Gefühle, der Körper selbst - tatsächlich in ständiger Veränderung begriffen ist, und verfolgen diesen Prozeß als „absolute Anfänger". Wenn unser Widerstand nachläßt und unsere Reise nach Innen nicht mehr so stark blockiert, überschreiten wir unser Leid und überqueren den Abgrund zwischen dem Ungeheilten und dem ewig Unverletzten. Die Liebe leitet uns als letztes Element der Form ins Formlose hinüber - als eine geistige Regung, welche die Natur des Herzens widerspiegelt und jene Zweiheit essentiell verbindet. Wenn Liebe den Geist erfüllt, dann öffnet er sich ins Herz hinein. Sie ist ein Schlüssel, der die Verbindung wieder herstellt, die wir als Gefühl der Erfüllung und Ganzheit erfahren. Wenn barmherziges Gewahrsein in mentale oder körperliche Schmerzen hineinstrahlt, verändert sich der Kontext. Unsere Bejahung erlebt den Augenblick wie Wasser - sie gibt ihm nach, nimmt ihn in sich auf.

Wenn wir davon sprechen, dem Ungeheilten mit Liebe statt mit Haß zu begegnen, dann können wir über das Wort „Liebe" nicht ohne genauere Prüfung seiner Bedeutung hinweggehen. Liebe ist der natürliche Zustand unseres Wesens, der sich offenbart, wenn alles andere hingegeben wurde. Sie ist das schimmernde Gewahrsein, welches alle Dinge gleichermaßen annimmt und achtet. Alles, was sich mit einem Selbst, mit dem rationalen Geist allein, mit etwas Besonderem oder Abgesondertem identifiziert, bleibt ungeheilt, wird aus dem Seinsprozeß verbannt und in der Tretmühle des Werdens isoliert - es erfährt noch mehr Selbst, noch mehr Leid. Liebe durchbricht diese Isolation. Liebe bringt das Ungeheilte zurück in den Strom, wo es sich auflösen und von den Tiefen des heilenden Herzens aufgenommen werden kann.

Wenn wir von Liebe sprechen, sprechen wir nicht von der als „Liebe" bezeichneten Emotion, von jener ständig wechselnden Beziehung zwischen der Verdichtung des rationalen Geistes und der Offenheit des Herzens, die sehr stark von äußeren Umständen abhängt. Es geht nicht um die Beziehung, die „ich" zu jemand „anderem" habe. Es geht um das Gefühl der Verbindung zwischen den Polen der Zweiheit, welches jenseits der Dualität in der Einheit des Seins wurzelt. Wenn wir von Liebe sprechen, sprechen wir nicht einfach von einem Zustand des rationalen Geistes, sondern vielmehr von einem Zustand unserer fundamentalen Soheit. Liebe ist nicht das, was wir werden, sondern das, was wir bereits sind.

Viele gebrauchen das Wort „Liebe“, um ihre Beziehung zu einer anderen Person zu beschreiben, und meinen damit den unablässigen Tauschhandel mit Wohlwollen und Aufmerksamkeit, eingegangen in der Erwartung, für unser Bemühen mit Zuneigung belohnt zu werden. Wir meinen eine emotionale Verletzlichkeit, die wir dem anderen nur offenbaren, wenn wir uns sicher fühlen - eine zaghafte, mit Argwohn und eigenen Interessen durchsetzte Verbundenheit. Ironischerweise mag die emotionale Liebe unbereinigten Geschäften durchaus eine ideale Bühne bieten. Die essentielle Liebe aber, diese Erfahrung reinen Seins, auf die wir uns beziehen, ist sogar imstande, jene Kluft wieder zu schließen, die aus der Personalität und Isolation erwächst. Sie ist die Liebe jenseits der „Liebe“, die über alle Bedingtheit hinausgeht und unsere Geschäfte bereinigt. Denn ein Bereinigen unserer Geschäfte bedeutet, daß eine menschliche Beziehung kein Geschäft mehr ist. Es bedeutet, daß wir keine Kontostände mehr addieren und Tauschhändel eingehen, indem „ich Dich verstehe“, wenn „Du mich achtest“, sondern daß wir uns von der anderen Person als einem isolierten Individuum lösen und mit ihr oder ihm vergebungsvoll und mitfühlend in Verbindung treten. Nun sind wir weniger im Handelsgeschäft der *Beziehungen* verstrickt als vielmehr dem Prozeß des Aufeinander-*Bezogenseins* verpflichtet. Das Bereinigen der Geschäfte mit anderen gestattet es uns, uns selbst zu vollenden - es ist der erste und der letzte Schritt auf dem Weg der Heilung.

Liebe ist unsere wahre Natur, unser Geburtsrecht. Über Konditionierungen und Bedingungen hinauszugehen heißt, unsere reine, unbedingte und unverzerrte Bewußtheit zu erfahren. Reiner Geist und reines Herz sind eins. Sie sind das ungeteilte Sein, das Ewig-Geeinte, die Unsterblichkeit.

Wir sehen nichts anderes als uns selbst. Krishnamurti drückte es so aus: „Das Beobachtete ist der Beobachter.“ Wir nehmen die Welt nur über den Weg wahr, der uns schon geläufig ist. Sogar die Wahrnehmung selbst ist konditioniert. Jeder Gedanke ist altbekannt, bestenfalls erfinderisch und selten einmal schöpferisch. Um die Dinge mit dem klaren Blick heilender Bewußtheit zu sehen, müssen wir über die Filter und Schemata des alten Geistes, über alle Konditionierung hinausblicken. Wir müssen mit erweiterter und uneingeschränkter Aufnahmefähigkeit ganz neu zu sehen lernen.

Hier entdecken wir die wahre Natur bedingungsloser Liebe - der Liebe, die über den rationalen Geist hinausreicht, der Liebe, aus der das fundamentale Sein besteht. Es ist nicht die persönliche Liebe, die uns sagen läßt: „Ich liebe Dich", sondern der unpersönliche und doch ewig-geeinte universale Seinszustand, der die reine Liebe ist. Er entsteht nicht *zwischen* Wesen, sondern *im* Wesen. Wenn ich mich in diesem Raum der Liebe befinde, und Du trittst ein, dann sind wir zusammen in der Liebe. Und ich bin mit Dir in der Liebe - ich empfinde nicht Liebe *für* Dich, sondern *mit* Dir. Es ist die Heilung, die das individuelle, isolierte Leid transzendiert, um mit dem universalen Prozeß zu verschmelzen, in dem der schrankenlose Raum als die Einheit des Seins, als die Liebe selbst erfahren wird.

Eigentlich zögere ich ein wenig, solche Redensarten wie „bedingungslose Liebe" zu verwenden, da sich schon in den Worten wieder Bedingungen ausprägen. Ich habe erlebt, daß dieses Konzept viel Verwirrung und Leid verursachen kann. Eigentlich liegt der Ausdruck „bedingungslose Liebe" irgendwo zwischen einem Verbalkonflikt und einer Redundanz. Das Unbedingte *ist* die Liebe. Was der eine bedingungslose Liebe nennt, mag für den anderen kosmisches Bewußtsein und für einen dritten einfach reines Gewahrsein bedeuten. Aber wenn ich jemanden sagen höre: „Ich empfinde für diesen Menschen bedingungslose Liebe", dann höre ich Verwirrung und Mißverständnis aus diesen Worten klingen. Wir empfinden bedingungslose Liebe nicht *für* den anderen. Wir *sind* bedingungslose Liebe. Diese Liebe wandert nicht von einem Selbst zum anderen, sondern ist das Ganze, dessen Teil jeder von uns ist.

Bedingungslose Liebe - das sind wir selbst, wenn wir alles andere voller Vertrauen hingegeben haben. Wir werden dabei nicht zu „bedingungslos Liebenden", sondern entdecken am Urgrund des Seins die unbedingte Weite des Seins, die alles mit

Verständnis und liebevoller Güte in sich aufnimmt. Emotionale Liebe mag uns unterschiedliche Gefühle der Verbundenheit offerieren, aber die essentielle Liebe des Seins resultiert in der Kommunion - in einem wortlosen Gefühl der Einheit.

Allzu viele von uns hält die Vorstellung bedingungsloser Liebe im rationalen Geist, in alter Konditionierung gefangen, anstatt uns befreit in unser Herz hinabsinken zu lassen.

Wie auch die Wahrheit ist bedingungslose Liebe nicht etwas, an dem wir festhalten können, sondern nur etwas, mit dem wir verschmelzen können, wenn wir ohne jede Verklammerung im Licht des Augenblicks verweilen. Wenn wir die Vorstellung bedingungsloser Liebe zu einem relativen Objekt unserer Bewertung machen, dann werden wir uns immer im rationalen Geist, in der Isolation verlieren.

Es ist bedauerlich, daß wir nur dieses eine Wort „Liebe" kennen, um sowohl die Extravaganzen der emotionalen Liebe des Geistes als auch die ewig unveränderte Natur unseres wahren Wesens zu beschreiben. Wen wundert es da, daß hier so viel Verwirrung entstanden ist! Unsere persönliche Liebe besteht für einen Moment, um sich im nächsten wieder hinter dem Schleier der ewig wechselnden Jahreszeiten des Herzens zu verbergen. Ich möchte nochmals betonen, daß wir die Liebe hier nicht einfach als einen Geisteszustand verstehen. Liebe ist vielmehr der Zustand unseres offenbarten Wesens, wenn wir den rationalen Geist hinter uns gelassen haben - wenn wir über die bedingte Wahrnehmung hinaus zur unverfälschten Erfahrung unserer essentiellen Natur gelangt sind - jenseits aller Abhängigkeit von Vorlieben und Abneigungen, jenseits aller Verhaftung an Freude oder Leid. „Bedingungslose Liebe" kann ein sehr unklares Konzept darstellen, das bei vielen von uns die „ewige Unzufriedenheit" des Geistes, die Selbstbewertung und Herzlosigkeit eher noch fördert, mit der wir so vielen Dingen in unserem Leben begegnen.

Freilich müssen wir die Tatsache anerkennen, daß sich unser Herz zuweilen verschließt. Viele überkommt sicherlich ein wenig Schwermut, wenn sie an die Liebe denken und der Gebundenheit und Unvollkommenheit ihrer eigenen Liebesempfindungen gewahr werden. Viele verurteilen sich selbst, weil sie glauben, nur wenig Liebe zu fühlen.

Doch wenn wir unser Leben und die Welt mit geschärfter Bewußtheit und tiefem Mitgefühl betrachten, erkennen wir, daß inmitten allen Leids und aller Verwirrung, aller Konflikte und Fluchtversuche schon eine Millisekunde der Liebe wie ein Wunder anmutet. Es ist fast erstaunlich, daß wir überhaupt Liebe empfinden können. Jeder Moment der Liebe ist zweifellos sehr kostbar und eine große Gnade, wenn man die Bedingungen betrachtet, aus denen er erwächst. Wir sollten uns eher für jeden Augenblick dieser Offenheit glücklich schätzen, als uns um der Momente willen anzuklagen, in denen unser Herz verschlossen ist.

Um unser Herz ganz und gar öffnen zu können, müssen wir tatsächlich auch die Zeiten akzeptieren, in denen unser Herz nicht geöffnet ist. Wir müssen die Verneinung ebenso bejahen wie hinterfragen. Die Heilung im Herzen ist ein Prozeß der teilnahmsvollen Anerkennung nicht nur unserer Offenheit, sondern auch unserer Verschlossenheit. Wir versöhnen uns selbst mit denjenigen Merkmalen unseres Wesens, die keine Versöhnung kennen. Dabei wird die Erfahrung der Verschlossenheit des Herzens umso ausgeprägter sein, je mehr es sich öffnet. Jeder Moment des Verschlossenseins wird uns dichter und kompakter erscheinen als jemals zuvor, denn mit unserer zunehmenden Offenheit vergrößert sich auch die Entfernung zwischen diesen beiden Gezeitenständen unseres Wachstums. Ich habe noch nie jemanden getroffen, dessen Herz immer offen war, aber ich kenne viele, denen klar geworden ist, daß eine aus Mitgefühl entstehende Haltung jeder vorübergehenden Geistestrübung gewachsen ist. Unser Erbarmen richtet sich auf unsere Unbarmherzigkeit. Nichts bleibt ungeheilt zurück.

Lassen wir uns also nicht dazu verleiten, mit der Liebe ein weiteres Wunschbild unser selbst zu verbinden - oder eine weitere Entschuldigung dafür, daß wir uns selbst aus dem Herzen verstoßen haben. Wir sollten erkennen, daß sie uns für die Offenbarung unseres wirklichen Seins öffnen kann, wenn wir im Kern unseres Wesens Heilung finden. Sie erschließt uns das tiefe Vertrauen in unsere wahre Identität.

Als sich Buddha von allem gelöst hatte, was seine wahre Natur verschleierte, und erstmals im Lande umherwanderte, um seine Erkenntnisse mit anderen zu teilen, soll er gesagt haben, daß eine der größten von ihm empfangenen Lehren nicht einfach in dem Wissen bestünde, wie wir unsere Freiheit erlangen könnten, sondern in der Tatsache, daß Freiheit überhaupt möglich sei. Wenn wir einzig und allein der Tatsache zu vertrauen lernen, daß Vollendung, Heilung und Erleuchtung möglich sind, dann wird auch das Lebensvertrauen wachsen, das uns zu innerer Teilhabe und Erforschung ermutigt. Buddhas große Lehre besteht darin, daß es uns jederzeit möglich ist, die Befreiung vom Leid zu erlangen.

Die Antwort auf Robins einstige Frage, ob es besser sei, zu leben oder zu sterben, läßt sich sicherlich nicht im Tod, wohl aber im Leben finden. Kabir sagte: „Was Du jetzt vorfindest, wirst Du auch dann vorfinden." Die Frage scheint tatsächlich zu lauten: Wie können wir alles uns Gegebene, einschließlich unserer Angst, unserer Zweifel, unserer Krebserkrankung und unseres unvermeidlichen Todes als ein Medium der Heilung gebrauchen? Es ist bedauerlich, daß viele Menschen diese Frage erst dann stellen, wenn sie erfahren, daß sie an Krebs oder Aids oder einer anderen lebensbedrohenden Krankheit leiden. Erst dann wird die „Heilung" zu einem Objekt ihres Gewahrseins. Wir sollten aber nicht erst nach Heilung rufen, wenn wir krank sind. Wir sollten sie zu unserer Lebensweise machen.

Auf dem Weg der Heilung, der zum Herzen führt, finden wir in unseren früheren Konflikten einen ergiebigen und fruchtbaren Boden vor, der uns die Ursachen unseres Leides wie auch die Möglichkeiten erschließen kann, über dieses Leid hinauszuwachsen. In unserer Erkundung des Geistes, unserer Erforschung der Eigenschaften, die das Herz blockieren, lösen wir unsere alten Verklammerungen und entmagnetisieren die unablässige und mechanische Identifikation mit allem, was Geist und Körper durchläuft. Indem wir den rationalen Geist beobachten, erkennen wir, wer wir *nicht* sind, und betreten das neue Territorium des Herzens. Es ist das Herz, das jeden Konflikt mit einem tiefen Aufatmen zu befrieden vermag und in dem sich die Krankheiten und Schmerzen eines ganzen Lebens in einer stillen Offenheit für das grenzenlose Sein zerstreuen können.

Wir haben die Brücke überquert, haben die Blockaden und Panzerungen, den Selbsthaß und die Selbstverurteilung hinter uns gelassen, die unserer endgültigen Heilung so lange im Wege standen, und sinken zurück in unser Herz. Die Frage „Leben oder Tod?“ existiert nicht mehr. Alles ist Leben für uns - auch der Tod. Wir erkennen, daß all diese Dualitäten nur überbewertete Punkte in einem spiralförmig verlaufenden Prozeß sind.

Jemand fragte einmal: „Was für einen Wegezoll muß ich für das Überqueren dieser Brücke bezahlen?“ Der Zoll für das Hinüberwechseln zum Ufer der Ganzheit ist die Aufgabe unseres Leides. Und diese Überquerung ist auch das, was wir Heilung nennen; sie kostet jeden von uns die Identifikation mit dem eigenen Schmerz. Vielleicht bedeutet sie sogar, daß sich unser Leben völlig wandeln wird.

EINFÜHRUNG IN DIE GELEITETE MEDITATION ÜBER DAS GROSSE HERZ

Ein Zitat aus der Sufi-Tradition besagt: „Überwinde jede Bitterkeit, die in Dir entstanden sein mag, denn Du wärst dem Ausmaß des Dir anvertrauten Schmerzes nicht gewachsen. Wie die Mutter der Welt allen Schmerz der Welt in ihrem Herzen trägt, so ist auch jeder von uns ein Teil ihres Herzens und folglich ausgestattet mit einem gewissen Maß an kosmischem Schmerz. Du hast teil an der Gesamtheit jenes Schmerzes. Du bist aufgerufen, ihm mit Freude zu begegnen, nicht mit Selbstmitleid.

Das Geheimnis: Biete Dein Herz als ein Medium dar, das kosmisches Leid in Freude verwandelt.“

Körperliche Beschwerden legen tiefe Verklammerungen in uns frei - Ängste, Zweifel und verdeckte Machtbedürfnisse, die das Unbefriedigende in unserem Leben kennzeichnen. Doch wir können Körper und Geist für eine Heilung freimachen, wenn wir unsere Erkrankung im Herzen annehmen und ergründen.

Es hat sich schon für viele Menschen als hilfreich erwiesen, das Erbarmen und die Herzenswärme, mit der wir unsere Krankheit berühren, mehr und mehr zu vertiefen. Viele, die von den Schreien des rebellierenden Körpers zur Heilung getrieben werden, werden bald der geistigen Qualen gewahr, die zu einer Isolierung und Einkapselung des Schmerzes führen. Bei vielen anderen ist es die

Arbeit mit einer körperlichen Krankheit gewesen, die sie das große Maß an Separatismus und Isolation erkennen ließ, das in manchen geistigen Aspekten wurzelt. Indem wir uns auf das Separate und Isolierte konzentrieren, entdecken wir die Universalität unseres Schmerzes - sowohl des mentalen als auch des physischen.

Während wir den seelischen und körperlichen Schmerz als ein Mittel gebrauchen, um des Gesamtcharakters unserer prekären Lage, um der ungezählten Körper gewahr zu werden, die in diesem Moment genau die gleiche Erfahrung durchleben, stimmen wir uns ein auf den Moment, den wir mit ihnen teilen. In völliger Anteilnahme an unseren Beschwerden nehmen wir die Universalität unserer Lage wahr. Und wir entdecken, daß wir nicht allein sind. Daß wir Teil einer mächtigen Welle menschlicher Erfahrung sind, die über den Ozean der Menschheit rollt.

Viele machen sich diese Meditation zunutze, um sich aus ihrer isolierten Identifikation mit dem Schmerz zu befreien. Wenn wir den Pfad der Heilung betreten, werden wir es zunächst dem Herzen ermöglichen, die uralten, lebenslangen Ängste und Verklammerungen mitfühlend wahrzunehmen. Und indem wir erkennen, daß wir uns letztlich alle der Arbeit widmen, um derentwillen wir Geburt angenommen haben, wird der Pfad der Heilung für uns zum Pfad des Lebens.

EINE MEDITATION ÜBER DAS GROSSE HERZ

DIE GEMEINSAME ERFAHRUNG VON KRANKHEIT UND HEILUNG

(Man kann sie einem Partner langsam vorlesen und auch allein mit ihr arbeiten.)

Bringe den Körper in eine Position, die angenehm für Dich ist.
Mache es Dir bequem.
Verankere Deine Aufmerksamkeit allmählich im Körper.
Fühle einfach, was dort liegt oder sitzt. Fühle den Körper, den Du bewohnst.

Nimm den Körper der sinnlichen Empfindung in klarer, sanfter Bewußtheit wahr.
Achte darauf, wie die Empfindungen in Art und Stärke von Bereich zu Bereich variieren. Manche Empfindungen sind angenehm. Manche Empfindungen sind unangenehm.
Laß das Gewahrsein auf der Ebene der Empfindungen verweilen, die im Körper zu Hause sind.
Nimm jedes Gefühl Deiner selbst, jedes „ich“ oder „mein“ wahr, das sich in den Bereich des Unbehagens drängt - jede Spannung, jede Verklammerung an „meinem Leid“.
Du brauchst nichts zu bewerten. Nimm einfach wahr, welche Spannung oder Angst das Unbehagen im Körper umschließt.
Versucht der Körper das Unbehagen aus sich zu verdrängen? Schließt sich der Körper wie eine Faust um den Schmerz? Scheint etwas in Dir am Unbehagen „festzuhalten“?
Achte auf jede Tendenz, das Angenehme herbeizuwünschen oder das Unangenehme beiseite zu schieben.
Beobachte die natürliche Abneigung gegen das Unangenehme. Konzentriere Dich auf den Widerstand selbst.
Untersuche die Struktur, die Beschaffenheit der Mauer des Widerstands, die es dem Herzen verwehrt, in Geist und Körper hinabzusinken.
Während das Gewahrsein mehr und mehr die Berührung mit dem Unbehagen erfährt, entspannt sich der Körper, und die Empfindungen fließen frei dahin. Laß es zu, daß sich die Körper-Faust öffnet und die subtilen Empfindungen enthüllt, die sich in jedem einzelnen Moment bemerkbar machen. Gestatte es dem Gewahrsein, jede Einzelheit der Empfindungen wahrzunehmen, die im Körper des Unbehagens entstehen.
Fühle diesen Körper. Laß das Gewahrsein die wechselnden Empfindungen erforschen, die den Körper bilden.
Stelle Dir all die Körper vor, die jetzt überall in der Welt dieses gleiche Unbehagen erfahren. Du nimmst ihren Schmerz

nicht auf Dich, sondern heilst ihn mit Deinem sanften Erbarmen. Erspüre den Körper des Unbehagens, den so viele miteinander teilen.
Fühle die zehntausend Körper, die in diesem Augenblick diese gleiche Empfindung erleben.
Fühle dieses Unbehagen nicht als Deinen *eigenen* Schmerz, sondern als *den* Schmerz. Fühle voller Ruhe *den* Schmerz in *unserem* Körper.
Werde der vielen tausend Kinder, Frauen und Männer gewahr, die in diesem Augenblick dieses eine Unbehagen in diesem einen Körper empfinden.
Laß den Schmerz ganz ruhig in dem Körper dahinfließen, den wir alle teilen.
Löse die Verklammerung, die den Schmerz umgibt, in sanfter Entspannung, damit die Empfindungen durch den gemeinsamen Körper fließen können. Umfange den Schmerz mehr und mehr mit Deiner Liebe.
Laß Dir Zeit. Ohne Eile kannst Du jetzt sanft berühren, was so oft Deine Härte zu spüren bekam.
Empfinde den Augenblick, in dem sich die einsame Frau in der schmutzigen Hütte auf den Boden gekauert hat - es ist dieser eine Schmerz, den dieser eine Körper erfährt.
Nimm in mitfühlender Bewußtheit die Qual des Mannes wahr, der an das Bett gefesselt ist, das ihm keinen Schlaf mehr schenkt.
Stelle Dir das Kind vor, dessen Körper ganz und gar ergriffen ist von dieser einen Erfahrung - das zur gleißenden Decke seines Krankenhaus - Zimmers emporstarrt und sich fragt: „Warum ich?!!“
Heile den Schmerz dieser Wesen durch Dein Erbarmen und Dein Gewahrsein - laß ihn mit dieser einen Empfindung in diesem einen Körper verschmelzen.
Öffne Dich ihrer Erfahrung in liebevollem Erbarmen. Fühle, wie sich der gemeinsame Körper entspannt und in der Weite des gemeinsamen Herzens ausdehnt.

Fühle die Freude der Verbundenheit - niemand ist allein, der gemeinsame Körper geht auf im gemeinsamen Herzen.
Ein unermeßliches Gefühl des Seins. Du bist nicht allein, sondern vereint mit allen, die in Schmerzen liegen. Du bist voller Erbarmen und Güte mit dem Augenblick verschmolzen.
Eine neue Zärtlichkeit erfüllt Dich, die mit Deinem eigenen Schmerz, die mit allem Schmerz verbunden ist.
Laß den Geist fließen.
Laß die Bilder kommen und gehen.
Fühle all die anderen, die diesen Moment mit Dir teilen - gemeinsame Empfindungen fließen durch den gemeinsamen Körper.
Du brauchst nichts hervorzurufen. Nimm einfach diesen gemeinsamen Augenblick in Dir auf.
Du erlebst all diese Körper in unserem vereinten Herzen, in unser aller Erbarmen. Laß die Bilder kommen. Erlebe sie voller Ruhe. Laß sie wieder gehen. Beständig strahlt heilende Kraft von Dir aus. Du berührst unseren Schmerz mit Barmherzigkeit, um dieser ganzen Welt ihren Schmerz zu erleichtern.
Nimm diesen Körper ganz sanft als den Körper aller Menschen wahr.
Laß dieses Wohlgefühl im weichen Körper und im weiten Herzen dahinfließen. Bringe der Welt Heilung, indem Du diesem Augenblick mitfühlend und bewußt begegnest.
Spüre einzig diese Erfahrung des gemeinsamen Herzens.
Alles ist nun eins.
Alle Empfindung fließt frei im Körper dahin.
Laß Dein Gewahrsein mit all den Körpern eins werden, die in der Unermeßlichkeit des Großen Herzens Heilung finden.
Laß Dein Herz mit allen verschmelzen, die diesen großen Körper mit Dir teilen.
Befreie die Empfindungen von aller Spannung, damit sie im gemeinsamen Körper frei dahinfließen können - damit dieser Moment in Deinem Erbarmen und in Deiner liebevollen

Güte Heilung finden kann.
Fühle es. Laß es geschehen.
Fühle es. Laß es los.
Jeder Atemzug strömt in den Körper, den wir alle teilen.
Fühle, wie dieser Atem im großen Körper atmet.
Laß den Atem kommen.
Laß den Atem gehen.
Im weichen Körper.
Im gemeinsamen Körper.
Im unermeßlichen, alles vereinenden Herzen.
In diesem Augenblick, in dem wir unseren Schmerz in unserem Herzen erfahren, öffnet sich das Herz für die universale Heilung.
Mitfühlend und liebevoll vereinen wir uns mit dem Schmerz, den wir alle miteinander teilen - und empfangen die Heilung, für die jeder von uns Geburt annahm.

* * *

KAPITEL 8

Beherzt sein

In der alten chinesischen Kalligraphie gibt es für die Worte *Geist* und *Herz* nur ein einziges Schriftzeichen: *hsin*. Denn wenn der Geist ungetrübt ist, wird nur das Herz erfahren, und wenn sich das Herz offenbart, kennt der Geist keine Hindernisse. Nur für den Verstand sind Herz und Geist scheinbar voneinander getrennt. Für das Herz aber sind alle Dinge eins.

Viele berichten, daß die Hinwendung zum Herzen beträchtliche Emotionen und Gefühle in ihnen freigesetzt habe - ob es nun Kummer, Zorn, Trauer oder Zweifel waren. Manche meinen, daß diese Emotionen typische Regungen des Herzens seien. Aber in Wirklichkeit spiegeln sie nur die Verdichtungen des Geistes wider, welche den Panzer bilden, den das Gewahrsein auf seinem Weg in die Weite des Herzens durchdringen muß. Dieser Panzer setzt sich aus verdrängten Emotionen zusammen - den unbereinigten Geschäften des Geistes, dem Festgehaltenen, dem Ungeklärten, dem Ungeheilten. Es sind Gefühle oder Geisteszustände, die sich in Jahren der Schauspielerei und Beschönigung verdichtet haben.

So wie jede Emotion, jede Geistesverfassung mit einem bestimmten körperlichen Erscheinungsmuster korrespondiert, so spiegelt sie sich auch in einer entsprechenden mentalen Handschrift wider. Ihr inneres Wesen drückt sich in den mit ihr verknüpften Gedanken und Vorstellungen aus. Solche Gedanken kleiden sich in Worte oder Bilder, die leicht zu entschlüsseln sind. Die Emotionen und Gefühle jedoch, die ihnen als Impuls zugrundeliegen, sind auf den ersten Blick nicht so einfach zu erkennen. Nur allzu oft verlieren wir uns in den Gedanken, bevor die hinter ihnen stehende Emotion für uns erkennbar wird. Indem wir uns aber unablässig auf unsere Präsenz und unseren Forschergeist besinnen, würdigen wir unsere Emotionen zunehmend in einer ganz neuen Weise. Sie werden von uns nicht mehr gefürchtet oder zu einem bruchstückhaften Selbstbild zurechtgestutzt, sondern unmittelbar erfahren, berührt, geschmeckt und erforscht.

Emotionen sind wie unterschiedlich eingefärbte Linsen, die uns jeweils ein bestimmtes Bild der Realität und der Gedankenwelt vermitteln.

Beispielsweise denken wir bei der Betrachtung einer Rose, wenn wir durch die Emotion, durch die Linse des Frohsinns blicken: „Ahhh, eine Rose!" Wir nehmen ihren Wohlgeruch, ihre Farbenpracht und Schönheit wahr. Betrachten wir die gleiche Rose aber durch die Linse des Zorns, werden wir denken: „Oh, verdammt! Eine Rose!" Wir sehen die Dornen, fühlen uns bedroht, spüren nur noch Zorn.

Je eingehender wir diese Linsen prüfen und berücksichtigen, desto unverzerrter werden wir die hinter ihnen liegende Wirklichkeit wahrnehmen.

Jene geistigen Eigenschaften, die wir oftmals mit den Regungen des Herzens verwechseln, können erforscht werden, wenn wir auf dem Weg zum Frieden unsere innere Panzerung durchdringen. Nicht Trennendes vermag das Herz in die Irre zu führen. Es erlebt den Zorn, ohne zornig zu sein. Nie mangelt es ihm an Erbarmen, nie an Liebe. Das Herz bildet die eigentliche Essenz des Geistes, wenn sich alles Trennende aufgelöst hat und nur noch reines Gewahrsein bestehen bleibt - was nichts anderes ist als reine Liebe. Es ist ein grenzenloser Raum jenseits aller Definition, es ist unsere wahre Natur. Es ist das ewig Unverletzte, das ewig Ganze.

Wenn wir unser Herz für unsere Wunden und Krankheiten öffnen, heißt das, daß wir sie in unserer Liebe aufnehmen. Leichten Herzens stehen wir den inzwischen vertrauten, farbigen Linsen der Furcht, des Verzagens und des Widerwillens gegenüber: „Aaaah - da sind sie ja wieder, die Angst und der Zorn." Die alte Reaktivität des Geistes fließt in einem neuen Staunen über die gefundene

Freiheit dahin. Wir lernen mit der Zeit, uns den realitätsverzerrenden Faktoren in tief empfundener Bewußtheit zu nähern.

Wenn wir es lernen, uns selbst voller Erbarmen zu ergründen, werden wir einer heilenden Verbundenheit mit dem Ungleichgewicht zwischen Geist und Körper gewahr. Nachdem wir uns den auftretenden Empfindungen entspannt, konzentriert und forschend geöffnet haben, erfassen wir Geist und Körper in dem Augenblick, in dem das Leben empfangen wird - im „Nur So Viel".

Wir warten nicht darauf, daß uns eine Krankheit in die Enge treibt, daß wir unter der Last alter Identifikationen zerbrechen, sondern setzen unsere kleinen Schmerzen, unsere täglichen Frustrationen, unsere ganz normalen Ängste für unsere Heilung ein. Wir bedienen uns des vorübergehenden Hustens, der flüchtigen Kopfschmerzen und der gelegentlichen Prellung, um uns dem Herzen zuzuwenden, um die Pforte in uns weiter und größer zu machen. Wir öffnen uns für unsere täglichen kleinen Tode, um dem unausweichlichen Nahen des großen Todes Raum zu geben. Wenn wir uns in der Lebensmitte für die kleinen und großen Leiden des Altwerdens öffnen, bleibt es uns erspart, eines Morgens völlig überrascht feststellen, daß wir alt geworden sind. Wir können unser Leben mehr und mehr im Herzen leben, anstatt es um jeden Preis an den Körper ketten zu müssen. Und dies wird zu einer unserer interessantesten Alltagsbeschäftigungen.

Doch bevor wir uns selbst oder einer anderen Person eine solche Aufmerksamkeit schenken können, müssen wir dem Spruch „Arzt, heile dich selbst!" (nach Sirach 18,20) auf den Grund gehen. Wir mögen zwar keine „geheilten Ärzte" sein, aber auf unsere Heilung können wir nicht verzichten. Sie ist es, die unserem Leben Fülle gibt und auch unseren letzten Verklammerungen und Ängsten Raum bietet. Wir spüren so deutlich, wie kostbar der Pfad unter unseren Füßen ist, daß wir uns kaum wünschen, in einer anderen Situation zu sein. Und wir können sogar jenen Verlangen, die sich einst zu unseren größten Schmerzen und Schwierigkeiten verdichtet hatten, in einer neuen Milde und Sanftheit begegnen - wir sind bereit, die Wirklichkeit anzuerkennen und uns der Heilung zu öffnen.

Indem wir uns selbst Liebe schenken, strahlen wir Liebe auf alle Menschen aus. Indem wir heilende Kraft ausstrahlen, werden wir selbst geheilt. Indem wir uns von den Wirrnissen und geistigen Verkrustungen lösen, die das Herz blockieren, öffnen wir uns dem Herzen der Welt. Während die mit einer Erkrankung verbundenen Empfindungen, Gedanken und Gefühle immer deutlicher hervortreten, beginnt sich in unserem Innern Erbarmen für die Schmerzen zu regen, die wir uns selbst zufügen - für die Beharrlichkeit, mit der wir uns an unser Leid geklammert haben. Während die Panzerung schmilzt, erfahren wir unsere unermeßliche Weite, und das Herz dehnt sich aus, um den ganzen Körper mit einem Gefühl von Balance und Wohlbefinden zu erfüllen.

In diesem Stadium der Offenheit werden wir mehr und mehr des Sinnes der Dinge gewahr, gegen die wir uns stets gesträubt haben, weil sie uns als „so sinnlos" erschienen. Nun strebt die Liebe ganz von allein den Bereichen der Erstarrung und Leblosigkeit oder den mit ihnen korrespondierenden Schmerzen und Ängsten entgegen. Wie bei einer Osmose wird die Heilung von den Bereichen angezogen, die ihrer am meisten bedürfen. Wenn ein/e Heiler/in wirkt, bewegt sich die Liebe von einem Bereich größerer Konzentration in dem einen Herzen zu einem Ort geringerer Konzentration im anderen. Es gibt dann weder eine „heilende" noch eine „geheilte" Person. Es ist keine Trennung, kein Gefühl von Dualität mehr vorhanden, sondern nur noch das Gefühl der Einheit, die in all ihren Manifestationen der scheinbaren Differenzierung gegenwärtig ist. Wenn wir das Herz als heilendes Medium wirken lassen, erfährt es den ganzen Körper, den ganzen Geist als Aspekte seiner selbst. Man kann den Himmel nicht von den ihn durchziehenden Wolken trennen, und zugleich tritt sein tiefes Blau niemals so deutlich hervor wie im Kontrast zu einer dunklen Wolke.

Die Überquerung des Flusses der Achtlosigkeit, das Hinüberschreiten vom Ungeheilten zum Ewig-Heilen kostet uns „nur so viel". Im Reich der Heilung gilt die Münze einer mitfühlenden Bewußtheit, die auf diesen einen Moment der Entfaltung des Lebens gerichtet ist. „Nur So Viel" ist die Millisekunde, in der die Wahrheit zu finden ist. In ihr öffnen wir uns unserem ganzen Leben. Es ist der Augenblick, in dem sich das Dasein selbst offenbart und erfahren wird. „Nur So Viel" ist der Raum, in dem unsere Heilung stetig wächst. Es ist der Raum, in dem sich alle notwendige Arbeit vollzieht. Vor einigen Jahren kam ein Mann namens Bob zu uns, dessen Krebserkrankung schon das vierte Stadium erreicht hatte. Er hörte einem Vortrag zu, bei dem wir über einen der am meisten von uns geschätzten Lehrer sprachen, den ehrwürdigen buddhistischen Meditations-Meister Aachan Cha. Seine Lehre vom „Nur So Viel“ fand bei Bob eine sehr starke Resonanz. Nach dem Vortrag nahm er mich beiseite und wollte noch mehr über Aachan Chas Lehren erfahren. Dann fragte er: „Wenn das Leben ‚nur so viel‘ ist, dann ist auch der Tod ‚nur so viel‘, oder?“ Seine Augen füllten sich mit Tränen, und sein offenkundig sehr geschwächter Körper erzitterte in tiefer Erleichterung. Nahezu ohnmächtig sank er in meine Arme und sagte: „Ich sterbe, ich brauche Hilfe.“ Es war der Beginn einer langen Wechselbeziehung, die uns gemeinsam durch viele Stufen der Heilung führte.

Als ich Bob am nächsten Tag wieder traf, erzählte er mir, daß er den Tod immer als etwas Gewaltiges empfunden habe, dem man nicht gewachsen sein könne. Aber nachdem er die Lehre vom „Nur So Viel“ gehört habe, spüre er, daß seine mißliche Lage ganz neue Möglichkeiten bergen könne - daß sogar der Tod zu meistern sei. „Ich habe den Tod immer für eine undurchdringliche Mauer gehalten, aber jetzt habe ich das Gefühl, daß ich Stein für Stein mit ihm vertraut werden kann.“

Wie alle anderen fing auch Bob damit an, seinen unbereinigten Geschäften auf den Grund zu gehen. Er wurde der tief in ihm eingeschlossenen Trauer und Wehmut gewahr, die sich schon seit langem rings um sein Herz angesammelt und jede Regung einer positiven oder teilnahmsvollen Annäherung an seine mißliche Lage in ihm erstickt hatten. So begann er mit der Trauer-Meditation zu arbeiten. Er richtete seine Aufmerksamkeit auf die Mitte der Brust, drückte mit dem Daumen auf den Schmerzpunkt über dem Herzen, der am Brustbein zwischen den Brustwarzen liegt, und nahm von Augenblick zu Augenblick die Stimmungen, Gefühle und Gedanken wahr, die dort in sanftem Gewahrsein erschienen. Nie war der Schmerz seines Widerstands gegen das Leben fühlbarer gewesen als jetzt, da er sich seiner Trauer öffnete. Während er den Daumen immer fester auf diesen Punkt großer geistig-körperlicher Sensitivität drückte, der in vielen Heilsystemen eine Rolle spielt, fühlte er den Gegendruck seiner lebenslangen Widerstände, die jedes Überschreiten des rationalen Geistes verneinten. In dem Wissen, daß seine einzige Zuflucht im Innern lag, begann er in die Schmerzgefühle inmitten seiner Brust hineinzuatmen. Während sich seine Verhaftungen Schicht für Schicht enthüllten, öffnete sich jeder ehemalige Impuls der Verneinung dem „Nur So Viel". Jeden Tag stand er auf, um sich zu waschen, eine Tasse Tee zu trinken und sich anschließend in sein Zimmer zurückzuziehen, wo er fast eine Stunde lang den Schmerz erforschte, der sich in Jahren der Enttäuschung und Entbehrung in ihm angesammelt hatte.

Während der nächsten Wochen, in denen er seinen Gefühlen freien Lauf ließ, stellte er fest, daß in seinem Herzen mehr Raum für seine Traurigkeit, für seinen Schmerz und für seine Heilung entstanden war. Er entdeckte, daß der Schmerzpunkt in der Brustmitte zum Berührungspunkt des Herzens wurde, wenn er sich geöffnet hatte. Den ganzen Tag über atmete er durch diesen Punkt ein und aus, und das Tor zu seinem Herzen weitete sich mehr und mehr.

Weil er nicht mehr in seinen Gedanken lebte, sondern unmittelbaren Anteil an seinem Leben hatte, fand er heraus, daß in diesem „Nur So Viel" nichts unvollendet oder unerledigt blieb. Er erkannte, daß die Kraft der Vergebung dem Gefühl früherer Verluste seine Schärfe nehmen konnte, und die Vergebungs-Meditation rückte gegenüber der Trauer-Meditation immer mehr in den Vordergrund. Sie besänftigte seinen Geist und öffnete den Berührungspunkt des Herzens.

Während er sich von alten Verhaftungen, von Kümmernissen und Ressentiments der Vergangenheit löste, wurde er einer tiefen körperlichen Entspannung gewahr. Er hatte die Fesseln von Zorn und Trauer durchtrennt, und sein Einverstandensein, sein „weicher Bauch", öffnete ihn mehr und mehr für die Heilung. Je mehr sein Widerstand dahinschmolz, desto mehr verringerte sich auch sein Schmerz. Seine Stimme wurde immer sanfter. Als er sich der Meditation des Loslassens widmete, vertiefte sich seine Empfindung der Herzenswärme noch weiter. Seine unmittelbare Teilhabe am Leben ließ ihn genauer zuhören, klarer sehen, feiner schmecken, offener sprechen, bewußter denken und aufrichtiger handeln. Er tauchte in den Strom ein und faßte allmählich ein tiefes Vertrauen in den Prozeß, an dem sein Geist und sein Körper so deutlichen Anteil hatten. Seine Heilung war unverkennbar.

Als etwa zwei Monate unserer gemeinsamen Arbeit verstrichen waren und sich bei Bob gerade jenes Stadium der „Extra-Besserung“ einstellen wollte, das ihn bekunden ließ, „lebendiger als jemals zuvor“ zu sein, verschlechterte sich seine physische Verfassung. Er konnte des Morgens seine Sprache nicht mehr formulieren, da ein unvermuteter Gehirntumor, vom ursprünglichen Krebsherd ausgestrahlt, eine Aphasie ausgelöst hatte. Er war sehr bestürzt, rief jeden Tag an und legte uns in mühevoller, schleppender Kommunikation dar, daß er „alles wieder verloren“ habe. Wir erinnerten ihn immer wieder daran, dem „Nur So Viel“ zu vertrauen. Er durchlebte eine schwere Zeit, die ihn dazu veranlaßte, seine früheren Trauer-Meditationen wieder aufzunehmen, um sich von den Enttäuschungen und Erwartungen lösen zu können, die ihn innerlich aufwühlten. Der Druck seines Daumens auf den Schmerzpunkt ließ Vergebung in sein Herz fließen, und er konnte in seiner neuen Verfassung allmählich Entspannung finden. Statt über falsch ausgesprochene oder durcheinandergeratene Worte zu stöhnen, lachte er immer häufiger darüber und wiederholte scherzhaft dasselbe Wort im nächsten Satz, indem er zum Beispiel sagte: „Ich glaube, dieser Tumor in meinem Schmerz hat mich am empfindlichsten Punkt getroffen. Ach, nein, ich meine nicht Schmerz (engl.: *pain*), sondern Gehirn (*brain*, Anm. d. Übers.) - diesen Gehirn-Tumor. Aber eigentlich habe ich von meinem Schmerz sowieso nie viel gehalten, oder von meinem Gehirn oder von was auch immer.“ Manchmal jedoch war alles ein bißchen zu viel für ihn, und er klagte, daß er „mit keiner der Meditationen klarkommen“ würde. Dann erinnerten wir ihn daran, einfach durch sein Herz ein- und auszuatmen. Wenn ihn die Identifikation mit seiner Krankheit einmal nicht so stark belastete, dann arbeitete er mit der Meditation über bedrückende Emotionen und war imstande, sich direkt auf die Enttäuschung zu konzentrieren - er konnte „Nur So Viel“ erforschen und zugleich über die Depression hinaus in die Weiträumigkeit blicken, in der sie dahinfloß. Dies alles war für ihn mit langwieriger, harter Arbeit verbunden, aber als er die Wochen, in denen er sich „ziemlich down“ fühlte, überstanden hatte, ließ er eine neue Willenskraft und Standfestigkeit erkennen. Wenn sich die Aphasie auch hin und wieder geltend machte, schien er ihr doch weitaus eher mit dem Verständnis des Herzens als mit dem Widerstreben des Geistes begegnen zu können. Und als ihn ein Arbeitskollege besuchte und ihn fragte, was er denn jetzt vorhabe, erwiderte er einfach: „Nur so viel." Er sagte, sein Leben sei zu groß, als daß er es ganz und gar begreifen könne, aber die Welt böte ihm den Platz zum Leben, den er brauche.

Bob ließ nicht davon ab, den Geist zu erforschen, das Wesen der Wahrnehmung zu erkunden und der Frage nachzugehen, wer es wirklich ist, der stirbt. Manchmal überschritt er für lange Zeitspannen den isolierten Geist seiner Ängste und den isolierten Körper seines Krebses und tauchte in das kollektive Herz der Heilung ein. Er überquerte den Fluß der Achtlosigkeit in fortwährender Rückbesinnung und Aufmerksamkeit. Als er sich dann in der Mitte des Flusses dem Tod gegenübersah, kam ihm all die Arbeit der vergangenen Monate zugute, und in seinem tiefen Vertrauen in den Prozeß wagte er den Sprung des Glaubens, der ihn zu den Ufern des grenzenlosen Friedens hinübertrug.

Seine Heilung stand der Heilung derer, die wir im Körper überleben sahen, um nichts nach. Obwohl sein Krebs nicht zum Stillstand kam, wurde sein Herz so leicht wie „die Feder der Wahrheit". In der Tat glaubten die alten Ägypter, daß das Herz nach dem Tode auf die Waage der Wahrheit gelegt und gegen eine Feder aufgewogen werde, damit entschieden werden könne, ob das vergangene Leben der Heilung oder der Achtlosigkeit gewidmet war.

Am Tage seines Sterbens hatten sich viele an seinem Bett versammelt, um ihm alles Gute zu wünschen, und er schien für alle Zeit zu haben - jeder Anwesende empfing sein sanftes Lächeln als einen freundlichen Segen. Und als seine Frau ihn fragte, mit welchem Überzug sie den soeben gebackenen Kuchen versehen solle, sagte er: „Mir ist alles recht - nur Geburtstagskerzen möchte ich nicht. Mir fehlt der Atem, um sie auszublasen." Es war seine letzte Lebensstunde. Sein Tod war „nur so viel".

Als Bob sein Herz läuterte, erkannte er den rationalen Geist als einen Prozeß. Was er in seinen klarsten Momenten bei der Betrachtung der sich stetig wandelnden Natur aller Gedanken und Gefühle in erster Linie wahrnahm, war deren wesenhafte Unbeständigkeit.

Während er sich diesem Strom der Unbeständigkeit öffnete, begegnete er der scheinbaren Solidität seines Selbstbildes, das bereits recht verschwommen war, weil es ihm schon längst nicht mehr als Spiegel diente, mit heilendem Erbarmen und Gewahrsein. Indem er diesen unaufhaltsamen Strom der Unbeständigkeit erkannte, sah er über allen Schein hinweg und hatte unmittelbaren Anteil an der unveränderlichen Natur seines wirklichen Seins. Er wandte sich ganz direkt dem Schmerz zu, den wir alle teilen, und bewegte sich über ihn hinaus auf jene Vollendung zu, die wir alle erreichen können. Die Unbeständigkeit war nicht länger der Feind seines Körpers, der Enttäuscher seiner Verlangen, sondern Teil eines Prozesses, der Zuversicht erzeugte. Weil er sich jedem Augenblick voll und ganz hingab, konnte er den nächsten Augenblick sich selbst überlassen. Mit jedem Moment der Heilung vertiefte sich sein Vertrauen in den Prozeß, in das Kontinuum, in das Leben selbst. Er integrierte sich vollständig in diesen Prozeß und erkannte, daß selbst der Tod unbeständig war. Daß das Leben ganz einfach so ist, wie es ist - und kein Ende kennt.

Es gibt viele Wege, auf denen wir uns die Schätze des Herzens erschließen und in die Weiträumigkeit des Seins eingehen können. Aber alle Arbeit, der wir uns widmen, um durch unser Forschen, durch unser Helfen und durch unsere Meditation Gefühle liebevoller Güte in uns zu erwecken, kommt ironischerweise noch immer der „ersten Hilfe vor Ankunft des Arztes" gleich. Obgleich unsere wahre Natur bereits aus reiner Bewußtheit, reiner Liebe besteht, ist es hilfreich, Gefühle wie das der liebevollen Güte zu entwickeln, solange sich uns das wahre Wesen des Herzens noch nicht offenbart hat. Paradoxerweise stellt sich die Ausbildung liebevoller Güte durch Meditation und tägliche Praxis fast in einer Weise dar, als würde man mit Hilfe eines scharfen Wasserstrahls nach wasserführenden Schichten bohren - nach den mächtigen, unterirdischen Strömen des Mitempfindens und der Barmherzigkeit, die sich unter der Oberfläche unseres stets aktiven Geistes verbergen. Fast könnte man die Erweckung von Eigenschaften wie die der liebevollen Güte und der mitfühlenden Freude als eine Mimikry unserer essentiellen Natur betrachten. Die kleine Liebe wird größer - die kleinen Ängste jedoch zerrinnen.

Wenn wir zum Kern der Dinge vorstoßen, tauchen Geist und

Körper in liebevolle Bewußtheit ein. Wenn der Geist im Herzen versinkt, kann das Herz mit allem Geschehen verschmelzen. Es nimmt sich all unserer Mutlosigkeit an. Aus der Verbundenheit des Herzens mit all unseren Wunden erwächst eine neue Harmonie, ein tieferes Gefühl des Seins. Mit dieser Verbindung wird ein Kanal zwischen dem Herzen und den körperlichen Wahrnehmungen geschaffen, durch den Wellen um Wellen der liebevollen Güte in einen schmerzenden oder erkrankten Bereich einströmen können. Diese Kommunion mit der Krankheit finden wir bei jenen, die davon sprechen, ihren Krebs mit ihrer Liebe zu zerschmelzen - und auch bei jenen, die sich in tiefem Frieden aus ihrem Körper gelöst haben.

Wenn wir die Wahrnehmungen, Gedanken und Gefühle von Geist und Körper unmittelbar erfahren, können wir durch die Öffnung zum Herzen „nur so viel" Erbarmen und Mitgefühl in die Krankheit hineinatmen. Wir können die Beschwerden der Erkrankung in den Raum des Herzens hineinatmen, um uns von den tief in uns eingeschlossenen Verhaftungen zu reinigen und zu lösen. Die Krankheit schwebt in der Lumineszenz des Seins dahin. Wir atmen die Liebe direkt in die den Krankheitsherd umgebenden Empfindungen hinein und lassen mit jedem Atemzug liebevolle Güte in uns einströmen. Wir atmen die Liebe direkt in das Leiden hinein.

Indem wir mit jedem Atemzug Liebe in den einst aufgegebenen Bereich des Leidens hineinfließen lassen, strahlt heilende Energie auf unser ganzes Leben aus. Wir umfangen diesen Bereich mit zärtlicher Fürsorge und Anteilnahme, mit Vergebung und Liebe, und eine machtvolle Läuterung kann ihn öffnen und entspannen. Wärme und Licht fluten durch den Körper, Empfindungen entstehen und vergehen in grenzenloser Bewußtheit. Der Große Frieden findet sich ein, leicht wie ein Kolibri, der den Kelch einer sich soeben öffnenden Blüte erforscht. Vielleicht nehmen wir nun wahr, daß keine Notwendigkeit mehr besteht, Liebe in diesen Bereich auszustrahlen, weil sich diese Liebe immer dann, wenn wir mit unserem Gewahrsein in diesen Raum des Unbehagens eintreten, ganz von selbst verbreitet. Wenn wir in der Konzentration auf eine Verletzung oder Krankheit sehr tief mit etwas Wesentlichem verbunden sind, finden wir im Zentrum des Leidens fast so etwas wie bedingungslose Liebe. Viele haben diese Erfahrung mit der Entdeckung einer üppigen Oase inmitten einer ausgedörrten und verödeten Wüste verglichen. Sie sprachen davon, daß ihre Wanderungen in der Wildnis von Geist und Körper eine ganz neue „Ökologie" des Lebens in ihnen aufkeimen ließ. Was als mittellose Pilgerschaft ins Unerforschte begann, gedieh unversehens zur fruchtbarsten Erfahrung ihres Lebens. Eine Patientin meinte, daß dieser Prozeß der Transformation „von einer großen Trockenheit des Herzens zu einer erquickenden Feuchte des spirituellen Geistes" führe. Es sei so, als würde sie einer Umwandlung leblosen Sandes in fruchtbare Erde zuschauen, die durch nichts anderes bewirkt werde als durch ihre Liebe und ihre Achtsamkeit.

Diese Heilung erwächst nicht einfach aus unserer Liebe, sondern aus unserem Sein, das selbst die reine Liebe ist. Es kommt nicht auf unser „Klar-Sein" an, sondern auf das klare Sein. Bei dieser Heilung geht es nicht darum, anders zu sein, sondern darum, das Sein selbst zu sein. Hier ist nichts voneinander getrennt, hier gibt es keine Grenzen, keine Hindernisse für die Heilung. Unverweilt betreten wir das Reich des reinen Seins, das torlose Tor schwingt auf - und jenseits von Leben und Tod leuchtet uns das Gesicht entgegen, das schon immer das unsere war.

SPRICH MICH BITTE MIT MEINEN WIRKLICHEN NAMEN AN

Sage nicht, daß ich morgen fortgehe,
denn ich treffe doch erst heute ein.
Sieh mich an: Ich finde mich in jeder Sekunde ein,
bin die Knospe am Frühlingszweig,
bin ein winziger Vogel, der noch zarte Flügel hat
und in seinem neuen Nest zu singen lernt,
bin die Raupe im Blütenkelch,
bin das Juwel, das sich im Stein verbirgt.
Auch jetzt noch finde ich mich ein, um zu lachen und zu weinen,
um zu fürchten und zu hoffen -
die Schläge meines Herzens sind die Geburten und Tode
all dessen, was lebt.
Ich bin die Libelle, die nach ihrer Metamorphose
dem Wasser entsteigt.

Und ich bin der Vogel, der im Erwachen des Frühlings
zur Stelle ist,
um die Libelle zu verspeisen.
Ich bin der Frosch, der sich im klaren Wasser
des Teiches tummelt.
Und ich bin die Ringelnatter, die sich lautlos anschleicht
und am Frosche sättigt.
Ich bin das Kind in Uganda, das nur noch aus
Haut und Knochen besteht -
meine Beine sind dünn wie Bambusstäbe.
Und ich bin der Waffenhändler, der seine todbringenden
Waffen an Uganda verkauft.
Ich bin das zwölfjährige Mädchen in einem Flüchtlingsboot,
das sich ins Meer stürzt, nachdem es von einem
Seeräuber vergewaltigt wurde.
Und ich bin der Seeräuber, dessen Herz noch nicht fähig ist,
zu verstehen und zu lieben.
Ich bin ein Mitglied des Politbüros, und mir ist
Macht im Überfluß gegeben.
Ich bin auch der Mann, der seine „Blutschuld" an
sein Volk entrichten muß
und langsam in einem Arbeitslager zugrunde geht.
Meine Freude ist wie der Frühling - ihre Wärme läßt
Blumen in meinen Händen erblühen.
Mein Schmerz ist wie ein Fluß voller Tränen -
all seine Fülle ergießt sich in die vier Ozeane.
Sprich mich bitte mit meinen richtigen Namen an, damit ich
all meine Schreie und zugleich all mein Lachen hören kann,
damit ich erkennen kann, daß meine Freude und mein Schmerz
ein und dasselbe sind.
Sprich mich bitte mit meinen richtigen Namen an, damit ich
erwachen kann,
damit die Pforte meines Herzens offen bleibt -
die Pforte allen Mitgefühls.

Thich Nhat Hanh

* * *

KAPITEL 9

Vergebung

Der Beginn des Pfades der Heilung ist das Ende des ungelebten Lebens. Die Vertiefung unseres Gewahrseins macht jeden Moment zu einer neuen Erfahrung. Wir treten in den Prozeß als absolute Anfänger ein, erleben jeden Atemzug, als sei es der erste, und betrachten jeden Gedanken, als wäre es der letzte. Wir erwachen völlig zum Leben. Wir erkennen, daß mit der „Bereinigung der Geschäfte" unsere Beziehungen nicht mehr vom Geschäftsgeist beherrscht werden - wir addieren keine Kontostände mehr, wir heischen nicht mehr nach der Anerkennung oder Vergebung des anderen. Mitgefühl erwacht in uns. Wenn wir jemandem vergeben, verlangen wir keinen Dank dafür. Unsere Geschäfte sind erledigt.

Einer der ersten Schritte auf dem Pfad der Heilung ist die Vertiefung unserer Bereitschaft zur Vergebung. Sie ebnet den Weg und erleichtert unseren Fortschritt, nachdem uns das Gewahrsein auf den Pfad der Heilung geführt hat.

Wenn das Gewahrsein zunehmend subtiler wird und selbst das verhaltene Flüstern des rationalen Geistes vernehmen kann, werden wir mit etwas konfrontiert, das ein befreundeter, schwerkranker Musiker einmal „die unvollendete Symphonie" genannt hat. Es sind die Träume und Verlangen, die sich unablässig unter der Oberfläche unserer weltlichen Persönlichkeit abgelagert haben - das unerfüllte, unvollendete und oft verübelte Erbe eines nur unvollständig gelebten Lebens. Vielen fällt es schwer, ganz einfach loszulassen, wenn sie auf verdrängte Probleme und alte Verhaftungen stoßen. Sie halten an den Dingen, die sie nicht verarbeitet haben und denen sie immer ausgewichen sind, krampfhaft fest, und es bereitet ihnen große Mühe, sie in natürlicher Ruhe und Offenheit zu erfahren. Vergebung jedoch wirkt fast wie eine Art von Schmieröl, mit dessen Hilfe die Dinge unserem klammernden Griff entgleiten können.

Theoretisch wäre es geradezu ideal, wenn wir uns von bedrükkenden Zuständen wie Groll, Angst oder Schuldbewußtsein einfach lösen könnten. Aber in der Praxis beobachten wir, daß die Fessel unserer Identifikation mit diesen Gefühlen nicht so leicht zu lockern ist. Bevor wir nicht völlig in der Lage sind, diesen Empfindungen achtsam zu begegnen und sie ohne jede Tendenz zur Verhaftung oder Verdammung einfach bestehen zu lassen, mag es durchaus geboten sein, uns bewußt in Vergebung zu üben. Sie vermittelt uns gegenüber dem strengen Urteil des Geistes ein weitherziges Verständnis und gibt uns die innere Kraft zur Loslösung.

Im Durchwandern der Verklammerungen, die das Herz umschließen, zeigt sich uns die Kraft der Vergebung am klarsten. Vergebung macht es uns möglich, die Vorhänge des Grolls fallen zu lassen, die undurchlässig für das Leben waren und uns im Irrgarten des Geistes festhielten. Vergebung mildert unsere Verhaftungen und läßt sie ein wenig tiefer ins heilende Herz hinabsinken.

Wenn wir uns täglich in der Vergebung üben, entspannt sich unser Leben. Wir können uns aus den uralten Kerkern des urteilenden Geistes befreien. Vergebung läßt den Zorn in barmherziger Bewußtheit dahinfließen. Sie schafft dem Leben Raum. Sie bildet das Wesen des unverschleierten Herzens, welches jede Isolation zerrinnen und Mitgefühl und Gewahrsein über alle Konditionierung hinausstreben läßt. Sie erweckt die Weite des Herzens im Geiste.

In traditioneller Weise wird Vergebung praktiziert, indem wir uns der Möglichkeit öffnen, einer Person, der wir ablehnend gegenüberstehen, versöhnlich zu begegnen. Sodann stellen wir uns jemanden vor, der uns gegenüber unversöhnlich gestimmt ist, und öffnen uns der Möglichkeit, seine Vergebung zu empfangen - in der Bereitschaft, uns von den alten, unbereinigten Geschäften zu lösen, die unsere Herzen voneinander trennten. Und zuletzt strahlen wir auf uns selbst Vergebung aus. Vielleicht haben wir unser ganzes Leben lang darauf gewartet, daß unsere eigene Stimme zu uns sagt: „Ich liebe Dich." Und wir können niemandem unsere Liebe schenken, solange wir uns selbst nicht liebevoll annehmen. Buddha sagte, wir würden wahrhaftig niemanden im Universum finden, der der Liebe würdiger sei als wir selbst, auch wenn wir noch so angestrengt suchten. Wenn man die Meditation der Vergebung täglich eine Viertelstunde lang praktiziert, kann sich der Pfad der Heilung verbreitern, und wir können ihm leichtfüßiger folgen.

Während der Arbeit mit diesen Meditationen werden wir mit Hilfe unserer natürlichen Weisheit noch anderer Ebenen gewahr, auf denen wir Heilung finden können. Wir sollten uns von unserem eigenen großen Genius leiten lassen. Obwohl die Vergebungs-Meditation in der am häufigsten praktizierten Form sehr wirksam ist, können wir noch einen anderen Aspekt ihrer heilenden Kraft entdecken, wenn wir Vergebung direkt ins Zentrum unseres Leidens hineinstrahlen lassen. Indem wir all das mit Vergebung berühren, was so oft unsere Feindschaft und Ablehnung zu spüren bekam, kann das Wunder der Heilung und der Balance in jedem Augenblick, ja im ganzen Leben zur Entfaltung kommen. All diese Praktiken sind unserem Bedürfnis angepaßt, die nächsten geeigneten Schritte intuitiv zu erspüren. Wir stützen uns nicht auf die Vergangenheit und integrieren uns im Rahmen der bestehenden Notwendigkeiten vollständig in das, was zu tun ist. Der Ozean des Gewahrseins löscht die Schritte aus, die wir gegangen sind, so daß keine Spuren mehr bleiben, sondern nur noch der Boden unter unseren Füßen - dieser eine Augenblick, in dem alles zu finden ist, wonach wir gesucht haben.

Richten wir also unsere Vergebung auf jeden Moment der geistig - körperlichen Erfahrung. Es gibt keinen Aspekt des rationalen Geistes mehr, auf den wir uns stützen oder von dem wir uns zurückziehen. Nichts stellt ein Hindernis dar. Wir lernen, inmitten der Hölle ein offenes Herz zu bewahren.

Wir werden gewahr, daß Vergebung ein zweckmäßiges Mittel ist, um Geschäfte zu bereinigen, um die Verhaftungen des Geistes zu mildern und die Verklammerungen des Körpers zu lösen, so daß sich das Herz all unserer Mutlosigkeit annehmen kann. Indem wir Vergebung in den Körper leiten, schmilzt der Widerstand gegen das Leben dahin, der Schmerz verringert sich und die Heilung breitet sich bis ins Zentrum einer jeden Zelle aus.

Die Praxis der Vergebung öffnet den Geist für das natürliche Mitgefühl des Herzens. Täglich ausgeübt, läßt sie uralte Verhaftungen zerrinnen. Allerdings können wir anfangs auf Überraschungen stoßen. Zuerst einmal können sich ungebetene Schuldgefühle einstellen. Dabei ist es wichtig, daß wir die Vergebung nicht dazu gebrauchen, Schuldgefühle im Keim zu ersticken oder auch die Unversöhnlichkeit eines anderen zu idealisieren, sondern sie einfach als ein Mittel zur Auflösung von Hemmnissen betrachten. Auch mögen wir anfangs das Gefühl haben, daß nichts Unrechtes geschehen sei - warum also um Vergebung bitten oder Vergebung gewähren? Gefühle richten sich jedoch nicht nach rationalen Gesetzen, sie führen ein Eigenleben. Wir erbitten oder gewähren Vergebung nicht deshalb, weil eine vermeintliche Fehlhandlung begangen wurde, sondern weil wir nicht länger unter der Last unserer Ressentiments und Schuldgefühle leben wollen. Wir sind bereit, den rationalen Geist im Herzen versinken zu lassen. Wir wollen loslassen und weitergehen.

Wenn die Vergebung anfangs ein bestimmtes Gefühl der Verbitterung in uns hinterläßt, dann sollten wir daran denken, daß sie nicht im Verzeihen einer groben, verletzenden Handlung besteht, sondern darin, sich dem Handelnden selbst mit Erbarmen und liebevoller Güte zu nähern. Wir können Vergewaltigung nicht verzeihen, aber wir können dem Vergewaltiger nach und nach mit einem gewissen Verständnis begegnen - wir können unsere eigene Angst verringern und uns ein wenig freier im Leben bewegen. Vergebung wird für uns selbst von Nutzen sein, nicht für jemand anderen. Wenn wir auch einer anderen Person unser Herz öffnen, so beschreiten wir damit doch nur den Weg zurück in unser eigenes Herz. Vergebung kann zweifellos über Hunderte von Kilometern hinweg wirksam werden und sogar Erwiderung finden, aber dies ist nicht der primäre Zweck dieser Meditation. Eigentlich zeigt das Warten auf eine solche Erwiderung nur, daß wir unsere unbereinigten Geschäfte noch aufrechterhalten. Vergebung löst solche Geschäfte auf, indem sie uns von der Panzerung befreit, die zwei Herzen voneinander trennt. Ein Lehrer sagte: „Solange es noch Zwei gibt, gibt es auch noch unbereinigte Geschäfte. Wenn die Zwei aber eins werden, vernehmen wir nur noch ein einziges Flüstern in einem einzigen Herzen."

Auf den höchsten Stufen der Vergebung werden wir gewahr, daß es eigentlich keinen „anderen" gibt, dem wir sie gewähren könnten, sondern nur noch ein gemeinsames Gefühl des Seins - den einen Geist, das eine Herz, in dem wir alle dahinfließen. Wie bei der bedingungslosen Liebe kann es letztlich keine Vergebung *für* den anderen, sondern nur noch *mit* dem anderen geben.

Als ich in einer schwierigen Lebensphase vor vielen Jahren einmal an einem einsamen Teich in den Redwood-Wäldern saß und die Vergebungs - Meditation praktizierte, geschah es, daß ich mich selbst als Praktizierenden nicht mehr wahrnahm, sondern alles um mich her zur Vergebung wurde: die Bäume, die Felsen, der Teich und der Salamander, der über meine Turnschuhe kroch - alles war Vergebung. Die Welt verwandelte sich in eine alles umfangende Liebe. Und in meiner Seele flüsterte eine Stimme, daß mir alles vergeben sei, was ich jemals getan hätte. Worauf der Geist erwiderte: „Ach, das ist doch unmöglich - das ist doch viel zu viel gewesen." Aber das Herz wiederholte: „Dir ist vollständig vergeben, alles ist getan. Wenn Du noch einmal zurücktreten willst, bitte schön. Aber von nun an liegt das ganz bei Dir." Wie schwer war es doch, dies zu akzeptieren und mein Herz dieser unaussprechlichen Vergebung zu öffnen - und wie heilsam!

Wir wollen uns an einigen Beispielen vor Augen führen, wie Einzelne die Vergebungs-Meditation als sinnvolles Mittel der Heilung eingesetzt haben.

Chuck war ein junger Mann, dessen Schultern zur Zeit unserer Begegnung so weit nach vorn gebeugt waren, daß sein Körper fast einem Fragezeichen glich. Er stand unter der Spannung starker Widerstände und Schuldgefühle. „Ich habe einen Bruder, der irgendwie übergeschnappt ist. Ein paar Mal hat er sich ganz schlimme Verletzungen mit dem Messer zugefügt. Er schnitt sich den Penis ab und solche Sachen. Zweimal wäre er fast verblutet. Jahrelang ist er in Nervenkliniken ein- und ausgegangen. Als er das letzte Mal draußen war, kam er in meine Gegend, rief mich jeden Tag an und erzählte mir, in welcher Hölle er lebte. Ich sprach immer ungefähr eine Stunde mit ihm, aber sein Leid überstieg für beide von uns das Maß des Erträglichen - ich konnte angesichts dieser schrecklichen Qual einfach nur dasitzen und zuhören. Ich war wirklich am Ende meiner Kräfte. Zuletzt antwortete ich nur noch ganz mechanisch und nahm seine Anliegen gar nicht mehr richtig wahr. Manchmal rief er innerhalb einer Stunde acht, neun oder zehn Mal an, und ich saß mit einer Flasche Whisky am Telefon und hatte furchtbare Schuldgefühle, weil ich ihm nicht noch mehr helfen konnte. Und ich betrank mich. Ich wußte weder ein noch aus."

Nachdem Chuck während eines Workshops erstmals einen Eindruck von der Vergebungs-Meditation erhalten hatte, begann er die Möglichkeit einer Heilung zu erahnen. Er sagte, daß ihn am Ende der Meditation ein Schauer durchrieselt habe, weil er sich der Hartherzigkeit bewußt geworden sei, mit der er sich selbst und auch anderen begegnet war. „Daß ich wegen meiner Unzulänglichkeit und Nutzlosigkeit einen solchen Zorn auf mich selbst habe, belastet mich sehr."

Mit Hilfe nur minimaler Anweisungen begann er mit einer täglichen Meditationspraxis, um „meinem Bruder seine Verrücktheit und mir selbst meine Intoleranz gegenüber all meinem inneren Schmerz zu vergeben". Als Chuck, wie er sagte, zu seinem Schmerz in Beziehung zu treten begann anstatt auf ihn bezogen zu sein, erkannte er allmählich, welche Kreativität der spirituelle Pfad freisetzen kann. Nach und nach entwickelte er Selbstvertrauen und ein Gefühl dafür, was richtig für ihn war. „Ich habe mir selbst noch nie so sehr vertraut. Ich habe mich immer wie eine lästige, fremde Person behandelt, und wenn ich nun anfange, Vergebung auf mich auszustrahlen, dann kann ich mir demzufolge leicht vorstellen, daß ein anderer an diesen Schmerzen leidet - und dieser kleine Spielraum gibt mir die Chance zur Vergebung." Während er seine Meditationen fortsetzte, nahm sein Körper allmählich wieder eine aufrechte Haltung an. Er verinnerlichte die Vergebung immer mehr und erlebte sich selbst nicht mehr als „anderen", sondern als eine nach Freiheit dürstende Seele. Und er begann sich von der Vergangenheit zu lösen. Ganz sanft und leicht nahm seine Fähigkeit zu, seinen Schmerz zu segnen und von ihm zu lernen.

Nach einem Monat der Praxis sagte er: „Ich glaube, ich werde diese Meditation noch eine Weile fortsetzen. Vielleicht läßt sie mich wirklich nach Hause finden. Vielleicht kann wieder ins Wohnzimmer treten und mich zum Abendessen an den Tisch zu meiner verzweifelten Familie setzen."

Mary hatte die Meditation bereits ein halbes Jahr durchgeführt, als wir ihr begegneten. „Anfangs machte sie mir nur allzu deutlich bewußt, wie hilflos ich mich angesichts all des Unrechts fühlte, das andere mir zugefügt hatten und das ich an anderen begangen habe." Als sie aber die Praxis fortsetzte, so erzählte sie, sei sie mehr und mehr imstande gewesen, ihrer Hilflosigkeit Raum zu geben, sie mit Vergebung zu berühren und jede Ecke und jeden Winkel in ihr zu erforschen. Nun gebe ihr der Zustand der Hilflosigkeit immer weniger das Gefühl, wirklich hilflos zu sein - ihr Herz stimme sich mit jedem neuen Gefühl der Machtlosigkeit ganz von selbst auf den Rhythmus der Vergebung ein. „Gewöhnlich hatte ich solche Angst davor, hilflos zu sein, daß ich wie gelähmt war. Als diese Hilflosigkeit aber mit Vergebung in Berührung kam, empfand ich sie überhaupt nicht mehr als Bedrängnis." Sie meinte, sie würde sich wohl nie mehr von einer solchen Hilflosigkeit überwältigen lassen, denn „es gibt in jeder Situation noch einen Weg. Ich kann mich immer den Tatsachen öffnen."

Mary beschrieb die allmähliche Entfaltung ihrer Praxis so: „Manchmal funktioniert diese Meditation besser und manchmal schlechter. Aber immer macht sie mir den Wert der Vergebung bewußt. Normalerweise zeigt sie mir, was mich blockiert. Hin und wieder fällt es mir zwar sehr schwer, jemandem zu vergeben, weil ich sehr wütend auf diese Person bin. Wahrscheinlich liegt das nur an meinem Stolz. Aber die Vergebung hat mich gelehrt, den Dingen etwas lockerer zu begegnen. Ich muß ganz behutsam durch diese Wut hindurchgehen und mich daran erinnern, daß ich diese Meditation und diese Vergebung für mich selbst übe, nicht für jemand anderen. Es würde mich zwar nicht überraschen, wenn meine Vergebung auch anderen zugute käme, aber in erster Linie soll sie mir selbst dienen. Jedenfalls ist mein Leben neuerdings ein ganzes Stück leichter geworden."

Dorothy war als Kind sexuell mißbraucht worden. Als ihr die Meditation erstmals angeboten wurde, fühlte sie sich für sie noch nicht ganz bereit. „Ich weiß nicht, ob ich schon bereit bin, mich von meinem Zorn zu lösen." Ihr Selbstvertrauen ließ sie erkennen, daß sie niemandem vergeben *mußte*, aber sie spürte auch, daß der Käfig, der ihr Leben umgab, immer enger wurde. Während sie ihre Erfahrungen aufmerksam mit anderen teilte, die als Kinder in ähnlicher Weise gelitten hatten, begann sie mit der Vergebungs-Meditation zu arbeiten und sich von immer neuen Zuständen der Verklammerung und Furcht, des Zorns und der Selbstverachtung zu lösen. Allmählich stieg eine Ahnung in ihr auf, welche Erlösung diese Praxis für sie bedeuten könne.

Wir ermutigten sie zu tieferem Selbstvertrauen und empfahlen ihr, die Vergebungs-Meditation als ein „Experiment der Wahrheit" durchzuführen, um selbst herauszufinden, ob und inwiefern ihr diese Technik in ihrer Lage dienlich sein könne. Nun begegnete sie sich selbst mit einer Güte, die ganz neu für sie war, und ihr Vertrauen in ihren Lebensprozeß befähigte sie, sich mit einem kleinen Schritt über ihre Angst und ihren Zorn hinaus den Zugang zur Vergebung zu erschließen. Sie ließ sich nicht blindlings in den unergründlichen Ozean ihrer tiefen Wunden fallen, sondern schritt ganz behutsam und wach in das „Nur So Viel" hinein.

Nachdem sie einige Wochen mit dieser Meditation experimentiert hatte, berichtete sie uns von einer Erfahrung, die nach ihren Worten „meinen Verstand sprengte und mein Herz erneuerte". Während sie im Wissen um die Zweckmäßigkeit eines langsamen Einstiegs mehr und mehr Vergebung auf die Wunden und kleinen Tyranneien ihrer Vergangenheit hatte ausstrahlen lassen, war sie in ihrem Innern ganz plötzlich ihrem Vater begegnet. „Mein Verstand sagte sofort: ‚Nein, ich will ihm nicht vergeben!' Er saß in seinem alten Stuhl im Wohnzimmer vor mir, und ich hatte ein Messer und begann damit auf ihn einzustechen. Ich traf ihn überall. Aber dann flüsterte mein Geist, der sich auf diesem Experimentierfeld sicher fühlte: ‚Warum versuchst Du es nicht mal, Dorothy? Versuche es doch einfach.' Also sagte ich: ‚Ich vergebe Dir.' Und mit einem Mal kam es wie eine Flut über mich. Er saß da und begann zu weinen. Es war einfach wunderbar. Er bat mich, auf seinen Schoß zu kommen, und meine erste Reaktion war: ‚Willst Du mich veralbern?' Aber die Stimme in mir sagte: ‚Versuche es doch.' Also setzte ich mich auf seinen Schoß, und er hielt mich einfach in den Armen. Ich war ein kleines Mädchen, das bei seinem Vater war. Ich konnte es fast nicht glauben. Es tat so gut." Erstaunt darüber, wie leicht es ihr fiel, an ihrem Vater Vergebung zu üben, besann sie sich darauf, daß es jemanden gab, vor dem sie sich noch mehr fürchtete: den widerwärtigen Vater in ihr selbst - den „Richter". Und sie bat den „Richter" um Vergebung. „In mir gibt es ein ständiges Hin und Her. Irgendwie bin ich immer an allem schuld. Aber ich habe gespürt, daß es diesen Versuch wert war. Ich war schon ziemlich überrascht, daß mich der „Richter" nicht verurteilte, weil ich ihn um Vergebung bat. Ich hatte sogar das Gefühl, daß er sich selbst Vergebung wünschte."

Wenn Dorothy bei ihren weiteren Meditations-Sitzungen auch feststellte, daß es nicht immer so leicht war, ihrem Vater zu vergeben, war doch jeder Moment einer solchen Vergebung ein Moment der Heilung für sie. Etwa einen Monat später, als ihr die Praxis schon sehr vertraut war, ließ sie uns an ihren Erfahrungen mit einer Abtreibung teilhaben, die sie einige Jahre zuvor hatte vornehmen lassen. „Meine erste Reaktion war, daß ich das Baby nicht haben wollte. Man hatte mir geraten, daß ich vorher mit ihm sprechen solle, aber ich war erst nicht bereit dazu. Doch dann hörte ich es, und wir sprachen oft miteinander, und es vergab mir. Es sagte mir, daß es mich lieb hätte. Es sagte mir sogar, daß das, was ich machte, in Ordnung sei. Es war einzigartig! Und als es sagte: ‚Vergib Dir selbst', erlebte ich mich selbst als dieses kleine Kind, das so sehr des Schutzes und der Fürsorge bedurfte, und ich strahlte diese Liebe auf mich selbst aus. Ich vergab mir, daß ich mir selbst niemals genug war. Und mein ganzer Körper begann zu glühen. Manchmal war es auch so, als würde ich draußen im Universum schweben und die ganze Welt lieben - und die Welt war so ganz anders. Ich habe tiefen Frieden gefühlt. Aber ich muß noch sehr an meiner Heilung arbeiten, denn es erschreckt mich ein wenig, daß ich euch dies alles einfach so erzähle, weil - naja, einfach deshalb."

Die Wunden, die man Dorothy zugefügt hatte, mögen Jahre zu ihrer Heilung brauchen - aber jeder einzelne Tag bringt sie ihrem wahren Wesen ein Stück näher.

Samuel, der fast sein ganzes Leben hindurch nur Geschäftsmann gewesen war und nun im Alter von siebenundachtzig Jahren sterben sollte, betrachtete seinen Tod nur vom kommerziellen

Standpunkt aus. Er hatte nahezu besessen daran gearbeitet, seine kleine Fabrik zum Erfolg zu führen, und sein Familienleben war bei der Ausrichtung auf dieses Ziel zweitrangig für ihn geworden. Er hatte kaum Freunde. Sein Ehrgeiz, „geschäftlichen Erfolg" zu erringen, hatte zu einer ganzen Menge unbereinigter Geschäfte geführt. Nachdem er innerhalb eines Monats drei leichte Schlaganfälle erlitten hatte und schon einmal auf der Intensivstation reanimiert werden mußte, sagte er: „Ich habe das deutliche, sehr seltsame Gefühl, daß ich mich demnächst aus dem Geschäftsleben zurückziehen muß." Unseren Vorschlag, den Menschen zu vergeben, die er immer „Bastarde und Hurensöhne" nannte, wenn er vor sich hin murmelte, hatte er anfangs zurückgewiesen. Er sagte, daß sie ihm übel mitgespielt und seinen Groll verdient hätten. Aber als dann wieder einmal von Vergebung die Rede war, breitete sich doch ein sanftes Lächeln auf seinem Gesicht aus, und er meinte: „Ich glaube, Sie haben recht. Wozu ist das alles jetzt gut? Es erbittert mich ja nur."

Das „Bereinigen der Geschäfte" bedeutet für die meisten normalerweise, daß es keine Geschäfte mehr in ihren Beziehungen gibt. Für Samuel aber, der sich den anderen in seinem kommerziellen Eifer entfremdet und seine menschlichen Beziehungen gegen seine Firma eingetauscht hatte, bedeutete es, daß es keine Beziehung mehr zu seinen Geschäften gab.

Ich griff seine Metapher auf, die Geschäfte um des Todes willen aufzugeben, und sprach mit ihm so, als ginge es darum, „die Konten im Hauptbuch auszugleichen". So wollte ich ihm die Möglichkeit eröffnen, anderen zu vergeben und sich vielleicht sogar einzugestehen, daß auch er den Wunsch nach Vergebung verspürte. Ich gab ihm zu verstehen, daß er mit seinem Leben keinen Handel mehr zu treiben brauche, daß seine Geschäfte Erfolg gehabt hätten und nicht mehr seines vollen Einsatzes bedürften. Und ich sprach ihn liebevoll auf die Möglichkeit einer „Fusion" an: „Es sieht so aus, als seien Sie von dem Partner da oben aufgekauft worden." Auf seinem Gesicht breitete sich ein warmes Lächeln aus, und er schien von einem Büro im Dachgeschoß des Universums zu träumen, an dessen Tür in goldenen Lettern sein Name prangte. In den folgenden Tagen, in denen ich Samuel in seiner Lebens-Rückschau beistand und ihm immer wieder darlegte, wie verständnisvoll er seine Geschäfte abgewickelt und wie gewissenhaft er seinen Handel betrieben habe, war an der wachsenden Aufnahmebereitschaft in seinen Augen deutlich zu erkennen, daß er mit einem gewissen Maß an Vertrauen und Zuversicht auf sein Leben zurückblickte.

Wenn das Wort „Vergebung" auch nicht unbedingt zu seinem Lieblingswortschatz gehörte, übte das Attribut der Weiträumigkeit doch einen großen Reiz auf ihn aus. „Warum soll ich mich wegen dieser ganzen Geschäfte selbst fertigmachen? Vielleicht ist es wirklich Zeit, mich zur Ruhe zu setzen." Sein Groll auf die Vergangenheit verflog.

Nachdem er einen weiteren Herzanfall erlitten hatte und in ein Koma gefallen war, kam er eines Nachmittags wieder für einen Moment zu sich, blickte mich an und sagte: „Sie werden es mir sicher nachsehen, wenn es ein wenig dauert, bis ich meinen Handel mit dem Herrn abgeschlossen habe. Er ist es ja, der das Ganze leitet. Aber ich glaube, wir können ins Geschäft kommen." Und mit einem Lächeln kehrte er wieder in sein Koma zurück.

Lennie lag mit Aids im Sterben, als wir ihn kennenlernten. Er hatte die Vergebungs-Meditation in einer Gay-Bewußtseins-Gruppe schon ein Weile praktiziert und erbat sich weitere Instruktionen von uns. Wir trafen uns alle paar Tage, um zusammen zu meditieren und sein Vertrauen in den Sterbeprozeß zu vertiefen. Sehr rasch führte ihn seine Praxis zu einem alles umfassenden Mitgefühl. Er war bereit. Sein Herz brach auf. „Ich spüre, daß diese Meditation ein Schlüssel zu meiner Heilung ist. Sie hat mir geholfen, einen Weg durch all meinen Zorn zu finden. Sie ist einer der wenigen Prozesse, in denen ich den Zorn zur Kenntnis nehmen kann, ohne ihn verteufeln oder verstecken zu müssen. Sie hat mich zuversichtlich gemacht, daß ein Weg aus diesem Schmerz herausführt. Wenn ich das schon vor zehn Jahren versucht hätte, hätte ich wahrscheinlich gedacht, ich müsse mir selbst vergeben, daß ich homosexuell bin. Und vor fünf Jahren hätte ich vermutlich noch gedacht, ich müsse mir selbst vergeben, weil ich Aids bekommen habe. Heute, glaube ich, kann ich einfach der Aids-Krankheit selbst vergeben. Ich meine, es ist wirklich aufregend, Vergebung auf diese Krankheit auszustrahlen - auf diese Situation, die mein ganzes Leben verändert hat."

“Ich weiß nicht, wohin mich diese Sache mit der Vergebung bringen wird, aber ich bin bereit, diesen Weg zu gehen. Denn ich weiß nicht, wann das Leben beginnt, und ich weiß auch nicht, wann es endet. Ich weiß nur, daß die Möglichkeit, die Wahrheit zu erkennen, einzigartig ist und daß mich die Vergebung dorthin führt. Und ich weiß, daß Gays vortreffliche, sensible, schöne, verwundbare, liebevolle, zärtliche und verständnisvolle Männer sind, die jetzt im Sterben liegen, ohne viel Vergebung von den anderen zu empfangen - und von sich selbst auch nicht.“

Lennie bietet jetzt kostenlose Vergebungs-Workshops in der Gay-Gemeinschaft an. Seine erste Diagnose liegt nun schon fünf Jahre zurück.

Caroline fing vor ungefähr zwei Jahren mit der Praxis der Vergebung an. Etwa sechs Wochen nach diesem Einstieg fühlte sie sich zu einer täglichen Achtsamkeits-Meditation hingezogen, die einen überaus heilsamen Einfluß auf ihr Leben hatte. „Je mehr ich anfangs vergeben wollte, desto schuldiger fühlte ich mich, weil es mir so schwer fiel. Aber dann erkannte ich, daß ich zu hart zu mir selbst war. Dem Kerl, der meine Schwester vergewaltigt hatte, mußte ich seine Tat ja nun wirklich nicht gleich vergeben!“ So konzentrierte sie sich erst einmal auf die kleinen Beleidigungen, wegen derer sie sich oft von den anderen abkapselte. Fasziniert verfolgte sie, wie ihre Fähigkeit zur Vergebung allmählich zunahm. „Nun kann ich diesem Burschen schon manchmal vergeben, aber die Meditation hat mich nicht dumm gemacht. Ich werde nicht losgehen und an seine Tür klopfen und ihm das sagen.“ Mit ihrer Vergebung hat sie nicht die Vergewaltigung verziehen - sie vergab dem Täter, nicht die Tat. Sie sagte, sie habe gelernt, dem Grausamen zu vergeben, aber sie sähe keinen Grund dafür, Grausamkeit zu verzeihen. „Als meine Schwester vergewaltigt worden war, war ich so empört, daß ich die ganze Welt haßte und diesen Typen umbringen wollte. Aber Vergebung ist eine große Hilfe. Ich merke jetzt, daß ich sogar Gott vergeben kann, und oft kann ich fühlen, wie mich meine Schwester umarmt. Nie habe ich mich weniger einsam gefühlt. Nie bin ich glücklicher gewesen. Vergebung ist ein Wunder !“

EINE MEDITATION DER VERGEBUNG

(Man kann sie einem Partner langsam vorlesen und auch allein mit ihr arbeiten.)

Denke einen Augenblick darüber nach, was das Wort „Vergebung" bedeuten mag. Was ist Vergebung? Was könnte es bewirken, Vergebung in unserem Leben, in unserem Geist walten zu lassen?
Laß erst einmal das Bild eines Menschen in Deinen Geist, in Dein Herz eintreten, gegen den Du Groll hegst. Gestatte es voller Ruhe dem Bild, dem Gefühl, der Empfindung, die Du von ihm hast, sich dort einzufinden. Lade ihn für diesen Augenblick freundlich in Dein Herz ein.
Achte darauf, welche Angst, welcher Zorn sich in Dir erhebt, um ihm den Eintritt zu erschweren oder zu verwehren. Begegne diesem Geschehen völlig entspannt. Übe keinen Druck aus. Dies ist nur ein Experiment mit der Wahrheit, bei dem jene Person zu Gast geladen wird.
Sage nun in der Stille Deines Herzens zu dieser Person: „Ich vergebe Dir."
Öffne Dich der Empfindung ihrer Anwesenheit und sage: „Ich vergebe Dir alles, womit Du mir in der Vergangenheit Leid zugefügt hast, sei es wissentlich oder unwissentlich, sei es durch Deine Worte, Gedanken oder Taten. Wenn Du mir in der Vergangenheit auch Schmerzen bereitet hast - ich vergebe Dir."
Spüre die Weiträumigkeit, in der es Dir möglich ist, dieser Person Vergebung zu gewähren, und sei es auch nur für einen Augenblick. Löse Dich von den Mauern, von den Schleiern des Unwillens, damit Dein Herz Befreiung finden kann - damit Dein Leben leichter werden kann.
„Ich vergebe Dir alles, womit Du mir in der Vergangenheit Leid zugefügt hast, sei es wissentlich oder unwissentlich, sei es durch Deine Handlungen, durch Deine Worte oder auch

durch Deine Gedanken - durch alles, was Du getan hast - und durch alles, was Du nicht getan hast. Mag ich auch durch Dich Leid erfahren haben - ich vergebe Dir. Ich vergebe Dir."
Es ist sehr schmerzvoll, jemanden aus Deinem Herzen zu verstoßen. Laß diesen Schmerz los. Laß diesen Menschen wenigstens für diesen Augenblick die Wärme Deiner Vergebung spüren.
„Ich vergebe Dir. Ich vergebe Dir."
Gestatte es diesem Menschen, einfach in der Stille, in der Wärme und Geduld des Herzens zu weilen. Laß ihn Vergebung erfahren. Laß die Distanz zwischen Euch in Barmherzigkeit und Mitempfinden übergehen.
Laß es so geschehen.
Viele Differenzen haben sich nun geklärt und in der Vergebung aufgelöst, und Du kannst dieses Wesen jetzt auf seinem Weg weiterziehen lassen. Nicht, indem Du es aus dem Herzen drängst, sondern indem Du es einfach seinen eigenen Weg fortsetzen läßt - beschenkt mit einem Segen und der Aussicht auf Deine Vergebung.
Nimm Dir jede Zeit, die Du brauchst, um dieses Wesen ganz sanft in Deinem Bewußtsein dahingehen zu lassen und dafür ein anderes zu Dir einzuladen.
Laß nun voller Ruhe das Bild oder die Empfindung eines Menschen in Deinen Geist, in Dein Herz eintreten, der Groll gegen Dich hegt. Jemanden, der Dir sein Herz verschlossen hat. Achte darauf, was auch immer seinen Eintritt erschweren mag, und begegne dieser Verhärtung völlig entspannt. Laß sie einfach dahinschweben.
Lade ihn voller Erbarmen in Dein Herz ein und sage zu ihm:
„Ich bitte Dich um Vergebung."
„Ich bitte Dich um Vergebung."
„Ich bitte Dich darum, mir wieder Einlaß in Dein Herz zu gewähren. Bitte vergib mir, wenn ich etwas getan habe, das Dir Leid bereitet hat, sei es wissentlich oder unwissentlich, sei es durch meine Worte, meine Taten oder auch durch

meine Gedanken."
„Auch wenn ich Dich verletzt oder verwundet habe, auch wenn ich Dir durch meine Verwirrung oder Angst Schmerz bereitet habe - ich bitte Dich um Vergebung."
Gestehe es Dir zu, die Vergebung dieses Wesens zu empfangen. Öffne Dich seiner Vergebung. Laß Dich wieder in seinem Herzen aufnehmen.
Habe Erbarmen mit Dir selbst. Habe Erbarmen mit dem anderen. Erlaube ihm, Dir zu vergeben.
Fühle, wie Dich seine Vergebung berührt. Nimm sie an. Ziehe sie in Dein Herz hinein.
„Ich bitte Dich um Vergebung für alles, womit ich Dir in der Vergangenheit Schmerzen bereitet habe-sei es durch meinen Zorn, durch meine Begierde, durch meine Angst, meine Unwissenheit, meine Blindheit, meine Zweifel oder meine Verwirrung. Auf welche Weise ich Dir auch Leid zugefügt haben mag - ich bitte Dich darum, mir wieder Einlaß in Dein Herz zu gewähren. Ich bitte Dich um Vergebung."
Laß es geschehen. Gestehe es Dir zu, Vergebung zu empfangen. Wenn der rationale Geist die Vergebung durch erbarmungslose Anklagen, Gegenbeschuldigungen oder Bewertungen zu blockieren sucht, dann werde einfach nur der Natur des herzlosen Geistes gewahr. Erkenne, wie unbarmherzig wir uns selbst behandeln. Und laß diesen herzlosen Geist die Wärme und Geduld der Vergebung spüren.
Laß Dein Herz mit jenem anderen Herzen in Berührung kommen, damit es Vergebung empfangen kann. Damit es sich wieder heil und ganz fühlen kann.
Laß es so geschehen.
Fühle, wie Dich in diesem Moment die Vergebung des anderen berührt.
Wenn der Geist zurückweichen will, weil er meint, daß er das Leid verdient habe, dann erkenne seine Erbarmungslosigkeit. Laß ihn ihm Herzen versinken. Öffne Dich der

Möglichkeit, daß Dir Vergebung zuteil wird. Empfange die Vergebung. Laß es geschehen.
Sage dieser Person nun ganz sanft Lebewohl und lasse sie mit einem Segen auf ihrem Weg weiterziehen, auch wenn Du nur für einen Sekundenbruchteil das Eine Herz mit ihr geteilt hast und über den Zwiespalt scheinbar voneinander getrennter Seelen hinausgegangen bist.
Wende Dich nun in Deinem Herzen voller Ruhe an Dich selbst und sage zu Dir: „Ich vergebe Dir."
Es ist sehr schmerzvoll, sich selbst aus dem Herzen zu verstoßen. Sage zu Dir selbst: „Ich vergebe Dir."
Rede Dich selbst in Deinem Herzen mit Deinem Vornamen an und sage zu Dir: „Ich vergebe Dir."
Wenn sich der Geist mit harten, nüchternen Gedanken in den Weg stellt, wenn er es als Zeichen der Schwäche auslegen will, sich selbst zu vergeben - wenn er Bewertungen aufstellt und Dich seinen Zorn und seine Herzlosigkeit spüren läßt, dann nimm diese Härte wahr und begegne ihr mit sanfter Entspannung. Laß sie mit der Vergebung verschmelzen.
Gewähre Dir selbst wieder Einlaß in Dein Herz. Gestehe es Dir zu, Vergebung zu empfangen.
Laß diese Vergebung Deinen ganzen Körper erfüllen.
Fühle die Wärme und Fürsorge, der es um Dein eigenes Wohlergehen zu tun ist. Betrachte Dich so, als wärst Du selbst Dein einziges Kind, und laß Dich in dieser Barmherzigkeit und Güte baden. Laß Dich mit Liebe beschenken. Erkenne, daß die Vergebung immer darauf wartet, daß Du in Dein Herz zurückkehrst.
Wir behandeln uns selbst sehr herzlos, haben sehr wenig Erbarmen mit uns. Befreie Dich davon. Laß Dich von Deiner eigenen Vergebung umarmen. Wisse, daß Dir in diesem Augenblick voll und ganz vergeben ist. Nun liegt es ganz bei Dir, diese Vergebung anzunehmen. Erkenne Dich selbst in den mitleidsvollen Augen des Buddha, im heiligen Herzen

Jesu, in der freundlichen Umarmung einer Göttin.
Laß Dich mit Liebe beschenken. Laß Dich selbst zur Liebe werden.
Und nun beginne damit, dieses Wunder der Vergebung, des Erbarmens und des Gewahrseins mit anderen zu teilen. Laß es auf alle Menschen ausstrahlen, die Dich umgeben.
Laß alle Wesen mit der Kraft der Vergebung in Berührung kommen - alle, die dieses Leid ebenfalls erfahren haben - die sich selbst und andere so oft aus ihrem Herzen verstoßen haben - die sich so oft isoliert und verloren fühlten.
Laß sie Deine Vergebung, Dein Erbarmen und Deine liebevolle Güte spüren, damit auch sie die Heilung finden, die Du Dir ersehnst. Spüre, wie das Herz, das wir alle miteinander teilen, von Vergebung erfüllt ist, um uns allen den Weg zur Ganzheit zu weisen.
Laß die Barmherzigkeit fortwährend nach außen strahlen, bis sie die ganze Erde umfaßt. Dieser ganze Planet schwebt in Deinem Herzen dahin - im Erbarmen, in der Fürsorge, in liebevoller Güte.
Mögen alle fühlenden Wesen von ihrem Leid, von ihrem Zorn, von ihrer Unsicherheit, von ihrer Angst, von ihren Zweifeln befreit werden.
Mögen alle Wesen die Freude ihrer wahren Natur erkennen.
Mögen alle Wesen frei sein von Leid.
Die ganze Welt schwebt im Herzen dahin. Alle Wesen werden von ihrem Leid befreit. Alle Herzen sind geöffnet, alle Seelen sind rein und klar. Alle Wesen haben Frieden gefunden.
Mögen alle Wesen, auf welcher Stufe der Realität, auf welcher Ebene der Existenz sie sich auch befinden, von ihrem Leid befreit werden. Mögen sie alle Frieden finden.
Mögen wir der Welt Heilung bringen, indem wir sie wieder und wieder in unsere Vergebung aufnehmen. Mögen wir unser eigenes Herz und die Herzen all unserer Lieben heilen, indem wir ganz in der Vergebung aufgehen - indem wir mit dem Frieden verschmelzen.

* * *

KAPITEL 10

Die Trauer ergründen

Auf dem Pfad der Heilung, der in das Herz hineinführt, sind wir oftmals aufgerufen, unserer Trauer auf den Grund zu gehen. Trauer bildet die harte Legierung, aus der die Panzerung des Herzens besteht. Wie eine Hand, die das Feuer spürt, schreckt der Geist davor zurück, etwas zu verlieren, das ihm lieb und teuer geworden ist. Wenn sich der Geist an seine Trauer klammert, rückt die Weiträumigkeit des Herzens oft in große Ferne.

Manche glauben, daß sie so etwas wie Trauer nicht kennen. Dies zeigt wieder einmal, wie hartnäckig wir danach streben, uns selbst zu verleugnen und abzuschirmen. Manche Menschen sagen auch: „Ich habe noch nie jemanden verloren - warum sollte ich also traurig sein?“ Wenn es nur so einfach wäre!

Die meisten halten die Trauer für einen vorübergehenden Kummer. In Wahrheit aber ist sie um vieles subtiler. Jeder von uns empfindet Trauer. Jeder von uns scheint eine offene Lebensabrechnung, ein unbereinigtes Geschäft mit sich herumzutragen. Niemand hat offenbar mit der Vergangenheit und mit sich selbst völlig abgeschlossen und seine mühevolle Befangenheit gänzlich überwunden. Dieser Zustand bildet gleichsam das Hauptthema der unvollendeten Symphonie der geistigen Sehnsucht.

Unsere Trauer manifestiert sich als Selbstverurteilung, als Angst, als Schuldgefühl, als Zorn und als Mißbilligung. Sie bekundet sich in der beständigen Unbarmherzigkeit, mit der wir uns selbst und einer Welt begegnen, die uns meist nur am Rande interessiert.

Unsere Trauer ist unsere Furcht vor Entbehrung, unsere Furcht vor dem Unbekannten, unsere Furcht vor dem Tod. Trauer ist die in uns zurückbleibende Schürfwunde, wenn uns etwas entrissen wird, woran wir mit größtem Eifer festgehalten haben - wenn es in unerreichbare Ferne rückt.

Auf der mikroskopischen Ebene erkennen wir, daß die geistige Tendenz zur Verklammerung und Verhaftung, zur Bewertung und Mißbilligung ein Aspekt der Trauer ist. Sie vermittelt uns das Gefühl der Unzulänglichkeit, der Sehnsucht nach einer Veränderung der Wirklichkeit.

Wenn wir damit beginnen, die Energie der Vergebung auf uns selbst und andere zu richten, können sich Stimmen in uns erheben, die uns diese Art des Gebens und Empfangens verbieten wollen. Diese Stimmen wollen uns glauben machen, daß wir unwürdig und minderwertig seien. Das ist der Punkt, an dem wir uns von den anderen isoliert fühlen, an dem wir viele unserer Charakterzüge nicht wahrhaben wollen, an dem wir der Entfaltung unseres Herzens kaum Beachtung schenken. Wir blicken in den verzogenen Spiegel unserer Selbsteinschätzung und wundern uns darüber, daß wir in ihm so entstellt, so inakzeptabel, so unvollkommen und unliebenswert erscheinen.

Doch wir können mit der Trauer durchaus leben. Wenn wir das Herz für den Schmerz des Geistes öffnen, finden wir in uns den Raum für barmherziges Erforschen. Wir taxieren nicht mehr ständig unser Spiegelbild, sondern beobachten einfach, betrachten uns selbst. Wir betrachten den Betrachter. Wir öffnen die Augen der Erkenntnis. Und indem wir uns ganz sanft auf die Verdichtung unserer Trauer zubewegen, die sich über lange Zeit hinweg angestaut hat und auf die wir fast immer mit Abneigung und Widerwillen reagiert haben, entdecken wir das unerforschte Territorium zwischen dem Herzen und dem rationalen Geist. Und mit einem befreienden Seufzer gestehen wir uns ein, wie oft wir unseren Gefühlen mißtraut haben. Indem wir ergründen, *was* wir fühlen, und nicht analysieren, *warum* wir etwas fühlen, werden wir der labyrinthischen Struktur unserer Trauer und unserer unbereinigten Geschäfte gewahr - jener Relikte alter Lebenserfahrungen, die wir am Wegesrand verloren hatten. Und in die Dunkelheit tausender Augenblicke der Hilflosigkeit und Hoffnungslosigkeit fällt das Licht einer klaren und mitfühlenden Bewußtheit. Was einst so unberührbar erschien, wird von den zärtlichen Armen der Vergebung und des Mitempfindens umfangen, und die Panzerung beginnt zu schmelzen. Der Pfad zum Herzen klärt und ebnet sich. Wir werden gewahr, wie sich uns durch das Ergründen unserer Trauer und unserer alten Leidenswege der Pfad zur Freude erschließt. Wir selbst haben gerade diejenigen, welche mit ihrem Schmerz und mit ihrem Kummer am innigsten vertraut waren, als die unbeschwertesten und heilsten Wesen kennengelernt.

Wenn wir beständig in den Spiegel blicken, der unser Selbstbild, der die Gedanken zeigt, in denen sich der Geist selbst betrachtet, halten wir nicht länger Ausschau nach einer stabilen Entität, nach einem unveränderlichen „Ich" oder „Mein". Wir weichen nicht vor der natürlichen Unbeständigkeit zurück, die das Bild unseres leidgeprüften Selbst immer wieder mit feinen Haarrissen überzieht. Wir erkennen, wie sich durch unser Bemühen, alles zu lenken und zu kontrollieren, unsere Trauer nur noch vergrößert hat. Durch eine tiefe Bereitschaft zur Hingabe, zum Loslassen, zum Lauschen auf die „stille, kleine Stimme im Innern" lassen wir es zu, daß die Fassaden zerbröckeln. Wir öffnen uns unserer Trauer unmittelbar und ermutigen sie, ihr innerstes Wesen zu offenbaren. Auf diese Weise entdecken wir, daß auch eine lebenslange Verklammerung zur Heilung und zur Bereinigung selbst der subtilsten Geschäfte führen kann.

Ein Mann, der unheilbar an Krebs erkrankt war, gestand uns, daß ihn seine Suche nach Heilung zwar gelehrt habe, gesund zu *erscheinen*, aber nicht gesund zu *sein*. Er habe immer so getan, als sei er überhaupt nicht krank. Ein anhaltender Schmerz in der Herzgegend, so berichtete er, habe sich während der Arbeit mit der Trauer-Meditation und der Erforschung seines Magentumors noch verstärkt. Als dieser Schmerz in der Herzgegend eines Tages besonders heftig wurde, beschloß er, sich ihm ganz direkt zuzuwenden. Er sprach mit ihm und fragte ihn, wie lange er schon vorhanden sei. Zu seiner Überraschung antwortete ihm der Schmerz: „Ich bestehe schon Dein ganzes Leben lang. Aber Du hast mich jetzt zum ersten Mal bemerkt." Erst die Probleme mit seinem Magen brachten ihn in Berührung mit einem Lebensschmerz, den er immer unterdrückt hatte. Ihm wurde klar, daß er ihn nicht länger ignorieren durfte. Er begann mit seinem Schmerz so zu sprechen, als wäre er sein einziges Kind, ging eine Beziehung liebevoller Güte mit ihm ein und schaffte ihm in seinem Herzen Raum. Und er stellte fest, daß der Schmerz in dem Maße zurückging, in dem er diesen Raum weiten und öffnen konnte.

Viele stoßen auf eine Wechselbeziehung zwischen einem körperlichen Schmerz und den geistigen Verhaftungen, die den Zutritt zum Herzen versperren. Bei den Menschen, die diese Verbindung zwischen körperlichem und geistigem Schmerz entdeckt haben, hat sich die Erforschung der Trauer als ein sehr praktikabler Weg erwiesen, um Beschwerden zu lindern und Fortschritte in der Heilung zu erzielen.

Eine Freundin von uns, die infolge eines gebrochenen Wirbels mehrere Jahre lang unter periodisch auftretenden Beschwerden litt, erzählte uns, wie sie durch die Erforschung der bis in ihre Arme ausstrahlenden Schmerzen mit einer Trauer in Berührung gekommen sei, von der sie zuvor nie Notiz genommen habe. Die Schmerzen hatten oft ihren Schlaf unterbrochen, und als sie eines Morgens um drei Uhr erwachte, wurde ihr bewußt, daß sie stets mit einem Fluch auf sie reagierte: „Verdammt nochmal! Schon wieder dieser Schmerz!“ An diesem Morgen aber beschloß sie, den Schmerz nicht zu verdammen, sondern auf eine neue Weise mit ihm in Beziehung zu treten und ihn mit freundlichen, wohltuenden Worten zu empfangen.

Während sie sanft mit diesen Schmerzen sprach, die ihr immer so unerreichbar, so unveränderlich erschienen waren, sah sie die Augen eines verhungernden Kindes vor sich - Augen, die uns immer wieder vom Fernsehbildschirm und von Plakaten her anblicken, wenn Aktionen gegen den Hunger in der Welt durchgeführt werden. Und blitzartig erkannte sie die Parallele zwischen ihrem zuvor so unnahbaren Schmerz und ihren Gefühlen der Hilflosigkeit angesichts des ungeheuren Leides in der Welt. Sie spürte eine Wechselbeziehung zwischen ihren zunehmenden Rückenschmerzen und all dem Schmerz der Welt, den sie nicht lindern konnte. Sie erkannte, daß die Beziehung zu ihrem Schmerz in gewisser Weise ihre Ohnmacht reflektierte, jenen zehntausenden von Kindern zu helfen, die jeden Tag an Hunger sterben. Und es wurde ihr auch klar, daß sie all dem vielleicht doch nicht ganz hilflos ausgeliefert war.

So flüsterte sie, wenn sie irgendwann am Morgen erwachte, ihrem Schmerz zu: „Guten Morgen, mein Lieber, wie geht es Dir heute?“ Sie unterhielt sich liebevoll mit ihm und war sich der notwendigen Balance bewußt, ihn *nicht zum Bleiben aufzufordern*, ihn aber auch nicht länger *zurückzudrängen*. Sie begrüßte ihn, wie man einen Kollegen beim Frühstück begrüßt. Sie wollte nicht, daß ihr periodischer Schmerz zu einer chronischen Bedrängnis werde, sie erhob ihn nicht zur „großen Liebe ihres Lebens“, sondern ließ ihre Liebe dafür Sorge tragen, daß nichts aus ihrem Leben ausgeschlossen wurde. Sie gebrauchte ihren Schmerz dazu, sich der mißlichen Lage der Welt voller Mitempfinden zu öffnen. Während sie Vergebung und Mitgefühl auf das Leid der Welt ausstrahlen ließ, spürte sie, daß auch in ihrem Körper kein Leid unerreichbar für die Liebe war. Und sie ließ den Schmerz ihres Körpers und der ganzen Welt in ihrem Herzen dahinfließen. Die Erforschung dieser tiefen Trauer führte sie zu einer stetigen Praxis des Dienstes an allen Menschen, denen sie begegnete. Dabei trat ihre Lebensphilosophie in den folgenden Jahren in dem Maße in den Hintergrund, als ihr eigenes Leben zu einer Aussage wurde. Das Kompliment, das sie nun am häufigsten von anderen zu hören bekommt, ist: „Danke, daß Du da bist.“

Man sollte den positiven Einfluß der tiefen Ergründung des Wesens unserer Trauer keineswegs unterschätzen. Ein Mann, auf dessen Wangen und Lippen man Hautkrebs festgestellt hatte, bekannte: „Nach dem Tod meiner Tochter wußte ich einfach nicht, wie ich mit all meinen Gefühlen klarkommen sollte. Ich hatte gelernt, immer die Zähne zusammenzubeißen und durchzuhalten, und so schluckte ich eben alles hinunter. Ich dachte, wenn ich sie aus meinem Leben streichen würde, würde ich mein Gesicht nicht verlieren - aber was daraus geworden ist, das sieht man ja.“ Er meinte, daß ihn beim Blick in den Spiegel jeder Makel daran gemahne, seine Tochter in sein Herz zurückkehren zu lassen, um wieder die Verbindung zu ihr fühlen zu können. Als er im Herzen mit seiner Tochter zu sprechen und sich den gewaltigen Schmerz ihrer Trennung einzugestehen begann, stieß er, wie er sagte, auf „sehr viel Traurigkeit, sehr viel ungelebtes Leben“.

Während der vergangenen anderthalb Jahre hat ihn seine innere Arbeit in einer Weise für die Trauer geöffnet, wie er es sich zuvor niemals zugestanden hatte. Er fand Heilung, indem er inmitten der Hölle sein Herz öffnete. Auch das krebsartige Selbstbild, das ihn gegen seinen Gram abgeschirmt hatte, hat sich schon etwas geglättet. „Jetzt kann ich wieder ohne Schmerzen lächeln oder weinen, und Beth und ich können wieder wie in alten Zeiten zwischen den Bäumen hinter unserem Haus sitzen und den Vögeln zuhören." Er meint, daß er seinen Zorn, seine Furcht oder seine Trauer nun ähnlich betrachten könne wie die am Unterholz nagenden Rehe, die er gern mit seiner Frau ganz still beobachtet. Da er in seinem Herzen Raum für die Trauer geschaffen hat, erkennt er jetzt, daß er selbst, seine Frau, seine Kinder, seine Freunde und auch die Gedanken an seine tote Tochter „nur Geschöpfe Gottes sind, die eine Weile beieinander zu Gast sind, um sich gegenseitig daran zu erinnern, was wirklich von Wert ist."

Der Gebrauch der Meditation über die Trauer wie auch die intensive Arbeit an der Öffnung des Herzens inmitten der Hölle hat sich als äußerst hilfreich erwiesen. Wenn man die Verbindung zur Trauer herstellt, öffnet sich auch die Verbindung zum Herzen. Auch hier zeigt uns größtes Leid den Weg zu größter Befreiung. Hier verläuft unser Pfad. Stetig erreichen wir das Ziel. „Nur so viel" reicht aus, um alle Arbeit zu tun.

Wir alle kennen irgendeine Trauer, die wir ergründen können - wir sind traurig, weil wir uns unvollkommen fühlen, weil unsere Wünsche nicht in Erfüllung gehen, weil wir unser Gesicht oder tatsächlich unsere Fassade verloren haben, weil wir voller Verzweiflung den Sand der Unbeständigkeit durch unsere Hände rinnen sehen, weil uns die ewig wechselnden Winde unablässiger Veränderung in einem unbekannten Universum umwehen. Es kann der Tod von Freunden sein. Für ein Kind kann es der Tod eines Haustieres sein. Es kann die Trennung von guten Freunden und die Wiederkehr alter Schmerzen sein. Es können all die Augenblicke sein, in denen wir Liebe vermissen. Es können die Millionen sein, die unter denen leiden, die ihre Macht mißbrauchen. Es kann die Hälfte der Weltbevölkerung sein, die sich abends mit leerem Magen zur Ruhe legen muß. Es kann der alternde Körper sein. Es kann der Verlust des Glaubens sein. Es können all die Dinge aus der „Spalte B“ sein - der Lebensüberdruß, die Kampfesmüdigkeit, der Verlust an Liebe, die Unbedachtheit bestimmter Handlungen - die das Herz mit einer erstarrenden Kruste umgeben. Es können unsere ganz normalen Sorgen, unsere unbereinigten Geschäfte, unsere täglichen kleinen Tode sein. Es können die „nur so vielen“ kostbaren Momente sein, an denen wir achtlos vorübergegangen sind.

Oft müssen wir erst den Verlust eines geliebten Menschen erleben, bevor wir der Trauer gewahr werden, die schon immer in uns bestanden hat. Und gerade in der tiefen Wehmut über einen solchen Tod erkennen wir, daß uns die Trauer durchaus nicht fremd ist. Sie läßt uns den alten Geist wiedererkennen, den wir nur noch nie mit einer solchen Intensität wahrgenommen haben. Die uralten Hüter unseres Selbstbildes, die Barrieren des Herzens treten überdeutlich zutage. Die Angst, die Selbstverurteilung, die Last des von Zweifeln beladenen Körpers, die Schuldgefühle und der Zorn vieler verpaßter Augenblicke, die Gefühle des Scheiterns, der Bestürzung, der Abscheu, des Schreckens und der Hilflosigkeit - all dies steigt zur Oberfläche empor und vereinigt sich zu einem Feuer qualvoller Empfindungen. Keine dieser Regungen oder Erfahrungen ist uns fremd, wenn uns auch einige von ihnen bislang niemals so deutlich bewußt geworden sind. Es war nur ein kleiner Teil unserer alltäglichen Trauer, von dem wir Kenntnis genommen hatten.

In der tiefen Wehmut über einen Verlust werden wir unvermeidlich der Trauer gewahr, die wir schon immer in uns getragen haben und die unser tägliches Leben einengt. Manche bezeichnen diese alltägliche Trauer als Unruhe oder schlechtes Gewissen. Viele erfahren sie als einen Zustand quälender Unsicherheit. Andere erleben sie als Eifersucht und wieder andere als Nationalgefühl. Immer jedoch wird sie von einem ausgeprägten Gefühl der Ausgrenzung und Isolation begleitet. Sie drückt sich in der täglichen Verengung der Wahrnehmung aus, die unser Bewußtsein für einen großen Teil des Lebens verschließt. Sie besteht in unseren lebenslangen Neidgefühlen und Bewertungen, in unserem Kummer über die kleinen Verluste des Alltags. Sie ist unser Heimweh nach Gott.

Ich möchte an dieser Stelle anfügen, daß viele Menschen, mit denen wir sprechen, den Tod gerne mit Gott gleichsetzen. Der Tod jedoch ist nicht Gott. Unsere Heimkehr ist nicht etwas, das erst später eine Rolle spielen wird, sondern etwas, das schon jetzt greifbar für uns sein kann - in jedem Moment, in dem wir offen dafür sind. In dem Maß, in dem wir das Licht jetzt würdigen, werden wir auch später im Licht verweilen. Der Tod ist ebensowenig Gott wie ein Zaubertrick der Zauberer selbst. Und wie uns ein Zauberer nach seiner Vorführung ein Kunststück erklären mag, so mögen wir vielleicht auch nach dem Tod Einsicht in den eigentlichen „Trick" gewinnen. Wenn der „Todes-Trick" nichts Mysteriöses mehr an sich hat, stimmt er uns tiefer auf einen unbeschränkten Eintritt in das eigentliche Mysterium ein. Gott ist nicht irgendjemand oder irgendetwas Isoliertes, sondern die Soheit jedes Augenblicks, die fundamentale Realität. Ebenso wie Geburt, Krankheit und Alter ist auch der Tod nur eine Station auf dem Weg und hat, wenn man so will, eine universale Eigenschaft: er ist nichts Besonderes. Er ist so natürlich wie Gott und wohnt bereits jedem einzelnen Augenblick inne.

Kabir sagt:
Wenn Du Deine Fesseln nicht durchtrennst, solange
Du am Leben bist,
meinst Du dann, daß irgendwelche Geister
dies später für Dich erledigen werden?
Die Vorstellung, daß die Seele ekstatische Zustände erreiche,
nur weil der Körper vermodert,
ist nur ein Hirngespinst.
Was Du jetzt gefunden hast, wirst Du auch dann vorfinden.
Wenn Du jetzt nichts findest,
wirst Du einfach in einer Wohnung in der Stadt
der Toten enden.
Wenn Du Dich aber jetzt voller Liebe mit
dem Göttlichen vereinst,
wird Dein Gesicht im nächsten Leben den Ausdruck
befriedigten Verlangens tragen.

So bitte ich Dich, den Tod nicht mit dem Göttlichen zu verwechseln. Suche Dein wahres Wesen nicht woanders. Sieh es nicht als etwas Kommendes an, sondern erkenne es als immer gegenwärtige Möglichkeit, die sich Dir in jedem Augenblick eröffnet. Wenn wir die Trauer unseres Heimwehs nach Gott nicht jetzt ergründen, werden wir vergeblich nach unserer Heilung Ausschau halten. Der Tod selbst ist keine Heimkehr. Unser Heim ist das Herz, unser wahres Wesen. Gott ist „nur so viel", der unermeßliche, weite Raum unserer ureigenen Natur, lichtvoll und allumfassend - die Seele des Augenblicks.

Trauer kann sich in viele Formen kleiden. Sie ist kein in sich geschlossener Geisteszustand, sondern eine allgemeine Bezeichnung für einen sehr spezifischen Prozeß. Während eines Retreats über bewußtes Leben und Sterben setzten sich einige Teilnehmer nach einer besonders intensiven morgendlichen Kontemplation über die Trauer einmal zusammen, um ihre Erfahrungen miteinander zu teilen. Zuerst trat ein Mann auf und sagte erregt: „Ich empfinde keine Trauer, ich bin nicht bekümmert über den Tod meines Vaters. Ich bin verdammt wütend darüber." Anschließend ergriff eine Frau das Wort: „Ich bin eigentlich gar nicht traurig, aber ich fühle mich recht beklommen." Die nächste Person meinte: „Naja, ich weiß nicht, ob es Trauer ist, aber auf alle Fälle habe ich das Gefühl, mich nicht mehr zurechtzufinden." Eine Frau gab an: „Nein, Trauer verspüre ich nicht, ich habe Schuldgefühle." Als nächstes wurden Schamgefühle angeführt, und eine andere Frau bekundete den tiefen inneren Zwiespalt, der nach dem Selbstmord ihres Bruders in ihr entstanden sei. Alle meinten, „keine richtige" Trauer zu empfinden, und doch durchliefen alle eben diesen Prozeß. Diese verschiedenen Gefühle waren die Panzerung, mit der die Trauer sie in Berührung brachte. Jede Person brachte den geistigen Zustand zum Ausdruck, der ihr den Zugang zu sich selbst versperrte. Für die meisten ist Trauer eher ein Wort zur Umschreibung eines Gefühls des Überwältigtseins durch einen schmerzlichen Verlust als eine Definition der mannigfaltigen Stimmungen, die diesen ganz natürlichen Prozeß ausmachen. All die Gefühle und Geisteszustände, die an jenem Morgen zum Ausdruck kamen, waren Aspekte der Trauer. Die Frage nach ihrer „Richtigkeit" können wir also gar nicht erst stellen - wir können nur die Wirklichkeit so umfassend akzeptieren, wie es uns möglich ist.

Wir glauben, daß unsere Trauer etwas Außergewöhnliches sei.

Tatsächlich aber ist sie so altvertraut wie unser Selbstbild, und sie ist uns so nah, daß wir sie oft nicht erkennen, wenn sie uns ergreift. Sie war unser ganzes Leben hindurch vorhanden, aber erst wenn uns ein großer, unausweichlicher Verlust getroffen hat, nehmen wir sie zum ersten Mal zur Kenntnis. Wären wir unserer alltäglichen Trauer schon früher gewahr geworden, ließen wir uns vielleicht nicht so leicht überwältigen, wenn sie uns in ihrer ganzen Schwere bewußt wird. Wenn wir uns den kleinen Kümmernissen, den kleinen Verlusten und den kleinen Toden öffnen, dann schaffen wir Raum für den größeren Kummer, die größeren Verluste und den größeren Tod. Indem wir den leichteren Verhaftungen in unserem Herzen Raum geben, entwickeln wir die Stärke und Präsenz für die schwereren.

Unter all den Tausenden, mit denen wir gearbeitet haben, hat es nicht eine einzige Person gegeben, die ihre tiefste Trauer als eine völlig neue Erfahrung bezeichnet hätte. Stets war es eine altvertraute Wehmut, die nur tiefer empfunden wurde. Es waren derselbe Zorn, dieselbe Frustration, dieselbe Beklemmung. Die einzige neue Erfahrung schien darin zu bestehen, daß diese Gefühle, die so machtvoll in das Bewußtsein drangen, nicht länger zu leugnen waren.

Wir haben die normale Trauer unseres Alltags bekämpft und zu einer Unterwerfung gezwungen, die in Wirklichkeit lediglich eine Verdrängung ist. Wir haben es gelernt, sie zu meistern. Wir sagen: „Solange es nicht allzusehr schmerzt, werde ich mir auch keine großen Sorgen machen." Wir nehmen einen Tauschhandel vor.

Wenn uns jedoch ein Verlust getroffen hat, den wir einfach nicht ableugnen können - wenn es unsere Eltern sind, die gestorben sind, unser Ehepartner, unser Freund, unsere Freundin oder unser eigenes Kind, und wenn es unser eigener Körper ist, der von Krankheit und Verfall bedroht wird - dann können wir das Leid, das wir schon so lange in uns getragen haben, nicht mehr ignorieren. Wir können den lebenslangen Schmerz nicht mehr unterdrücken. Wir erleben die Gefühle der Isolation, des Zweifels oder der Furcht, die uns oft dazu veranlaßt haben, uns aus dem Leben zurückzuziehen und auf sicherem Territorium Zuflucht zu suchen, in ihrer ganzen schmerzhaften Wirklichkeit.

Trauer ist ein Prozeß; sie ist ebensowenig eine in sich geschlossene Emotion wie der Zorn, die Angst oder der Zweifel. Dies sind saloppe Bezeichnungen, die wir wählen, um uns abzustumpfen und der Fülle an Arbeit zu erwehren, die noch auf uns wartet - um uns vor den heftigen Schmerzen, Ängsten und Gewissensbissen zu retten, die wir noch nicht ergründet haben. Kürzlich fragte mich jemand: „Muß ich mich von meinem Zorn befreien, bevor ich meiner Trauer auf den Grund gehen kann?“ Der Zorn *ist* unsere Trauer, und solange wir ihn nicht anerkennen und erforschen, fällt es uns schwer, die Gefühle zu ergründen, die dahinterstehen. Manche von uns werden erst dann in der Lage sein, die ihre Trauer begleitenden Zustände und Stimmungen wahrzunehmen, wenn sie ergründet haben, inwiefern sie gegen die verstorbene Person irgendeinen Groll gehegt haben. Unerforschter Zorn kann uns von den tieferen Ebenen unserer Trauer in der gleichen Weise trennen, wie er uns immer von den tieferen Ebenen der Person isoliert hat, um die wir nun trauern.

Das Gefühl, keine richtige Trauer zu empfinden, keine Verbindung zu ihr zu haben, ist eigentlich schon die Trauer selbst. Es ist jenes Gefühl der Isolierung von uns selbst und den anderen, auf welches der Begriff „Trauer“ voll und ganz zutrifft.

Gehen wir dem Wesen des rationalen Geistes auf den Grund, erkennen wir sehr rasch das tiefe Gefühl der Isolation, das ihm innewohnt. In diesem Gefühl, das sich das fiktive Ich in der Identifikation mit Körper und rationalem Geist zu eigen macht, tritt unsere alltägliche Trauer am deutlichsten zutage.

Wenn wir unser alltägliches Gefühl einer Trennung von dem, was wir am innigsten lieben und mit dem wir von ganzem Herzen verschmelzen möchten, wirklich anerkennen, lösen wir uns allmählich von dem Kummer und dem Schmerz, der unser Herz immer umschlossen hatte.

Manche Menschen, die ihren Worten nach keine Verbindung zu ihrer Trauer haben, drücken damit vielleicht nur aus, daß sie sich ihrem Zorn, ihrer Angst und ihren Zweifeln nicht öffnen können. Sie haben sich so vielen Eigenschaften ihrer selbst verschlossen, haben ihren Geist so lange kontrolliert und beherrscht, daß sie angesichts des Todes eines geliebten Menschen von der Intensität ihrer Gefühle überwältigt werden und fast keinen Raum in sich finden, in dem sie ihre Trauer erforschen, erleben und ihre Wurzeln freilegen können. Die Anerkennung jenes tief in uns eingeschlossenen Kummers ist die erste Stufe, wenn wir in unserer Trauer Heilung finden wollen. Wir dürfen die Realität dessen, was wir so lange unterdrückt haben, nicht mehr leugnen. Wie bei jeder Heilung ist auch hier die Anerkennung der erste Schritt. Wir können nichts loslassen, was wir nicht zuvor akzeptiert haben. Unser inneres Forschen vertieft unsere Loslösung. Die Furcht, die diese bedrückenden Emotionen stets gegen eine Ergründung abgeschirmt hat, wird nun zu einem Forschungsobjekt und dient uns als Führerin auf einem neuen Territorium. Sie wird unsere Verbündete, die uns leise zuraunt, daß wir uns unseren Grenzen, unseren unergründlichen Tiefen nähern - dem Raum, in dem sich alles Wachstum vollzieht. Wir erkennen, daß wir es nie gelernt haben, uns überwältigen zu lassen, unsere Kontrolle aufzugeben und schließlich über unser altgewohntes Leid hinauszugehen. Immer weiter ergründen wir unseren Widerstand gegen das Leben und gegen jene uralte Trauer, die unsere Wahrnehmung so nachhaltig getrübt und unsere Erfahrungswelt auf ausgetretene Pfade stillen Leidens beschränkt hat. Wenn wir Trauer in uns fühlen, sind wir auf eine sehr konkrete Weise nicht mehr so blind für unsere eigene Blindheit.

Auf dieser Stufe des Erkennens, der Bejahung, der allmählichen Anerkennung unseres Zustandes müssen wir viel Güte aufbringen. Eine Güte, die uns einfach erlaubt, unseren Gefühlen freien Lauf zu lassen. Ein Mitempfinden, das uns einfach beobachten läßt, wie sich der Prozeß auf seine eigene Weise entfaltet. Langsam und sehr sanft dringen wir in die dunkle Nacht des rationalen Geistes ein, der einem Verlust gegenübersteht, der ihn mit allen früher erfahrenen Verlusten in Berührung bringt. Wir gehen ganz und gar in unserer Trauer auf und werden unserer Fähigkeit, Vergangenes zu heilen, so deutlich gewahr, wie es vielleicht in keinem anderen Prozeß möglich ist. Jeder Verlust bietet uns die außergewöhnliche Möglichkeit, von allen Verlustgefühlen frei zu werden. Alle früheren Entbehrungen konzentrieren sich in diesem einen Verlust.

Unsere Trauer ist ein Reservoir der Entbehrung, ein geräumiger Speicher, in den wir alle früheren Verluste und alle momentanen Wirrnisse unverarbeitet ausgelagert haben. Aus diesem unterirdischen Reservoir der Verluste steigen oftmals Gefühle der Ohnmacht und vielleicht auch der Hoffnungslosigkeit auf. Unsere Trauer zehrt uns auf und gibt uns das Gefühl, nur halb zu leben, nur teilweise Heilung finden zu können.

Wir fragen uns oft, ob wir jenes gedämpfte Leid, das wir Trauer nennen, überhaupt empfinden würden, wenn es keinerlei Überreste alter Wehmut in unserem Innern gäbe. Sicherlich würden wir den geliebten Menschen nach wie vor vermissen, aber jede Vermittlung des Geistes wäre überflüssig, und wir könnten das Gefühl der Allverbundenheit des Herzens ganz unmittelbar in uns wachrufen.

Trauer kann uns erkennen lassen, wie angespannt wir immer gewesen sind. Wenn wir unser Leid anerkennen, können wir uns über all unsere beharrlichen Widerstände hinaus dem Unangenehmen, ja dem Leben selbst öffnen. Unsere alte Einseitigkeit vermag in einer umfassenden Ganzheit aufzugehen, und wir können das einstige Leid sich selbst überlassen und uns von ihm lösen, ohne uns an ihm zu verhaften oder es zu unterdrücken. Wir finden wieder zurück ins Leben - in eine Bereitschaft und Offenheit, die den Weg für eine tiefe Heilung ebnet. Mitfühlend und bewußt erfahren wir „nur so viel" und erkennen, daß wir nichts verändern müssen, sondern nur Erbarmen und Bewußtheit in das Jetzt einzubringen brauchen - alles kann so sein, wie es aus sich heraus ist.

Wenn wir uns den Empfindungen öffnen, die durch den Verlust eines geliebten Menschen in uns aufsteigen, wird uns deutlich die Distanz bewußt, welche zwischen dieser Person und uns entstanden ist. Die Erfahrung der Trennung, der Abwesenheit des anderen charakterisiert die erste Stufe der Trauer. In dieser Erfahrung des Getrenntseins beobachten wir einen Aspekt, der nicht allein dem Tod zuzuschreiben ist, sondern einem Gefühl der Isolation, das schon während des ganzen Lebens in uns bestanden hat. Viele Menschen haben zu uns gesagt: „Ich weiß nicht genau, ob ich nun darüber traurig bin, daß er/sie jetzt nicht mehr hier ist - oder darüber, daß ich selbst später einmal nicht mehr hier sein werde." In all unseren Gefühlen der Trennung spiegelt sich im Grunde *das* Gefühl der Trennung wider.

Hat uns die Trauer erstmals überkommen, verbindet sie uns auf vielerlei Art mit dem Raum in uns, der schon immer von Isolation geprägt war. Wir sind dem rationalen Geist völlig ausgeliefert und werden der Ebene ausgesetzt, auf der jene Person eher ein Objekt unserer Gedankenwelt als eine lebendige Erfahrung war. Angesichts der Trauer über den Tod unseres eigenen Kindes denken wir beispielsweise daran, daß wir nie erleben werden, wie es größer wird und später einmal heiratet, und wir stellen uns vor, daß wir keine Enkelkinder haben werden. Wenn wir unseren Freund oder unsere Freundin, unseren Ehepartner oder unser Kind verloren haben, spüren wir, daß es uns nie möglich sein wird, den weiteren Werdegang dieses Menschen zu begleiten und mitzuerleben, wie er seine Ziele verwirklicht. Wir empfinden nur allzu deutlich, daß uns etwas genommen wurde. Vielleicht können wir erkennen, daß unsere Lieben unserem Herzen ständig als ein Spiegel dienen, daß sie uns helfen, Zugang zu uns selbst zu finden, indem sie unsere Liebe auf uns reflektieren. Vielleicht bemerken wir, daß sie es sind, die uns mit dem Raum der Liebe in unserem Innern verbinden. Deshalb empfinden wir tiefe Trauer über den Verlust der Verbindung mit uns selbst, wenn wir einen lieben Menschen verloren haben.

So treffen wir im ersten Ergründen der Trauer auf Gefühle der Isolation, der Trennung zwischen „mir“ und dem „anderen“. Wenn wir sie auch schon von früher her kennen, haben wir ihnen doch kaum jemals Beachtung geschenkt - es sei denn, daß bedrückende Zustände wie Zorn, Angst, Neid oder Zweifel die Distanz zwischen Herz und Geist vergrößert haben. Vielleicht stoßen wir auf spontane Gefühle der Reue, des Schuldbewußtseins oder des inneren Zwiespalts. Sie überraschen uns nicht, sondern versetzen uns in die Lage, die Entwicklung all dieser Zustände zu beobachten und einen immer tieferen Einblick in den Prozeß zu gewinnen. Wir erkennen, daß auch die Trauer ihren ureigenen Charakter hat, daß sie eine eigene Stimme und Struktur besitzt, daß sie sich in bestimmten körperlichen Mustern und geistigen Schablonen manifestiert. Und wie schwer es uns auch fallen mag - wir schließen endlich mit unserer Trauer Freundschaft und werden so daran erinnert, wie lange wir achtlos waren, wie lange wir in unserem kleinen Käfig gesessen und unsere Arme durch die Gitterstäbe gestreckt haben, ohne mit dem anderen wirklich in

Kontakt treten zu können. Diese Erkenntnis macht uns frei. Die Zukunft wird nicht mehr von der Vergangenheit herbeigezwungen. Uns wird klar, daß es für unser Leid eine Alternative gibt. In tiefer Versöhnung gestehen wir uns ein, wieviel Mitgefühl wir uns selbst gewähren müssen, um völlig lebendig zu sein, und wie schwierig es ist, allein aus dem rationalen Geist heraus zu leben und dennoch imstande zu sein, den anderen mit jedem Atemzug in unserem Herzen aufzunehmen.

Vor einigen Jahren verschwand die achtjährige Tochter eines Freundes spurlos. Ein ganzes Jahr lang war er total verzweifelt. Die Trauer brachte ihn fast um den Verstand - oder besser gesagt, er wurde in seinen Verstand *hinein* geschleudert. Er war überwältigt von unerträglichen Gefühlen der Trennung, des unbeschreiblichen Verlustes und der hoffnungslosen Ohnmacht angesichts der Möglichkeit, seine Tochter vielleicht nie wiederzusehen. Doch ihm und seiner Frau wurde nur allzu klar, wohin diese Empfindungen führen könnten, und beide gaben sich große Mühe, ihrem Schmerz auf eine mildere Weise zu begegnen. Sie wußten, wie leicht solche Emotionen eine Familie auseinanderreißen können, und wurden sich der Notwendigkeit bewußt, die Fülle ihres Schmerzes zu respektieren. Allmählich ließen sie das Leid, ohne es ändern zu wollen, in ihr Herz eindringen. Sie versuchten nicht, es so schnell wie möglich aufzuarbeiten, sondern öffneten sich einfach und nahmen es an. Sie richteten sich nach der einzigen Methode, mit der wir im Leben wirklich weiterkommen - nämlich der „Blindenschrift" - tasteten sich Augenblick für Augenblick vorwärts und ließen jeden Moment völlig unbeeinflußt in Erscheinung treten. Sie nahmen Verbindung mit dem Boden unter ihren Füßen auf. Sie ließen einen Atemzug auf den anderen folgen und ermöglichten es dem Schmerz, ihre Herzen aufzubrechen. Indem sie den Abgrund der Trennung anerkannten, auf dem der rationale Geist immer wieder beharrt, starben sie in ihre Trauer hinein. Wenn sich die Trauer als Gefühl der Trennung manifestierte, unternahmen sie nichts, um sich von dieser Empfindung zu distanzieren, sondern gaben sich ihr nur noch tiefer hin.

Anderthalb Jahre nach dem Verschwinden seiner Tochter bekundete unser Freund, daß es nicht nur die Trennung von seinem Kind gewesen sei, die er in seiner ersten Trauer so tief empfunden habe, sondern auch die Distanz, die schon zuvor oftmals zwischen beiden bestand - einfach durch das tägliche Leben, wie er geglaubt hatte. „Ich war immer der Papa, der alles wußte, und sie war immer das Kind, das zu lernen hatte, das sich so viele Rollen und Verhaltensweisen aneignen mußte. Nun bin ich es, der lernen muß. Ich lerne aber nicht mehr, was es heißt, voneinander getrennt zu sein. Ich lerne jetzt, daß wir unzertrennlich sind."

In der Rückschau auf das Leben, welche eine Trauer oft auslöst, erinnerte sich unser Freund an viele Momente, in denen er der wissende Vater und sein Kind die unwissende Tochter gewesen war. Ein großer und ein kleiner Körper, ein Erwachsener und ein Kind. Was dies an Gefühlen in ihm hervorrief, nahm er in tiefer Herzensgüte an. Er labte sich an den Erinnerungen, in denen sie und er nur zwei Herzen, nur die innige Liebe waren, die sie alles Rollenspiel vergessen ließ und beide wie ein einziges Wesen erfüllte. Seine Beziehungen zu seinen anderen Kindern, zu seiner Frau und zu seinem Freundeskreis wurden so kostbar, so lebendig für ihn, daß er und seine Frau den Schmerz nicht zu beenden oder zu meistern versuchten, sondern ihn einfach miteinander teilten. Sie hätten kaum eine umfassendere Heilung finden und ihre „Geschäfte" gründlicher bereinigen können. Als sie den Schmerz in sich einließen, ging er durch sie hindurch. Er bekannte, daß er in diesen Zeiten tiefer Selbstbejahung jenseits aller Gefühle der Trennung von seiner Tochter oft empfunden habe, wie untrennbar sie miteinander verbunden waren. Er erlebte nun die zweite Stufe der Heilung, die wir in der Trauer finden können. Wenn der Geist im Herzen versinkt, läßt das Gefühl der Trennung nach, und wir werden der tiefen Verbundenheit gewahr, die immer bestanden hat und immer bestehen wird.

Während er sich um andere kümmerte, wenn es notwendig war, und sich seinerseits der Obhut anderer überließ, wenn er ihrer bedurfte - und sei es nur, daß ihm nach der Entspannung einer Massage zumute war - vertraute er ständig auf seinen Sinn dafür, was richtig für ihn war. All das, was er so lange geleugnet hatte, ließ er immer tiefer in sein Bewußtsein dringen. Er schrie, wenn er einen Schrei in sich fühlte, und wenn sich in seiner Brust kein Schrei erhob, dann schrie er nicht. Er gestand es sich zu, sich in dem wechselhaften Strom der Gefühle dahintreiben zu lassen. Wenn ihm nach Entspannung zumute war, entspannte er sich. Wenn ihm nach Stille zumute war, schwieg er. Einerlei, ob er in guter Stimmung Gewissensbisse hatte, weil es ihm nicht schlecht genug ging, oder ob er sich in einer Mißstimmung schuldig fühlte, gerade weil es ihm schlecht ging - er ließ diese Empfindungen kommen und gehen. Er sah diesem Prozeß teilnahmsvoll und aufmerksam zu und vertraute ihm die Öffnung seines Herzens an. Seine Frau meinte später: „Was wir jetzt erfahren dürfen, ist mehr, als ich mir je erhofft hatte. Es ist so, als hätten wir gemeinsam Heilung gefunden. Könnten wir denn einander noch mehr geben?"

Wenn sich der Prozeß der Trauer vertieft, wenn der Geist allmählich im Herzen versinkt, werden wir teilnahmsvoll und bewußt der Kraft gewahr, die uns für den Schmerz öffnet. Vielleicht dauert das Monate, ja sogar Jahre. Das Herz hat sein eigenes Zeitmaß. Selbst wenn der Geist im Herzen versinkt, kann es Perioden geben, in denen es nicht möglich ist, dem Schmerz sanft und aufmerksam zu begegnen, denn der Geist stellt sich uns mit seinen tief eingeprägten Ansprüchen, Spannungen und Machtbedürfnissen in den Weg.

Wenn der Geist im Herzen versinkt, gibt es Momente, in denen wir spüren, daß es eine Trennung weder gibt noch jemals gegeben hat. Vielleicht steigt sogar die Ahnung einer Verbindung in uns auf, die schon bestand, als wir noch nicht geboren waren, eine Ahnung der Unsterblichkeit unserer essentiellen Einheit.

Ist der Geist so tief im Herzen versunken, daß wir sogar einen fast unerträglichen Schmerz akzeptieren und mit dem in Berührung kommen können, was die Mutter jenes verschwundenen Mädchens „unsere gemeinsame Göttlichkeit" nannte, haben wir in unserem innersten Wesenskern Heilung gefunden. Auch wenn wir uns nach wie vor zuweilen sehr niedergeschlagen fühlen, wirkt die Heilung fort. Es überrascht uns nicht mehr, daß wir uns manchmal einfach nicht öffnen können, daß sich unsere Verfassung sehr rasch ändern kann und unsere Heilung in keinen Plan einfügen läßt. Wir stellen fest, daß wir Stunden oder ganze Tage der Aufgeschlossenheit und der tiefen Verbundenheit erleben können und am nächsten Morgen konstatieren müssen, daß sich unser Herz anscheinend schon wieder verschlossen hat. Wir empfinden Enge, wo wenige Stunden zuvor noch Raum und Weite zu spüren war. Doch wenn die Heilung ihrer selbst gewahr wird und unsere innere Kraft und unermeßliche Güte erweckt, schaffen wir in unserem Herzen Raum für uns selbst, auch wenn unser Herz verschlossen ist.

Auf dieser Stufe unserer Trauer, unserer Heilung, kann nichts jenes Gefühl des Seins in uns zerstören. Wir empfinden keine Trennung mehr, und unsere Verbundenheit offenbart sich außerhalb aller meßbaren Zeit.

Eine noch größere Tragödie als der Verlust eines Kindes oder der Tod eines lieben Freundes kann vielleicht der Mangel an echter Gemeinschaft mit denen sein, die uns täglich nahe sind.

Ohne Ausnahme müssen wir alle an der Heilung der Trauer arbeiten, die uns von all unseren Lieben trennt, damit wir allmählich unsere Ganzheit finden und mit ihnen teilen können - jetzt, in diesem Augenblick.

Bei vielen beginnt die durch die Anerkennung und Ergründung der Trauer bewirkte Heilung erst dann, wenn ihnen ein Verlust entstanden ist. Manche erkennen aber auch schon zuvor sehr deutlich, daß die Arbeit, mit der wir uns dem Schmerz *jetzt* stellen und dem Leid *jetzt* gegenübertreten, unsere Geschäfte bereinigen und jeden Moment unseres Lebens erfrischen und erneuern kann - daß sie dem alten Schmerz, der alten Isolation und Trauer, die unser Leben, unsere Selbsterfahrung und unsere Beziehungen zu anderen stets beschränkt hat, ein Ende setzen kann.

Wenn wir mit der Trauer unserer Seele verschmelzen und uns der trauernden Welt mit etwas mehr Weisheit und Vergebung nähern, treten wir ganz bewußt und klar durch die Pforte der Heilung.

EINFÜHRUNG IN EINE MEDITATION ÜBER DIE TRAUER

In der Panzerung, die das Herz umgibt, haben sich all unsere Gefühle der Trauer und des Kummers verdichtet - all die Momente, in denen wir uns aus dem Leben zurückgezogen und uns selbst wie auch anderen jedes Mitgefühl versagt haben. Wenn wir uns aufmachen, Geist und Körper bis ins Innerste zu heilen, müssen wir unsere Trauer erforschen, um über die Verhaftungen des alten Geistes hinausschreiten und uns auf eine ganz neue Weise den Möglichkeiten des gegenwärtigen Augenblicks öffnen zu können. Manche fühlen sich anfangs vielleicht zu dieser Meditation motiviert, weil sie den viele Jahre zurückliegenden Tod eines Elternteils noch immer nicht verarbeitet haben oder weil sich das Leid und die Schmerzen, die ein geliebter Mensch in seiner Krankheit erlitten hat, als undeutlicher Schatten in den verborgenen Tiefen ihrer Seele festgesetzt haben.

Bei anderen sind es die Schmerzen unerfüllter Träume, die vielfachen Verluste in einer Welt stetigen Wandels, die unnennbaren und undefinierbaren Kümmernisse, die wir alle in uns tragen, welche den Anstoß zu dieser Meditation geben. Sie verbindet uns mit den nicht vergossenen Tränen, mit dem ungelachten Lachen und den ungelebten Augenblicken. Man muß nicht unbedingt einen lieben Menschen verloren haben, um sich des Nutzens dieser Bemühung bewußt zu werden. Sie schafft im Herzen Raum für unseren Schmerz, für unsere Freude, für unser Leben.

Auf der Brust gibt es einen Punkt, der sich ungefähr zwischen den Brustwarzen am Brustbein befindet und wenige Zentimter über der Stelle liegt, an der die Rippen des Brustkorbs zusammentreffen. Er bildet den Brennpunkt für diesen Prozeß. Erfühle die Knochen in Deiner Brustmitte, um diese empfindsame Stelle zu finden. Es ist ein Punkt, an dem sich unsere Trauer verdichtet hat. Möglicherweise ist er äußerst empfindsam, und viele werden ihn mit großer Sicherheit entdecken. Vielleicht ist dort sogar eine leichte Einbuchtung zu fühlen.

Untersuche für einen Moment Dein Brustbein, um herauszufinden, wo dieser Punkt am deutlichsten spürbar ist. Bei manchen geht das sehr schnell, andere brauchen vielleicht eine Weile dafür. Im letzteren Fall mußt Du erfühlen, wo sich diese Stelle am Brustbein befinden *könnte*, und mit den Empfindungen arbeiten, die dort spürbar sind. Es gibt viele Heiltechniken, in denen diesem Punkt eine Bedeutung zugeschrieben wird. In der Akupunktur nennt man ihn „Konzeptionsgefäß 17“. Er ist in allen Traditionen zu finden, die den Körper als energetisches System betrachten. Wir nennen ihn das Herz-Zentrum.

Nachdem Du diesen Schmerzpunkt gefunden hast, setzt Du ihn dem Druck Deines Daumens aus. Wenn Du auf diese Weise Druck auf ihn ausübst, wirst Du einen Gegendruck spüren. Natürlich rührt er auch von der harten Knochenplatte des Brustbeins her, doch darüber hinaus ist dort etwas noch Subtileres wahrzunehmen - nämlich das Verlangen, Dich selbst zu beschirmen, die Kontrolle zu behalten und Gefühle zu unterdrücken. All die Augenblicke, in denen wir uns versteckt haben, in denen wir uns vor dem Leben abgeschirmt haben, verdecken dort Schicht um Schicht den Kern unseres Wesens. Tausende solcher Momente haben sich dort angesammelt und einen dicken Panzer gebildet. Es ist die Verdichtung des Sicherheitsstrebens und des Widerwillens dagegen, sich auf einen lange unterdrückten Schmerz einzulassen und wieder aus ihm hervorzutreten, die unseren Druck mit Gegendruck beantwortet. Es ist der Widerstand gegen das Leben, der Widerstand gegen die Geburt. Es ist der Widerstand gegen die Heilung, der sich wie ein Schutzschirm gegen das Licht in uns entfaltet. Wir leben in einer Schattenwelt, anstatt „nur so viel" in seiner unmittelbaren Soheit zu erleben. Wir spüren, wie sich der Widerstand eines ganzen Lebens dem Daumen entgegenstemmt, der forschend gegen den Schmerzpunkt drückt und den am Strom der aufsteigenden Empfindungen entlangführenden Weg zum Herzen öffnen will.

Wenn Du lange Fingernägel hast, dann halte die Fingerkuppe so, daß der Nagel nicht in die Haut drückt. Es spielt keine Rolle, ob Du die Fingerspitze oder den Fingerknöchel gebrauchst, solange Du nur einen Druck ausüben kannst, der Deine Aufmerksamkeit auf diese Stelle lenkt. Wenn wir auf diese Weise mit unserem Schmerz in Verbindung treten, müssen wir jedoch darauf achten, daß sich der Druck, welcher der Erforschung dienen soll, nicht in eine Bestrafung verwandelt. Du möchtest Druck ausüben und diesen Punkt stimulieren, um den Gegendruck zu spüren, nicht weil Du Schmerz hervorrufen willst. Es geht in dieser Übung nicht darum, wieviel wir ertragen können. Diese Übung soll der Öffnung und Klärung dienen. Wir müssen uns selbst nicht noch zusätzliche Schmerzen zufügen, um uns der Schmerzen bewußt zu werden, die bereits in uns existieren. Schon ein geringer Druck auf diese überaus empfindsame Stelle verbindet Geist und Körper mit dem Herz-Zentrum. Auf dem Weg zum Herzen treten die Abermillionen Augenblicke, in denen wir uns aufgegeben haben, nur allzu deutlich zutage. Der sanfte Druck soll uns klar zu Bewußtsein bringen, welche Trauer wir in uns tragen und welche Freiheit und Weite auf ein mitfühlendes Gewahrsein warten.

Wenn Du Dich irgendeiner Art von Lebensberatung widmest oder mit jemandem arbeitest, der sich seinen Gefühlen entfremdet hat, solltest Du den Druck auf das Herz des anderen erst dann erwägen, wenn Du Dir diese Meditation selbst zu eigen gemacht hast. Du solltest in diesem Fall auf ein hohes Maß eigener Erfahrungen zurückgreifen können. Überflüssig ist es jedoch, Dich selbst in den Vordergrund zu stellen oder die Rolle des Helfenden anzunehmen. Du bist mit diesem Wesen eins. Und was Dein Finger berührt, ist Dein eigenes Herz in seiner Brust. Diese Meditation kann soviel Kraft und Energie entfalten, daß Du sie erst selbst praktizieren und in der Arbeit an Dir selbst erproben solltest, bevor Du sie an eine andere Person weitergibst. Die Angst, die Aversion und die fehlende Standhaftigkeit, die es uns erschweren, uns selbst in dieser zuweilen mühevollen Arbeit ganz offen gegenüberzutreten, können sehr deutlich erkennbar werden und zu tiefer Einsicht führen. Erst wenn Du Dich Deiner eigenen Trauer angenommen hast, kannst Du Dich auch der Trauer Deines Gegenübers öffnen. Wenn in Deinem Herzen Raum für Dein eigenes Leid vorhanden ist, wird es auch das Leid des anderen in sich aufnehmen können.

Ein besonderer Wert dieser Meditation liegt in der Tatsache, daß auch dann, wenn der Prozeß abgeschlossen ist und der Finger den Schmerzpunkt nicht mehr berührt, an dieser Stelle deutliche Empfindungen auftreten können. Dies geschieht vor allem dann, wenn der Schmerzpunkt zum Verbindungspunkt mit dem Herzen geworden ist - zu einem Kanal, durch den Du Mitgefühl in Dein Herz hinein- und aus ihm herausatmest.

EINE MEDITATION ÜBER DIE TRAUER

(Man kann sie einem Partner langsam vorlesen und auch allein mit ihr arbeiten.)

Schließe Deine Augen.
Wenn sich Deine Augen geschlossen haben und Du des atmenden Körpers gewahr bist, dann lege die Finger oder den Daumen in Höhe der Brustwarzen auf die Mitte Deiner Brust. Dort wirst Du einen Punkt erhöhter Sensibilität spüren. Er ist ebenso feinfühlig wie wir selbst. Setze ihn einem sanften Druck aus.
Spüre den Gegendruck. Spüre, wie dort ein Widerstand entsteht, wie sich dort etwas dem Leid entgegenstemmt. Fühle die Panzerung, die dem Leben Widerstand leisten will. Übe Druck aus. Laß das Leid zu Deinem Herzen fließen. Atme das Leid in Dein Herz hinein - all die Augenblicke, in denen Du Dich selbst verabscheut hast, in denen Du Dich gefürchtet hast und in denen Du am liebsten im Erdboden versunken wärst.
Öffne Dich all den Augenblicken, in denen Du Dir den Tod gewünscht hast. Sie alle haben sich dort angesammelt, sie alle antworten Dir mit Gegendruck, sie alle verneinen das Leben.
Laß Dein Herz aufbrechen.
Atme das Leid in Dein Herz hinein. Laß den Schmerz zu Dir herein.
Öffne Dich für Dich selbst.
Übe Druck aus.
Wie lange liegt es zurück, daß Du Dich selbst einmal völlig in Deinem Herzen aufgenommen hast?
Fühle die Trauer, die dort eingeschlossen ist, wo Dich der Daumen berührt. Empfinde alle Entbehrungen und Verluste - all die Augenblicke, in denen Du Dich selbst oder die Deinen nicht beschirmen konntest.
Fühle die Hilflosigkeit. Die Hoffnungslosigkeit.

Atme dieses Leid in Dein Herz hinein.
Gib den Widerstand auf. Gib Deinen Selbstschutz auf.
Das Leid ist zu groß, als daß Du Dein Herz vor ihm verschließen könntest. Der Preis dafür wäre zu hoch.
Gib dem Herzen Deinen entschlossenen Druck zu spüren.
Er soll Dir keineswegs Schmerzen bereiten, sondern Dich auf alle Empfindungen aufmerksam machen, die an dieser Stelle spürbar werden.
Atme das Leid in Dich hinein.
Erkenne den Raum in Dir an, wo Du weißt, daß all Deine Kinder, all Deine Freunde eines Tages sterben werden.
Du weißt auch, daß Dir der Tod jederzeit selbst widerfahren kann und dann vieles ungetan bliebe.
Bekenne Dich zu all den Worten, die Du nicht gesagt hast, zu all der Liebe, die Du nicht verschenkt hast, zu all den Schmerzen, die Du in Dir eingeschlossen hast und die sich Dir nun hier entgegenstemmen.
Durchdringe sie mit Deinem Atem, übe Druck auf diese Schmerzen aus.
Nimm sie an. Nimm sie in Deinem Herzen auf.
Umklammere sie nicht.
Laß sie in Dich ein.
Zehntausend Kinder sterben in diesem Augenblick, weil sie nichts mehr zu essen haben.
Mütter sind verzweifelt, weil ihre Brust keine Milch mehr enthält, die ihre sterbenden Babys am Leben erhalten könnte.
So viel Leid.
Ungezählte Augenblicke, in denen wir uns mißverstanden fühlten, in denen wir vergeblich auf Liebe warteten, tauchen inmitten dieses Stromes der Empfindungen empor.
Wie mühsam sind wir doch bestrebt, Liebe zu fühlen - wie unbeschreiblich schwer fällt es uns doch, ein offenes Herz zu bewahren.
Welche Ängste, welche Zweifel, welche Schrecken können uns doch erfüllen.

Laß die Panzerung im Innersten Deines Herzens schmelzen - ohne Zwang auszuüben, ohne Dich selbst zu bestrafen. Ziehe das Leid in Dich hinein, laß es mit jedem Atemzug in Dich einströmen.
Jeder Atemzug erfüllt Dein Herz mit Deinem eigenen Wesen. So vieles ist nicht zum Ausdruck gekommen. Schicht auf Schicht hat sich auf das Herz gelegt. Laß das Leid in Dich hinein.
Gib all den Schmerzen Raum. Atme sie ein. Atme sie ein.
Laß den Schmerz kommen. Laß ihn gehen.
Habe Mitgefühl.
Habe Erbarmen mit Dir selbst.
Laß den Schmerz aus Dir heraus.
Atme ihn ein - atme ihn aus.
Wie vieles war doch unendlich lange in Dir eingeschlossen.
Laß es los. Atme es aus. Nimm Dich in Deinem Herzen auf.
Gib Dir selbst in Deinem Herzen Raum.
Habe Erbarmen mit Dir.
Laß es kommen - laß es gehen.
Drücke mit dem Daumen in die schützende Panzerung, welche die Gefühle des Verlustes und der Trauer umschließt. Konzentriere die Aufmerksamkeit wie einen gebündelten Lichtstrahl auf das Zentrum des Schmerzes.
Dringe tiefer ein.
Du brauchst das Herz nicht zu schützen.
Behalte den stetigen, sanften Druck auf die Brustmitte bei und fühle das Leid, das dort eingeschlossen ist - alle Entbehrungen, alle Ängste, alle Unsicherheit und allen Zwiespalt.
Ergib Dich diesen Gefühlen. Laß sie alle emporsteigen.
Nimm das Leid in Deinem Herzen auf. Laß das Leid Dein Herz wieder verlassen. Mit jedem Atemzug atmest Du Bewußtheit in das Herz hinein, mit jedem Ausatmen wirst Du von einem lebenslangen Schmerz befreit.
Öffne Dich dieser Erfahrung ganz und gar. Du brauchst

nichts hinzuzufügen. Du brauchst nichts beiseitezuschieben. Nimm einfach wahr, was besteht und woran Du so lange getragen hast. Spüre den unausweichlichen Verlust der endgültigen Trennung von allen, die Du liebst - den ohnmächtigen Zorn darüber, in ein Universum unbeschreiblichen Leides gestürzt zu sein.
Fühle die Angst vor dem Unbekannten. Den Schmerz verlorener Liebe. Die Isolation.
Laß Dich im Schmerz versinken. Atme in ihn hinein. Laß den lange in Dir eingeschlossenen Kummer schmelzen.
Erfahre ihn in einer ruhigen Bewußtheit, die Deine Verklammerung mit jedem Atemzug lockert und löst. Erlebe Deine vollständige Geburt inmitten all dieser Leiden und Schmerzen.
Gib Dein offenes Herz ganz diesem Augenblick hin.
Erfülle Dein Wesen bis ins Innerste mit Bewußtheit. Gebrauche die Empfindungen und den Schmerzpunkt, als wären sie ein Kanal, ein Tunnel, der ins Zentrum Deines Herzens führt, in ein Universum der Wärme und Achtsamkeit.
Fühle, wie sich das Herz in den Raum hinein weitet. Das Leid fließt einfach in ihm dahin. Angst und Entbehrung schweben in teilnahmsvoller Gnade. Atme ins Zentrum des Herzens hinein.
Laß los. Laß das offene Herz über seine Sehnsucht und Trauer hinauswachsen.
Laß die Hand nun sinken und falte Deine Hände im Schoß. Spüre die Empfindsamkeit, dir in Dir zurückbleibt - als hätte sich inmitten Deiner Brust eine Pforte geöffnet, die Dir Zugang zu den Tiefen des Herzens gewährt.

Tauche mit jedem Atemzug in seine Wärme und Liebe ein.
Laß den Atem durch die Weite des Herzens fließen.
Atme sanft in den Tiefen Deines Herzens.

* * *

KAPITEL 11

Der Enttäuschung das Herz öffnen

Vielen mag die Entspannung des Bauches und die stetige Erforschung der geistigen und körperlichen Verhaftungen sehr unattraktiv erscheinen. Vielleicht halten sie es sogar für übertrieben, sich den Panzerungen des Herzens, der Trauer und dem Zorn zu öffnen. Das Leid in grenzenloser Bejahung und Güte anzunehmen, indem man Bewußtheit und Mitgefühl entwickelt, ist für sie ein ganz ungewohnter Gedanke. Vielen mag es bizarr, ja nutzlos erscheinen, angesichts ihrer Beschwerden und Verwirrungen nach dem Atem innerhalb des Atems, nach dem reinen Sein zu suchen, in dem das Leben seinen Ursprung hat.

Doch manche fühlen sich in ihrem Herzen dazu hingezogen, ihre Krankheit oder Verletzung als eine Lehre aufzufassen, die sie zur Entdeckung neuer Ebenen der Heilung und der Liebe motivieren kann. Wir haben viele Menschen kennengelernt, die sich ihren Erkrankungen, ihren seelischen und körperlichen Wunden nach und nach in vollem Gewahrsein und tiefem Mitgefühl geöffnet haben und so einen erheblichen Einfluß auf den Verlauf ihres Krebs- oder Herzleidens, ihrer Depression, ihrer Angstneurose, ihrer multiplen Sklerose und ihrer Erkrankung an Aids oder ALS nehmen konnten. Wenn sie auch keine körperliche Heilung erfuhren, so erlebten viele von ihnen doch zum ersten Mal, daß sie eine neue Befriedigung in einer Situation finden konnten, die sie immer als absolut unbefriedigend erachtet hatten. Ihre innere Beziehung zu mentalen und physischen Schmerzen änderte sich, obgleich die

Beziehung der Krankheit zum Körper unverändert blieb. Was immer diesen Menschen den Impuls zur Heilung gab - es verwandelte sich zusehends in den Brennpunkt einer völlig neuen Teilhabe am Leben.

Es läßt sich unschwer erkennen, wie hartherzig wir uns zuweilen selbst behandeln und wie sehr wir uns daran gewöhnt haben, vor unangenehmen Dingen die Flucht zu ergreifen. Wir können uns die Situation vor Augen halten, in der wir uns mit einem Hammer auf den Daumen schlagen oder mit der Zehe an eine Ecke stoßen - und den entstehenden Schmerz, der doch gerade jetzt der Güte des Herzens bedarf, widerwillig und ärgerlich verdrängen und loswerden wollen. Wie wäre es, wenn wir diese Empfindungen einfach wahrnehmen würden und in mitfühlender Bewußtheit zur Entfaltung kommen ließen? Stellen wir uns doch einmal vor, diese Empfindungen in unserem Mitgefühl dahinfließen und sich selbst erfahren zu lassen - ihnen mit einer Milde und Zuwendung zu begegnen, die den Schmerz nicht entfacht oder umklammert, sondern diesen Augenblick so akzeptiert, wie er ist. Wie positiv könnte es sich doch auf unser tägliches Leben auswirken, wenn wir der Enttäuschung unser Herz öffnen könnten!

Wir sind vielen Menschen begegnet, die in ihren Tumor, in ihr Herzleiden oder in ihre chronischen Schmerzen Liebe hineinstrahlen ließen und so ihren Krebs oder ihre Krankheit zusehends heilen konnten. Wir haben auch mit vielen gearbeitet, die an massiven seelischen oder emotionalen Schmerzen litten und durch den Einsatz der Meditationen, die „Felsblöcke bewegen" können - wie die Meditation über die Trauer, über bedrückende Emotionen oder über das Herz des Mutterschoßes - zu großer Erleichterung und einem Gefühl der Vollendung gelangten. So vermochte beispielsweise die Mutter eines mongoloiden Kindes so tief in ihr Inneres einzutauchen, daß sich das „größte Unglück, das man sich nur denken kann" für sie in den „denkwürdigsten Segen, den ich im Leben erfahren habe" verwandelte. Mit Hilfe der Trauer-Meditation und gelegentlich auch der Meditation über das Loslassen ergründete sie in unermüdlicher Arbeit, was ihre beiden Herzen voneinander trennte, und schwelgte in der Kommunion mit ihrem ewig lächelnden Kind. Dann setzte sie mit diesen Techniken drei Jahre lang aus, bis ihre Tochter unerwartet starb.

Sie sagte, daß ihr Schmerz nicht zu beschreiben war. Ihrer schriftlichen Ankündigung des Gedenkgottesdienstes hatte sie hinzugefügt: „Ich habe Dein Buch wieder hervorgeholt, und es ist ganz durchweicht von meinen Tränen."
Die Reihe der Beispiele ließe sich noch weiter fortsetzen. Da war der Vater eines sterbenden Jungen, der endlich Heilung fand, als er den Schmerz in sich einlassen konnte und die letzten Tage des allzu kurzen gemeinsamen Lebens am Bett seines Kindes verbrachte. Da war die sexuell mißbrauchte Frau, die nach einigen Wochen der Meditation über das Herz des Mutterschoßes bekundete, daß sie nun „im Licht stehen" könne und sich nicht mehr im Schatten der Pforte ihres Herzen verstecken müsse. Da war der Veteran aus dem Vietnamkrieg, der sich dem Schmerz in seinem Herzen stellte, inzwischen ohne Stock gehen kann und anderen Kameraden zur Seite steht, die noch immer an „ungeheilten Wunden" leiden. Da waren die Eltern, die unermüdlich daran arbeiteten, sich der Vergebung zu öffnen, nachdem man festgestellt hatte, daß es die unwissentliche Vererbung einer genetischen Fehlanlage gewesen war, die zur Lähmung ihres leidenden Kindes geführt hatte. Da war der Mann, der als Kind ungeduldig darauf gewartet hatte, daß seine kleinere Schwester an ihrer Leukämie sterben und aus dem Haus verschwinden würde. Monatelang arbeitete er daran, sich von seinen Schuldgefühlen lösen und sich selbst vergeben zu können, daß er sie aus seinem Herzen verstoßen hatte.

Man kann sich fast jedem Schmerz in Geist oder Körper öffnen und des Schattens der mit ihm verknüpften Gefühle gewahr werden. Vielleicht ist es ein Anflug von Zorn, von Scham- oder Schuldgefühlen, die ihn umschließen. Vielleicht sind es die Ängste vor einem Versagen oder Minderwertigkeitsgefühle, die uns ständig begleiten. Vielleicht sagt der Geist: „Ich habe es so verdient" oder „Wie konnte ich nur so dumm sein, so etwas mit mir geschehen zu lassen?" oder „Das habe ich nun davon!" Wir sind uns selbst gegenüber sehr unbarmherzig. Gerade dann, wenn es darauf ankommt, haben wir für uns selbst keinen Platz in unserem Herzen. So begegnen wir unserem seelischen und körperlichen Schmerz zumeist widerstrebend und verärgert und versperren uns damit selbst den Zugang zur Heilung.

Stellen wir uns doch einmal vor, uns auf den „Daumen" des Körpers oder der Seele zu schlagen und den Schmerz in uns einzulassen - ihn nicht als ein lokales Gefühl pulsierenden Schmerzes zu isolieren, sondern dieses Pochen in unserem ganzen Körper zu empfinden. Wir beobachten, wie sich die Wogen der Empfindung über den Ozean von Geist und Körper ausbreiten, wie sich ihr Impuls bis in die kleinsten Wellen an den ewig zerfließenden Ufern des Bewußtseins fortsetzt. Noch die winzigste Kräuselung, das leiseste Zittern nehmen wir mit derselben Zärtlichkeit an, in der wir auch unser einziges Kind willkommen hießen. Wir nehmen diesen Raum ganz und gar in Geist und Körper auf.

Auf welch vielfache Weise der Geist im Körper Heilung finden kann, verdeutlicht sich im nachfolgenden Kapitel, das sich mit tiefen, inneren Wunden beschäftigt.

Es ist ganz und gar unnötig, den Zorn oder die Beklemmung zu bewerten, die unseren Schmerz vielleicht umschließen. Natürlich müssen sich diese Emotionen gelegentlich geltend machen - das ist ja wohl klar! Ein schlechtes Gewissen ist überflüssig. Doch wenn wir sie nicht erforschen, sondern aus dem Bewußtsein verdrängen, verbrennen sie das Herz und versperren uns den Zugang zum Schmerz. Um das Herz herum kann sich viel Haß gegen uns selbst ansammeln - vieles, was sich gegen eine Heilung sträubt. Wenn wir diesen Barrieren jedoch ganz und gar auf den Grund gehen, werden sie zu Wegweisern auf dem Pfad der Heilung.

Vor vielen Jahren, als Aids erstmals diagnostisch erfaßt wurde, begegneten wir Bill. Er besuchte ein Retreat über bewußtes Leben und Sterben und war der erste Teilnehmer, der aufstand und sagte: „Ich höre, wie unter uns immer wieder vom Krebs die Rede ist, und das macht mich richtig eifersüchtig. Ich bin neidisch auf die Leute, die eine Krankheit haben, bei der man zum Arzt gehen kann und freundlich behandelt wird. Und die Chancen, daß man durch die Behandlung wieder gesund wird, stehen vielleicht fünfzig zu fünfzig. Aber ich habe keinen Krebs. Wenn ich zu einem ‚Dr. med.' gehe, werde ich wie ein Aussätziger behandelt. Man betrachtet mich als unheilbar. Viele Leute sehen mich an, als wäre ich ein übelriechendes Stück Abfall, das so schnell wie möglich im Mülleimer verschwinden muß. Wenn ich morgen zum Arzt ginge, und er würde mir sagen, daß meine Aids-Diagnose revidiert werden müsse und daß ich nur Krebs hätte, dann wäre das der schönste Tag in meinem Leben. Stellt Euch mal vor, Euch über eine Krebs-Diagnose zu freuen! Ich stecke total in der Klemme, und mir ist schleierhaft, wie ich das hinkriegen soll! Die einen sagen, daß mich Gott dafür bestrafe, weil ich schwul bin, und die anderen sagen das gleiche, nur daß sie sich einer schicken, pseudo-holistischen Ausdrucksweise bedienen: ‚Die Ursache Deiner Krankheit bist Du selbst, also kannst Du sie auch wieder heilen.' Wenn ich so etwas höre, komme ich mir schrecklich hilflos und verwundbar vor und unheilbar krank." Die Leute hatten seinen Körper mit so viel Haß und Angst beladen, daß seine Haltung, ihn zu kasteien und Grauen vor ihm zu empfinden, nur noch verstärkt wurde. Er hatte ganz und gar den Mut verloren.

Sein Körper war damals durch verschiedene opportunistische Infektionen stark angegriffen und bereitete ihm große Beschwerden. Er sprach während des Retreats sehr wenig, aber in seinem Innern schien es zu brodeln. Und gegen Ende des sechstägigen Intensivkurses begann sein Gesicht in einer Weise zu leuchten, wie man es vorher nicht bei ihm bemerkt hatte. Bill meinte zu uns, daß er es im Verlauf des Retreats „gepackt" habe. Seine Prioritäten hatten sich geändert. Er zeigte mir einige rote Läsionen an seinem Bein, die auf das Kaposi-Sarkom zurückzuführen waren, und sagte mir, daß er vor Ausbruch seiner Krankheit ein „Mensch mit viel Körper-Bewußtsein" gewesen sei, der mehr an seinen Körper als an seine Seele oder sein Herz gedacht habe, und daß diese Pusteln eine erhebliche Zumutung für sein Selbstgefühl wären. Aber während er mitfühlende Bewußtheit und liebevolle Güte in seine Krankheit ausgestrahlt hatte, war er auf tiefere Ebenen gestoßen. Er hatte erkannt, daß er mehr war als nur sein Körper. Er merkte, welche Kraft sich entfalten konnte, wenn er voller Güte annahm, was er gleich so vielen anderen zuvor millionenmal mit Begierde, Angst und Aversion berührt hatte. Er sagte, er fühle sich wie neugeboren.

Nach dem Retreat erlebte er eine ungefähr sechswöchige Periode, in der er sich fast ekstatisch fühlte. „Ich wünsche es jedem, daß er vor dem Tod noch einmal geboren wird." Diese sechs Wochen waren vielleicht die glücklichsten seines ganzen Lebens. Aber dann kehrte der Schmerz zurück. Erhebliche rektale Beschwerden, Hauteinrisse und andere Komplikationen erschwerten seine so junge Praxis der Meditation im Sitzen außerordentlich. Zehn Tage lang war er recht deprimiert und reagierte auf seine Schmerzen verständlicherweise sehr angespannt. Er bekannte, daß er seine Geburt vergessen habe, bis er seinen Argwohn und seine Selbstbewertung abermals aufgegeben, sich dem Schmerz, dem Aids einfach geöffnet und dem Leben wieder Einlaß in sein Herz gewährt habe. Und bald darauf wurde ihm bewußt, daß auch seine Arbeit mit diesen neuen Ebenen der Pein eine Geburt für ihn bedeutete und all seine Leiden die Wehenschmerzen dieser Geburt waren. Unter dem Beistand einer Gruppe hilfsbereiter Freunde und seines langjährigen Liebespartners wurde er darin bestärkt, seinem Schmerz mit der gleichen Güte zu begegnen, die auch ihm entgegenbracht wurde. Indem er voller Erbarmen annahm, was er zuvor verabscheut hatte, erfüllte er seinen Schmerz von neuem mit Liebe. Augenblick für Augenblick drang er forschend in den Bereich seines Körpers ein, der ihm die meisten Probleme bereitete, ließ den Schmerz zu sich sprechen und lauschte ihm so aufmerksam und liebevoll, wie es die Quäker für die Wahrnehmung der „stillen, kleinen Stimme im Innern" empfehlen. Er sagte: „So bizarr das auch klingen mag, ich höre die stille, innere Stimme in meinem Schließmuskel. Es gibt keinen Ort, an dem Gott nicht zu finden ist." Er habe Gefühle der Scham, der Niederlage und der tiefen Entmutigung empfunden, weil er in seinen jungen Jahren schon so krank geworden sei. Aber als er diese Stimmen gehört und diese Regungen so erlebt habe, als seien sie im Körper eines lieben Freundes zu finden, habe sein Schmerz immer mehr Vergebung empfangen und sei schließlich verschwunden. „Ich will ja nicht ordinär sein", sagte er in seiner wohlerzogenen Art, „aber mir ist klar geworden, daß ich auch meinen Hintern in meinem Herzen aufnehmen muß. Ich darf einfach nichts mehr ausschließen."

Indem er für sich selbst und in sich selbst herausfand, daß seine Widerstände und Schmerzen dahinschmolzen, wenn er die sie umgebende Anspannung mit Vergebung erfüllte, ließ er die Heilung in sich ein und setzte seinen Lebensweg von ganzem Herzen fort.

Was nun folgt, nannte Bill „einen offenen Brief an meine Brüder und Schwestern.“ Er schrieb ihn im Juni 1983, kurz vor seinem Tod.

Liebe Freunde,

vor sechs oder sieben Monaten lag ich im Krankenhaus und zweifelte nicht daran, daß ich sterben würde. Aids, Krebs und Lungenentzündung hatten mir den Kampf angesagt und schienen mir nach dem Leben zu trachten. Es erfüllte mich mit Schrecken, sterben zu müssen und vielleicht in die Hölle zu kommen oder ganz und gar festzustecken. Aber meine Zeit war noch nicht reif. Die nachfolgende Zeitspanne ist ein kostbares Geschenk für mich gewesen, und ich habe eine tiefe Heilung erlebt. Monate der medizinischen Behandlung, der Ganzheitstherapie und der spirituellen Arbeit an mir selbst sind nun vergangen, und jetzt bin ich frei. Die große Unterstützung meines Gefährten, ein spiritueller Führer, ein Meditationspartner, mehrere Meditations-Retreats, die Hilfe wunderbarer Freunde und eine Menge Arbeit im Innern meines Herzens haben mir den Weg zum Frieden gezeigt.

Viele Monate lang hatte ich mir unter Heilung eine körperliche Gesundung vorgestellt. Darum habe ich mich redlich bemüht, und ich bin auch stolz darauf. Mir wurden sogar etliche Monate geschenkt, in denen ich mich relativ gesund und stark fühlte. Zu dieser Zeit habe ich meiner Gewißheit, daß ich meinen Körper aus eigenen Kräften heilen könne, oft Ausdruck verliehen. Ich glaube immer noch, daß diese Kräfte existieren, aber als meine physische Gesundheit einen Punkt erreichte, an dem ich mich in meinem Optimismus hinsichtlich meiner Verfassung selbst zu verleugnen begann, wurde mir klar, daß ich meinen bevorstehenden Tod zu akzeptieren hatte.

Nun weiß ich auch, was mir das Mitgefühl mit mir selbst bedeutet: nämlich in meinem Herzen zu spüren, daß gerade der physische Tod kein Zeichen der Schwäche oder der Niederlage ist. Ich glaube, dies ist der endgültige Schritt der Selbstbejahung. Dafür danke ich Gott.

Außerdem habe ich auch gelernt, daß Du immer dann, wenn Du absolut der Meinung bist, recht zu haben, ganz sicher sein kannst, daß Du Dich irrst. Rechthaben spiegelt nur unser Bemühen wider, dem anderen einen Irrtum nachzuweisen. Doch wir verwechseln Rechthaben oft mit der Wahrheit.

So habe ich mir im letzten halben Jahr eine kleine Firma aufgebaut, die einen Kalender mit meinen Fotos produziert. Ich habe in der Gruppe gearbeitet, um ein Bewußtsein für diese Krankheit zu schaffen. Ich bin noch näher an meinen Liebespartner, an meine Familie und an meine Freunde herangewachsen. All dies macht mich stolz, und ich bin dankbar dafür. Und ganz wichtig für mich ist, daß ich mich endlich haargenau so akzeptieren kann, wie ich bin. Dies ist das größte Geschenk für mich.

Nun hat sich meine Heilung also vollzogen. Bald wird der Körper von mir abfallen wie ein Kokon, und meine Seele wird wie ein Schmetterling davonflattern - schön und vollkommen. Ich muß nicht unbedingt wissen, wohin mich der Weg dann führen wird, aber mein Herz flüstert mir zu, daß dieser Ort voller Licht und Liebe ist. Der Segen eines offenen Herzens wird immer größer sein als die Tragödie des Todes. Mögen wir alle Trost in dieser Erkenntnis finden.

In Liebe
Bill

Bills Heilung ist sehr umfassend gewesen. Er hatte bewußt und voller Mitgefühl zu sich selbst gefunden. Er hatte großes Vertrauen in seinen eigenen Prozeß gesetzt und seine schöpferische Kraft dazu gebraucht, sich den für ihn geeigneten Pfad zu schaffen. Er hatte ein Meditations-Mantra entwickelt, das er lange Zeit bei allen möglichen Tätigkeiten anwenden konnte. Als er infolge seiner Krankheit eine Weile auf das aufrechte Sitzen verzichten mußte, stieß er auf eine Formel, deren stille Wiederholung seine Präsenz aufrechterhielt. Bills Mantra war DROPS - eine Abkürzung für „Ganz entspannt, ohne Widerstand und Druck“ (engl.: „Don't Resist or Push, Soften.“ - Anm. d. Übers.). Während Bill seinem Schmerz mehr und mehr Raum in seinem Herzen gab, schaffte er auch Platz für seine Freude. Die Heilung seiner Seele bedeutete sein größtes Glück, und dabei war es zweitrangig, ob sie sich im Körper manifestierte oder nicht. Er gab sich dem Leben so bedingungslos hin, daß er über den Tod hinausschritt. Nichts schränkte seine Heilung ein; er ließ keine Spuren unbereinigter Geschäfte zurück, keine gebrochenen Herzen, keine verschlossenen Seelen. Er tat alles, um das Begonnene zu Ende zu führen, um all das liebevoll zu umarmen, was ihn einst so sehr verunsichert hatte. Er ging den Pfad der Vergebung und des Erbarmens für einen Körper, den er so oft mit Strenge und Verachtung gestraft hatte. Er öffnete der Enttäuschung sein Herz.

Einige Zeit nach Bills Tod wurden wir von unserem Freund Daniel Barnes zu einem Besuch auf der 5 B eingeladen, einer Station für Aidskranke im Zentralkrankenhaus von San Franzisko. Ich sah Bills lächelndes Gesicht vor mir und hörte ihn flüstern, daß wir alle dort hinkommen sollten, um die Vorstellung aufzugeben, daß dieses Leid nur den anderen widerfahre, und uns selbst in diesen leidenden Gesichtern wiederzuerkennen - um uns nicht mehr auf die Position des unbeteiligten Zuschauers bei einem Prozeß zurückziehen zu können, der sich in unserem gemeinsamen Körper entfaltet. Ich hörte ihn sagen: „Verbringt Euer Leben nicht auf sicherem Territorium - lebt es so, als wärt Ihr auf der 5 B!“ Denn dann gibt es niemanden, dessen Leid wir aus unserem Herzen verbannen und dessen körperlichen oder seelischen Schmerzen wir mit Angst oder Ablehnung begegnen. Wir würden allem, was wir in all unseren Körpern miteinander teilen, mitfühlend und bewußt, voller Vergebung und Güte gegenübertreten. Niemand würde noch an der fiktiven Identität leiden, die uns glauben macht, daß die Schmerzen der Welt immer nur den anderen widerfahren.

Es ist ein Merkmal von Bills Heilung wie auch vieler anderer Heilungen, die wir begleiten konnten, daß auch die engsten Freunde und Gefährten Heilung fanden. Zwei Jahre nach Bills Tod starb sein Freund Andy gleichfalls an Aids - er hatte zwei oder drei Retreats besucht und wußte, daß ihm das schon genügte. Voller Frieden ging er seinen Lebensweg zuende. Bills Tod hatte auch in ihm eine so tiefe Heilung bewirkt, daß sich sein Herz nur selten verschloß und seine Arbeit mit anderen kaum einmal ins Stocken geriet. So wie Andy das heilende Herz von Bill empfangen hatte, gab er es auch an den nächsten in der Kette weiter und segnete seinen neuen Freund, als er starb. Er übermittelte die Heilung dem nächsten, der den Pfad der Öffnung unseres großen Herzens für alle Enttäuschung beschritt. Er vertraute dem Prozeß, ließ ganz sachte los und trat durch die Pforten des Todes in ein neues Leben ein.

EINE MEDITATION ÜBER DIE ÖFFNUNG DES HERZENS FÜR DIE ENTTÄUSCHUNG

(Man kann sie einem Partner langsam vorlesen und auch allein mit ihr arbeiten.)

Schließe die Augen und richte Deine Aufmerksamkeit auf die Empfindungen, die Deine Atemzüge begleiten.
Wenn das Gewahrsein fest in der Gegenwart ruht, dann lenke es allmählich auf den Bereich, der Dir Beschwerden bereitet.
Nimm einfach wahr, was Du dort fühlst. Du brauchst nichts zu verändern, nichts zu unternehmen.
Es bestehen nur die Empfindungen, die der Augenblick hervorbringt.
Alles kann so sein, wie es ist.
Wenn sich das Gewahrsein dem Raum der Schmerzen nähert, dann achte darauf, ob es auf irgendeine Anspannung trifft - auf irgendeine Verhärtung, die es auf seinem Weg zum Schmerz durchdringen muß.
Spürst Du etwas, das dieses Forschen abwehren will?
Wenn sich dort ein Widerstand aufgebaut hat, dann nimm ihn einfach wahr.
Was mag sich der Annäherung des Gewahrseins in den Weg stellen?
Ist es vielleicht eine Art von Verklammerung, die den Raum der Schmerzen umschließt?
Untersuche dies einfach. Es ist nicht notwendig, irgendetwas zu verändern.
Nimm die Gegenwart so wahr, wie sie ist.
Du brauchst nichts zu definieren. Sei einfach bereit dafür, zu verstehen - oder auch nicht zu verstehen. Sei bereit dafür, den Augenblick zu erfahren, sein Wesen zu entdecken.
Wenn sich das Gewahrsein mit den Empfindungen verbindet, die im Raum der Schmerzen entstehen, dann beobachte, ob noch etwas anderes zu spüren ist, das die Wahrnehmung der

Empfindung verhindern will.
Versperren sich die Gedanken selbst den Weg? Gibt es Gefühle, die den Empfang der Wahrnehmung stören? Tauchen irgendwelche Vorstellungen auf?
Nimm Dir etwas Zeit, um dem Klang jeder einzelnen Stimme zu lauschen, die von einem störenden Gedanken ausgeht.
Drehen sich diese Gedanken im Kreis?
Verbinden sich bestimmte Gefühle mit Empfindungen, die wir als „Unbehagen“ bezeichnen?
Du brauchst nichts hervorzurufen - nimm einfach den Augenblick so wahr, wie er sich dem wachen und offenen Gewahrsein darbietet.
Treten vielleicht noch andere Empfindungen in den Vordergrund? Ruft das Unbehagen Empfindungen der Anspannung oder Erstarrung hervor? Kann man diese Empfindungen als Schmerz bezeichnen, oder stellen sie sich anders dar?
Macht sich ein Gefühl der Bedrängnis bemerkbar?
Erstarrung? Widerstand? Verklammerung?
Beobachte einfach, was in einem Gewahrsein in Erscheinung tritt, das sich mehr und mehr weitet, das dem Widerstand nicht widersteht und die Verklammerungen nicht umklammert.
Ist eine Verdichtung zu spüren, ein Schatten, der die klare Wahrnehmung der Empfindungen verschleiert?
Macht sich in der möglichen Verklammerung irgendeine Struktur bemerkbar?
Was mag die Wahrnehmung der Empfindungen des Augenblicks blockieren?
Achte darauf, welche Deiner Regungen das Gewahrsein abweisen, den Schmerz leugnen und dem Augenblick Widerstand leisten wollen.
Beobachte einfach, was dem Gewahrsein den Zugang zur Frustration versperren mag - was auch immer das Erbarmen zurückweisen mag.
Gestatte dem Körper jetzt, die Spannung zu lösen, die von

den Hemmnissen und Verklammerungen ausgeht, die Du wahrgenommen hast.
Umfange nach und nach das Unbehagen mit Deinem Körper, als würde er ein krankes Kind in seine Arme schließen.
Du brauchst nichts zurückzudrängen. Öffne Dich voll und ganz der Empfindung des Augenblicks.
Laß das Gewahrsein mit allen Wahrnehmungen in sanftem Mitgefühl verschmelzen - in der Bereitschaft, das Leid anzunehmen, es bestehen zu lassen und sich wieder von ihm zu lösen.
Erkenne die Haltungen, Gefühle oder Gedanken an, die im Gewahrsein erscheinen, während es immer tiefer in den innersten Raum der Empfindungen eindringt.
Gestehe es den Empfindungen zu, in diesem Raum vorhanden zu sein.
In jedem einzelnen Augenblick.
Was sich auch immer im Gewahrsein erhebt - laß es einfach bestehen.
Beobachte, wie die Gedanken an „Schmerz“, „Tumor“, „Krebs“ und sogar an „Heilung“ die Spannung in diesem Bereich möglicherweise erhöhen.
Laß diese mentalen Vorstellungen kommen und gehen. Beobachte, wie bestimmte Erwartungen Anspannung hervorrufen.
Beachte auch die subtilsten Regungen, mit denen der Körper auf diese mentalen Zustände, Gedanken und Gefühle reagiert.
Erkenne, daß schon ein einziger Augenblick angstvoller Reaktion auf die Empfindungen Beklemmung erzeugt und das Unbehagen verstärkt.
Beobachte, wie der Geist von Augenblick zu Augenblick mit dem Körper verschmilzt.
Gib auf den leisesten Anflug von Verhärtung acht, die sich in der Reaktion auf jeden strengen Gedanken im Empfindungsbereich bemerkbar macht.

Nimm die Beziehung wahr, die zwischen Denken und Anspannung besteht.
Erkenne, was das Unbehagen im Bereich der Empfindungen verstärkt. Und vertiefe die Weichheit und Entspannung mehr und mehr.
Spüre, wie Ruhe und Entspannung dies alles in grenzenloser Bewußtheit dahinfließen läßt.
Du hältst an nichts fest, Du drängst nichts zurück - Du erfährst ununterbrochen die Gegenwart des Augenblicks.
Reine Bewußtheit verschmilzt mit reiner Erfahrung.
Erkenne, daß schon geringstes Zurückdrängen das Unbehagen verstärkt.
Erkenne, wie frei die Emfindungen dahinfließen können, wenn sich tiefe Entspannung ausbreitet und alle Verklammerung löst. Laß alle Empfindungen in einem weichen, offenen Raum entstehen und wieder vergehen.
Erfahre auch die leiseste Spur von Empfindung, als wäre sie ganz neu für Dich.
Nimm auch die leichteste Anspannung oder Verklammerung in einem ruhigem, weitherzigen Gewahrsein zur Kenntnis - öffne Dich der Heilung.
Habe acht auf alle Gedanken oder Emotionen, die in den Vordergrund treten. Erforsche, was sich den Empfindungen verschließen, was sie einkapseln will, was den Zugang zu ihrem innersten Wesen versperren will.
Öffne Dich den fernsten Ufern der offenbarten Empfindungen des Augenblicks.
Öffne Dich dem Empfinden ganz und gar, damit es frei in Dir dahinfließen kann.
Sei aller wiederkehrenden Gedanken gewahr, die zu dieser Offenheit im Widerspruch stehen.
Sei der Regungen gewahr, die sich im Geist erheben, um tieferes Forschen zu verhindern. Und laß auch sie in einer Bewußtheit dahinfließen, die alles in ihrer Weite aufnehmen kann. Haben sich Gefühle oder Stimmungen im Körper

festgesetzt, die mit dem Unbehagen in Zusammenhang stehen? Machen sich dort Schamgefühle, Zorn oder Zweifel bemerkbar? Läßt sich irgendetwas wahrnehmen, was den freien Zugang zu den Empfindungen einschränkt, die gegenwärtig in diesem Bereich hervorgerufen werden? Oder ist dort nur ein Raum zu finden, in dem die Empfindungen in rascher Folge entstehen und vergehen können? Trifft vielleicht beides zu?
Was für ein Prozeß mag sich dort abspielen?
Du brauchst nichts hervorzurufen.
Sei einfach offen für jede Wahrnehmung, die in absichtsloser Bewußtheit entsteht - für jedes Gefühl und jeden Gedanken.
Laß dies alles einfach kommen - und laß es wieder gehen.
Beobachte die Entfaltung des Prozesses.
Was bedeutet die unmittelbare Erfahrung der Empfindung, des Denkens und Fühlens in Geist und Körper?
Was heißt es, lebendig zu sein und zu *erleben*?
Es besteht jetzt nur noch offener Raum, der einen stetigen Strom veränderlicher Wahrnehmungen in sich aufnimmt.
Ein unermeßlicher Raum bietet sich den Wandlungen des Augenblicks dar.
Keine Verklammerung, keine Veränderung ist notwendig.
Aller Wandel vollzieht sich ganz von selbst.
Jede Empfindung vergeht im grenzenlosen Raum.
Sie entsteht und vergeht in der unendlichen Weite, in der unerschöpflichen Gnade.
Du beobachtest, wie der Geist von Augenblick zu Augenblick mit dem Körper verschmilzt.
Du wirst gewahr, wie all dies vom Herzen angenommen wird. Du gehst unmittelbar in den Augenblick ein. Bewußtheit, Empfindung, Erfahrung.
Laß die Aufmerksamkeit allmählich zum sanften Strom des Atems zurückkehren. Auch hier: nur Empfindung, Gefühl und Denken, in Geist und Körper zerfließend.
Nur dieser Augenblick - endloses Jetzt.

* * *

KAPITEL 12

Tiefe Wunden

Ohne jede Absicht, unseren Schmerz oder unsere mißliche Situation hervorzuheben oder abzugrenzen, möchten wir an dieser Stelle auf einige Erfahrungen aus unserer jahrelangen Arbeit mit sexuell mißbrauchten Frauen zurückgreifen. So können wir uns vor Augen führen, wie tief sich manche Wunden in uns verbergen können und wie groß unsere Kraft zu ihrer Heilung ist. Die Beispiele zeigen uns, daß sich unser weites Herz nach und nach selbst den größten Schmerzen und den tiefsten Wunden öffnen kann.

Vor einigen Jahren fand sich während eines Workshops im Anschluß an eine besonders intensive Meditation des Loslassens eine kleine Gruppe von Leuten zusammen, um in gelöster Stimmung ihre außerkörperlichen Erfahrungen aus dem Übungsverlauf miteinander zu teilen. Sie hatten, wie sie es ausdrückten, „ganz frei im Raum geschwebt und alles von oben her beobachtet" - ihre Körper der Bewußtheit hatten sich vorübergehend aus dem irdischen Körper aus Fleisch und Blut befreit. Die Atmosphäre war erfüllt von der Erregung, in der sie über die entdeckten Möglichkeiten und ihre Lust auf „mystische Erfahrungen" sprachen. Viele von ihnen hatten „nur so viel" völlig aus dem Blickfeld verloren, denn der alte Geist hatte sich weit aus seinem Karussell hinausgelehnt, um noch einmal einen jener Messingringe an sich zu reißen, voller Hoffnung, daß er wenigstens dieses eine Mal aus reinem Gold bestünde. Spiritueller Materialismus drückte schwer auf die Gemüter.

Da meldete sich eine Frau zu Wort und sagte: „Wißt Ihr, ich glaube ja, daß diese außerkörperlichen Erfahrungen ganz nett und ziemlich effektvoll sind, aber mir erscheinen sie eigentlich nicht so wichtig. Ich würde zur Abwechslung viel lieber mal eine innerkörperliche Erfahrung machen. Ich würde gerne dem Leben so vertrauen, daß ich richtig fest in meinem Körper ruhen kann, anstatt mich ständig bedroht zu fühlen und angespannt zu sein, weil irgendjemand aus einem dunklen Hauseingang heraus auf mich losgehen und mir Schlimmes antun könnte." Einige Frauen im Zimmer nickten zustimmend mit dem Kopf. Jede von ihnen war als Kind sexuell mißbraucht worden. Für jede von ihnen war der Körper zu einem unsicheren Aufenthaltsort geworden. Im Körper zu leben bedeutete, eine Zielscheibe zu sein. Außerkörperliche Erfahrungen mußten diesen Frauen ziemlich abwegig erscheinen. Für sie war es weniger von Interesse, auf welche Weise der Tod erfahren werden kann. Sie wollten erfahren, was es heißt, endlich geboren zu werden.

Im Verlauf des Nachmittags nahm mich eine der Frauen, die etwa Mitte zwanzig war, nach der Vergebungsmeditation beiseite und sagte: „Ich habe immer noch nicht mehr Platz in meinem Herzen als zu der Zeit, als ich zwei Jahre alt war und von meinem Vater vergewaltigt wurde!" Unversehens erhellte sich die Verbindung zwischen dem spirituellen Herzen der Frau - ihrem „höheren" Herzen, wenn man so will - und dem Herzen des Mutterschoßes, ihrem „tieferen" Herzen. Offensichtlich finden viele Frauen keinen Zugang zu ihrem höheren Herzen, wenn sich ihr tieferes Herz infolge eines Mißbrauchs oder einer schreckensvollen Mißhandlung verschlossen hat.

Als ich an jenem Nachmittag mit dieser Frau zusammensaß, begannen wir gemeinsam, die Samen dessen freizulegen, was später zur „Meditation der Öffnung des Mutterschoß-Herzens" werden sollte. Unter einem gigantischen Mammutbaum arbeiteten wir unter spezieller Ausrichtung auf ihre Person und konzentriert auf den Bereich der Gebärmutter gemeinsam mit der Vergebungs-Meditation, um ein wenig Licht in die Spannungen und Ängste zu bringen, die sich natürlicherweise dort festgesetzt hatten. An einem bestimmten Punkt lachte sie und sagte: „Weißt Du, manche Leute lassen offenbar einfach los und gehen aus ihrem Körper heraus. Aber ich muß sehr viele Dinge loslassen, um in meinen Körper hineinzukommen." Sie sagte, daß ihr eine vergebungsvolle Annäherung an ihren Uterus fast unmöglich erschiene, da es sie bereits erschrecken würde, nur an ihn zu denken. Doch als wir im weiteren Verlauf des Nachmittags immer tiefer in die Meditation eintauchten, nahm ihre Präsenz ein wenig zu. Es fiel ihr etwas leichter, in sich selbst zu ruhen, und während sie sich in heftigem Schluchzen von der Hoffnungslosigkeit und Ohnmacht befreite, die sich so lange in ihrer Gebärmutter aufgespeichert hatten, spiegelte sich die Entspannung des Herzens in ihrem ganzen Körper wider. Sie umschlang ihre Knie und schaukelte vor und zurück. Sie empfand sich selbst mehr und mehr als ihr eigenes, einziges Kind. Nach einer Weile fragte sie mich, ob sie ihren Kopf auf meinen Schoß legen könne. Aneinandergeschmiegt wiegten wir uns hin und her, und sie sagte leise, daß ich nach fast fünfzehn Jahren der erste Mann sei, der sie umarmen dürfe. Nie zuvor hatte sie sich selbst ein solches Mitgefühl zugestanden. Aus ihrem Innern brach die Anklage gegen ihren väterlichen Schänder hervor: „Wie hast Du mir das nur antun können?! Ich bin doch noch ein Baby! Ich bin noch ein Baby!" Als sie die überwältigenden Gefühle der Angst, des Schuldbewußtseins und des Mißtrauens, die im Herzen ihres Mutterschoßes eingeschlossen waren und ihr höheres Herz blockiert hatten, schließlich für einen Moment loslassen konnte, gelang es ihr, in ihren zwei Jahre alten Körper zurückzukehren und an diesem Punkt noch einmal neu anzufangen.

Als die Sonne zu sinken begann, war ihr langes Haar ganz durchnäßt von ihren Tränen, aber eine kapriziöse Geste ihres Arms machte deutlich, daß sich ihr Körper um Tonnen leichter fühlte. Sie hatte damit begonnen, in mühevollem Ringen den Panzer abzustoßen, der sich schon in so jungen Jahren in ihr gebildet hatte und für ihr körperliches und seelisches Überleben einst so notwendig gewesen war. Damals war diese Einkapselung der einzige Weg gewesen, um mit ihrer unerträglichen Situation fertig zu werden. Es war ihr keine andere Möglichkeit geblieben. Nun aber stellte sie fest, daß die inneren Prozesse, die ihr damals zu einer Lebensbewältigung verholfen hatte, der Bewältigung ihres gegenwärtigen Lebens entgegenstanden. Sie erzählte, wie oft sich ihr

Herz in den fehlgeschlagenen Beziehungen der letzten paar Jahre verschlossen habe. Sie fühlte, daß sie „innerlich dicht gemacht" hatte, und daß die Unfähigkeit, sich anderen zu öffnen, bereits länger vorhanden war, als sie zurückdenken konnte.

Ihre Augen füllten sich wieder mit Tränen, doch waren es nicht mehr die gleichen Tränen, welche sie noch vor einer oder zwei Stunden in der Gefühlswallung ihrer inneren Befreiung vergossen hatte. Es waren Tränen der Freude - jenes Atemschöpfen, das einem tiefen Ausatmen folgt. Am Ende dieses Nachmittags, an dem sie geübt hatte, Vergebung und Entspannung in die Gebärmutter hineinfließen zu lassen, meinte sie, daß sie es sich nun vorstellen könne, künftig aus ihrer Verschlossenheit herauszutreten. Fasziniert von den Erfahrungen dieser Stunden, widmete sie sich weiterhin mindestens eine Viertelstunde täglich der Vergebungs-Meditation wie auch dieser elementaren Form der Mutterschoß-Meditation, die sich während unserer gemeinsamen Sitzungen entwickelt hatte. Bald erweiterte sie ihre tägliche Praxis auf zwei halbstündige Perioden, in denen sie Erbarmen und liebevolle Güte in ihr tieferes Herz hineinstrahlen ließ. Sie spürte, wie es sich öffnete, während sie den so lange in ihr eingekapselten Schmerz Schicht auf Schicht in sich abtrug. In den folgenden Monaten lernte sie Menschen kennen, mit denen sie ihre Erfahrungen teilen konnte, und begann völlig in ihren Körper einzutauchen. Und ein Jahr, nachdem sie angefangen hatte, „meinem Job an mir selbst" nachzugehen, erlebte sie bereits die dauerhafteste Beziehung, die sie je eingegangen war, und gestand sogar ein, an eine feste Bindung zu denken.

Im Verlauf unserer gemeinsamen Arbeit an jenem Nachmittag zeigte es sich ganz klar, daß Frauen zwei Herzen, zwei glattmuskuläre Organe im Körper haben - das Herz und die Gebärmutter. Als die Frauen vor langer Zeit zum Abbruch einer Schwangerschaft noch Mutterkorn verwendeten, trat gelegentlich auch ein heftiges Herzklopfen bei ihnen auf. Die Ursache dafür liegt darin, daß Ergotamin und Ergotoxin, die Alkaloide des Mutterkorns, Kontraktionen der glatten Muskulatur bewirken. Bei Frauen ist sie im Uterus und im Herzen anzutreffen. Diese Verbindung zwischen Gebärmutter und Herz bestätigte sich besonders deutlich, als unsere Freundin den ersten großen Schmerz ihrer inneren Wunden mit uns teilte. Ich vermute, daß sich bei vielen Frauen das höhere Herz deshalb verschlossen hat, weil ihr tieferes Herz (der Bereich des Uterus) einmal der Rohheit und Brutalität ausgesetzt war. Diese leichtfertige, gewissenlose, böswillige und gefühllose Behandlung des tieferen Herzens hat eine dicke Panzerung des Mißtrauens und der Furcht geschaffen, die den Weg in das weite Herz des Seins versperrt.

Es hat ferner den Anschein, als sei das tiefere Herz bei allen Frauen auf die eine oder andere Art schon einmal durch eine solche Rücksichtslosigkeit verletzt worden. Einige sind als Kinder oder als Erwachsene sexuell mißbraucht worden, andere wurden vergewaltigt oder sind gefühllosen Liebespartnern begegnet, und wieder andere haben eine nachlässige und ungeschickte Behandlung seitens medizinischen Personals erfahren müssen. Sie alle werden mit der weichen Pornographie auf den Anzeigenseiten der Werbeindustrie mißbraucht, ganz zu schweigen von der Obszönität der Hardcore-Erzeugnisse, die unsere tieferen Gefühle mit Füßen tritt. Jede Frau ist schon irgendwann einmal als Objekt behandelt worden. Einer Person, die nur unseren Körper sieht, bleiben unser Herz, unsere Seele und unser wahres Selbst verborgen. Wir werden zu einem Stück Holz, das ins Feuer geworfen wird, um den Befriedigungsmechanismus des anderen anzuheizen. Am gröbsten werden wir mißbraucht, wenn wir als Objekt behandelt werden, wenn man uns aus dem Herzen verstoßen hat. Bereits diese vorausgehende Fixierung öffnet aller Grausamkeit und Mißhandlung Tür und Tor. Würden wir einen Menschen gar nicht erst als Objekt, als den „anderen" betrachten, wäre vorsätzlicher Mißbrauch überhaupt nicht möglich. Bei vielen Frauen hat sich nach solch gewaltsamer Aufrauhung ihres empfindsamen Herzens eine dicke Hornhaut gebildet, die das Vertrauen und die Offenheit überwachsen hat, welche dem Herzen die Begegnung und Verschmelzung mit der Liebe ermöglichen - sei es in einer lebendigen Beziehung zweier Menschen zueinander oder auch im eigenen Herzen. Bei anderen ist es ein „dickhäutiger", gleichgültiger Liebespartner oder ein kaltes Spekulum gewesen. Es scheint, daß sich fast alle Frauen schon einmal in irgendeiner Hinsicht als Subjekt eines Mißbrauchs empfunden haben, der durch die Antastung ihres tieferen Herzens auch ihr höheres Herz verletzte.

Aus diesen Einsichten entstand die Meditation am Ende dieses Kapitels. Ihr geht ein allmählicher und behutsamer Eintritt in den Körper voraus, der von einer ausgedehnten Entspannung und einer Öffnung für die Empfindungen begleitet wird, die vom Scheitel des Kopfes an in einem sehr langsamen und einfühlsamen Durchwandern der verschiedenen Körperbereiche wahrgenommen werden. Denjenigen, die sich zu dieser Meditation hingezogen fühlen, sei empfohlen, aufmerksam das später folgende Kapitel *DEN KÖRPER ÖFFNEN* zu studieren, in welchem der Prozeß der Öffnung des Körpers durch die Entspannung des Bauches genauer besprochen wird. Bei Retreats lassen wir der Meditation über das Herz des Mutterschoßes oftmals eine bedachtsame, 45-minütige Meditation der Durchwanderung des Körpers (siehe Kapitel 16) vorangehen, denn auch diese Übung kann die Ausbreitung von Bewußtheit und Mitgefühl im Körper fördern. Ich meine, daß es für den allgemeinen Gebrauch der Mutterschoß-Meditation jedoch schon ausreicht, wenn man den Körper eine Weile entspannt und voller Ruhe der Empfindungen gewahr wird, die sich im Bereich der Gebärmutter bemerkbar machen.

In der Meditation der Erkundung des Körpers wandert die Aufmerksamkeit behutsam, zärtlich und schonungsvoll durch den Körper. Damit kann sich das Gewahrsein - insbesondere jenes, das dem Körper angstvoll entflohen ist, weil er ihm keine Sicherheit mehr bot - wieder in ihn einfühlen und behutsam in einem Bereich ausbreiten, der zuvor von Teilnahmslosigkeit und Animosität betroffen war. Viele der Frauen, die uns von ihrem unzugänglichen, tieferen Herzen berichteten, haben einige ganz reale körperliche Probleme erwähnt, die ihrem Gefühl nach offenbar mit diesem tieferen Verschlossensein in Verbindung standen. Beispielweise war von Schmerzen in den Füßen, Knien und Hüften die Rede, die darauf zurückzuführen waren, daß sie keinen „festen Boden“ im Körper spüren konnten. Andere sprachen davon, daß sich durch die heilende Wirkung der Meditation ihre Menstruationsbeschwerden verringert hätten und ein Gefühl größerer Sicherheit in ihrem Körper erwacht sei. Einigen Frauen, die sich bereits mehrmals vergeblich um eine Schwangerschaft bemüht hatten, verhalf diese Meditation zu einer „gastlichen Gebärmutter“, die einem Embryo

schließlich Gelegenheit bot, sich dort einzunisten. Andere verwenden diese Meditation, um Gewebswucherungen aufzulösen oder Pilzkrankheiten zu heilen.
In diesem langsamen Durchstreifen des Körpers tritt das Gewahrsein wieder mit dem Körperbewußtsein in Kontakt. Mit einer unvorstellbaren Behutsamkeit, die vielleicht alle persönlichen Erfahrungswerte übersteigt, die außerhalb jeden Zeitgefühls in einer tiefen Bewußtheit und unendlich sanft und zärtlich durch den Körper wandert, bewegt sich das Gewahrsein in die Vagina hinein. Sacht und unmerklich durchdringt es auf seinem Weg in den Uterus die Wellen und Faltungen von Haut und Muskeln und hält immer wieder inne, um sich liebevoll und bewußt den eintretenden Empfindungen zu öffnen. Es erkundet die Eileiter, die sich wie Äste am Baum des Lebens verzweigen, um die Früchte des Eierstocks zu tragen. Und in den Ovarien wird es der Geburt der Eizellen gewahr, all der Potentiale von Geburt und Wiedergeburt, die hier als Saat des Lebens schlummern. Alles Leben offenbart sich inmitten dieses funkelnden Augenblicks. Heilend, mitfühlend und fürsorglich berühren wir, was so oft unsere Härte und Gedankenlosigkeit zu spüren bekam. Tiefe Vergebung breitet sich im Körperraum des Mutterschoßes aus - Vergebung, die uns wieder ins Leben zurückfinden läßt. Vergebung, die uns selbst zuteil wird, obgleich sie auch andere berühren und heilen kann. Eine Vergebung, die unserer eigenen Heilung dient und letztlich auch dazu beiträgt, daß alle Heilung finden, mit denen wir in Berührung kommen.

Auch für Männer kann diese Übung von hohem Nutzen sein. Der Vagina, der Gebärmutter, der Eierstöcke und Eizellen gewahr zu werden, die in uns allen vorhanden sind, machen uns unsere Menschlichkeit bewußt und erlauben uns ein tiefes Einfühlen in unsere Inkarnation. Wir haben es erlebt, daß Männer nach einer solchen Meditation Tränen der Reue in den Augen hatten und versicherten: „Ich werde eine Frau nie mehr unsanft oder rücksichtslos behandeln.“ Das waren nicht etwa Männer, die eine Frau vergewaltigt oder mißbraucht hatten, sondern Ehemänner und Freunde, die des Schmerzes gewahr wurden, den wir alle in uns tragen. Die Möglichkeit, in dieser Praxis Heilung zu finden, steht Männern ebenso offen wie Frauen. Diese Meditation kann jedem zugute kommen. Finde es selbst heraus, ob sie Deinen Weg in die Zuflucht des Herzens ebnen kann, ob sie Dir ein Bewußtsein körperlicher Sicherheit vermitteln, Dein tieferes Herz öffnen, Dich entspannen, Dich weiten, Dich befreien kann - ob sie Dir im Mutterschoß denselben Raum erschließen kann, den wir alle uns auch im eigenen Herzen schaffen müssen. Es ist eine sehr wirksame Heilmeditation, denn sie schöpft aus einer Urquelle. Sexuelle Energie stellt eine der primären Lebenskräfte dar.

Ich möchte jeden Leser, sei er männlich oder weiblich, an dieser Stelle darum bitten, alles Wissen und allen Zweifel des alten Geistes abzulegen, um aus dieser Konzeption, aus dieser Heilübung den Nutzen ziehen zu können, den sie ihm potentiell bieten kann. Die von einer tiefen Verletzung hervorgerufene angstvolle Anspannung, die das tiefere Herz verschließt und das höhere Herz so sehr isoliert, ist nicht etwa nur eine Domäne der Frau, sondern ein allgemein menschlicher Zustand. Der Grund dafür, daß diese Meditationen in der weiblichen Sphäre gründen, liegt darin, daß dieser Erfahrungsbereich zum Zeitpunkt ihrer Entstehung im Vordergrund stand. Wenn Männer wie Frauen angesichts der Heilung tiefer Wunden auch vor der gleichen Problematik stehen, gibt uns jene Erfahrungswelt doch einen eindringlichen Hinweis auf die Arbeit, die auf uns wartet, wenn wir unsere Vergangenheit liebevoll und bewußt ins reine bringen wollen. Sie zeigt uns, daß selbst die „dunklen Punkte“ unserer Vergangenheit wieder zu neuem Leben erwachen können. Auch Männer leiden unter der Problematik innerer Wunden und rücksichtslosen Verhaltens. Doch ihr Leid entspringt zumeist anderen traumatischen Formen. Obwohl wir auch mit zahlreichen Männern gearbeitet haben, die sexuell mißbraucht worden sind, ist es vorrangig unsere Arbeit mit Frauen gewesen, aus der das vorliegende Material entstanden ist.

Diese Meditation kann für jene, die einen sexuellen Mißbrauch erfahren haben, zuweilen außerordentlich schwer zu handhaben sein. Eine Frau, die sie zweimal täglich etwa zwanzig Minuten lang praktizierte, erzählte mir, daß sie ihr anfangs als regelrechte Schinderei erschienen und oft der unerfreulichste Teil ihres Tagesablaufs gewesen sei. „Aber ich weiß, daß es hier und jetzt nichts anderes für mich gibt, was mich wirklich weiterbringen kann.“ Die Schwierigkeiten, die wir mit dieser Meditation haben, kennzeichnen den Zustand, in dem wir uns befinden. Wir müssen uns sehr intensiv mit unseren Ängsten konfrontieren, bevor wir über sie hinausblicken können. Nachdem jene Frau ungefähr zweieinhalb Monate mit dieser Meditation gearbeitet hatte, sagte sie uns: „Neulich ist ein Wunder geschehen. Ich ging in die Küche, und als ich mich an den Tisch setzte, blickte ich auf und sah die Wand. Ich sah einfach nur die Wand! Ich war ganz und gar in meinem Körper, in der Welt, in meinem Herzen! Ich sah die Wand, als wäre es zum ersten Mal. Ich war völlig im Hier und Jetzt. Es war die schönste Erfahrung in meinem bisherigen Leben!" Weil sich ihr tieferes Herz öffnete, begann ihr höheres Herz augenscheinlich so zu strahlen, daß sich andere Frauen an sie wandten, um ihren Rat zu erbitten und an den tiefen und mühsam errungenen Erfahrungen teilzuhaben, die ihr aus der Arbeit an sich selbst erwachsen waren. Sie ist inzwischen zu einer sehr gefragten Therapeutin für mißbrauchte Frauen geworden.

Vor einem Jahr trat unmittelbar vor meinem Auftritt in einem kalifornischen Vortragssaal eine Frau mit strahlendem Lächeln an mich heran und sagte: „Ich bin schwanger, und schuld daran bist nur Du!" Als ich schon meine rechte Augenbraue runzeln wollte, fuhr sie fort: „Innerhalb der letzten neun Jahre hatte ich sechs Fehlgeburten. Ich glaube, mein Uterus hatte überhaupt keine Lust mehr. Der ganze Mißbrauch und die sexuelle Verunsicherung in meiner Kinderzeit hatten ihn regelrecht verärgert. In ihm konnte nichts Lebendiges gedeihen. Aber als ich einige Monate lang mit der Meditation gearbeitet hatte, ist das Leben wieder in meinen Körper zurückgekommen."

Nicht alle Frauen, die mit dieser Meditation arbeiten, finden sie gerade deshalb hilfreich, weil sie ihnen angesichts tiefer Wunden oder früherer Erfahrungen des sexuellen Mißbrauchs zu innerem Gleichgewicht verhilft. Wie schon erwähnt, setzen viele Frauen sie auch dazu ein, Gewebswucherungen, zervikalen Krebs, Herpes oder prämenstruelle Syndrome zu heilen. Viele praktizieren sie parallel zu anderen Behandlungsmethoden, denn die Meditation der Öffnung des Mutterschoß-Herzens kann auch die Sensibilität für andere Theapieformen erhöhen. Dies führt dazu, daß sich auch auf anderen Ebenen eine Heilung vollziehen kann.

Sicherlich wirkt diese Meditation nicht bei allen, und sie mag auch nicht für alle Temperamente gleichermaßen geeignet sein. Doch für jene, die sich im Herzen zu ihr hingezogen fühlen, die spüren, daß sie ihnen den Weg nach Innen erschließen und schließlich auch innerlich weiterhelfen kann, ist es allemal der Mühe wert, wenigstens einen Monat lang mit ihr zu experimentieren. Sie können erproben, erforschen und Möglichkeiten der Heilung erfühlen. Sie können erkennen, daß Heilung auch dann möglich ist, wenn die Ursache der tiefen Wunden, die noch in ihnen brennen, weit zurückliegt. Sie können die Tränen der Freude erleben, die unsere Freundin weinte, als alles, was so unlösbar erschien, im Herzen der Heilung versank. In dieser Welt der Halbwahrheiten und des oberflächlichen Umgangs mit tiefem Schmerz ist der Wert eines Werkzeugs, das wirklich funktioniert, nicht hoch genug einzuschätzen. Wenn es funktioniert, dann gebrauche es, mache es Dir zu eigen und teile es mit Deinen Brüdern und Schwestern, die ähnliche Schmerzen kennen.

Wenn wir uns dieser Meditation ganz und gar öffnen, geben wir dem Problem keine Nahrung mehr; wir werden selbst zu einer Komponente seiner Lösung. Wir treten aus der Verschwörung des Leidens aus, die sich von einer Generation auf die nächste übertragen hat - wir beenden den Krieg. Wir werden empfänglich für unseren Schmerz, anstatt lediglich auf ihn zu reagieren. Hier und jetzt setzen wir dem Schmerz ein Ende, indem wir dem in uns wohnenden Schmerz und der uns zugeteilten Lebensaufgabe Raum im Herzen geben. Niemand von uns kann sich einen besseren Dienst erweisen. Wenn wir uns *jetzt* nicht öffnen, wird sich unser Leben *nie* zum Positiven ändern. Wir werden kleiner und kleiner, denn wir müssen uns anspannen und zusammenziehen, um nicht über unser sicheres Territorium hinauszutreten. So verschließen sich in unserem Herzen die Herzen aller anderen.

Wir stehen zwar nicht unter Druck, sollten es uns aber auch nicht leisten, noch mehr Zeit zu verlieren, indem wir unseren inneren Schmerz weiterhin ignorieren. Unsere Kinder sollen nicht die Unsicherheit ihrer Eltern erben! Wir können dem Krieg jetzt ein Ende setzen. Leicht ist das nicht. Wir können die Aufgabe nur lösen, wenn wir bereit sind, auf sie zuzugehen. Wenn wir jedoch nicht willens sind, mit dem Herzen in unseren Schmerz einzutauchen, wird uns immer ein Gefühl der Kälte begleiten, und der

Schmerz wird uns nicht verlassen. Erst wenn wir wieder in unseren Mutterschoß, in unser Leben zurückfinden, kommen wir wirklich zur Welt, werden endlich ganz geboren, werden fähig, im sanften, ruhigen Körper sanft und ruhig zu atmen - werden fähig zu *sein*.

Es sei an dieser Stelle erwähnt, daß sexueller Mißbrauch nur eine von mehreren Möglichkeiten darstellt, sich die tiefen Wunden vor Augen zu führen, die vielen von uns im Laufe des Lebens zugefügt wurden. Es gibt andere Formen der Kränkung und Mißhandlung, die den Willen in uns brechen können, völlig zu leben, präsent zu sein, Risiken einzugehen. Das angeführte Exempel ist jedoch so eindringlich, daß uns die Parallelen meiner Meinung nach ganz von selbst zu Bewußtsein kommen werden. Beispielsweise treten während unserer Arbeit mit leidtragenden Menschen viele an uns heran, die zum Ausdruck bringen, daß ihrem Gefühl nach irgendetwas mit ihnen nicht stimmen könne, weil sie der Tod eines Elternteils nicht allzusehr berühre. Sie glauben, ihr Herz sei erkaltet; doch in Wirklichkeit ist es so, daß sie ihren Verlust schon viele Jahre zuvor betrauert haben, als ihnen ihr Vater oder ihre Mutter eine Wunde zufügte, die sie nicht verschmerzen konnten. Bei Kindern alkoholkranker Eltern erlebt man es zum Beispiel immer wieder, daß sie kaum ein Gefühl des Verlustes empfinden, wenn der betreffende Elternteil stirbt. Sie durchlebten ihre Trauer vielleicht schon im Alter von fünf oder sechs Jahren, als sie Vater oder Mutter an den Alkohol verloren. Töchter, die sexuell mißbraucht wurden, überkommt ein Gefühl der Erleichterung und Sicherheit, wenn sie vom Tod ihres Vaters erfahren. In solchen Fällen müssen alle Verlustgefühle vor dem Gefühl der Befreiung, des sich erneuernden Selbstvertrauens und der Ganzheit verblassen, denn man ist nun vom Missetäter, vom „Haßhaber" erlöst. Auch wenn wir vom Tod eines Liebespartners erfahren, der uns vor langer Zeit betrogen hat, kann es sein, daß wir nur wenig oder gar keine Trauer empfinden - denn der eigentliche Kummer liegt schon lange zurück. Der tiefste Verlust ist nicht der Tod, sondern er besteht darin, daß die Herzen der Welt voneinander getrennt sind und so auch die Herzen unseres Körpers nicht zueinander finden.

In jedem einzelnen Fall einer tiefen Verletzung - sei es durch sexuellen Mißbrauch, sei es durch den Verzicht auf die Liebe alkoholkranker Eltern oder durch die Untreue eines eng verbundenen Liebespartners - kann es anfangs sehr schwierig, wenn nicht gar unmöglich erscheinen, ein Gefühl der Vergebung aufzubringen. In ähnlicher Weise mag auch ein sanftes und liebevolles Einfühlen in die Gebärmutter nicht von heute auf morgen gelingen. Denn sicherlich wird sich niemand gleich zweihundert Kilo auf die Hantelstange schieben, um herauszufinden, wieviel er heben kann. In der Arbeit mit den leichteren Gewichten finden wir den Weg eher. Wir nähern uns zärtlich den kleineren Schrammen und Verhaftungen, um uns später den größeren widmen zu können. Vergebung kennt keine Überstürzung. Gewaltsam können wir uns keinen Zugang verschaffen. Die Arbeit mit dieser Meditation vollzieht sich langsam und mit Hilfe der Intuition. Gewalt führt in diesem Prozeß nicht weiter; nur eine sanfte, allmähliche Öffnung kann die leeren Räume, die Erstarrung von Geist und Körper mit Vergebung und Erbarmen erfüllen. Ein Gespür für gutes Timing hilft dabei. Bei manchen würde das Bemühen, so rasch wie möglich zu vergeben, nur zu einer Verhärtung des Prozesses und zu einer Selbstbewertungstendenz führen, die das Gefühl einer Mißhandlung eher noch verstärkt. Vergebung vollzieht sich im Einklang mit dem eigenen Zeitempfinden, mit den vorhandenen Möglichkeiten - ohne jedes Gefühl der Verpflichtung. Und immer gehört es zu unserer Arbeit, uns daran zu erinnern, daß wir den anderen erst dann zur Öffnung seines Herzens ermutigen dürfen, wenn wir unser eigenes geöffnet haben - daß unser Herz ganz und gar offen sein muß, bevor wir fähig sind, das Herz des anderen in uns aufzunehmen.

Diese Meditation eröffnet die Möglichkeit, durch den im Körper eingeschlossenen seelischen Schmerz zu wandern und des einen Herzens gewahr zu werden, das wir alle miteinander teilen. Wie unser leibliches Herz eine Manifestation des spirituellen Herzens ist, so ist unsere Gebärmutter eine Manifestation Unserer Großen Mutter.

Ebenso wie bei der Meditation der Vergebung kann es auch hier hilfreich sein, an den Erfahrungen derer teilzuhaben, die bereits mit der Meditation der Öffnung des Mutterschoß-Herzens gearbeitet haben.

ANN

„Während der Meditation des Mutterschoß-Herzens hatte ich eine wundervolle Erfahrung. Im Geiste über den Rücken hinunterzugleiten war wunderschön. Ich hatte eine perfekte Wirbelsäule. Aber als ich mich vorne abwärts bewegte, sah ich schreckliche schwarze Löcher mit gelb leuchtenden Rändern. Ich hörte eine Stimme, die mich aufforderte, sie einfach nur zu betrachten, und sie wurden immer kleiner und kleiner und verschwanden schließlich in meinem Herzen. Ich konnte aber keine Gebärmutter finden, wo eigentlich eine hätte sein müssen. Ich suchte und suchte. Und endlich sah ich sie. Sie ähnelte einer verschrumpelten Pflaume, und ich dachte: ‚Was ist denn das?' Aber ich sah sie mir einfach an, und plötzlich war ein Same da, und dann erschien ein Baby, und das wurde immer größer und größer, und darüber freute ich mich riesig. Und mit einem Mal sah ich das Baby, wie es wie ein Vogel seinen Mund aufsperrte und sagte: ‚Füttere mich, füttere mich.' Und ich sah, daß sich eine Schlange um seinen Körper wand - dieselbe Schlange, die in meinen Träumen immer meinen Hals umschlingt. Aber in diesem Moment schreckte sie mich nicht. Ich wand die Schlange einfach los und spielte mit ihr. Und ich merkte, daß sich jedes Mal, wenn ich Angst vor der Schlange spürte, meine Gebärmutter verschloß und das Baby nach Luft schnappte. Da war mir klar, daß ich die Schlange streicheln mußte, wenn das Baby nicht verhungern sollte. Und dann, als Du sagtest, daß wir das Herz und die Gebärmutter zusammenführen sollten, breitete das Baby seine Arme aus und umschlang mein Herz. Das war eine erstaunliche Erfahrung für mich, denn ich hatte jahrelang Tausende von Dollar ausgegeben, um herauszufinden, was mit mir nicht stimmte. Ich hatte ja viele Probleme in Sachen Nahrungsaufnahme - mit dieser ganzen Geschichte von Essen und Ausscheidung. Ich spürte, daß ich mein Baby erwürgte und das Baby mich - die Angst ließ mich ersticken. Ich fühlte mich so hilflos, so ganz ohne Willenskraft. Immer wenn ich meinen Hunger haßte, würgte er mich nur noch mehr und ließ das arme Baby in mir verhungern. Als mein Herz meine Gebärmutter berührte, wurde mir klar, wonach ich hungerte.

Als Du gestern darüber gesprochen hast, daß der Magen das Kontrollzentrum sei, der Raum, der die ganze Welt in sich selbst verwandelt, hatte ich richtig Herzklopfen. Genau wie jetzt auch. Ich fühle mich so lebendig. Ich fühle mich wundervoll."

FRAN

„Ich bin in erster Linie zu diesem Retreat gekommen, weil ich von der Arbeit mit dieser Meditation gehört hatte und glaubte, daß sie das Richtige für mich sei. Man hatte mir von der Frau erzählt, die nach so vielen Fehlgeburten schwanger geworden war, und ich spürte, daß dies vielleicht eine Möglichkeit für mich sein könnte, nach all den Fehlgeburten und Schwierigkeiten, die ich selbst erlebt habe, endlich ein Kind zu bekommen. Es ist zwar eine lange Geschichte, aber einige Zeit vor der Meditation saß ich unten am Fluß, arbeitete mit meinem Schmerzpunkt und war so überwältigt von meinem Kummer, daß ich mich wie gelähmt fühlte. Es war sehr schlimm. Aber dann kam ein junger Mann vorbei, der während des Workshops seine Empfindungen sehr offen mit uns geteilt hatte, und ich dankte ihm für seine Offenheit. Ich saß mit ihm zusammen, und ich vertraute ihm, obwohl er ein Mann war. Es war ganz erstaunlich. Alles mögliche ging in mir vor, aber allzu große Angst fühlte ich nicht. Irgendwie hatte ich Vertrauen. Und je mehr Vertrauen ich empfand, desto klarer wurde mir, wie wichtig das Vertrauen für mich war. Und dann passierte etwas sehr Hübsches. Nachdem ich mich mit diesem Mann unterhalten hatte, merkte ich, daß ich die Meditation versäumt hatte, und ich sagte: ‚Ach, Scheiße! Jetzt habe ich ausgerechnet das verpaßt, weswegen ich hergekommen bin!' Aber dann überlegte ich: ‚Naja, das ist schon in Ordnung, dann mache ich eben einfach was anderes.' Also blieb ich am Flußufer sitzen. Über mir erhob sich ein riesiger Baum, und ich betrachtete seinen Stamm auf die gleiche Art, wie Du den Uterus in der Meditation beschrieben hast. Er wirkte auf mich ganz unzugänglich und verschlossen, aber dann dachte ich an den jungen Mann und an dieses Quentchen Vertrauen, und diese Verschlossenheit erschien mir gar nicht mehr so unangenehm. Währenddessen hörte ich, wie sich dem Flußufer zwei Kinder näherten, und meine erste Reaktion war: ‚Ach, verdammt, jetzt werde ich gestört!' Aber gleich darauf dachte ich: ‚Halt, stop,

Moment mal. Bis jetzt hat doch alles sehr gut geklappt. Warum soll das jetzt nicht genauso gutgehen?' Diese beiden Kinder kamen also näher, und ich versuchte, in Kontakt mit meinem Uterus zu bleiben, denn ich hatte schon Angst, daß die Kinder ihn blockieren würden. Aber ich wiederholte in Gedanken immer wieder: ‚Zwei wundervolle Kinder, zwei wundervolle Kinder.' Und mein Verstand fing tatsächlich an, sich zu freuen! Ich lachte laut auf, und die Kinder kamen in meine Nähe, um direkt neben mir im Wasser der kleinen Bucht zu spielen, und ich ließ mich fast wie von selbst vom Ufer ins Wasser rutschen - platsch! Und es war so, als würden wir alle drei zusammen in der Gebärmutter sitzen - es war so beruhigend, so besänftigend. Und vielleicht zum ersten Mal in meinem Leben wurde mir klar, daß ich die Mutter ja wirklich nicht brauchte, die von Anfang an nie für mich dagewesen war. *Ich* war die Mutter. Und ich fühlte mich, als hätte ich mich verliebt in etwas - in alles."

CARLA

„Ich bin als Kind sexuell mißbraucht und als Teenager zweimal vergewaltigt worden. Und als wir in diese Meditation hineingingen, glaubte ich, erbrechen zu müssen. Schon als wir die Empfindungen im Kopf und in den Schultern auf uns wirken ließen, konnte ich das kaum aushalten. Es war schrecklich, in diesem Körper zu sein. Aber ich versuchte standhaft zu bleiben, denn ich habe es so satt, mich dermaßen isoliert zu fühlen. Also hörte ich sehr aufmerksam zu und versuchte, der Erfahrung standzuhalten.

Aber als ich tiefer in meinen Rumpf hineinging, überraschte es mich doch, wie wenig Gefühl dort vorhanden war. Es war so eine Art von Erstarrung, bei der es schon gar nicht mehr darauf ankam, ob zu den vielen Wunden, die ich mir schon zugefügt habe, noch weitere dazukommen würden. Und ich konnte erkennen, wie ich durch diese ganze Erstarrung hindurch irgendetwas fühlen wollte. Diese Ebene der Betäubung war einfach entsetzlich! Doch ich konnte wirklich *verstehen*, warum ich immer wieder versucht hatte, mir selbst Wunden zuzufügen. Ich hatte einfach nur versucht, lebendig zu bleiben, Gefühle zu empfinden. Ich war so wütend gewesen, daß mir gar nichts anderes in den Sinn kam. Aber in dieser Meditation war es anders. Ich kann es eigentlich kaum glauben. Mein Schmerz sagte mir, daß es völlig in Ordnung wäre, lebendig zu sein. Er hat mir das wirklich gesagt. Es ist total okay, lebendig zu sein! Ich meine, es ist doch okay, Schmerzen zu haben, oder? Gar kein Zweifel! Es ist okay. Es ist in Ordnung. Ich brauche mich nicht zu verletzen, um meinen Schmerz fühlen zu können. Während meiner Angstzustände spürte ich wirklich einen Moment lang eine Art von Brennen im Bauch. Das hatte ich vorher nie. Aber dann ließ meine Verängstigung nach, und ich betrachtete einfach all die leeren Stellen in meinem Rumpf, und ich hatte auch ein gutes Gefühl dabei. Aber noch mehr Schmerz habe ich mir nicht gewünscht, denn ich hatte ja gesehen, wieviel Schmerz dort schon vorhanden war. Ich empfand wirklich ein wenig Sympathie für diese leidende Person, die ja niemand anders war als ich selbst!

Was passierte dann erst alles, als wir uns allmählich der Gebärmutter näherten - mein Gott, ist da eine Menge passiert! Ich konnte mich selbst tatsächlich fühlen. Das klingt vielleicht blöd, aber es war eine völlig neue Erfahrung für mich. Ich bin unglaublich verschlossen gewesen. Vielleicht habe ich deshalb auch so viele Probleme mit meinen Knien gehabt. Es fällt mir sehr schwer, für mich einen Platz auf der Erde zu finden. Aber in der Gebärmutter habe ich mich gefunden. Ich war wirklich da! Es war sehr aufregend. Aber es gab auch noch viele Stellen, an denen Erstarrung und Gefühllosigkeit herrschten. Er war noch sehr unbeständig, dieser Kontakt, aber es war der intensivste, den ich bisher erlebt habe.

Und dann spürte ich in der Gebärmutter, inmitten der Erstarrung, auf einmal meine Mutter, und anstatt sie zu hassen, konnte ich zum ersten Mal nachvollziehen, wie sich Mütter mißbrauchter Kinder selbst abtöten. Wie sie sich selbst einschläfern und dem Mißbrauch seinen Lauf lassen. Sie belügen sich selbst und investieren eine Menge Energie in die Aufrechterhaltung des Trugbildes vom perfekten, fehlerlosen Erwachsenen. Und das ist eine der Quellen, aus der die selbstzerstörerische Energie herrührte. Ich bemühte mich immer, die Erwachsenen für fehlerfrei zu halten, wobei ich selbst natürlich übel zugerichtet und fehlerbehaftet auf der Strecke blieb. Ich hatte mich selbst abgestumpft, um das Bild irgendwie geradezubiegen, um mich zur Sichtweise meiner Mutter zu zwingen, um den Mißbrauch zu leugnen. All diese toten, stumpfen Flecken zeigten mir, wie sehr ich mich abgetötet hatte. Ich glaube, in bestimmter Weise habe ich meiner Mutter vergeben, denn sie löste sich in einem dieser toten Punkte auf. Sie verschwand in der Betäubung, und meine ganze Gebärmutter fing an zu prickeln. Es fühlte sich an wie eine Empfängnis."

ZENA

„Als Du heute sagtest, daß wir diese Meditation machen würden, dachte ich, daß das recht interessant für mich sein könnte, denn ich habe ja keinen Uterus mehr. Meine ganzen Fortpflanzungsorgane sind vor etwa anderthalb Jahren entfernt worden, weil mein Eierstock von Krebs befallen war. Aber als ich durch den Körper streifte, stellte ich mir vor, daß mein Uterus noch vorhanden sei. Ich dachte mit Freude an seine Bereitschaft, Spermien und Eizellen in sich aufzunehmen - und an die Eileiter, die so beweglich und bereitwillig ihrer Aufgabe harren. Und dann empfand ich Traurigkeit und Kummer, weil ich das alles nicht mehr besaß. Schließlich dachte ich: ‚Oh, das ist jetzt ein schöner Moment, um wieder Samen in mein Herz zu säen.' Und ich sagte zu meiner Gebärmutter: ‚Ach, komm doch nochmal zurück, nur für einen Augenblick. Ein einziges Mal brauche ich Dich noch.' Ich fühlte mich noch einmal richtig in ihre Bereitschaft und Empfänglichkeit ein. Und sie schmiegte sich an mein Herz. Dann konnte ich Abschied von ihr nehmen. Oh, fast hätte ich's vergessen - mit einiger Mühe konnte ich die Eileiter sogar dazu bewegen, meinen Krebs liebevoll anzunehmen. Meine Gebärmutter hat mich verlassen. Aber während der Meditation habe ich ganz bewußt erlebt, was Du den zweiten Raum des Herzens nennst - diese Empfänglichkeit, diese Offenheit für alles. Seltsamerweise war ich nicht einmal zornig auf meinen Krebs. Ich war auf überhaupt nichts zornig. Ich fühlte mich nicht beraubt, ich spürte Dankbarkeit."

ROBERTA

„Ich hatte während der Meditation eine sehr unangenehme Erfahrung. Alles verlief gut, bis ich mich plötzlich an eine zwölf Jahre zurückliegende Entbindung erinnerte. Ich war im zehnten Monat, und der Arzt wußte, daß ich unter großen Belastungen stand. Dann setzten meine Wehen aus, und ich bekam große Angst. Er sagte, daß ich mich ‚nicht so anstellen' solle, und behandelte mich sehr grob. Es war der reinste Horrorfilm. Und diese ganze Wut kam in der Meditation in mir hoch. Dieser Haß, den ich auf diesen Arzt hatte, weil seine Pfuscherei mein Kind und mich fast umgebracht hätte und dazu führte, daß ich später alle möglichen Probleme mit meinem Uterus bekam. All diesen Zorn auf ihn konnte ich in der Meditation spüren. Es war wirklich erschreckend, welche Wut in meinem Uterus aufgespeichert war. Und dann erinnerte ich mich an einen anderen Arzt, der mich einmal vergewaltigt hat. Ich regierte total hysterisch und so, führte mich wie wild auf, und er sagte bloß: ‚Ach, beruhigen Sie sich schon, es kommt ja nur Fleisch zu Fleisch, Sie sind ja keine Jungfrau mehr, Sie hatten schon Kinder, Sie wissen doch, was los ist.' Und dieser ganze Haß saß dort in meiner Gebärmutter. All dieser Haß, den ich immer auf die Männer hatte.

Was ich aber während der Meditation fühlte, war meine fürchterliche Wut auf diese ganzen Ärzte, die roh und gefühllos gewesen waren, die mich mißbraucht hatten, und auf all die anderen Ärzte, die einfach vergessen hatten, daß ich ein menschliches Wesen bin. Und ich muß sagen, daß etwas sehr Seltsames passierte. Inmitten all dieses Hasses zerplatzte etwas in mir. Etwas in mir fing an zu lachen und in die Hände zu klatschen, und mir wurde klar, daß ich nicht etwa die Männer hasse - ich hasse Ärzte! Das mag irgendwie bizarr klingen, aber mich hat es sehr befreit. Jedenfalls ist es ein neuer Anfang für mich."

DON

„Ich habe während dieser Meditation eine ganze Menge erlebt. Hauptsächlich kann ich sagen, daß ich meine Gebärmutter, daß ich meine Offenheit fühle - aber mißbraucht fühle ich mich auch. Viele Frauen betrachten meinen Penis, als wäre er ein Instrument der Zerstörung. Raketengeschosse, Gewehrpatronen, Schwerter - all diese Waffen haben seine Form angenommen. Ich bin dieses Körperteils einfach überdrüssig, das tiefe Zärtlichkeit auszudrücken vermag und dennoch als Waffe, als Zerstörer angesehen wird und nicht als Liebhaber. Nachdem wir in diesen Tagen so viel über den Mißbrauch von Frauen gesprochen haben und mir klar geworden ist, welche Qualen sie infolge einer derart herzlosen Behandlung erleiden mußten, kann ich ihnen solche Gefühle wirklich nicht übelnehmen. Aber ich bin schließlich auch ein Mensch. Ich bin unglaublich wütend auf alle, die Menschen mißbraucht haben, die ich liebe - die aber meine Liebe wegen solcher Erfahrungen nicht erwidern können. Ich hasse diese Schänder."

VALERIE

„Heute hat mir jemand enorm dabei geholfen, eine Bestätigung für die Erfahrungen in meinem Körper zu bekommen und einfach aus der Debatte auszusteigen, die ständig in meinem Kopf abläuft. Während wir uns selbst so liebevoll erforschten, hörte ich damit auf, mir vorzuwerfen, daß ich mich so hilflos fühle, weil ich mißbraucht wurde. Diese Hilflosigkeit einfach akzeptieren zu können, war eine große Erleichterung für mich, und ich habe den Versuch aufgegeben, all diese Sachen aus der Vergangenheit immer wieder zu durchleben und dann wieder zu verdrängen und mit allem irgendwie klarzukommen. Ich akzeptiere einfach den herzzerreißenden Schmerz, den ich immer wieder fühle. Etwas in mir hat darauf verzichtet, sich schuldig und in alles verstrickt zu fühlen. Die Situation mit meinem Vater ist hoffnungslos. Er trinkt zwar nicht mehr, aber er hat vieles von dem vergessen, was er mir angetan hat, und so bleibt die Verantwortung für all den Zorn, den ich immer gespürt habe, an mir hängen. Niemand will seine Schuld eingestehen, und das ist fast so, als hätte ich das alles selbst zu verantworten. Aber ich bin nicht schuld daran. Niemand trägt die Schuld daran - es gibt gar keine Schuld. Es ist verteufelt schwer, die Schuld hinter sich zu lassen und weiterzugehen. Aber jetzt hier zu sein, und sei es auch nur für eine Minute, tut unheimlich gut.

Wenn ich den Frieden und den Freiraum, den ich jetzt in mir fühle, überhaupt schon jemals empfunden habe, dann muß das sehr lange her sein. Jetzt hat sich anscheinend in mir eine winzige Knospe des Mitgefühls den Leuten gegenüber geöffnet, die mich mißbraucht haben, weil mir ganz plötzlich klar geworden ist, daß sie ja überhaupt keine Ahnung, überhaupt keinen Begriff von der Liebe haben konnten. Es ist wie in der Zeile aus dem Gedicht von diesem vietnamesischen Mönch Thich Nhat Hanh, das Du uns vorgelesen hast und das von Seeräubern handelt, die so viele unschuldige Menschen umbrachten. Für ihn waren sie ‚Herzen, die noch blind für die Liebe sind'. Ich glaube, darin besteht auch die Vergebung, die ich für all diese Menschen und bei diesem ganzen Thema empfinde - nämlich zu erkennen, wie blind ihr Herz gewesen sein muß, um so viel Leid zu hervorzurufen. Diese Erkenntnis läßt mich zu mir selbst zurückfinden, und jetzt kann ich mir selbst die Liebe schenken, von der ich weiß, daß sie ihnen fehlte."

ELISABETH

„Nach der Meditation war mir einfach ein wenig nach Stille zumute, deshalb habe ich einen Spaziergang im Wald gemacht. Ich fühlte so etwas wie Sanftheit und Ruhe in mir, und das war ein ganz neues Gefühl für mich. Es war wunderschön in diesem Wald, in dem so viele Vögel sangen. Dann machte der Pfad eine Biegung, und ich stand direkt vor einer riesigen Goldkiefer. Sie sah so schön aus, und ich betrachtete sie, aber auf einmal sah ich sie wirklich! Ich *sah* einfach den Baum. Ich glaube, ich habe vorher noch nie einen Baum gesehen. Es stimmt, mein Leben ist eigentlich immer nur eine ‚verspätete Reflexion' gewesen - aber in diesem Moment war ich da, und auch der Baum war da. Und ich wurde an die Frau erinnert, die sich an den Frühstückstisch setzte und einfach nur die Wand sah. Als Du diese Geschichte erzählt hast, war mir nicht ganz klar, was Du meintest. Ich weiß nicht, wie ich das ausdrücken soll. Aber ich weiß, wenn ich nach Hause gehe und meinen Mann so sehen kann wie ich diesen Baum gesehen habe, dann wird sich eine Menge ändern. Er ist sehr verständnisvoll gewesen, auch wenn ich ihm gegenüber immer ein wenig frostig war. Vielleicht werde ich imstande sein, ihn ohne diese ganzen Ängste zu sehen, die seine ‚Männlichkeit' stets in mir ausgelöst hat. Ich bin zwar als Kind nicht sexuell mißbraucht worden, aber ich fürchte mich trotzdem vor der Macht, die Männer über Frauen haben. Ich glaube, da ist etwas in mir, das über all die Jahre Angst davor hatte, ans Licht zu kommen. Nie im Leben hätte ich geglaubt, daß diese Meditation irgendetwas mit diesen Dingen zu tun haben könnte. Aber ich glaube, daß sie uns dabei helfen kann, zuhause ein wenig glücklicher zu leben."

MARNIE

„Mich hat diese Meditation wirklich überrascht. Ich dachte, ich würde in der Gebärmutter eine Menge Dunkelheit und Leblosigkeit vorfinden. Aber stattdessen war sie nur von Licht erfüllt. Sie war so gastfreundlich. Ich konnte es kaum glauben, wie einfach es war, mir selbst in einem solchen Mitgefühl zu begegnen und nur Vergebung in meiner Gebärmutter zu fühlen. Und ich konnte wirklich die Verbindung zwischen diesen Herzen spüren. Da war so viel Licht in meinem tieferen Herzen, in meiner Gebärmutter, und dieses Licht schien überallhin auszustrahlen. Ich glaube, das hat mich bewegt, mir selbst zu vergeben. Als wir in der Vergebungs-Meditation an die Stelle kamen, wo man Vergebung auf sich selbst ausstrahlt, da ist mir das sehr schwer gefallen. Aber in der Mutterschoß-Meditation war ich ganz präsent, so ähnlich wie Elisabeth, als sie den Baum gesehen hat. Ich sah *mich*. Ich war einfach da. Ich war die Vergebung. Ich mußte mich nicht anstrengen oder irgendetwas machen. Ich habe einfach nicht glauben können, daß die Gebärmutter und das Herz eins sind. Das ist eine wunderschöne Meditation, und ich kann es kaum erwarten, nach Hause zu kommen und sie mit meinem Mann zu teilen. Wir hatten daran gedacht, ein Kind zu haben, aber irgendetwas in mir hat sich dagegen gesträubt. Mir war unwohl bei dem Gedanken, in dieser verrückten Welt ein Kind beschützen und aufziehen zu müssen. Aber ich habe mehr Vertrauen in mir als ich dachte. Sogar meine

Angst geht nicht so tief, wie ich es mir vorgestellt habe. Ich kann es noch gar nicht fassen, aber ich werde eine Mutter sein. Es ist so, wie Ondrea sagt: ‚Nichts ist zu schön, um wahr zu sein!' Für Euch mag das gar nicht so bedeutungsvoll klingen, aber für mich ist es eine ganz neue Welt. Fast hätte ich gesagt: ‚Gottverdammt, ich werde eine Mutter sein!' Aber meine Gebärmutter sagte: ‚Nein, nein, das ist Gottes Segen, Gottes Segen!'"

Nach der Meditation nahm uns eine Frau beiseite, um uns von ihrer Erfahrung zu erzählen. „Ich habe vor lauter Energie richtig gezittert. In mir ist eine Menge freigesetzt worden, und ich war ganz in Tränen aufgelöst. Irgendjemand näherte sich mir von hinten, legte den Arm um mich und wollte mich hin- und herwiegen, aber mir war überhaupt nicht danach. Ich geriet unter einen immensen Druck und merkte, wie ich innerlich dicht machte. Es war ein altbekanntes Gefühl. Ich hatte kein Vertrauen. Ich hatte kein gutes Gefühl dabei." Offenbar war sie mit Mitleid statt mit Liebe berührt worden, und das hatte sie eingeschüchtert. Der sich nähernden Person war es wahrscheinlich darum gegangen, den Zustand dieser Frau zu ändern. Vielleicht hatte sie sich ihren Tränen mit Angst genähert statt mit Liebe, mit einem Bedürfnis statt mit einem Segen - vielleicht hatte sie reagiert, anstatt zu antworten. Weil sie ihrem eigenen Schmerz nicht traute, konnte sie auch dem des anderen nicht vertrauen.

Jede mentale Verletzung, ob sie nun von sexuellem Mißbrauch herrührt oder im Rassismus wurzelt, muß letztlich Mißtrauen hervorrufen. Deshalb ist es von größter Wichtigkeit, daß Therapeuten, die Menschen mit solchen inneren Wunden helfen möchten, sich von der „Heiler'schen Krankheit" freimachen - dem Bedürfnis, den Zustand des anderen zu verändern, um die eigenen Gefühle der Hilflosigkeit und Unwürdigkeit zu überdecken. Wenn wir uns über die Intention klar werden, die hinter unserer Berührung steht, schalten wir den „Kniesehnenreflex" aus, der aus dem Leid sofort eine Notlage macht. Hier zeigt sich deutlich die Bedeutung jener Arbeit an uns selbst, bei der wir lernen, voller Liebe zu berühren, wovor wir einst furchtsam zurückgewichen sind. Wir erkennen wieder einmal, daß die Arbeit an uns selbst für alle von Nutzen ist. Statt den anderen unter Druck zu setzen, bieten wir ihm Liebe dar.

Menschen, die sexuell mißbraucht worden sind, reagieren extrem sensibel auf körperliche Berührung. Gerade sie schüchtert es ein, unter Druck gesetzt zu werden, denn dies haben sie auch bei der Person erlebt, die sie vergewaltigt, mißbraucht oder gepeinigt hat. Und niemand sonst registriert so feinfühlig den Unterschied zwischen einer liebevollen Berührung und einem Körperkontakt, der das Mitleid jemandem gegenüber spüren läßt, der seelisch oder körperlich mißbraucht worden ist.

Auch dieser Prozeß führt uns vor Augen, daß wir heilen können, wenn wir keine Distanz zwischen dem Herzen und dem Ungeheilten aufbauen. Im Zustand der Selbstvergebung und der liebevollen Bewußtheit vereinen sich Gebärmutter und Herz. Wie auch der rationale Geist im Herzen versinkt, wenn unsere Trauer Heilung findet, so ist das Eintauchen des Herzens in den Körper ein Bestandteil unserer geistigen Heilung.

Rumi sagt:

Wir sind der Spiegel und auch das Gesicht, das er uns zeigt.
Wir schmecken den Geschmack in diesem Augenblick der Ewigkeit.
Wir sind der Schmerz und jenes, was den Schmerz kuriert.
Wir sind das süße, kalte Wasser und der Krug, aus dem es fließt.

MEDITATION DER ÖFFNUNG DES MUTTERSCHOSS-HERZENS

(Man kann sie einem Partner langsam vorlesen und auch allein mit ihr arbeiten.)

Suche Dir in einem ruhigen Zimmer eine Stelle, wo Du bequem sitzen kannst, und erfühle Deinen Körper mehr und mehr in sanfter Bewußtheit.

Du beginnst am Scheitelpunkt des Kopfes. Gib einem mitfühlenden Gewahrsein Raum, das die entstehenden Empfindungen ganz ruhig wahrnimmt - die Weichheit der Kopfhaut gegenüber dem Schädeldach, die Rundung der Stirn. Löse alle Spannungen, die um die Augen zu spüren sind, und laß dieses sanfte Gewahrsein langsam durch das Gesicht wandern. Nimm das weiche Fleisch der Wangen wahr, das Kribbeln an der Nasenspitze, die Wärme der Ohren an den Seiten des Kopfes. Fühle, wie sich die Muskeln des Kiefers entspannen und sich dem Leben voller Erbarmen und Güte öffnen. Fühle die Zunge, die ganz ruhig in der Mundhöhle liegt. Das Gewicht des Kopfes, das von den willigen Muskeln des Nackens perfekt im Gleichgewicht gehalten wird.

Gestatte es dem Gewahrsein, die mannigfaltigen Empfindungen in sich aufzunehmen, die in den verschiedenen Bereichen des Kopfes und des Gesichtes entstehen, bevor es weiter in die Kehle und in den Hals hinunterwandert.

Spüre, wie sich die langen Muskeln, die von der Schädelbasis ausgehen, bis in die Schultern hinein entspannen und den Kopf sanft auf dem Halse wiegen.

Fühle in der Dunkelheit der Kehle, wie all das, was nie ausgesprochen, was so oft hinuntergeschluckt wurde, von tiefer Bejahung und Güte berührt wird. Die Spannung des Ungeliebten löst sich in Erbarmen und Fürsorge auf.

Die Empfindungen fließen in einem sanften und beruhigenden Gewahrsein dahin, das den Körper als Wesenheit des Lebens erfährt, die vor Lebendigkeit pulsiert und vibriert.

Fühle, wie die Arme, die sich an den Oberkörper schmiegen, von den Schultern getragen werden. Spüre die Stärke der Schultern, ihre Muskulatur, ihre Knochen und ihre Sehnen, die ihre erstaunliche Flexibilität so mühelos entfalten.

Fühle, wie sich dieses Wunder des Lebens in die Arme hinein ausbreitet und die Handflächen erfüllt - wie die Vibration noch in den einzelnen Fingerspitzen wahrzunehmen ist.

Fühle, wie das Leben die Muskeln, das Körpergewebe und das Fleisch der Schultern beseelt - wie es sich durch die Arme hindurch bis in die Hände ausbreitet.

Fühle, wie sich die Gabe der Bewegung und des Helfens in der Fähigkeit der Hände offenbart, sich auszustrecken und zu

berühren, Wunden zu verbinden und zu liebkosen. Fühle, wie die Lebendigkeit der Hände die beiden Handflächen elektrisiert.
Nimm wahr, wie geborgen der Körper zwischen den Armen ruht.
Fühle, wie sich die Brust bei jedem Atemzug ganz natürlich hebt und senkt - wie der Atem voller Vertrauen aus sich selbst heraus atmet, wie ein Atemzug ganz mühelos auf den anderen folgt. Fühle, wie das Herz im Innern schlägt, wie jeder Atemzug die Lungen sachte weitet.
Sei der Empfindungen im Bereich des Schmerzpunktes, des Berührungspunktes mit dem Herzen gewahr. Löse alle Verklammerung, die dort bestehen mag. Laß die Empfindungen in einer neuen Gnade, in einer tieferen Güte für Dich selbst dahinfließen.
Wo auch immer das Gewahrsein eintritt, ist Leben zu finden. Fühle die wechselnde Dichte der verschiedenen Körperbereiche. Spüre ihre Wärme oder Kühle. Fühle, wie jeder Druck der Befreiung weicht, wenn das Gewahrsein den Körper öffnet. Wohin das Gewahrsein auch gelenkt wird, überall breitet sich Heilung aus.
Gestatte es diesem sanften Gewahrsein jetzt, in den Rücken zu wandern. Beginne am obersten Punkt der Wirbelsäule, wo sich der Nacken verbreitert, um die Rückseite der Schultern zu bilden, und laß diese heilende Bewußtheit jeden einzelnen Rückenwirbel in liebevoller Güte umfangen, während es sachte vom ersten bis zum letzten Wirbel durch den ganzen Rücken nach unten wandert.
Das Wunder der Wirbelsäule, die von den flachen Muskeln im oberen Rücken so perfekt getragen wird, erstreckt sich bis in die langen, seitlichen Muskeln des unteren Rückens. Spüre das Körpergewebe, das Fleisch und den sicheren Halt, den der Rücken erfährt.
Laß Deine Aufmerksamkeit sanft zur Basis der Wirbelsäule im unteren Teil des Rumpfes wandern.

Nimm einfach voller Mitgefühl und Bewußtheit wahr, welche Empfindungen, Gedanken oder Emotionen sich bemerkbar machen, während Du dich dem Unterkörper näherst.
Richte die Aufmerksamkeit jetzt wieder auf den Bereich der Brust und wandere sanft an der Vorderseite des Körpers hinunter. Werde der Rippen gewahr, die sich wie ein schützender Baldachin über die weiche Offenheit des Magens und des Bauches breiten.
Laß den Bauch ganz weich werden, damit er die Heilung in sich aufnehmen kann. Im weichen Bauch ist für alles Raum. Im weichen Bauch beginnt der Weg zur Vollendung.
Fühle, wie der Atem im weichen Bauch aus sich selbst heraus atmet. Fühle, wie sich die Muskeln bei jedem Atemzug ganz von selbst heben und senken. Da ist nur das weiche, natürliche Atmen des Bauches - das Leben, das auf dem Weg zu seiner Heilung ist.
Wandere weiter durch den Raum des Beckens und nimm wahr, welche Spannungen oder Gedanken sich bemerkbar machen. Erfühle diesen ganzen Bereich sanft und erbarmungsvoll. Übe keinen Druck aus, sondern laß die Empfindungen aus sich heraus ganz sacht in Erscheinung treten. Der Bauch ist entspannt, die Hüften sind entspannt, das Gesäß ist entspannt.
Laß das Gewahrsein in Ruhe weiterwandern und nimm mit dem ganzen Körper die Empfindungen in den Oberschenkeln, in den Knien und Füßen wahr. Sanft bewegt sich das Gewahrsein durch die Genitalien und wandert allmählich weiter durch die Oberschenkel und Waden, bis es die Fußsohlen erreicht.
Fühle die Kraft und Ausdauer der Beine und der Knie, der Fußknöchel und der Füße. Fühle ihre Bewegungsfähigkeit. Fühle die Kostbarkeit jedes einzelnen Schrittes, zu dem sie Dir verhelfen.
Spüre das Prickeln und Vibrieren im ganzen Unterkörper. Empfinde die Beine von den Füßen über die Knie bis zu den

Hüften hinauf als Lebensenergie, als im Körper präsentes Sein.
Fühle an den Unterseiten der Füße, wie sie in der Erde wurzeln, wie vertrauensvoll sie in ihr gründen.
Laß das Gewahrsein nach und nach die Beine erfüllen, indem es von den Fußsohlen an langsam bis in die Oberschenkel emporsteigt.
Zentriere das Gewahrsein allmählich in den Innenseiten der Oberschenkel. Erfühle den Bereich zwischen den Knien, den Raum zwischen ihnen, das Prickeln von Haut und Muskeln.
Fühle den Zwischenraum der Oberschenkel, wo sie am Körper enden.
Laß Deine Aufmerksamkeit bis in den Raum zwischen den Schenkeln emporsteigen, wo sich die Beine begegnen. Erspüre den Raum zwischen ihnen, wo sie sich mit dem unteren Teil des Rumpfes verbinden.
Ganz sanft.
Bewege Dich ganz sanft auf den Bereich zwischen den Beinen zu.
Nimm einfach liebevoll wahr, welche Empfindungen dort hervorgerufen werden.
Gestatte es dieser stillen Bewußtheit, der Empfindungen an den Schamlippen mitfühlend und zärtlich gewahr zu werden.
Befreie Dich von jedem Zeitgefühl, von allem Druck. Stelle es dem Gewahrsein frei, sich ganz von selbst zu zentrieren, um den Eingang in den Körper barmherzig zu erforschen.
Fühle den gekräuselten, fleischigen Saum, der diesen zarten Eingang des Körpers schützt.
Laß es einfach geschehen, daß sich das Gewahrsein an dieser Öffnung des Körpers zentriert.
Voller Gnade.
Bewege Dich sanft durch die Schatten und das Licht in den Raum der Vulva hinein.
Empfinde ihre Muskeln, ihre empfangende Natur.
Ihre zartfühlende Natur.

Ihre Bereitschaft, in diesem heiligen Körper aufzugehen, den wir alle miteinander teilen.
Laß das Licht, laß das Mitgefühl ganz sanft den Weg in die Vagina finden.
In die Feuchte dieser gnadenvolle Pforte.
Sehr sanft berührt es die zarten Faltungen, die feinen Muskeln der Scheide.
Laß das Gewahrsein ganz gelöst und entspannt das Leben erfahren, welches Einlaß in den Körper findet.
Laß das Mitgefühl an den Empfindungen in der Scheide teilhaben.
Bewege Dich zärtlich in den Muttermund und in die zervikalen Muskeln hinein. Weich und entspannt empfängt das Gewebe dieses süße Herz, das sich in die Wölbung der Gebärmutter hinein weitet.
Die Höhle des Lebens.
Fühle ihre Weite, ihre Offenheit. Ihre Vertrautheit.
Werde nun allmählich des Erbarmens und der Liebe inne, mit dem das Gewahrsein den Mutterschoß erfüllt - es ist die Liebe für Dich selbst, für dieses zarte Herz.
Erfülle Deine Gebärmutter mehr und mehr mit dem Licht Deines Mitgefühls mit Dir selbst.
Das Herz des Mutterschoßes öffnet sich, um sich seiner eigenen Natur zu erinnern, um in sich selbst seine Heimat zu finden, um Raum für Dich zu schaffen.
Laß das milde Licht dieses Herzens in der Gebärmutter erstrahlen.
Öffne den Mutterschoß des Erbarmens, der Vergebung, des Mitgefühls mit Dir selbst.
Die Gebärmutter entspannt sich. Sie öffnet sich.
Endlich darf sie in Dir leben. In Deiner liebevollen Güte, in Deinem sanften, heilenden Mitempfinden.
Erfühle die Eileiter, die sich wie Äste an diesem Baum des Lebens verzweigen, erspüre den kräftigen Stamm der Vagina, der sich durch den Muttermund zur weiten Kuppel des

Uterus öffnet und seine Äste wie Arme ausbreitet, die zueinander streben.
Fühle, wie sich die liebevolle Güte allmählich in der Gebärmutter verbreitet und sie mit heilender Gnade und Sanftheit erfüllt. Langsam und stetig steigt das Leben in die Äste des Baumes empor, die der Essenz des Lebens zu allen Zeiten als Pforte dienten.
Laß das Licht des Mutterschoßes weiter und weiter in die beiden Eileiterkanäle hineinstrahlen.
Erfühle die federige Zartheit, wo sich die Trichter der Eileiter wie Blütenblätter weiten und den Eierstöcken entgegenwachsen, die als samengefüllte Früchte an den Enden der Zweige schimmern.
Laß dieses Herz im Licht seines eigenen Erbarmens erstrahlen. Laß es in seiner eigenen Güte Heilung finden, laß es von seinen eigenen Armen umfangen sein und zu seiner eigenen Erfüllung, seiner eigenen Vollendung gelangen.
Fühle, wie das warme, goldene Licht den Mutterschoß erfüllt, wie es die Äste des Lebensbaums durchstrahlt, wie es in den Eierstöcken erglänzt und in den inneren Samen funkelt.
Die gesamte Gebärmutter, der ganze Baum des Lebens ist von Licht erfüllt. Endlich ist er erfüllt von Gnade - von zärtlichem Mitgefühl.
Von zärtlicher Fürsorge.
Der Mutterschoß ist beseelt von der Liebe zu sich selbst - und zu allen fühlenden Wesen.
Laß das Herz mit dem Mutterschoß verschmelzen, laß das Herz tief in die Gebärmutter eintauchen. Das höhere Herz und das tiefere Herz bilden gemeinsam einen einzigen, schimmernden Stern des Seins, der Güte, der Vollendung.
Laß es geschehen. Laß es zu.
Laß Deine Herzen verschmelzen.
Laß das Herz im Mutterschoß versinken. Laß es sich selbst in völliger Ganzheit erfahren - in tiefer Gnade, in inniger Freude.

Laß das Licht in Dir strahlen.
Mögen wir frei von einer Vergangenheit der Schmerzen und Unsicherheiten sein.
Mögen wir alle unseren Mutterschoß, unser Herz in ihrem eigenen, natürlichen Licht erschauen.
Mögen wir unsere eigene Vollkommenheit erkennen.
Mögen wir Frieden finden.
Mögen alle Wesen frei sein von Leid.
Mögen alle Wesen die Freude, die Heilung ihres wahren, leuchtenden Wesens erkennen. Mögen wir uns alle in der Gnade, in der Friedfertigkeit, im Mitgefühl begegnen.
Mögen wir Heilung finden. Mögen wir Frieden erfahren.
Mögen alle Wesen frei sein.
Mögen wir alle frei sein.

GÖNNE DIR EINIGE RUHIGE ATEMZÜGE,
BEVOR WIR VON EINER EBENE
ZUR NÄCHSTEN WECHSELN.
WIE AUCH IM WACHSEN ODER STERBEN
MÜSSEN WIR AN DER GRENZE
LOSLASSEN,
UM WEITERZUKOMMEN.
VERTRAUE DEM PROZESS.
LASS UNBEKÜMMERT LOS
UND WANDERE BESONNEN WEITER.

* * *

KAPITEL 13

Wer ist krank?

Als man mich vor einigen Jahren darum bat, gemeinsam mit einem weithin bekannten Heiler die Leitung eines Workshops zu übernehmen, kam wenige Minuten vor Beginn ein Zeitungsreporter auf mich zu und fragte: „Sind Sie der Heiler? Sind Sie der Mann, der den Leuten beim Sterben hilft?“ Und ich hörte mich antworten: „Das weiß ich nicht.“

Seine Frage hätte eigentlich ebenso gut lauten können: „Soll ich mich weiter um eine Heilung bemühen oder dem Tod überlassen?“ Beide Fragen wurzeln in der Trennung von Leben und Tod, in der Verwirrung, die uns nur vordergründig nach Heilung suchen läßt und unser Leben so einseitig macht. Sie gehen von der Voraussetzung aus, daß der Tod den Gegensatz zum Leben darstellt. Sie münden in die Frage: „Soll ich leben, oder soll ich sterben?“ Aber der Tod ist nichts anderes als ein Einzelereignis innerhalb des gewaltigen Entfaltungsprozesses des Lebens. Es geht nicht um das Leben *oder* den Tod, um Heilung *oder* Sterben, sondern einfach um das Leben, das den Tod in sich einschließt, und um die Heilung, die nichts ausschließt. Es geht darum, unseren Tod zu leben und unser Sterben zu heilen.

Nach dem Workshop gingen Ondrea und ich der Frage des Journalisten auf den Grund. Wir kamen zu dem Schluß, daß sie in mancher Hinsicht ebensowenig zu beantworten und von der gleichen natürlichen Klarheit sei wie ein Zen-Koan.*

Als wir über die Frage des Reporters nachdachten, war von vornherein klar, daß es weder bei unserer unmittelbaren Arbeit noch bei der Arbeit an diesem Buch darum geht, ein „bewußt Sterbender" oder ein „ganzheitlicher Heiler" zu sein, sondern daß wir uns als Pilger zusammengefunden haben, um uns auf dem Weg zur Wahrheit vorwärts zu tasten - um den Körper ununterbrochen im Geist zu erschaffen und den Geist fortwährend im Körper zu reflektieren. Vor dem weiträumigen Hintergrund des Gewahrseins, des sich öffenenden Herzens und der Unbeständigkeit des Augenblicks zeichnet sich dies nur allzu klar und deutlich ab.

Alle Beglaubigungen und Referenzen erweisen sich auf diesem Pilgerpfad als überflüssiges Gepäck, das keinerlei Befriedigung verschafft, uns dafür aber durch sein Gewicht ermüden läßt. Alle nur denkbaren Identifikationen - selbst jene, die uns in die Rolle des „Sterbenden" oder des „Heilenden" versetzen - geben sich als leere Schablonen, als weitere Konzepte und Träume zu erkennen, in denen sich nur das Separationsstreben des Geistes äußert und die Identität bemerkbar macht, die dem Leid eine willkommene Angriffsfläche bietet. Wer ein wenig anders, wer etwas Besonderes sein möchte, nun ja, der leidet auch auf seine besondere Weise. Mag sich dieses Anderssein, diese Besonderheit nun in Angst oder Stolz, in Ekstase oder Verblendung, in Ungewißheit oder Verwir-

*Ein Koan ist ein unergründliches Rätsel, ein kontemplativer Einfall, der in der Zen-Tradition eingesetzt wird, um den rationalen Geist zu leeren und das Herz zu läutern. Eines der bekanntesten Koans lautet: „Was ist der Ton der einen Hand?" Ein Freund schnippte daraufhin in einer Geste der Erheiterung mit den Fingern, als wolle er ausrufen: „Heureka!" Koans sind keine Fragen, sondern Provokationen, die uns zur Erkenntnis unserer wahren Identität verhelfen sollen. Das größte Koan, so sagt man, lautet: „Wer bin ich?" Weil es auf keiner rationalen Ebene zu beantworten ist, zwingt es uns, den Tod und ähnliche geistige Konzepte hinter uns zu lassen und jenseits allen Begreifens in der Unsterblichkeit des Seins aufzugehen. Wenn man die Frage „Soll ich leben, oder soll ich sterben?" als Koan versteht, ist sie keine Frage mehr, sondern ein Aufruf zum Erwachen, ein geheimes Kennwort zum Öffnen der Tür des Augenblicks - eine Mahnung, in unser Leben hineinzusterben und aus unserem Tod „herauszuleben". „Sein oder Nichtsein?" ist das Rätsel, das uns der Zolleinnehmer aufgibt, wenn er von uns verlangt, unser Leid loszulassen, sofern wir über die Brücke zum anderen Ufer gelangen wollen.

rung manifestieren - je mehr wir meinen, daß diese Merkmale unser ganzes Wesen bestimmen, desto stärker ist der Weg zur Heilung blockiert, desto schwieriger wird es, in die Universalität zu finden. Im engen Kerker des rationalen Geistes bietet unser kleiner Körper nicht viel Raum.

Und so erhebt sich bereits wieder eine neue Frage: „Was hält uns in diesem Augenblick davon ab, die Richtung auszumachen, in die unsere natürliche Heilung läuft?“ Und sofort raunt unser Herz uns zu, daß es die trügerische Identifikation mit dem Körper ist, die uns so klein macht - die gleiche enge Identifikation, an der wir geistig-körperlich haften, wenn wir sagen: „Dieser Schmerz, das bin ich.“ Es ist der Gedanke an *meinen* Körper, an *meinen* Schmerz, für den die Krankheit oder Verletzung eine persönliche Niederlage bedeutet. Wenn das Gewahrsein aber erkennt, daß es sich um *den* Schmerz in *einem* Körper handelt, scheint sich der Raum für die Heilung im Größeren Körper, im Größeren Geist zu öffnen. Dann verschwinden die Ecken und Kanten unserer alten Identifikationen mit Schmerz und Krankheit, und die innere Weite und Balance, aus der Geist und Körper heilende Kräfte schöpfen, kann leichter zur Entfaltung kommen.

Von diesen Erfahrungen können all jene sprechen, die allmählich erkennen, daß es „meine Gedanken, meinen Zorn, meine Angst, meine Gesundheitsprobleme“ gar nicht gibt. Sie betrachten diese ganzen alten Blockaden und Hindernisse auf dem Heilungsweg mehr und mehr als *„die* Gedanken, *den* Zorn, *die* Gesundheitsprobleme“. Sie sind nicht mehr darauf fixiert, ihr Leid als etwas Persönliches aufzufassen. Und indem sie nicht mehr von *meinen*, sondern von *den* Gedanken ausgehen, kommen sie mit allem weitaus besser zurecht. Geist und Körper verwandeln sich von einer Gefängniszelle in einen Unterrichtsraum.

Vielleicht kann uns ein solches Forschen sogar manchmal offenbaren, daß dieser Körper, der uns mit seinem Krebs, seinem Schmerz oder Ungleichgewicht zu schaffen macht, in Wirklichkeit nur eine Wohnung ist, in die wir uns vorübergehend eingemietet haben. Weil wir den Körper als verdichteten Geist erkennen, beobachten wir den Geist, um den Körper zu erschließen. Genauer ausgedrückt befreien wir uns von der Identifikation mit dem Körper als unserem gesamten Sein. Wir lassen den Tod, ja sogar die

Geburt hinter uns zurück, um die unfaßbare Essenz des Seins zu erfassen, deren Summen uns aus dem Herzen des Lebens entgegenklingt und als Musik der Sphären in jeder Zelle schwingt. Wir lassen die flüchtigen Fixierungen in Geist und Körper still an uns vorüberziehen, um schließlich zu erkennen, daß wir, mit den Worten eines Freundes, „die Schöpfung in ihrer unaufhörlichen Entfaltung" sind.

Gehen wir dem Wesen der unablässigen Identifikation des Geistes mit den körperlichen Erfahrungen und gedanklichen Inhalten auf den Grund, erleben wir genau den Moment, in dem sich das Dasein selbst offenbart. Wir werden der Weiträumigkeit gewahr, in der sich all diese Formen des Denkens und Empfindens entwikkeln. Wir treten in Berührung mit dem „Ur-Vertrauen", mit dem „Ewig-Offenen". Wenn wir über alle Begriffe hinausgehen und diesem weiten Raum, dieser Quelle aller Weisheit vertrauen, verlieren sich sämtliche Grenzen im allumfassenden Sein. Es ist die Stille, in der alles Handeln dahinfließt, die Formlosigkeit, die alle Form bestimmt.

Wenn wir uns von allem lösen, was die Heilung blockiert, existiert nur noch die Heilung, nur noch unser essentielles Wesen. Heiler oder Heilerinnen sind wir alle, auch wenn dies letzlich von der Frage unseres Vertrauens abhängt. Loslassen heißt nichts anderes als Zulassen, und nur wenige bringen hierbei genügend Vertrauen auf.

Viele Menschen, die sich sich dem Herzen der Heilung körperlich und geistig hingaben, entwickelten nach und nach ein neues Selbstverständnis. Die Gleichsetzung mit dem Körper und so auch mit der Krankheit, dem Schmerz und dem Ungeheilten schwächte sich zunehmend ab. Ihre Verklammerung an Gedanken und Emotionen löste sich, und damit veränderte sich auch ihre Beziehung zu Angst und Tod. Sie ließen sich nicht mehr von dem Gefühl leiten, jemand zu sein, etwas zu verlieren oder in irgendeiner Weise zu scheitern. Sie litten nicht mehr an der Krankheit eingebildeter Besonderheit und Isolation, die sich eisern an die eigenen Fesseln klammert. Sie speicherten keine Trauer, keine Enttäuschung, kein Gefühl einer verlorenen Verbindung zum Lebensquell mehr in sich auf. Und so näherten sie sich mehr und mehr der Heilung, die nie weiter von uns entfernt ist als der nächste Atemzug - ja, die sogar schon in diesem einen Atemzug zu finden ist.

Muß mich nicht meine eigene Identifikation mit diesem Geist, mit diesem Körper dazu verleiten, auch Dich als Gefangenen dieses Geistes, dieses Körpers zu sehen? Könnten wir uns unter dieser Voraussetzung jemals im gemeinsamen Herzen der Heilung begegnen? Könnten wir uns jemals in der universalen Heilung versinken lassen, die uns erwartet? Diese Heilung verlangt nicht von uns, etwas Neues hervorzubringen oder gar einen neuen Körper, einen anderen Geist zu erschaffen. Wir müssen nur das entdecken, was bereits besteht. Dann erkennen wir, daß uns das Gewahrsein selbst in jenes Gleichgewicht bringt, das wir Heilung nennen. Und in der Tiefe dieser Heilung wächst uns auch die Weisheit zu. Wir erkennen, daß wir Zugang zu dieser Heilung haben, sobald wir uns nicht mehr ausschließlich mit dem Körper, mit dem rationalen Geist oder irgendeinem anderen isolierten Aspekt identifizieren, sondern uns von allen Vorstellungen lösen, in denen sich unser Selbstbild und unsere Krankheit fixiert hat. Wenn wir in unserer Krankheit keinen Fluch mehr sehen, sondern eine Lehrerin, dann lernen wir, uns von einer ganzen Lebensspanne verleugneter Schmerzen und Wirrnisse zu lösen. Wir erhalten Einblick in die tieferen Schichten unserer Krankheit und stoßen dort auf den Verlust der Verbindung mit uns selbst. Wir entdecken all das Unbehagen, all die Pein, die sich in die Kluft zwischen Herz und Geist ergossen hat.

Sobald wir aufmerksam auf die Empfindungen und Reaktionen des Körpers achten, werden wir verdichteten, materialsierten Geist in ihm erkennen - eine Art unaufhörliche Verkettung an die Vergangenheit. Wir finden einen Katalog alter Eindrücke und fest fixierter Prägungen, eine Handbibliothek der Illusion des Abgetrenntseins, die tief in den alten Schichten des Körpers verankert ist. Hier stoßen wir auch auf die Geisteszustände und Verhaftungen, in denen die Vorstellung der Identifikation mit Körper und rationalem Geist wurzelt. Doch wenn wir den Geist schließlich im Herzen versinken lassen, erschließt sich uns das Leben auf einer Ebene, auf der die Heilung in jeder nur denkbaren Form Unterstützung findet.

Wenn wir die „Realität" wach und konzentriert für uns selbst ergründen, wenn wir uns niemals auf eine einzige Antwort verlassen, sondern immer neuen Ebenen des Verstehens öffnen, dann kann die Heilung auch den innersten Kern des Daseins erfüllen. Die in Geist und Körper verankerten Disharmonien werden endlich vom Licht des Ewig-Unverletzten, der Unsterblichkeit erhellt.

Wer auf diese Weise erforscht, was eine Krankheit für ihn bedeuten kann, öffnet die Pforten der Heilung. Wenn wir nichts von dem, was heute geschieht, als selbstverständlich betrachten, wenn wir an diesem Tag erkennen wollen, ob das Leben Traum oder Wirklichkeit ist, dann wird dieser Tag sehr kostbar für uns werden, und unter ungezählten vergessenen Tagen wird er der einzige sein, an den wir zurückdenken. Ungezählt sind die Tage, an denen wir uns selbst kaum Aufmerksamkeit, kaum Zärtlichkeit schenkten, an denen wir uns alles heitere Erstaunen verwehrten, weil wir immer alles wußten, weil wir nichts aus ganzem Herzen taten, weil wir alles als selbstverständlich betrachteten. Schon das Wort „Realität" kann von einem Augenblick zum anderen einen neuen Sinn erhalten, wenn das Gewahrsein in größere Tiefen dringt, wenn der Widerstand im Erbarmen schmilzt und unsere Grenzen im Unbekannten zerrinnen.

Wenn wir unsere Fixierungen unter die Lupe nehmen, erkennen wir, wie tief sich die Vorstellung im Bewußtsein festgesetzt hat, daß Heilung die Abwesenheit von Krankheit sei. Diese alte Konditionierung führt jedoch nur auf eine relativ oberflächliche Ebene der Heilung. Erst in den Augenblicken, in denen der Geist über seine Identifikation mit dem Körper hinausgeht, können wir das Unverletzte, das Ganze, das grenzenlose Wesen dessen erkennen, was den Körper bewohnt und die Krankheit erfährt, ohne selbst krank zu sein. Jeder Moment, in dem wir in dieser Weise über unsere Krankheit hinauswachsen, bewirkt einen Impuls, welcher der alten Fixierung des Geistes die neue Frage entgegenstellt: „Wessen Körper, wessen Geist ist das?" Wenn wir schließlich verstehen, daß sich der Körper selbst gehört und der Geist seinen eigenen Geist besitzt, treten wir in das unerklärbare Zentrum des Bewußtseins ein. Wir erfahren das Gewahrsein - das Licht, welches das Bewußtsein erhellt - ganz unmittelbar als unsere essentielle „Bin-Heit" und stehen schließlich vor der Frage, wer eigentlich der Körper und wer der Geist sei. Wer ist wer?

Einer der ersten Schritte auf dem Weg zur Heilung ist der

Verzicht auf eine Definition des Begriffes „Heilung". Heilung ist ein Verschmelzen des Alten mit etwas Neuem. Sie ist ein Erwachen aus der uralten Erstarrung, mit der wir auf unser Leid reagieren, ein Verzicht auf die folgenschwere Identifikation mit unserer beständigen Gnadenlosigkeit und Selbstbewertung, mit unserem Widerstreben und unserer Angst. Wir können unsere Heilung nur *sein*, wir können sie nicht *denken*.

Auch unter den „absolut Geheilten" finden wir viele, die mit Krankheit behaftet waren. Viele gottgeweihte Männer und Frauen, viele Heilige und Meister waren nicht frei von körperlichem Leiden. Selbst die „Erleuchtung" hat sie nicht davor bewahren können. Meine eigenen spirituellen Lehrer haben ebenfalls in der einen oder anderen Art Krankheit erfahren - Neem Karoli Baba, bekannt als Maharajji, erlitt augenscheinlich einen Herzanfall; Ramana Maharshi starb an Krebs, ebenso Nisargadatta. Suzuki Roshi, Ramakrishna und Vivekananda starben gleichermaßen an Krebs. Mit Kennet Roshi, Aachan Cha, Bill Kwong und Seung Sahn finden wir auch unter den Lebenden viele, die mit Krebs, Schlaganfällen oder anderem konfrontiert worden sind. Ich habe gehört, daß der außergewöhnliche koreanische Zen-Meister Seung Sahn, der infolge seines Diabetes einmal Herzflimmern bekam, auf die besorgten Fragen seiner Schüler erwiderte: „Es ist doch alles in Ordnung. Mein Herz singt ja nur." Wenn ich jemals von einem kranken Herzen gehört habe, das Heilung gefunden hat, dann ist es das seine gewesen.

Das Wissen um die Krankheiten und Aussagen dieser spirituellen Freunde und Lehrer hat uns dabei geholfen, alle Halbwahrheiten und Konzepte fallenzulassen, die erklären wollen, worin Krankheit wurzelt und was wahre Heilung bedeutet.

Diese Perspektive kann uns eine Ahnung dessen vermitteln, worum es bei einer umfassenden Heilung geht. Eine solche Heilung setzt die Fähigkeit voraus, von der Krankheit im Körper zu lernen, von ihr „Lehre anzunehmen". Sie setzt voraus, daß wir die Angst durch Liebe ersetzen, daß wir uns dem Unbekannten öffnen und unsere inneren Widerstände bewußt erfassen. Man könnte auch sagen, daß es bei der Heilung weniger um eine Wandlung im Körper oder um eine Verbannung der Krankheit geht, sondern darum, alles Geschehen im Herzen aufzunehmen. Es bedeutet, sich nicht in der Identifikation mit alten Zweifeln und Ängsten zu verlieren, sondern jedem Augenblick mit dem „Ahaa...!" des Einverstandenseins zu begegnen und jene Emotionen einfach zur Kenntnis zu nehmen. Sie sind nicht neu, und wir erleben sie sicherlich nicht zum letzten Mal. Gedanken wie „*mein* Zweifel", „*meine* Angst", „*mein* Widerstand" erinnern uns nur daran, noch tiefer in uns einzudringen, uns noch erbarmungsvoller *dem* Zweifel, *der* Angst und *dem* Widerstand zu öffnen, der uns allen gemeinsam ist. Die Erforschung unserer Identifikation mit den Zweifeln, Ängsten oder alten Verhaftungen, die unserem Schmerz Nahrung gaben, weckt neue Zuversicht. Und in dieser Zuversicht können wir einen Schritt vorwärts machen und uns eine Millisekunde länger für etwas öffnen, vor dem wir uns stets zurückgezogen haben. Wir können uns der Vergangenheit auf eine neue Weise öffnen und die Angst, den Zorn, die Liebe und das Erbarmen neu erforschen. Während sich die Heilung vertieft, erkennen wir immer klarer, was sie noch blockiert.

Die Einsicht, daß es sich nicht um „*meinen* Körper, *meinen* Schmerz" handelt, sondern um *den* Schmerz, stellt uns vor die Frage: „Wer ist es dann, der diesen Schmerz, der *den* Schmerz erfährt?" Und wir versuchen zu verstehen, „wer" krank ist, „wer" leidet, welches Selbst, welcher der zahlreichen Aspekte unserer Persönlichkeit Quelle dieser Beschwerden ist. Wir verfolgen tausend Gedanken und Empfindungen, die in rascher Folge in der grenzenlosen Weite reinen Gewahrseins entstehen und vergehen.

Während wir beobachten, „wer" beobachtet, „wer" heilt, „wer" gesund wird, behauptet der Geist einfach: „Ich bin" - ohne weitere Erklärung. Aber wer ist dieses „Ich-bin", worauf sich der Geist bezieht? Ist es ein Teil unser selbst, welcher der Heilung bedarf? Ist es eine Vorstellung von uns? Ist es nur ein alter Traum, eine nachträgliche Reflexion, eine immer wieder untermauerte Illusion, an der die Schmerzen eines ganzen Lebens haften? Und wie sind diese Schmerzen mit dem „Ich-bin" verknüpft? Wie kommen sie zu der Schlußfolgerung: „Ich bin dieses Leid", oder „Ich bin dieser Krebs"?

Immer wenn wir sagen: „Ich bin dies" oder „Ich bin das", haben wir das Gefühl, daß irgendetwas nicht so ganz stimmt - daß irgendetwas dabei fehlt. Daß kein „Dies" und kein „Das" umfassend beschreiben kann, worauf sich das „Ich-bin" bezieht. Daß jede denkbare Identifikation ein Gefühl der Enge und Bedrückung in uns hinterläßt, ein Heimweh nach der Weite, die sich jenseits aller Definitionen erstreckt. Wir spüren, daß jedes „Dies" und „Das", welches uns sagen läßt: „Ich bin ein Tischler - ich bin eine Mutter - ich bin ein Mann - ich bin eine Frau - ich bin ein Krebspatient - ich bin ein spiritueller Sucher - ich bin ein Heiler - ich bin jemand, den den Leuten zu einem bewußten Tod verhilft - ich bin der Körper - ich bin der Verstand...", nichts anderes als eine Art Farbfilter ist, der die klare Erkenntnis des grenzenlosen Seins verschleiert.

Alles „Dies" und „Das", an dem wir so lange gehaftet haben und in dem wir uns wiederzuerkennen meinten, hinterläßt in uns eher ein Gefühl der Hochstapelei, der Unvollständigkeit. Nichts, was wir mit diesem „Ich-bin" verknüpfen können, scheint auszureichen. Denn die Substanz, auf die sich das „Ich-bin" bezieht, geht über alle Definitionen und Begrenzungen hinaus. Wir erkennen, daß uns die Vorstellung: „Ich bin dies" automatisch glauben läßt: „Du bist das" - und hier definiert sich unsere Isolation, hier werden das „Ich" und der „andere" geschaffen. Hier wurzelt unsere Angst, hier entsteht die Distanz zwischen Geist und Herz. Wenn das „Ich", das dieses oder jenes ist, wenn das Persönliche, das Leidempfindende zurücktritt, besteht nur noch die Erfahrung der „Bin-Heit", des Universalen, des Ewig-Heilen.

Müßten wir eine Liste aufstellen, die alles enthält, was wir einmal zu sein, was wir einmal zu besitzen glaubten, dann ergäbe sie ein Kompendium unserer Distanz zu unserer wahren Natur, zu Gott selbst. Aber mit dem Vertrauen des Nichtwissens, das wir in den Prozeß der Selbstergründung setzen, entdecken wir die ungewollten, unbewußten Blockaden, die unserer natürlichen Heilfähigkeit im Wege stehen.

Wenn wir tiefer eindringen und das vom „Ich" getrennte „Bin" erfahren, lösen wir den zähen Leim, mit dem wir an unseren wiederkehrenden Enttäuschungen kleben. Es bleiben immer weniger Angst, Verwirrung und auch Schmerz zurück, immer weniger „Ich", das leiden könnte - und so bietet sich dem Leim auch immer weniger Angriffsfläche. Ein ehemaliger Krebspatient sagte: „Bei diesem Prozeß geht es weniger darum, sich selbst zu verlieren, als vielmehr darum, herauszufinden, was denn überhaupt in uns vorhanden ist.“

Wenn wir noch tiefere Ebenen erreichen und über das „Ich-bin-dies“ hinaus zum „Ich-bin“ vordringen, stellt sich die Frage, worauf sich dieses „Ich-bin“ bezieht. „Ich-Heit“ beginnt sich von der „Bin-Heit“ zu trennen, und die verschiedenen „Wer's“ unseres eingebildeten Selbst lösen sich auf. Die zahlreichen Masken unseres übersteigerten Rollenspiels lösen sich von uns ab und fallen scheppernd auf die Bühnenbretter, und das Herz wendet sich an den Geist und sagt: „Das ist schon gut so, die kann der Hausmeister nachher wegfegen.“ Nun ist dieses „Ich-bin“ keine nachträgliche Reflexion mehr, sondern wird zur direkten Erfahrung des reinen Seins. Wir beobachten, wie all die Selbstbilder, die so lange an ihren eigenen Definitionen verhaftet waren und so unsagbar gelitten haben, in einer stetigen Folge geisterhafter Inkarnationen Stück für Stück in sich zusammenfallen. Es zeigt sich, daß jedes Selbstbild nur wieder ein weiterer Gedanke ist, eine im Raum schwebende Seifenblase, die sich als „Ich“-Vorstellung von neuem an der Erfahrungswelt verhaften will. Doch wenn wir kontinuierlich bereit sind, das Leben direkt zu erfahren, und beständig fragen: „Wer empfindet Schmerzen, wer leidet, wer findet Heilung?“, dann stirbt das schmerzvolle, isolierte „Ich“, und nur der ewig geeinte Frieden der „Bin-Heit“ bleibt bestehen. Mit jedem heilenden Atemzug tauchen wir tiefer in uns selbst hinein. Der Erfahrende und das Erfahrene lösen sich im reinen Augenblick der Erfahrung auf, die sich in der Weite des Seins entfaltet. Die Offenbarung dieses Augenblicks macht jede Definition überflüssig und veranschaulicht, daß sich in allen vorgefertigten Antworten nur wieder alte Probleme geltend machen wollen, deren Enge und Flachheit eine umfassende Heilung unweigerlich behindern muß. Indem wir uns von unseren isolierten Identitäten, unseren Referenzen, unseren Masken und Panzerungen des Herzens befreien, erwachen wir aus dem Tagtraum eines abgesonderten, leidenden Selbst zur Bin-Heit reinen Gewahrseins.*

*Ausführlicher wird die Frage „Wer bin ich?“ in Stephen Levines Buch *WER STIRBT? - WEGE DURCH DEN TOD* behandelt (in diesem Verlag erschienen).

Je weniger jener Teil des Geistes zur Geltung kommt, der sich selbst definieren möchte, indem er Identitäten und Referenzen erschafft, indem er nach einem „Ich“ und nach einem „Körper“ strebt, desto intensiver kommen die heilenden Kräfte um uns her und in uns selbst zur Wirkung. Je weniger von einem isolierten „Ich“ vorhanden ist, das sich als Heiler/in oder als zu heilende Person definiert, desto mehr Raum steht der Heilung zur Verfügung. Und je weniger Beschränkungen jenem Ort in unserem Innern auferlegt werden, der schon längst und für alle Zeit jenseits aller Krankheit und Heilungsbedürftigkeit liegt, desto weiter öffnet sich uns die Pforte ins Zentrum des Universums, ins Zentrum des Herzens.

Die reine Perle im Zentrum verwandelt alles.
Meine Liebe kennt nun keine Grenzen mehr.
Mir wurde die Kunde zugetragen, daß sich
zwischen zwei Seelen
ein Fenster öffnen kann.
Warum sollten wir aber, wo es doch keine Mauer gibt,
ein Fenster und einen Riegel einfügen?

Rumi

* * *

KAPITEL 14

Medizin

Um uns vor Augen zu führen, daß uns auch die scheinbar nebensächlichen Aspekte des Heilungsprozesses in sehr wirkungsvoller Weise dazu dienen können, der Enttäuschung das Herz zu öffnen, wollen wir einmal der „Unbewußtheit" auf den Grund gehen, mit der wir in der Regel unsere Medikamente einnehmen.

Wenn wir unsere Beziehung zum kranken Körper oder zum verwundeten Geist klären und die Leiden *meines* Schmerzes in den geheiligten Augenblick der unmittelbaren Gegenwart hineinführen wollen - in die heilende Weite *des* Schmerzes - müssen wir der Art und Weise, wie wir Arzneimittel verwenden, volle Aufmerksamkeit schenken. Wenn sich das gedankenlose Pillenschlucken in ein kleines Ritual der Bewußtheit verwandelt, wird es zu einem heiligen Akt, der viele Menschen für die Lehre öffnen kann, welche die Medizin symbolisiert. Indem wir unserer Sucht nach mechanischem Handeln ein Ende setzen und das oberflächliche Verlangen nach einer Heilung von außen aufgeben, treten wir von innen an unsere Heilung heran. Nun ist die Einnahme der Medikamente kein Akt der Distanzierung von unserer Krankheit mehr, sondern dient uns dazu, der Heilung neue Kanäle zu öffnen, die Medizin tief in uns wirken zu lassen und die Heilung in uns einzulassen. Sie stellt nicht mehr unsere subtile Hilflosigkeit und düstere Verzweiflung dar, sondern wird zu einem Akt der Entdekkung. Wenn wir die Medizin von innen statt von außen her einnehmen, entdecken wir, wie sehr wir nach Heilung dürsten und auf wie vielen Ebenen uns Energien zufließen können.

Ein solcher Umgang mit der Medizin findet seine Parallele auf der höchsten Ebene des indianischen Schamanentums, das die Erfahrung selbst als Medizin betrachtet. Die heilende Kraft einer Medizin hängt von der Intention ihres Benutzers ab. Die Sioux-Indianer nennen liebevolle Handlungen „gute Medizin" und mißtrauische oder furchtsame Handlungen „schlechte Medizin".

Wohl wissend, daß jeder Moment ein Potential für Heilung und Schädigung in sich birgt, gebrauchen wir das Wort „Medizin" hier in einem sehr weiten Sinne, der von der Weizentherapie bis zur Herzchirurgie, vom Gebet bis zur Meditation alle denkbaren Behandlungsmethoden einschließt. Wir betrachten Medizin nicht als einen Fluch der Krankheit, sondern als eine Lehre der Lebendigkeit. Wir verknüpfen Medizin nicht mit Bestrafung und sagen: „Du hast Deinen Spaß gehabt, jetzt nimm Deine Medizin!" Es ist nicht die bittere Pille, von der wir immer wieder sprechen, sondern jener süße Trank, der uns vom Leid erlöst und Befreiung und Ganzheit bringt. Es ist die Medizin, die uns die Chance zum Erwachen gibt.

Denn jeder von uns leidet in einem bestimmten Maß am Faktum der verwechselten Identität - wir verwechseln das Denken und die persönlichen Eigenschaften mit unserem wahren Wesen und das Fühlen mit unserem wahren Körper. Recht häufig kommt es vor, daß wir der Behandlung einer Krankheit so gegenüberstehen, als wäre sie die Krankheit selbst. Oft wollen wir mit dem Aspirin auch gleich unsere Kopfschmerzen hinunterschlucken. Doch dieses Aspirin als Lehre zu verstehen heißt, dem dumpfen Schmerz in unserem Kopf mehr Raum zu geben. Ein Sprichwort sagt: „Verwechsle nicht den Finger, der auf den Mond deutet, mit dem Mond selbst." Wir dürfen also nicht den Körper der Krankheit mit dem Herzen der Bewußtheit verwechseln, dürfen nicht das, was unsere Aufmerksamkeit auf sich zieht, für die Aufmerksamkeit selbst halten. Dieser Umstand einer mißverstandenen Identifikation ist vielleicht auch der Grund dafür, daß viele spirituelle Aspiranten so starrköpfig werden und eine Methode mit ihrem persönlichen Selbst verflechten, statt sie als Mittel der Loslösung von persönlicher Isolation zu gebrauchen.

Wenn wir das Einnehmen unserer Medizin wie auch jede Behandlung als Akt des Bewußtseins verstehen, stoßen wir auf die Erfahrung der „Heilung vor der Heilung". Diese Momente der Ganzheit, die wir auf dem Weg zur absoluten Ganzheit erleben, entsprechen wohl dem, was der Zen-Meister Suzuki Roshi die „Erleuchtung vor der Erleuchtung" nennt. Es sind Momente der Klarsicht, die der vollkommenen Klarheit vorausgehen - das spontane, wortlose Verstehen des Nichtwissens, das der „absolute Anfänger" erlebt, wenn sich der Geist klärt und das Herz öffnet. Es ist die vielleicht nur einen Augenblick währende Vorahnung der reinen Freude unserer natürlichen Ganzheit, die in der unermeßlichen Weite des Seins erblüht. Jede Blüte gibt sich bereits durch ihren flüchtigen Duft und ihre Gestalt zu erkennen, ehe sie endlich zur Frucht heranreift, die wir ganz und gar schmecken können. Wenn wir in diesen kurzen, heilsamen Momenten unsere innere Kraft zur Heilung erahnen, erleben wir einen Schimmer unseres wahren Wesens.

An diesem Punkt erkennen wir auch, daß das Heilungsgeschehen nicht ausschließlich von körperlichen oder spirituellen Heilmethoden, sondern auch von der Intention und Intensität abhängt, mit der wir sie anwenden. Nicht einfach die Methoden oder medizinischen Behandlungen sind es, von denen wir unsere Heilung erwarten, sondern es ist die Bereitschaft, uns ihnen völlig zu öffnen. Gerade bei der Einnahme von Medikamenten macht sich dieses Phänomen deutlich bemerkbar. Wir schlucken das Aspirin gegen die Kopfschmerzen, unfähig, unseren Schmerz von unserem Verlangen nach Schmerzfreiheit zu trennen. Wie oft nehmen wir unser Aspirin, wie oft unterziehen wir uns einer Chemotherapie oder Heilbehandlung mit irgendeiner Spur von Bewußtheit? Schlucken wir nicht weitaus eher unsere Unpäßlichkeit mitsamt der Medikamente einfach hinunter? Sind wir an unserer Heilung schon einmal innerlich beteiligt gewesen oder haben wir alles immer einfach den Arzneien oder der Behandlung überlassen? Wir sollten das, was wir unter Heilung, medizinischer Behandlung oder dem Medikamentengebrauch verstehen, nicht mit der Heilung selbst verwechseln.

Im bewußten Umgang mit der Medizin verdeutlicht sich der Unterschied zwischen einer vorübergehenden Linderung von

Schmerzen und der langlebigen Weiträumigkeit unserer wahren Heilung. Der rein chemische Aspekt der Medizin kennzeichnet die materialisierte Sehnsucht nach einer Veränderung der Realität. Er enthält jedoch das Potential, durch welches Geist und Körper sowohl Widerstände aufbauen und verstärken als auch Dankbarkeit und Vertrauen entwickeln können. Die innere Haltung im Umgang mit der Medizin ist auch die Intention zur Heilung, die uns den tiefsten Zugang zu unseren tiefsten Disharmonien öffnet. Bei manchen Menschen kann die Angst, die Erwartungshaltung oder die Hilflosigkeit, die sie beim Gebrauch einer Medizin empfinden, durchaus eine Heilung blockieren.

Vielleicht haben wir in unserer Kultur in einem gewissen Ausmaß die Beziehung zur Heilung innerhalb der Heilung verloren. Wenn man zu anderen Zeiten und in anderen Kulturen, die nicht unter dem mächtigen Einfluß der heutigen medizinischen Technologie standen, eine Medizin gebrauchte, dann beteten alle Anwesenden darum, daß sich jene Wandlung gnadenvoll vollziehen möge. So sind die wenigen, täglichen Momente, in denen eine medizinische Behandlung vorgenommen wurde, bei vielen auch die am tiefsten empfundenen Augenblicke dieses Tages gewesen. Von den Menschen, die diese Technik der Konzentration auf die Medizin und der Begleitung ihres Weges in den Körper anwenden, hören wir immer wieder, daß sie immer dann, wenn sie einige Minuten der Stille einlegten und darüber nachdachten, was sie von dieser Medizin erwarteten, eine Verbindung zum Krankheitsherd fühlten und den tiefen Nutzen einer liebevollen Begleitung der heilenden Kräfte spürten, die im Innern des Körpers wirken. Manche vergegenwärtigen sich, daß die Medizin auf die gleiche Weise im Herzen versinkt wie der Geist ins Herz hinabtaucht. Und viele berichteten, daß jede Tablette oder Injektion einen Fortschritt in ihrer Heilung bedeutete. Ein Mann drückte es so aus: „Ich wollte immer möglichst wenig mit den Medikamenten zu tun haben. Ich war nie richtig bei der Sache, und die Einnahmetermine waren für mich so etwas wie lästige Werbespots bei einer Sendung. Ich identifizierte mich völlig mit mir selbst - ich war der Krebs, ich war ein alternder Mann, ich war der Schmerz. Und ich wartete die ganze Zeit darauf, daß das Hauptprogramm wieder beginnen würde. Ich hatte keine Lust, mir eine weitere Testsendung des Notstands-

Rundfunks anzuhören. Ich wollte einfach weg von allem, und so versuchte ich, den Knopf zum Ausschalten zu finden. Aber mir wurde klar, daß ich irgendwie mit den Tumoren unter einer Decke steckte, denn ich wirkte auch nicht im geringsten an meiner Heilung mit. Es war mein Kehlkopf, der mir den Weg zeigte. Der Tablettentermin war immer ein Ärgernis - ich versuchte, den Zeitplan einzuhalten, hoffte auf die Wirkung der Pillen und hatte Angst davor, vielleicht noch stärkere Mittel zu brauchen. Ich bekam sie kaum hinunter, mußte regelrecht würgen, und sie kratzten in meinem Hals. Die ganze Medikamentengeschichte machte mich total fertig. Ich schluckte Pille auf Pille, ohne nachzudenken, was ich da eigentlich machte. Wenn ich nicht an ihnen ersticken wollte, mußte ich mich einfach entspannen. Als ich mir dann erstmal eine Minute Zeit ließ, am Wasserglas nippte und die Schlucke zählte, die ich brauchte, um das Wasser überhaupt richtig zu schmecken, da merkte ich, daß ich den ganzen Vorgang viel bewußter wahrnahm. Und als die Tabletten nach unten rutschten, wurden sie tatsächlich freundlich aufgenommen." Schließlich weitete er seine dreiminütigen, sogenannten „Medikations-Meditationen" täglich zu einem halben Dutzend Meditationen aus, die sich über zehn oder fünfzehn Minuten erstreckten. „Nun freue ich mich richtig auf meine Medikamente. Sie sind ein idealer Vorwand, um gesund zu werden."

Es sollte an dieser Stelle erwähnt werden, daß die folgende Meditation nicht etwa nur bei der einfachen medikamentösen Behandlung mit Tabletten Anwendung finden kann. Viele praktizieren sie auch während einer Bestrahlungs- oder Chemotherapie. Eine Mutter, die ihrer an Mukoviszidose leidenden Tochter täglich auf den Rücken klopfen muß, um den Schleim zu lösen, der sich in ihren Lungen bildet und sie am Atmen hindert, erzählte mir, daß ihr der Gebrauch dieser Meditation dabei helfe, in den kräftigen Schlägen ihrer Handfläche auf den oft angegriffenen Rücken ihres Kindes keinen Akt der Gewalt mehr zu sehen, sondern sie als „den segnenden Schlag" zu erleben, „den der Zen-Meister mit seinem Stock austeilt, um mich aufzuwecken, wenn ich in einen Dämmerzustand verfalle - wenn ich vor mich hinträume, anstatt voll und ganz in diesem Zimmer bei meinem unglücklichen Kind zu sein. Ich habe dieses Geräusch immer gehaßt, aber nun hat diese

Behandlung für uns beide eine tiefe Bedeutung bekommen. Ich kann sie jetzt viel sorgfältiger durchführen und trotzdem so sanft dabei vorgehen, wie ich es nie für möglich gehalten hätte." Sie nimmt sich jetzt immer einen Moment Zeit, um etwas Musik anzustellen, und sie massiert ihre Tochter vorher und nachher, damit die Behandlung, der sie immer angstvoll und beklommen entgegengesehen hatte, in einem Bewußtsein der Liebe aufgehen kann. Sie betrachtet sie nicht mehr als notwendiges Übel, sondern als einen Akt essentieller Güte. Sie hat eine Weile gebraucht, um diesen Sprung vom Profanen ins Heilige, von der mechanischen Verzweiflung in die liebevolle Pflege zu wagen, aber nun kommen beide viel besser mit allem zurecht. Ihre Tochter sagt, daß die Behandlungen zwar nicht gerade mehr Spaß machten als früher, aber doch viel weniger „unspaßig" geworden seien. „Mama hat mich früher danach immer so umklammert - als ob sie sich für alles entschuldigen wollte - und das hat mir irgendwie Angst gemacht. Aber jetzt wiegt sie mich immer in ihren Armen, und manchmal singt sie mir sogar etwas vor."

So ist diese Meditation dazu geeignet, jede Art der Heilung zu unterstützen, nach der sich unser Körper sehnt. Schöpfe aus Deiner eigenen Kreativität, um herauszufinden, auf welche Weise sie sich Deinem Temperament und Deinen Bedürfnissen angleichen läßt.

MEDITATION DER VERTIEFUNG IN DIE MEDIZIN

(Man kann sie einem Partner langsam vorlesen und auch allein mit ihr arbeiten.)

Mache es Dir auf einem Stuhl oder im Bett bequem, greife nach dem Behältnis mit dem Medikament und fühle es in Deiner Hand. Erfühle seine Form, seine Festigkeit, seine Struktur, seine Kälte oder seine Wärme.

Laß Deine Hand Kontakt aufnehmen und spüre die Empfindungen, die in ihr hervorgerufen werden.

Laß die Finger in vollem Gewahrsein das Behältnis öffnen. Achte auf jede Spannung, auf jeden Druck, und antworte

darauf mit tiefer Ruhe.
Fühle, wie die Tabletten auf Deine Handfläche gleiten.
Halte einen Moment inne, um die Tabletten zu betrachten.
Nimm Dir etwas Zeit, um wahrzunehmen, ob Du in diesem Medikament wirklich ein Mittel der Heilung siehst oder ob es ein vages Gefühl der Scham oder Niederlage in Dir erweckt.
Konzentriere Dich auf die heilende Kraft in diesem Medikament, betrachte diese Medizin als ein Potential der Heilung.
Der Körper öffnet sich mehr und mehr, um die Heilung in seinem Innern zu empfangen.
Spüre die latente Kraft dieser Behandlung, ganz und gar im Raum der Schmerzen zu Wirkung zu kommen - spüre ihr Vermögen, Gleichmut und Harmonie in Dir zu schaffen.
Betrachte die Tabletten in Deiner Hand. Fühle, wie die sensiblen Nervenenden in Deiner Hand ihr geringes Gewicht registrieren.
Lausche der Medizin. Möchte sie Dir etwas sagen? Welchen Klang hat ihre Stimme? Wird Deine Beziehung zu dieser Medizin von irgendeinem Gefühl der Hilflosigkeit getrübt? Nimm dies einfach zur Kenntnis.
Begegne allem Widerstand, den Du im Verlauf früherer Behandlungen in Dir angesammelt hast, voller Mitgefühl und Bewußtheit. Blicke auf diese medizinischen Maßnahmen mit Güte und Dankbarkeit zurück.
Danke den Tabletten für die Heilung, zu der sie Dir verhelfen können, und lege sie behutsam in Deinen Mund.
Fühle sie auf Deiner Zunge - fühle, wie die Flüssigkeit, mit der Du sie hinunterschlucken wirst, über Deine Lippen fließt.
Fühle, wie die Zunge die Tabletten so plaziert, daß sie leicht zu schlucken sind.
Fühle, wie Du sie hinunterschluckst.
Laß die Tabletten am Herzen vorbei zum Magen hinunterwandern, der sie erwartet.
Spüre, wie sanft der Körper die Tabletten empfängt und mit

den Bewegungen der Speiseröhre weiterbefördert.
Fühle, wie das Medikament in Deinem Magen zur Ruhe kommt und als ein mildes, goldenes Licht zu strahlen beginnt.
Fühle, wie es aufgelöst und weitergetragen wird, um seinen Bestimmungsort zu erreichen.
Leite seine heilende Kraft mit liebevoller Güte in den Bereich hinein, der am dringlichsten darauf wartet. Fühle, wie dieser Bereich die Heilung in sich aufnimmt.
Nimm die Heilung an.
Empfange das Medikament als einen Segen.
Halte Dir ein Bild vor Augen, das Dich für die Heilung öffnet, zu der Dir dieses Medikament verhilft.
Betrachte es als das Geschenk eines großen Lehrers - als eine heilige Kommunion zwischen den äußeren und inneren Welten - als das Lächeln unerträglichen Mitempfindens auf dem lieblichen Antlitz der göttlichen Mutter - als eine Blume von einem geliebten Menschen, der nicht mehr unter uns ist.
Nimm die Heilung an. Nimm sie in Dir auf.
Laß Deine liebevolle Güte in diese Behandlung einfließen, die sie in den Bereich hineintragen wird, der auf sie wartet.
Das Medikament wird empfangen - Erbarmen und Bewußtheit verbinden sich mit jedem einzelnen Molekül und strahlen ganz und gar in die Quelle des Leidens hinein.
Fühle, wie das Medikament die Widerstände eines ganzen Lebens zerrinnen läßt und alle Spannungen und Mühen der Krankheit verbannt.
Spüre, wie Du es in Dir aufnimmst. Fühle, wie es Verwundung und Krankheit heilt.
Laß Dich von dieser Medizin in die Heilung führen.

* * *

KAPITEL 15

Den Körper öffnen

Die meisten Heilmethoden befassen sich ausschließlich mit dem Körper. Sie stellen den Versuch dar, *durch* den Körper wieder ein Gleichgewicht *im* Körper herzustellen. Nicht ohne Verdruß haben jedoch viele Patienten davon gesprochen, daß fast alles, was man *für* den Körper unternahm, *mit* dem Körper vollführt wurde. Sie „zwangen" sich zu einer Diät, sie „ertrugen" eine Chemotherapie, und sie „versuchten, ein paar Minuten für die Meditation herauszuschinden". Um den sogenannten Vorbedingungen für eine Heilung gerecht zu werden, ließen sie ihre Beziehung zu Geist und Körper verhärten. Sie machten das, was sie machen „sollten" und schenkten der Macht des Herzens nicht viel Glauben. Sie fanden nicht zu sich selbst. Alle Bemühungen, die sie unternahmen, um ihre heilenden Energien zu kanalisieren, führten zu einem inneren Druck, der ihren Körper nicht öffnete, sondern verschloß.

Viele erkrankte Menschen attackieren den Körper mit neuen Strategien, von denen sie sich eine Wiederherstellung ihrer Gesundheit erhoffen. Die Energie, die sie auf ihre Krankheit richten, wäre durchaus zweckdienlich, aber die Bemühung und Anspannung, mit der sie diese Energie einsetzen, ist es nicht. Die Energie, dieses Funkeln im Zentrum jeder Zelle, diese vibrierende Lebenskraft im Körper ist die vitale Substanz, die den Entfaltungsprozeß mit Brennstoff versorgt. Die Bemühung ist der Wille, jene Entfaltung zu steuern. Die Notwendigkeit, Energie und Bemühung in ein Gleichgewicht zu bringen, bildet eine wesentliche

Voraussetzung für die Heilung. Vielen mangelt es zur Heilung zwar nicht an Energie, doch ihre Bemühung ist zu unausgewogen. Wir können die Analogie heranziehen, daß die Energie dem Feuer entspricht, während die Bemühung der Art und Weise gleichkommt, wie das Feuer gebraucht wird. Der falsche Gebrauch des Feuers kann einen Wald vernichten. Bei sinnvoller Anwendung kann das Feuer aber eine Schneise schaffen, einen verbrannten Streifen, welcher die Ausbreitung eines Waldbrandes verhindert.

Es ist wichtig, den Unterschied zwischen Energie und Bemühung zu erkennen. Wenn wir tief vom kristallenen Wasser unseres wahren Wesens gekostet haben, bedarf es in unserem Leben keiner Bemühung mehr. Es ist nicht mehr notwendig, den Fluß voranzutreiben. Eine der Ironien der Heilung liegt jedoch darin, daß wir uns darum bemühen müssen, der Bemühung ledig zu werden. Eine Bemühung ist ausgeglichen, sobald sich unsere Konzentration und unsere volle Bewußtheit im Gleichgewicht mit einer ruhigen Akzeptanz und Bereitschaft befindet, die Schmerzen eines ganzen Lebens leichtherzig zu ergründen, ohne sich an ihnen zu verklammern oder sie zu verdammen. Wenn unsere Bemühung ausgewogen ist, werden wir die Energie nicht einsetzen, um Ergebnisse zu erzwingen. Wir werden jedoch immer daran denken, uns behutsam für den Augenblick zu öffnen und dem Leben völlig zuzuwenden. Unsere Bemühung wird den inneren Widerstand nicht mehr verstärken oder mit ihm kollaborieren und so einer Heilung den Weg versperren. Wenn unsere Bemühung auf kein Ziel fixiert ist, wenn es keine Verhaftung an Resultaten, an den Früchten unserer Bemühungen gibt, dann besteht unsere Arbeit nur noch darin, für die Energien des Augenblicks präsent zu sein. Sobald wir Druck ausüben, regt sich im Geiste das Bestreben, Bewertungen aufzustellen. Je mehr wir uns beispielsweise bemühen, gut Klavier zu spielen, desto dürftiger wird uns unser Klavierspiel erscheinen. Je mehr wir uns anstrengen, um etwas zu erreichen, desto eher neigen wir dazu, unseren Erfolg zu messen. Wenn wir aber mit ausbalanciertem Geist und offenem Herzen versuchen, uns den Energien von Geist und Körper ganz unmittelbar zu öffnen, werden wir erfahren, daß alle Sinnesempfindungen, mögen wir sie nun als angenehm oder unangenehm, als heiß oder kalt, als dynamisch oder ruhend einstufen, nichts anderes sind als reine, essentielle Energie. Wenn wir die geistige Energie zu erkennen beginnen, erhalten wir Einblick in den Lebensprozeß und beobachten, wie ein Geisteszustand in den nächsten übergeht - die Energie, welche die Gedanken vorwärtstreibt, läßt auch die Sterne über den Himmel ziehen. Indem wir uns auf die Substanz der geistig-körperlichen Energie konzentrieren, betreten wir das Reich der sich unablässig entfaltenden Schöpfung.

Das Wesen unserer Bemühung zu begreifen heißt, unsere Intentionen zu ergründen und die Motivation zu erkennen, mit der wir die Energie überhaupt erst steuern wollen. Vielleicht fragen wir uns: „Warum will ich gesund werden? Will ich nur wieder das Verlangen des alten Geistes nähren, die Welt zu besitzen? Oder will ich das Leben ganz neu entdecken? Will ich Liebe einkehren lassen, wo früher so oft Furcht geherrscht hat? Will ich mein Leben mit tieferer Bewußtheit und mit Erbarmen erfüllen oder mein Leben der aufreibenden Bemühungen und enttäuschten Erwartungen weiterführen?“

Das Wesen der Energie zu begreifen heißt, mit dem eigentlichen Lebensprozeß zu verschmelzen - die pulsierende Vibration in unserem Körpergewebe zu spüren und die Entfaltung des Geistes zu beobachten. Wir erkennen, daß uns der Körper die Gelegenheit gibt, zu erwachen und zu entdecken, was jenseits des Körpers wartet - nämlich die reine Energie reiner Bewußtheit, die wir „Leben“ nennen und für deren Abwesenheit im Körper wir den Begriff des Todes geschaffen haben.

Wir müssen also herausfinden, wie wir unsere Heilmethoden optimal auf den Körper anwenden können und welche Ergebnisse sie bringen. Öffnen sie den Körper für die Heilung oder verschließen sie ihn? Gesunden wir auf Kosten der anderen, drängen wir alle beiseite, die sich nicht zu unserer Sichtweise bequemen wollen? Oder öffnen wir uns neuen Einsichten, indem wir in allem Geschehen eine Möglichkeit zum Erwachen erkennen? Es erweist sich immer wieder, daß uns nicht die Methode gesund macht, sondern die Art und Weise ihrer Anwendung. Weil die Energie das Wesen unserer innersten Wirklichkeit ist und die Bemühung der Ausdruck unseren äußersten Persönlichkeit, können wir, wenn wir beides ins Gleichgewicht bringen, unser wirkliches Sein mit unserem erstrebten Sein verschmelzen lassen. Wir nehmen die

Energie in jedem einzelnen Augenblick ganz direkt als Veränderung, als Prozeß wahr, und die weiträumige Bewußtheit balanciert unsere Bemühung auf natürliche Weise aus. Wir erkennen, daß sich alles perfekt entfaltet, daß es an nichts mangelt und nichts hinzugefügt werden muß. Jeder Moment einer solchen inneren Harmonie ist ein Moment der Heilung - er ermöglicht es Geist und Körper, von neuem im Herzen aufgenommen zu werden.

Eine Frau, mit der wir vor einigen Jahren arbeiteten, hatte sich zur Heilung ihrer Krebserkrankung einer Diät unterzogen, die Bestandteil eines besonders diffizilen Ernährungsplanes war. Einmal pro Stunde zwang sie sich dazu, ein Glas mit unverdünntem Gemüsesaft zu trinken. Außerdem mußte sie sich zweimal täglich mit einem Glas Lebertran „konfrontieren", das sie nur mit Mühe „hinunterwürgen" konnte. Ihre Einstellung zu dieser Therapie blockierte fast zwangsläufig deren Wirksamkeit. Ihre Krankheit schritt fort. Die Aversion und Verzweiflung, mit der sie diese Diät durchführte, schienen ihrer Heilung im Wege zu stehen. Sie versuchte, sich durch die Therapie hindurchzukämpfen, um zur anderen Seite zu gelangen. Schließlich kam sie an einen Punkt, an dem ihr klar wurde, daß ihre Einstellung zu dieser Heilmethode der Einstellung glich, die sie zu ihrer Erkrankung selbst hatte. Sie haßte ihre Diät ebenso, wie sie ihren Krebs haßte. Sie sah ein, daß sie auf diese Weise keinen Erfolg haben werde, und durchforschte ihr Herz und ihren Geist, um herauszufinden, wie sie sich ihrer erwählten Diät öffnen könne. Und sie kam auf die Idee, den Lebertran nicht als Bestrafung, sondern als Geschenk zu betrachten. Ihn zu trinken, wurde für sie zum heiligen Abendmahl. Zweimal am Tag trank sie nun vom Blute Christi und entdeckte eine Süße in ihrem Körper, die alle geistige Bitterkeit überstrahlte. Sie bemühte sich sehr darum, die Energie dieser Technik durch eine Entspannung ihres Körpers tiefer in sich eindringen zu lassen.

Sie machte eine ähnliche Erfahrung wie der bereits erwähnte Patient, der sich nicht mit seiner Bestrahlungstherapie anfreunden konnte, bis er sich vorstellte, daß diese Strahlen von der Hand Jesu ausgingen. Seine Heilmethode ließ ihn nicht mehr gegen sich selbst ankämpfen, sondern öffnete ihn für das Göttliche in seinem Innern und in seiner Umgebung.

Die Energie bildet die Kernsubstanz des Organismus. Unter der

Bemühung ist die Art und Weise ihres Gebrauchs zu verstehen. Alle Heilmethoden beinhalten ein Energiepotential, aber oft hängt ihr Wirkungsgrad von ihrer Anwendung ab. Unser Bemühen entspricht unserer Einstellung zum Leben. Wenn wir das Leben immer als Kampf betrachtet haben, wenn wir uns als Krieger in einer Schlacht statt als Pilger auf dem Pfad verstanden haben, wird auch eine Heilmethode unser Leben nicht von Not und Bedrängnis befreien. Doch wenn wir uns für die Heilung öffnen und entspannen, wenn wir den Geist im Herzen schweben lassen, läßt sich das Potential für die Wiederherstellung des körperlichen Gleichgewichts weit besser erschließen.

So müssen die meisten von uns lernen, wie man den Körper für die Heilung öffnet. Und jeder von uns besitzt auch den idealen Rezeptor für diese Offenheit. Der weiche Bauch bildet die elementare Grundlage für die Hingabe an diese Ebene des Seins. Denn im Bauch verbirgt sich all unser Bemühen, Macht über die Welt zu gewinnen. Es gehört zum Wesen des Bauches, die ganze Welt in sich selbst zu verwandeln - alle Nahrung, die wir von außen her zu uns nehmen, wird von innen her in den Körper umgewandelt. Es gehört zur Natur des Magens, die ganze Welt in sich selbst zu verwandeln. Wir leben in einer Kultur, die den Bauch einzieht, um der äußeren Erscheinung Genüge zu tun und vermeintliche Kraft zu demonstrieren. Den Bauch anzuspannen, um nicht dickbäuchig zu erscheinen, ist wohl der schlechteste Rat, den man jemandem geben kann. Der Bauch ist unser Kontrollzentrum und birgt viele Spannungen in sich.

Wir meinen, daß alle, die ihren Körper für die Heilung öffnen und dies in jeder Weise unterstützen möchten, keine enge Kleidung tragen sollten. Nichts sollte das gleichmäßige Heben und Senken des atmenden Bauches beschränken. Er soll Raum für seine tiefsten Atemzüge und für seine innigsten Seufzer haben. Es ist töricht, ihn „der Schönheit zuliebe" einzuziehen. Diese Empfehlung, dem Bauch Raum zu geben - ihn zu lösen und zu öffnen, statt ihn zusammenzupressen und anzuspannen - verträgt sich möglicherweise überhaupt nicht mit unserem gewohnten Streben nach „gutem Aussehen". Vielleicht verwechseln wir uns selbst mit unserem Bauch. Wenn eine attraktive Person den Raum betritt, fällt es immer wieder auf, daß einige der Anwesenden die Zähne zusammenbeißen und die Luft anhalten, während ihre Bäuche mysteriöserweise hinter den herabhängenden Pullovern verschwinden. Es ist die Kontraktion des Geistes im Gedanken „Ich bin der Körper“, die den Bauch anspannt und die Heilung zu einem Tauziehen macht - zu einer Schlacht, die niemand gewinnen kann und in der alles verloren geht.

Wenn wir dem Bauche einfach Raum geben, wenn er sich im tiefen Atmem nach Belieben heben und senken kann, dann wird der Körper wieder zur gastlichen Wohnung. Im weichen Bauch ist für alles Platz. Im weichen Bauch fließen Angst und Freude dahin - ohne Anspannung, ohne Verhaftung und ohne Bewertung. Im weichen, offenen Bauch geben wir dem Leben und auch der Heilung Raum. Selbst wenn all unsere Bemühung nur darin bestünde, uns tausend Mal am Tag auf unseren weichen Bauch zu besinnen, würden wir daraus schon großen Nutzen ziehen. Im weichen Bauch erleben wir, wie sich Jahre der Verklammerung und Anspannung von uns lösen. Wenn wir den Bauch einer tiefen Entspannung öffnen, beobachten wir vielleicht, daß schon der geringste Gedanke den Bauch verhärten kann. Wir haben uns schon so sehr an einen harten Bauch gewöhnt, daß wir viel Besonnenheit aufbringen müssen, um uns wieder in natürlicher Offenheit entspannen zu können. Der Bauch des Babys ist weich - Buddhas Bauch ist weich: bevor sich Spannungen ansammeln können und nachdem sich alle Spannungen gelöst haben, ruht der Bauch im Zustand seiner natürlichen Offenheit und Entspannung. Auch in der Meditation können wir feststellen, daß schon der kleinste Gedankengang, die leichteste Verhaftung am Denken den Bauch in Spannung versetzt. Die Verklammerung des Geistes wird im verschlossenen Bauch reflektiert. Aus diesem Grund können wir uns den weichen Bauch zunutze machen, um die Offenheit des Körpers zu unterstützen. Dies löst Spannungen, öffnet den Geist und ebnet schließlich auch den Weg zum offenen Herzen.

Man kann den Bauch fast auf die gleiche Art gebrauchen, wie sich die Physiker einmal der Nebelkammer bedienten, um normalerweise unsichtbare Elementarteilchen sichtbar zu machen und zu identifizieren - nicht etwa anhand ihres Gewichtes oder ihrer Form, sondern anhand der Spuren, die diese Teilchen in einem feinen Nebel aus Wasserdampf hinterließen. Der Bauch wird zu einem diagnostischen Spiegel, in dem wir das komplizierte Labyrinth unserer lebenslangen Vorlieben und Abneigungen, Spannungen und Widerstände erkennen, das jede Wahrnehmung durchwandern muß. Wir sehen, wie jeder Augenblick des Lebens durch die Spießruten unserer Ängste und Zweifel laufen und die Enge unseres Realitätssinnes durchdringen muß. Im angespannten Bauch erkennen wir den alten Geist. Im weichen Bauch jedoch warten die Möglichkeiten des neuen Geistes, der einen neuen Körper erschafft. Im weichen Bauch können sich unsere tiefsten Energien mühelos entfalten.

Im weichen Bauch werden die Panzerungen des Herzens deutlich sichtbar. Wenn wir der Verhärtung des Bauches von Augenblick zu Augenblick nachspüren, können wir die stetig wechselnde Dichte dieses Schutzschildes ermitteln. Unter dem Druck unseres tief eingewurzelten Widerstrebens, das nach der Manipulation der momentanen Gegebenheiten verlangt, haben sich dort all unsere Gefühle der Furcht und Unwürdigkeit Schicht für Schicht abgelagert. Was wir im harten Bauch vorfinden, bildet fast den genauen Gegensatz zur Ehrfurcht des Nichtwissens, die unserer natürlichen Weisheit und Heilung die mühelose Entfaltung gestattet.

Im Nichtwissen gibt der Bauch dem Wunder des Augenblicks nach. Wenn wir mit der Frage „Wer bin ich?“ nach der unmittelbaren Erfahrung des Lebens suchen, statt ein fiktives „Ich“ als Vermittler einzuschalten, dann können wir beobachten, daß sich der Bauch schon mit der Frage „Wer fragt?“ automatisch entspannt und der Erforschung öffnet.

Die Weichheit des Bauches zeigt unsere Offenheit für den Augenblick zuverlässig an. Wenn wir Frieden in uns spüren, ist der Bauch weich und offen. Im umgekehrten Fall ist er hart und angespannt. Indem wir im weichen Bauch loslassen, öffnen wir den Körper und lösen unsere Verklammerung am rationalen Geist, um das Herz der essentiellen Heilung zu enthüllen.

MEDITATION DES WEICHEN BAUCHES

(Man kann sie einem Partner langsam vorlesen und auch allein mit ihr arbeiten.)

Nimm eine bequeme Sitzhaltung ein und laß den Körper aus sich selbst heraus atmen. Allmählich vertieft das Gewahrsein die Sensibilität für den Atem im Körper, und Du nimmst bei jedem Atemzug die Bewegungen des Bauches wahr.
Laß den Atem im weichen Körper aus sich selbst heraus atmen.
Mehr und mehr dringt das Gewahrsein in das Körpergewebe des Bauches ein. Fühle die Spannungen oder Verklammerungen, die sich dort bemerkbar machen. Laß Entspannung in die Muskeln, in die Härte des Bauches fließen. Lockere die Muskeln. Löse Dich von dem Druck, der dort zu spüren ist. Laß ihn frei im weichen Bauche schweben.
Im weichen Bauch haben wir für alles Raum.
Löse Dich vollständig von den Verklammerungen im Bauch. Gestehe ihm seine Fülle, seine Rundung zu.
Laß den Atem ganz und gar durch den Körper in den Bauch hinunterströmen. Jeder Atemzug hebt die Bauchdecke an und dehnt die Muskulatur. Bei jedem Ausatmen senkt sich die Bauchdecke wieder, und die Spannung löst sich.
Du spürst nur den Atem. Mit jedem Einatmen weitet er den Bauch - mit jedem Ausatmen entspannt er ihn.
Bauch-Atem.
Der weiche Bauch nimmt den Atem in sich auf.
Beobachte, daß schon ein einziger Gedanke neue Spannung, neue Verklammerung im Bauch hervorrufen kann.
Kehre immer wieder zum weichen Bauch zurück, ganz gleich, wie oft Du ihn vergißt. Öffne ihn für das Leben.
Öffne den Bauch für die Heilung.
Weicher Bauch.
Reicher, voller Atem. Tief im weichen Bauch.

Mit jedem Atemzug läßt Du los.
Immer weiter, immer tiefer läßt Du los.
Sanft fließt der Atem in der Tiefe des weichen Bauches dahin.
Offen und zärtlich erlebt der Bauch den Augenblick, so wie er ist.
Alles schwebt im weichen Bauch dahin.
Der weiche Bauch hat Raum für Behagen und Schmerz, für Furcht und Freude, für Zweifel und Zuversicht.
Im weichen Bauch ist Raum für unsere eigene Geburt. Im weichen Bauch fließt die alte Härte in einer neuen Weichheit dahin.
Im weichen Bauch gibt es keine Kontrolle, keine Verhaftung.
Im weichen Bauch schwebt die Welt dahin.
Im weichen Bauch lösen sich der Kummer, die Trauer, die Spannung eines ganzen Lebens auf.
Im weichen Bauch ist so viel Raum, so viel zärtliches Mitgefühl.
Im weichen Bauch werden wir endlich in unsere Heilung hineingeboren.

* * *

KAPITEL 16

Im Körper lesen

Vor dem Hintergrund der Öffnung des Körpers ist es sicherlich zweckmäßig, eine Meditationspraxis zu besprechen, die in der Tradition des südlichen Buddhismus Verwendung findet. Es ist eine Übung, die man „Durchwanderung des Körpers" nennt und in der die Aufmerksamkeit den Körper in einer sehr präzisen und methodischen Weise sondiert. Langsam und ruhig wird er von Kopf bis Fuß vom Gewahrsein abgetastet. Wir stimmen uns sehr fein auf die volle Bandbreite der dem Gewahrsein zugänglichen Empfindungen ab und werden befähigt, die Landkarte der Konditionierungen zu lesen, die sich dem Körper eingeprägt haben. Indem wir uns mit großer Achtsamkeit von einem Bereich zum nächsten bewegen, werden wir der unterschiedlichen Sensibilität dieser Bereiche gewahr. Der Körper sendet eine Vielzahl von Empfindungen aus - ein bestimmter Bereich mag heftig pulsieren, während ein anderer nur leicht vibriert; ein Bezirk kann ein Gefühl der Wärme, der andere ein Gefühl der Kälte ausstrahlen; in einem Bereich mag sprühendes Leben, ja sogar Ekstase zu spüren sein, während in einem anderen Unsicherheit oder gar Verdrießlichkeit herrscht. In den meisten Bereichen werden Empfindungen lebendig, aber manche erscheinen auch wie abgetötet und strahlen nur wenig oder gar keine Empfindungen aus - vielleicht kennzeichnet diese Trägheit und Erstarrung einen Bezirk unbereinigter Geschäfte. Geistige oder körperliche Wunden können einen Bereich gefühllos machen und seinen Willen lähmen, sich wieder ins Leben vorzutasten. Eine Frau, die sexuell mißbraucht worden ist, mag im Bereich der Gebärmutter gelegentlich auf ein Gefühl der Taubheit stoßen. Ebenso ergeht es vielleicht einer Frau, die sich über den seelischen Schmerz einer Hysterektomie nicht hinwegtrösten kann. Ein Mensch, der sein Leben lang versucht hat, alles unter Kontrolle zu behalten und die Last der Welt auf seinen Schultern zu tragen, bemerkt vielleicht ein brennendes Gefühl in den Schultern. Wenn das Gewahrsein in Geist oder Körper auf eine Erstarrung trifft, strebt die Liebe den Niederungen unserer deutlichsten Verhaftungen entgegen. Und in jedem Bereich hoher Sensibilität erhebt sich von Augenblick zu Augenblick eine wahre Flut von Empfindungen.

Ebenso wie manche geistigen Bereiche offen vor uns ausgebreitet und andere völlig verborgen sind, so ist auch im Körper hohes und niederes Terrain der Sensibilität zu finden. Wenn wir das Feld der Empfindungen sondieren, das wir „Körper" nennen, geben sich die Bereiche der Freude oder des Schmerzes in unserem Innern sofort zu erkennen. Und wir entdecken, daß sich nicht etwa nur der Geist versteckt, sondern daß sich auch bestimmte Bereiche des Körpers bis zu einem gewissem Grad zurückgezogen haben und nach einer mitfühlenden Bewußtheit dürsten, die sie wieder in den größeren Körper zurückbringt, den wir alle miteinander teilen. Damit soll nicht gesagt sein, daß körperliche Bereiche hoher Sensibilität in irgendeiner Weise höher einzuschätzen wären als Bezirke, in denen sich nur geringe Empfindungen bemerkbar machen - jeder Bereich gibt uns Gelegenheit, zu erwachen. Indem wir den Körper durchwandern und ihn auf der mikroskopischen Ebene erforschen, erfahren wir das Leben so, wie es sich im Körper entfaltet hat. Wo auch immer sich unsere Aufmerksamkeit konzentriert, keimt neue Sensibilität auf, und das Leben kehrt nach und nach wieder in diesen Bezirk zurück.

Jene Bereiche, die nur geringe Empfindungen aussenden, helfen uns dabei, „das Ungefühlte" in unserem Leben zu bestimmen. Es sind die Teile des Körpers, welche die unbereinigten Geschäfte des Geistes reflektieren. Sie lassen einen Zustand erkennen, der seiner Reife harrt - in der gleichen Weise wie die von Thich Nhat Hanh beschriebenen Herzen der Seeräuber, die „noch nicht verstehen können". Dringt das Gewahrsein in diese Bereiche ein, treten oft spontane Empfindungen auf und integrieren diesen Körperteil schrittweise in den größeren Körper. Interessanterweise läßt sich beobachten, daß wir beim Ausloten dieser leblosen Bezirke mit dem tiefen Eindringen des Gewahrseins auf eine unvorhersehbare Bandbreite von Empfindungen stoßen können, die von überschwenglicher Freude bis zu tiefstem Schmerz reichen. Jeder Schritt der Selbstaufgabe hat ein kleines Stück von uns sterben lassen.

Im Verlauf dieser Meditation stoßen wir vielleicht auf noch unbekannte Schmerzen und Freuden und entdecken sowohl Bereiche starker Anspannung als auch Bereiche tiefer Aufnahmefähigkeit und Offenheit. Ein Lehrer stellte einmal fest: „Es ist viel leichter, außerhalb des Körpers als wirklich *in* ihm zu sein." Nur von sehr wenigen Menschen kann man sagen, daß sie voll und ganz Geburt angenommen haben und völlig in ihren Geist oder Körper eingetaucht sind. Diese Meditation erlaubt es dem Gewahrsein, den Körper nicht als Vorstellung zu erleben, sondern unmittelbar als ein Feld der Sinnesempfindungen zu erfahren. Sie richtet sich nicht auf die Vorstellung von einem Bein, Arm oder Fuß, sondern auf die Erfahrung der in ihnen hervorgerufenen Empfindungen. Es geht in ihr nicht um den Traum, sondern um die Realität des Beines. Sie gewährt der heilenden, durch das Gewahrsein konzentrierten Energie Zugang zu einem Bereich, der nach einer solchen Zuwendung verlangt.

Die für eine entsprechende Abtastung des Körpers notwendige Zeit kann zwischen einer halben und einer ganzen Stunde liegen. Wir bewegen uns ganz langsam vom Scheitel des Kopfes abwärts - durch die Augenbrauen, die Augen, die Wangenknochen, den Kiefer, die Zunge, die Zähne, die Lippen, das Kinn - durch den ganzen Schädel samt der ihn umspannenden Haut und weiter durch den Hals, durch den Oberkörper, die Hüften, die Beine - bis wir über die Zehen die Fußsohlen erreichen.

Wir können den Körper in dieser Meditation bis ins kleinste Detail erforschen. Wir können erkennen, daß das, was wir den Körper nennen, eigentlich eine Landkarte der Sinnesempfindungen ist, die durch das Gewahrsein fließt. Wir können über den Gedanken „Ich bin dieser Körper" hinaus bis in die vibrierende „Bin-

Heit“ blicken, in der auch die schwächste Empfindung ihre Wiederbelebung erfährt. Indem wir uns an jeder einzelnen Station unserer Wanderung der Bereiche annehmen, die sich nach Nahrung und Zuwendung sehnen, und dabei gleichermaßen auf alle Bereiche bedacht sind, die von Liebe und Präsenz erfüllt sind, erschließen wir dem Körper sein gesamtes Potential, studieren seine Landkarte und folgen dem Pfad der Heilung.

MEDITATION DER DURCHWANDERUNG DES KÖRPERS

(Man kann sie einem Partner langsam vorlesen und auch allein mit ihr arbeiten.)

Richte Deine Aufmerksamkeit ganz sanft auf den Scheitelpunkt des Kopfes. Stimme Dich auf das Niveau der Empfindungen ein, die am obersten Punkt des Schädels hervorgerufen werden.
Vielleicht fühlst Du sogar, wie sich die weiche Kopfhaut über die harte Knochenschale des Schädels spannt.
Zentriere Deine Aufmerksamkeit mehr und mehr in diesem höchsten Punkt des Schädeldaches.
Ganz sanft. Achte auf die Empfindungen, die von der körperlichen Lebensenergie hervorgerufen werden, und konzentriere Dich auf den Scheitelpunkt des Schädels.
Öffne Deine Aufmerksamkeit so weit, daß alle Empfindungen Raum haben, die sich im oberen Teil des Kopfes und in der Kopfhaut bemerkbar machen. Fühlst Du, wie sich die weiche Kopfhaut über den harten Knochen des Schädeldaches spannt? Verfeinere das Gewahrsein bis zu dieser Gefühlstiefe.
Laß das Gewahrsein zu den Augenbrauen und zur Stirn wandern und achte auf die Empfindungen, die hier entstehen.
Laß das Gewahrsein die Augenhöhlen umschließen, die Knochen, die Knorpel, das die Augen umgebende Fleisch - alles ist sensibel, erfüllt von Empfindungen, erfüllt von Gefühlen. Du brauchst nichts hervorzurufen - nimm einfach wahr, was geschieht. Vielleicht kannst Du sogar fühlen, wie

die Augäpfel in ihren Höhlen ruhen. Wenn das Gewahrsein von einem Punkt zum nächsten wandert, dauert es eventuell einen Augenblick, bis es sich neu zentriert hat. Erzwinge nichts. Bewege Dich einfach langsam weiter und lausche auf alles, was wahrnehmbar wird.
Fühle die Wangenknochen.
Fühle die Ohren.
Laß die Empfindungen in den Ohren aus sich heraus in Erscheinung treten. Fühlt sich das Ohr an seiner Oberseite anders an als unten? Erforsche Dich sorgfältig, erfahre Dich sanft.
Der Unterkiefer. Fühle, wie sich seine Enden in die Gelenkpfannen des Schläfenbeins einfügen, wie er sich nach vorne spannt und den Kinnhöcker bildet. Fühle diesen Knochen. Fühle in diesen Knochen hinein.
Fühle, wie der Unterkiefer die Kinnbacken formt, welche die Zahnfächer enthalten. Lenke Dein Gewahrsein auf die Zahnreihe im Unterkieferknochen und prüfe, ob Du es behutsam von einem Zahn zum nächsten bewegen kannst. Du brauchst nichts hervorzurufen und nichts festzuhalten. Laß die Empfindungen einfach spürbar werden. Wohin sich auch Dein Gewahrsein richtet - registriere einfach nur die Eigenart oder auch Abwesenheit der einzelnen Zähne. Du brauchst nichts zu bewerten, Du brauchst Dich nicht zu verändern - nimm einfach den Körper so wahr, wie er sich Deinem mitfühlenden Gewahrsein darbietet.
Laß das Gewahrsein zur oberen Zahnreihe wandern und bewege es im oberen Teil der Mundhöhle von Zahn zu Zahn.
Fühle, wie die Zunge in der Mundhöhle liegt. Nehmen die Empfindungen in Richtung der Zungenspitze zu? Verändern sie sich, wenn Du Dich nach hinten in den Rachen bewegst? Öffne Dich ganz sanft den Empfindungen, die von der Lebenskraft des Körpers ausgehen.
Fühle die gesamte Mundhöhle.
Fühle die Vorderseite des Gesichtes - die Augenbrauen, die

Augen, die Nase, die Lippen, die Zunge, den Ober- und Unterkiefer, die Ohren. Nur Gesicht und Gewahrsein.

Fühle den Schädel hinter dem Gesicht. Erfasse den gesamten Schädel, die gesamten Empfindungen des Gesichtes, des Kopfes.

Laß die Aufmerksamkeit in den Rachen wandern und lausche den Empfindungen, die dort spürbar sind.

Erfühle den vorderen Teil der Kehle. Die Luftröhre. Fühle, wie der Nacken in den schmaleren Hals übergeht und sich unten verbreitert, um die Schultern zu formen - wie sich die Schultern zur Brust hinab senken. Das Gewahrsein wandert langsam an der Vorderseite des Halses hinunter und breitet sich aus, um die Schultern und den oberen Brustkorb zu fühlen.

Lenke das Gewahrsein auf die Empfindung des rechten Arms, der von der Schulter herabhängt. Fühle, wie die Schulter das Gewicht des Armes trägt, wie sie ihn hält, wie sie ihn aufnimmt.

Fühle, wie sicher der Arm in der Gelenkpfanne des Schulterblattes ruht, wie bereitwillig dieses Gelenk Bewegungen vollführt, wieviel Gewicht es tragen kann. Fühle seine Stärke.

Laß das Gewahrsein allmählich von der Schulter aus in den Arm hinunterwandern und bewege es durch die Muskeln und Sehnen des Oberarms, des Bizeps bis in den Ellbogen hinein - ganz langsam und sanft erlebt das Gewahrsein den Körper als reine Empfindung.

Fühle den Ellbogen - seine Festigkeit, seine kantige Form, seine Beweglichkeit.

Laß das Gewahrsein vom Ellbogen aus weiter zum Handgelenk des rechten Armes wandern. Fühle die vielfältigen Empfindungen, die sich bemerkbar machen, während Du Dich durch die Knochen und Gewebe des Unterarms bewegst. Fühle, wie sich die vielgestaltigen Knochen im Handgelenk zusammenfügen und mit den Muskeln und Sehnen verbinden

- wie geschmeidig, wie perfekt sich das Handgelenk bewegen kann - so zweckmäßig, so hilfsbereit. Lenke Deine Aufmerksamkeit allmählich zur Innenseite Deiner rechten Hand.
Diese Hand kann geben, und diese Hand kann empfangen.
Laß das Gewahrsein langsam vom kleinen Finger bis zum Daumen durch jeden einzelnen Finger wandern und nimm nach und nach die ganze Hand in ihrer Empfindung wahr.
Dehne Deine Wahrnehmung auf die ganze Hand aus, auf das Handgelenk, auf den ganzen Arm. Erfahre den gesamten rechten Arm als Empfindung. Voller Mitgefühl erfährt das Gewahrsein den Körper - in jedem einzelnen Augenblick nimmt das sanfte Gewahrsein seine Empfindungen auf.
Laß das Gewahrsein den ganzen Arm bis hinauf zur Schulter erkunden. . . und wandere dann langsam über den oberen Brustkorb zur linken Schulter hinüber. Bewege das Gewahrsein von der Schulter aus schrittweise durch den Bizeps zum Ellbogen des linken Armes.
Fühle den Ellbogen - seine Härte, seine Beweglichkeit. Wandere in den linken Unterarm hinein und weiter zum Handgelenk - fühle seine wunderbare Beweglichkeit, seine Fähigkeit der Zuwendung. Lenke die Aufmerksamkeit in die Innenseite Deiner linken Hand hinein.
Bewege das Gewahrsein langsam vom kleinen Finger bis zum Daumen und erkunde jeden einzelnen Finger sanft und bewußt.
Fühle nun die ganze Hand - den Daumen und die Finger, die Handfläche, die Knochen, Sehnen und Muskeln. Diese Hand kann helfen, diese Hand kann empfangen - und Du spürst, wie dieses Wunder des Lebens in der Innenfläche der linken Hand vibriert.
Dehne die Aufmerksamkeit auf das Gewicht des gesamten linken Armes aus, das von der Schulter getragen wird. Fühle die Muskeln des Oberarms, den Ellbogen, den Unterarm, das Handgelenk und die Hand.
Öffne Dich den Empfindungen. die der linke Arm hervorruft.

Fühle nun, wie beide Arme an den Seiten des Körpers ruhen - empfinde ihre Kraft. Fühle, wie die Körperseiten von den beiden Armen umfangen und beschützt werden, wie geborgen sich der Körper in ihrer immerwährenden Umarmung fühlt.
Bewege Dich zwischen den Schultern in die Brust hinab und fühle die Muskeln der Brust - das Gewicht, die Substanz des materiellen Fleisches, der lebendigen Soheit, die im Zentrum eines jeden Augenblicks vibriert und im Bereich des Herzens, der Brustwarzen und des Brustkorbes fühlbar wird.
Fühle den Bauch und nimm wahr, wie sich das Zwerchfell mit jedem Atemzug ganz von selbst hebt und senkt. Vielleicht kann das Gewahrsein sogar das Bindegewebe zwischen Brust- und Bauchhöhle erspüren, das die Muskeln des Zwerchfells miteinander verbindet.
Jeder Atemzug ruft im Bauchraum Empfindungen hervor.
Fühle das Fleisch, das die Muskeln und Gewebe des Bauches überzieht. Ganz sanft bewegt sich das Gewahrsein durch die Schichten der Haut, der Gewebe und der Muskeln, bis es sich den Empfindungen nähert, die von den Organen innerhalb der Körperhöhle ausgehen.
Die Leber, der Magen, die Lungen, die Nieren, die Blase. Fühle die Eingeweide, fühle die Milz, fühle die Bauchspeicheldrüse - vielleicht macht sich ihr Gewicht, ihre Masse bemerkbar - vielleicht empfängt der subtile, sanfte Geist auch unterschiedliche Signale von den verschiedenen Organen. Erfülle den Geist mit tiefer Ruhe und Offenheit, wenn er in der dunklen Körperhöhle weilt und den Empfindungen der Verdauungsorgane, der Atmung, des Blutes und der Lebenskraft lauscht.
Spüre den gesamten Oberkörper. Diesen starken Körper. Diesen Körper der Lebenskraft. Diesen Körper des Seins.
Lenke Deine Aufmerksamkeit nun allmählich zur Rückseite des Halses, zum obersten Ende der Wirbelsäule. Wandere durch die einzelnen Wirbel den Rücken hinunter und fühle

die seitlichen Muskeln, das Bindegewebe und die schimmernden Bahnen der Nerven, des Blutes, des Lebens. Bewege Dich vom Nacken aus schrittweise bis zum Ende der Wirbelsäule hinab.

In jedem Augenblick sendet der Körper Empfindungen aus, in jedem Augenblick wird der Körper im Herzen des Seins, in reiner Bewußtheit aufgenommen.

Manche Bereiche sind sensibler und rufen mehr Empfindungen hervor als andere - beobachte einfach und laß das Gewahrsein langsam durch den Rücken zur Basis der Wirbelsäule hinunterwandern.

Erfühle den Raum des Beckens, spüre seine Sensibilität. Besteht dort ein Schutzbedürfnis? Besteht dort Offenheit?

Fühle die Hüftknochen, die das Körpergewebe tragen und uns das aufrechte Sitzen ermöglichen - fühle die Muskelstränge des unteren Rückens und öffne Dich sanft den Empfindungen, den Lebenserscheinungen dieses Augenblicks. In jedem einzelnen Augenblick verschmelzen Bewußtheit und Gefühl in diesem kostbaren Körper.

Fühle die fleischigen Backen, auf denen der Körper wie auf einem Kissen sitzt. Fühle ihre Güte, ihre Unterstützung, ihre Geborgenheit, die uns das Sitzen so angenehm macht.

Laß das Gewahrsein ganz sanft zur rechten Hüfte wandern. Öffne Dich den Empfindungen, die sich hier entfalten - rufe nichts hervor, sondern erfahre einfach die körperliche Lebensenergie. Lausche den Empfindungen, während wir im rechten Bein zum Knie hinunterwandern - durch die starken Muskeln und festen Gewebe des Oberschenkels, durch seinen schweren Knochen, durch die tiefsitzenden Muskeln, die Blut und Lebenskraft durch den Körper tragen.

Laß das Gewahrsein für einen Moment im rechten Knie zur Ruhe kommen, bevor es weiter durch den Unterschenkel in den rechten Fußknöchel wandert. Das Gewahrsein ist konzentriert, sensibel und achtsam.

Fühle, daß dieses Gewahrsein alles in sich aufnehmen kann,

daß es der körperlichen Empfindung der sich entfaltenden Lebenskraft Raum geben kann - und bewege es durch den Fußknöchel in den rechten Fuß hinein.
Erfühle die Fußsohle.
Beobachte, ob sich die Empfindungen der Fußsohle von denen der Fußoberseite unterscheiden.
Bewege das Gewahrsein schrittweise von der kleinen bis zur großen Zehe. Öffne es für alle Empfindungen, die sich spontan entfalten, während Du Dich langsam durch jede einzelne Zehe des rechten Fußes bewegst.
Fühle den ganzen Fuß. Gewahre seine Fähigkeit, dem Körper Halt zu geben, sich zu beugen und zu strecken.
Spüre seine Fähigkeit, uns an jeden Ort zu tragen, den wir aufsuchen wollen.
Laß das gesamte rechte Bein in das Feld der Bewußtheit eintreten und öffne Dich den Empfindungen der starken Muskeln und kräftigen Knochen des Beines und des Knies.
Wandere durch den Unterschenkel und den Knöchel - durch diesen beweglichen Fuß.
Das gesamte rechte Bein wird in sanfter, empfindsamer Bewußtheit erfahren.
Lenke Deine Aufmerksamkeit allmählich zur linken Hüfte und fühle die Härte der Knochen. Fühle Dich in die Knochen der Hüfte und des Oberschenkels ein - wandere durch die Schichten der Empfindung, durch die Schichten der Knochen, der Gewebe und des Fleisches. Erlebe die mannigfachen Empfindungen, die das Gefühl, die Erfahrung des linken Beines und des Knies hervorrufen.
Fühle die Bewegungsfähigkeit des Knies, seine Behendigkeit, seine Funktionalität.
Du erfährst das linke Bein als reine Empfindung und bewegst Dich durch den Unterschenkel in den Fußknöchel.
Spüre die Vielfalt, den Wechsel der Empfindungen - die Knochen und das Fleisch - die Gewebe und Sehnen - die Haut und die Muskeln. Laß Deine Aufmerksamkeit durch den

Knöchel in den linken Fuß wandern und lausche den unterschiedlichen Empfindungen im Fuß.
Das Gewahrsein bewegt sich langsam von der kleinen bis zur großen Zehe und nimmt schrittweise die Empfindung jeder einzelnen Zehe des linken Fußes in sich auf.
Fühle den gesamten Fuß. Er ist stark und flexibel, belastbar und leistungsfähig.
Öffne Deine Aufmerksamkeit für die vielfältigen Empfindungen, die sich von der Hüfte bis in die Spitze des großen Zehes hinein im gesamten linken Bein entfalten. Fühle die vielfachen Schichten der Dichte und Weichheit.
Spüre das Prickeln und Vibrieren, durch das sich die Empfindungen im linken Bein bemerkbar machen.
Dehne das Gewahrsein auf die Wahrnehmung beider Beine aus.
In den Hüften und Knien entstehen und vergehen vielfältige Empfindungen - die Füße, die Beine, die Oberschenkel vibrieren vor Lebendigkeit.
Mehr und mehr Bewußtheit erfüllt das Gefäß des Körpers - sie steigt von den Zehen aufwärts durch die Knie und Hüften bis in die Körperhöhle empor.
Fühle, wie die Bewußtheit durch den Bauch in die Brust und weiter in die Schultern und Arme wandert.
Wo auch immer sich Bewußtheit ausbreitet, können sich die Empfindungen des Lebens frei entfalten.
Bewußtheit erfüllt den Körper. Empfindung erfüllt den Körper.
Achtsamkeit erfüllt den Körper bis zum Scheitel des Kopfes.
Leuchtende Bewußtheit erfüllt das Körpergefäß von den Zehenspitzen bis zum Gipfel des Schädeldaches.
Der ganze Körper prickelt und sprüht vor Lebendigkeit.
Punkt für Punkt durchwandern wir die Empfindungen des Kribbelns oder der Stumpfheit, der Aktivität oder der Ruhe, der Schwere oder der Leichtheit, der Wärme oder der Kälte.
Jeder Bereich empfängt den gleichen Segen.
Der ganze Körper wird von sanfter Bewußtheit erfüllt, die

das Leben so erfährt, wie es ist.
Von Augenblick zu Augenblick entstehen und vergehen die Empfindungen in unermeßlicher Bewußtheit.
Der ganze Körper ist beseelt von lebendiger Bewußtheit.
Der ganze Körper ist von Gegenwart erfüllt. Der ganze Körper ist erfüllt von Gnade und Bewußtheit.

* * *

KAPITEL 17

Konzentrierte Heilung

Nachdem wir damit begonnen haben, die Hindernisse auf dem Weg der Heilung auszuräumen, indem wir lernten, die Verhaftungen des Geistes zu ergründen, den Körper zu entspannen, zu öffnen und „nur so viel“ in unserem Herzen erwachen zu lassen, sind wir befähigt, uns der unmittelbaren Erkrankung zuzuwenden und uns ihr in einer mitfühlenden Bewußtheit zu nähern, die alles ins Gleichgewicht bringt, was sie berührt. Indem wir die immer neuen Verdichtungen in Verstand und Körper erforschen, offenbart sich der Geist der Heilung auf seiner Wanderung durch die uralten Bürden des Lebens und gibt seine Silhouette vor der offenen Pforte des Herzens zu erkennen.

Anfangs mögen sich viele Räume der Erforschung und der Meditation über die Hindernisse auf dem Weg zur Heilung öffnen, in denen wir den Verhaftungen und Wertungen von Verstand und Körper begegnen und auf ganz unterschiedliche Ebenen der Klärung und Bewußtwerdung treffen. Indem wir in die Tiefen des alten Geistes hinabtauchen, nähern wir uns der eigentlichen Substanz der Dinge. Nachdem wir in ungezählten Augenblicken der scharfsichtigen und achtsamen Beobachtung immer wieder mit den Sinnesempfindungen in Kontakt getreten sind, haben wir direkten Zugang zu den Räumen der Verhaftung und des Schmerzes erhalten. Wir überschreiten, was wir einst für die Stufen der Heilung hielten, und werden in einem stetigen, natürlichen Prozeß in das reine Sein hineingeboren.

Dieser Prozeß beginnt bei vielen Menschen in jenen wenigen Minuten der Erforschung ihrer persönlichen Empfindungen, in denen sich die Erfahrung des Unbehagens für sie manifestiert - fast so, als würden sie inmitten eines grauen Schneegestöbers stehen und beobachten, wie die einzelnen, leuchtenden Schneekristalle auf ihrer ausgebreiteten Hand zu schmelzen beginnen, während sich schon wieder neue Schneeflocken auf ihr niederlassen. Und er entfaltet sich weiter zu einer ganzen Kette von Augenblicken des Mitgefühls und der Achtsamkeit, während sich der Eingang zum Herzen weitet und einen Kanal zwischen den Empfindungen des Körpers und der Weiträumigkeit des Herzens öffnet. Und nun können wir, wenn wir tief in unser Herz hineinatmen, weit unter die Fiktion unseres Selbstbildes hinabtauchen und den Kontakt zum Atem der Liebe, zum Atem des Erbarmens wiederherstellen, dem sich der Körper ganz und gar öffnet.

Wenn wir an diesem Punkt auf unsere bisherige Arbeit zurückblicken, stellen wir fest, daß sie nicht in der schrittweisen Annäherung an ein Ziel oder im Erklimmen der einzelnen Sprossen einer Leiter bestanden hat, sondern einzig in einem Entfaltungsprozeß, in einem fortwährenden Geborenwerden - einem Pfad, der sich mit jedem ganz und gar vollzogenen Schritt aus sich selbst heraus manifestierte. Sie bestand in einer kontinuierlichen Vertiefung der Einsicht in die Ursache unseres Leides und in die Quelle der Heilung.

In den letzten Jahren haben wir eine Meditation entwickelt, mit deren Hilfe wir die Ebenen der Heilung in Geist und Körper integrieren können. Wir treten in diese Meditation ein, indem wir uns einem Bereich des Unbehagens voller Güte nähern und ihn ganz und gar mit Entspannung erfüllen. Wir lassen die Empfindungen dahinfließen. Indem wir direkt in die Wahrnehmungen des Augenblicks eintreten und ihre eigentliche Natur erleben, breiten sich sanftes Mitgefühl und zärtliche Fürsorge in diesem Empfindungsbereich aus.

Zu Anfang der Meditation verankern wir uns im Körper und wenden uns in sanfter Bewußtheit dem Bereich zu, der immer von einem Panzer des Widerstands und der Furcht umgeben war. Wir durchwandern ganz sanft die Räume, in denen wir unseren inneren Blockaden begegnen und die Kraft des Loslassens klar erkennen können. Nachdem dieser Bereich völlig entspannt ist und die Empfindungen frei dahinfließen können, wird das Gewahrsein direkt auf das Empfindungszentrum konzentriert. Wir beginnen die Lebenskraft sogar in einem Bereich zu spüren, den wir vielleicht gänzlich ignoriert und vor langer Zeit völlig verdrängt haben. Diese Erforschung der Merkmale des Unbehagens und der mit ihnen korrespondierenden Erstarrung ist für uns immer weniger mit Spannung und Konfusion verbunden und wird dafür mehr und mehr zum Subjekt einer heilenden Bewußtheit.

Wenn das Gewahrsein unmittelbar auf die Empfindungen zugreifen kann, studieren wir ihre Struktur, ihre Maserung und ihr Gewebe, ihr Entstehen und Vergehen - wir haben acht auf die innere Stimme und auf die Einstellung, die uns motiviert. Die Empfindungen, von denen sich der Geist immer wieder zurückgezogen hat, werden in einer neuen Erforschung des Entfaltungsprozesses zum konstanten Brennpunkt unserer Wahrnehmung.

Der Raum der Entspannung, der die Empfindung umgibt, wird vom Herzen erfüllt. Jeder Augenblick fließt in grenzenloser Bewußtheit dahin und wird von Mitgefühl und Fürsorge begleitet. Verhaftungen zerrinnen im weiten Raum. Die Dinge entstehen und vergehen, so wie sie sind, ohne daß wir uns im geringsten an sie klammern oder sie verurteilen. Auch die Verhaftung selbst ist nur noch eine Seifenblase, die durch die Grenzenlosigkeit schwebt. Nichts muß verdrängt, nichts muß hervorgehoben werden. Wir müssen nirgendwohin abschweifen, wir müssen niemand sein - nichts muß getan werden, nichts bleibt ungetan. Es existiert nur noch dieser ewige Augenblick - nur noch die gnadenvolle Heilung mitfühlender Bewußtheit.

Es mag zu Beginn dieser Praxis schwierig sein, mit Bereichen in Kontakt zu treten, die lange Zeit von der Mauer unserer Aversionen eingeschlossen waren. Es ist jedoch nicht ratsam, die Heilung zu überstürzen. Ebenso wie wir uns bei der Arbeit mit unseren Schmerzen Schritt für Schritt vorwärtsbewegen, so sollten wir auch mit dieser Meditation erst einmal zehn oder fünfzehn Minuten lang arbeiten und dann eine Pause einlegen, uns eine Weile voll auf den Atem konzentrieren, den Bauch entspannen und aus dieser Entspannung heraus den Atem beobachten. Ohne den Bereich auch nur im geringsten zu bedrängen, kehren wir so lange zur

Heil- oder Schmerzmeditation zurück, wie es uns angemessen erscheint. Während manche Bezirke des Körpers im Licht der Bewußtheit förmlich zu „singen“ scheinen, können sich andere einer direkten Fühlungnahme entziehen. Wenn wir in der ersten Annäherung an einen solchen Bereich auf eine massive Dichte stoßen, die dem Gewahrsein ein weiteres Vordringen verwehrt, kann sich eine Visualisation als nützlich erweisen. Wir sollten jedoch daran denken, daß die Visualisierung eines Körperbereiches, so hilfreich sie auch sein mag, nicht mit dem eigentlichen Bereich identisch ist - sie ist eine Vorstellung, ein mentales Bild. Visualisation kann uns die Annäherung und Fühlungnahme auf Ebenen ermöglichen, die uns bislang nicht zugänglich waren. Weil sie aber zumindest einen Schritt von der unmittelbaren Erfahrung dieses Bereiches entfernt ist, kann sie ihre Kraft nicht im im innersten Zentrum der Heilung entfalten. Die Heil- und die Schmerz-Meditation basieren auf der direkten Erfahrung und ermöglichen uns eine tiefe, innere Teilhabe an einem Körperbereich. Diejenigen, die auf Hindernisse stoßen und der Möglichkeiten einer Fühlungnahme mit einem Bereich mittels der Visualisierung gewahr werden, „sehen“ vielleicht eine Verklammerung, die sich wie eine geschlossene, verkrampfte Faust um den Schmerz oder die Krankheit spannt. Es ist eine Faust des Widerstands, die unseren Schmerz mit eisernem Griff zusammenpreßt. Wenn sich diese Verklammerung bemerkbar macht, kann man visualisieren, daß sich die einzelnen Finger dieser Faust behutsam und in individueller zeitlicher Anpassung zu öffnen beginnen. Wir merken, wie diese Verklammerung, die sich in der großen, knöchrigen Faust unserer Verhaftungen und Widerstände aufgebaut hat, auf unser Unbehagen niederdrückt und es zu einem unzugänglichen Schmerz verhärtet. Wenn wir zu visualisieren beginnen, wie sich dieser Widerstand, diese angespannte Faust lockert, öffnet und von den Schmerzen löst, bekommen wir vielleicht einen Eindruck der Weiträumigkeit, die uns den Zugang zu jenem Bereich erleichtert und für die Heilung öffnet.

Denke daran, daß schon ein einziger Moment des Verstehens unsere ganze Perspektive verändern kann, und bringe dieser Faust das Leid zu Bewußtsein, das sie verursacht - erlaube es ihr, sich den Empfindungen gegenüber zu entspannen. Visualisiere, wie sie sich auf das Loslassen besinnt, wie sie sich endlich ihrer natürlichen Offenheit erinnert. Laß sie tief aufatmen, erlöse sie von ihrer Spannung, laß eine neue Wärme und Milde durch den weichen Körper der Güte und Achtsamkeit strömen. Entdecke in dieser verkrampften Faust unserer Verklammerung das großzügige Angebot der Heilung. Vergegenwärtige Dir, wie Du in der sich öffnenden Faust ein kostbares Geschenk entdeckst, das still in ihrem Innern ruht. Betrachte sie als die heilige Hand des Dienens. Mit dieser Visualisierung kann sich im Bereich des Leidens oder Unbehagens eine tiefe Entspannung der Sehnen, der Gewebe und der Muskulatur einstellen und die Empfindung von allem Druck befreien. Sie kann in etwas hineinfließen, das größer ist als die beharrliche Verklammerung des alten Geistes.

Wenn die Visualisierung Deinem Temperament entgegenkommt, dann mache sie Dir als einen Schritt auf dem Pfad der Heilung zunutze. Bleibe jedoch an diesem Punkt nicht stehen. Visualisierung kann den Zugang zu einem Bereich öffnen, aber das Gewahrsein ist in der Lage, direkt in die Empfindungen einzutreten, die in ihm hervorgerufen werden. Wenn sich zwischen einem Empfindungsbereich und dem Herzen der Heilung erst einmal ein Kanal geöffnet hat, kann jeder Atemzug liebevolle Güte und heilende Bewußtheit in das Zentrum unserer Bedürfnisse leiten.

Als sehr wirksam kann es sich erweisen, ein mentales Bild von dem zu heilenden Bereich und der eintretenden Heilung zu schaffen. Für den Mann, der sich der Heilung nicht öffnen konnte, bis er sich die Bestrahlungstherapie als goldenes Licht vergegenwärtigte, welches von der Hand eines göttlichen Wesens ausstrahlte, war die Visualisierung der Schlüssel, der ihm einen tieferen Zugang zum erkrankten Bereich eröffnete. Visualisierung ist auch ein wesentlicher Bestandteil der Technik, Medikamente in bestimmte Körperbereiche zu dirigieren. So kann sie uns bei fachgerechter Anwendung in eine größere Weiträumigkeit und Offenheit hineinführen, die es uns erlaubt, direkt in den pulsierenden Kosmos im Zentrum jeder Empfindung, jedes Schmerzes, jeder Erstarrung, jedes Tumors, jeder argwöhnischen Gebärmutter, jedes gepeinigten Herzens einzutreten - und zu entdecken, daß wir der Heilung immer nahe sind.

Die uns offenstehenden Möglichkeiten der Heilung gehen weit

über unsere Vorstellungen hinaus. Sie sind so greifbar, daß oft schon eine liebevolle Visualisierung, auch wenn sie einen Schritt vom Kern unserer Krankheit entfernt ist, das Gleichgewicht in einem Körperbereich wiederherstellen kann. Darüber hinaus sind viele Menschen vorwiegend visuell orientiert. Visualisierungen können ihnen sehr dabei helfen, einen verschatteten Bereich in Geist oder Körper mit Licht zu erfüllen.

Auch für Menschen, die mit fortgeschrittenem Krebs und lebensbedrohenden Krankheiten konfrontiert sind, können geleitete, bildhafte Meditationen und kreative Visualisationen von weitreichendem Nutzen sein. Die Arbeit der Visualisation und Nutzbarmachung des Immunsystems durch die Selektion symbolischer Bilder der Gesundheit und der Rückbildung von Krebs hat sich oftmals positiv ausgewirkt. Visualisation kann es uns ermöglichen, zu einem Objekt in Beziehung zu treten, anstatt auf dieses Objekt bezogen zu sein. Für das Herz spielt jedoch die gewählte Symbolik, die den „Widerstand" des Immunsystems erhöhen soll, gerade dann eine elementare Rolle, wenn es zu vermeiden gilt, daß Aggression an die Stelle des Mitgefühls tritt. Wenn wir eine solche Praxis fachgerecht anwenden wollen, müssen wir bereits der eigentlichen Vorstellung, eine Krankheit durch die Verstärkung des „Widerstands" überwinden zu wollen, gewissenhaft auf den Grund gehen.

Ein sehr engagierter Arzt, der aufrichtig darum bemüht ist, den Körper unter Verwendung aggressiver Visualisationen vom Krebs zu heilen, bezeichnete einmal diejenigen Patienten, die ihren Krebs dank der Steigerung ihres Widerstands besiegten, als seine „Superstars". Doch schon am nächsten Tag sprach uns eine Frau an, die zu jenen Patienten gehörte, die diesem Arzt als Paradebeispiele für die Effektivität einer aggressiven Krebsbekämpfung dienten, und gestand uns, daß es im Grunde nicht die Aggression gewesen sei, die ihr geholfen habe. Acht Jahre zuvor war sie von einem Krebs geheilt worden, der sie an den Rand des Todes geführt hatte. Sie sagte: „Die Technik der aggressiven Visualisation hat mir eigentlich nie genügt. Sie war es auch nicht, die mich geheilt hat. Es war die Liebe, mit der mir dieser außergewöhnliche Mann und seine Frau begegnet sind, und es war ihre tiefe Anteilnahme an meiner Erkrankung, die mich heilte. Nicht die

Aggression hat mich von meinem Krebs befreit, sondern die Liebe."

Es ist ein heikles Unterfangen, jemanden dazu anzuspornen, aggressive Kräfte in einen Körperbereich zu senden, der vielleicht ohnehin von der Faust des Widerstands zusammengepreßt wird. Man muß sich sehr tief auf die geistigen Verhaftungen einstimmen und sie erforschen, um ein Gefühl für die richtige Technik zu bekommen. Bei vielen ruft die Entwicklung der Aggression nur weitere Blockaden hervor. Ein Patient stellte fest: „Als sich mein Immunsystem grimmig auf die Tumore stürzte, fühlte ich nur, daß sich die Verkrampfung in meinem Darm verstärkte. Und mein Magenkrebs fiel mir noch mehr zur Last. Ich hörte damit auf, mein Immunsystem durch Aggressionen anzuheizen und weiße Alligatoren (Lymphozyten) zu visualisieren, die über verfaulte Hamburger (Krebsgeschwüre) herfallen, und begann statt dessen, Liebe auszusenden. Es erleichterte mich ungemein, meinen Bauch nicht mehr zu Haßgefühlen anzustacheln und dort drinnen Angst vor mir selbst zu bekommen." Da die für eine Visualisation verwendete Symbolik von höchster Bedeutung ist, darf sie nicht vom Verstand kalkuliert, sondern muß vom Herzen erfühlt werden.

Während wir beobachten, wie perfekt die Liebe Geisteszustände ausbalancieren und wie sehr sich das Herz unserer Ganzheit durch Angst, Zweifel und Zorn verdunkeln kann, beginnen wir zu erahnen, wo unsere Heilung zu finden ist. Wir können verfolgen, wie der Schmerz der Verklammerung im unverhafteten Licht der liebevollen Güte zu fließen und zu vergehen beginnt. Wir erkennen, daß die Berührung des Gewahrseins einen problematischen Bereich erheblich entlasten kann. Was unsere Identifikation mit unserem Schmerz, mit *meinem* Krebs, mit *meinem* Leid so sehr verstärkte, läßt nun *den* Krebs und *das* Leid mit einem universalen Gefühl der Heilung verschmelzen. „Die Liebe kann die Sorgen meines Geistes lindern. Warum sollte sie nicht auch die Sorgen meines Körpers heilen?" meinte ein Freund, der bislang schwer bewaffnete Soldaten in seinen Krebs entsandt hatte und nun dazu übergegangen war, ihm eine Gruppe freundlicher Troubadoure entgegenzuschicken, die seinen Tumor „mit Streicheln, Massieren, Singen und Kitzeln verscheuchen" sollten. Und es hat funktioniert. Natürlich basieren nicht alle Visualisations-Techniken auf aggressiven oder kriegerischen Bildern. Die ältesten Formen dieser Meditationen, die auf uralte hinduistische, buddhistische und auch indianische Traditionen zurückgehen, zielen darauf ab, das Mitgefühl zu vertiefen, andere Menschen zu heilen, Energiezentren zu öffnen und letztlich sogar das Bewußtsein im Augenblick des Austritts aus dem Körper in das göttliche Herz zu projizieren. Wir werden auf allen Ebenen der Heilung beobachten können, daß uns eine bildliche Vergegenwärtigung dabei hilft, uns mitfühlend und bewußt auf die als Sinnesempfindung wahrgenommene Aktivität eines Körperbereiches zu konzentrieren.

Weil die Heilung - wie auch das spirituelle Erwachen - von uns verlangt, daß wir unsere Kreativität entfalten und uns auf ganz individuellen Pfaden vorwärtstasten, müssen wir ein ausgeprägtes Gespür dafür entwickeln, was für uns selbst das Richtige ist. Und ich möchte noch einmal betonen, daß alle hier angebotenen Meditationen einem stetigen Entwicklungsprozeß unterliegen und sich in ihrer praktischen Anwendung fast nie im Wortlaut wiederholen. Der Pfad zur Vollendung bewirkt ihre ständige Wandlung. So ist es wichtig, daß wir sie nicht mit Buddha, Ananda Ma, Jesus oder Maria und auch nicht mit Stephen oder Ondrea verknüpfen, sondern sie als unsere eigenen Meditationen verstehen. Gehe also jeden Schritt des Pfades, den Du als Dich selbst erkennst, auf eigenen Füßen - entschlossen, vollständig und achtsam.

Indem wir *meinen* Schmerz mit barmherziger Bewußtheit erfüllen, beginnen wir, *den* Schmerz zu erfahren - das im Universalen dahinfließende Isolierte. Unsere kleine Heilung geht in der Großen Heilung auf. Jede heilende Erfahrung kommt nun allen fühlenden Wesen zugute. Unser Körper findet Heilung im Großen Körper - und unser Herz öffnet sich zum Großen Herzen.

HEIL-MEDITATION

(Man kann sie einem Partner langsam vorlesen und auch allein mit ihr arbeiten.)

Nimm eine bequeme Sitzposition oder eine andere Haltung

ein, in der Dein Körper für eine Weile ruhen kann. Erfühle, was dort sitzt. Laß die Aufmerksamkeit in den Körper wandern und spüre den Atem, der aus sich selbst heraus im weichen Bauche atmet.
Der Körper ist weich und offen.
Das Gewahrsein ist sanft und weit.
Nimm jeden Bereich des Körpers wahr, in dem Unbehagen spürbar ist. Fühle Dich in den Körper ein und achte auf jede ausgeprägte Empfindung, die Aufmerksamkeit erweckt.
Bewege das Gewahrsein ganz sanft in den Bereich hinein, der gesund werden möchte.
Achte in dieser sanften Annäherung auf jede Anspannung, auf jeden Widerstand, auf jede Steifheit, Taubheit oder Kälte, die den Eintritt in diesen Bereich versperrt. Habe acht auf jede Ablehnung oder Furcht, die den Zugang beschränkt. Achte auf jede Angst, auf jede Befürchtung, die den direkten Eintritt in das Unbehagen erschwert.
Richte das Gewahrsein ganz langsam, ganz sanft und ohne jeden Druck auf die Empfindungen, die in diesem Bereich hervorgerufen werden.
Löse nach und nach alle Spannung, die diese Empfindungen umgibt.
Das Fleisch entspannt sich, um sich dem Gewahrsein zu öffnen.
Entspannung.
Der Raum um die Grenzen dieses Bereiches weitet sich.
Er weitet sich mehr und mehr.
Im Raum der Empfindung kehrt Entspannung ein.
Die Muskeln entspannen sich.
Die Gewebe, in denen die Empfindung entsteht, entspannen sich.
Die Muskeln entspannen sich.
Die Haut ist weich. Das Fleisch entspannt und öffnet sich.
Im weichen Fleisch kann sich die Empfindung so entfalten, wie sie ist.

Fühle die Entspannung in den Fasern der Muskeln. Sie lösen sich vom Schmerz.
Die Sehnen sind entspannt. Das Fleisch ist entspannt. Die Haut ist entspannt.
Die Empfindung fließt im weichen Fleisch dahin.
Entspannung.
Du läßt alles los, was die Empfindung umschließt.
Du läßt sie einfach bestehen - im weichen Körper, im sanften Geist.
Jeder Augenblick der Empfindung geht in einem Augenblick der Entspannung auf.
Die Knochen entspannen sich.
Sie entspannen sich bis ins Mark.
Jede Spannung, die sich vorübergehend aufbaut, kann sich lösen und abfließen.
Laß sie entstehen. Laß sie vergehen.
Unaufhörlich erscheinen die Empfindungen im sanften Gewahrsein.
Im ganzen Empfindungsbereich breitet sich Entspannung aus.
Das Körpergewebe öffnet sich ganz sanft, ganz langsam und ohne den geringsten Druck, damit die Empfindungen fließen können.
Du läßt mehr und mehr los.
Die Entspannung strahlt bis ins Zentrum der Körperzellen hinein.
Tiefe Entspannung breitet sich im Innern der Muskelzellen, der Gewebezellen aus, in denen die Empfindungen fließen.
In diesem weichen, offenen Raum wird die Empfindung überaus zärtlich vom Gewahrsein umfangen.
Die Empfindungen fließen im Gewahrsein dahin.
Haut, Gewebe, Muskeln, Sehnen - alles ist weich und nachgiebig. Weiter Raum.
Die Knochen sind weich, weit, offen.
Empfindungen steigen wie Seifenblasen in den Raum empor.

Raum fließt im Raum dahin.
Unaufhörlich nimmt das Gewahrsein die Empfindung in seiner mitfühlenden Ruhe auf.
Unaufhörlich entsteht die Empfindung und fließt im Gewahrsein dahin.
Das Gewahrsein registriert auch das leichteste Zittern, die feinste Schwingung der Empfindung.
Weich. Klar.
Das Gewahrsein tritt in den inneren Kern der Empfindung ein.
Das Gewahrsein erforscht die Empfindung, die frei den Raum durchfließt.
Stehen die Empfindungen still oder bewegen sie sich?
Hat dieser Empfindungsbereich eine gleichbleibende Gestalt oder wandelt sich seine Form?
Was für eine Gestalt hat er?
Unaufhörlich fließt die Empfindung in einem weichen, mitfühlenden Gewahrsein dahin, das den Augenblick zärtlich erforscht.
Haben diese Empfindungen eine bestimmt Dichte?
Sind sie dick oder dünn?
Sind sie rund? Sind sie flach?
Jeder Augenblick der Empfindung wird von einem Augenblick des Gewahrseins empfangen.
Du entdeckst das Wesen der Empfindung.
Haben diese Empfindungen eine Struktur?
Sind sie rauh? Sind sie glatt?
Bleiben sie immer gleich oder verändern sie sich ständig?
Empfindungen fließen im Gewahrsein dahin.
Tiefe Ruhe umgibt die Empfindung. Das Fleisch ist weich, die Muskeln sind entspannt und gelöst, die Gewebe sind offen und sanft.
Nimm alle Gedanken wahr, die diese Entspannung begrenzen wollen.
Erheben sich Gefühle, die den Bereich verhärten? Ängste

oder Zweifel?
Flüstern die Empfindungen Worte wie Tumor oder Krebs oder Schmerz? Umschließen diese Worte die Empfindung mit Spannung?
Gib Dich immer tieferen Ebenen der Entspannung hin, erforsche den Augenblick, so wie er ist.
Und laß auch diese Gedanken, diese Gefühle im weiten, grenzenlosen Gewahrsein dahinfließen.
Unaufhörlich erfährt tiefes, ruhiges Gewahrsein die Empfindung, so wie sie ist.
Achte auf die geringste Anspannung im Geiste, die sich auf den Körper überträgt, und laß sie ganz und gar vergehen.
Die Entspannung wird tiefer und tiefer.
Beobachte, wie schon der leiseste Gedanke die Entspannung begrenzen kann, und gib Dich noch tieferer Entspannung hin.
Erforsche den Augenblick als Empfindung.
Bewegen sich die Empfindungen, oder bleiben sie in einem abgegrenzten Bereich?
Bilden sie Ausläufer, die diesen Bereich mit anderen Empfindungsbezirken im Körper verbinden?
Unaufhörliches Gewahrsein.
Unaufhörliche Empfindung.
Unaufhörliche Entspannung, Offenheit, Wahrnehmung.
Die Empfindung entsteht und vergeht im unermeßlichen Raum.
Sind die Empfindungen weich oder hart?
Sind sie heiß oder kalt? Sind sie weder das eine noch das andere?
Macht sich irgendein Druck bemerkbar? Eine Vibration? Eine Bewegung?
Sanftes Gewahrsein öffnet sich zu einem unermeßlich weiten Raum, in dem die Empfindung unaufhörlich im klaren Licht des Erbarmens und der Bewußtheit dahinfließen kann.

Schon im Augenblick ihrer Entstehung verschmilzt die Empfindung unentwegt mit dem Gewahrsein.
Sendet sie irgendeinen Klang aus? Haben diese Empfindungen eine Stimme?
Ist Dir diese Stimme vertraut? Will sie Dir etwas sagen?
Höre sanft und liebevoll auf diese Empfindungen, die Du vielleicht lange Zeit vernachlässigt hast. Nimm sie in sanfter, offener Bewußtheit auf.
Die Empfindungen entstehen und vergehen in einem weiten, barmherzigen Gewahrsein.
Verbinde Dich mit diesem Bereich, mit dieser Empfindung, als wäre sie Dein einziges Kind.
Begegne ihr mit Liebe. Mit Güte. Mit Erbarmen.
Die Empfindungen fließen in sanfter, offener Bewußtheit dahin und gehen völlig im Erbarmen, in der Zuwendung auf.
Entfaltet sich ein Bild in ihnen?
Entstehen Farben?
Nimm wahr, was erscheint, ohne irgendetwas hervorzurufen.
Erfahre die Empfindung einfach in liebevoller Güte und Fürsorge.
Nähere Dich ihr voller Erbarmen. Nimm sie in Deiner Vergebung auf.
Macht sich ein Gefühl, eine Einstellung bemerkbar, die diesen Bereich zu umschließen scheint?
Achte auf alle Rückstände des alten Geistes, die sich auch nur im geringsten an diesen Empfindungen verhaften - löse Dich wieder von ihnen, laß sie in dieser neuen, niemals endenden Weite der Bewußtheit, der Güte und der Zuwendung dahinfließen.
Nimm jeden Augenblick der Empfindung in den zärtlichen Armen des Gewahrseins auf.
Empfange jede Empfindung in der Wärme und Geduld der Vergebung.
Jede Empfindung wird liebevoll und mitfühlend angenommen.

Liebe durchfließt die Empfindung, durchströmt die Entspannung und schwebt im weiten Herzen des Seins dahin, das diesen Bereich erfüllt.
Alles fließt im Mitgefühl dahin.
Alles ist von Erbarmen erfüllt.
Laß die Heilung in Dich ein.
Unaufhörlich verschmilzt Dein Herz mit der Empfindung.
Dieser Bereich geht in dem Herzen auf, das wir alle miteinander teilen.
Das Erbarmen, das Du so oft für diese Welt empfunden hast, berührt nun auch Deinen eigenen Schmerz.
Jeder Augenblick der Empfindung wird ganz sanft empfangen.
Unaufhörlich entsteht und vergeht die Empfindung in der unermeßlichen Weite mitfühlender Bewußtheit.
Jeder Augenblick der Empfindung zerfließt im Mitgefühl für alle leidenden Wesen.
Jeder Augenblick löst sich und vergeht in Erbarmen und liebevoller Güte.
Jeder Augenblick geht in unendlichem Mitgefühl, in unendlicher Güte auf.
Du teilst diese Heilung mit allen fühlenden Wesen.
Du läßt die Schmerzen der Welt in liebevollem Erbarmen zerfließen.
Du begegnest diesen Empfindungen voller Güte, voller Vergebung und Mitgefühl. Heilende Bewußtheit umfängt die Welt, die wir alle miteinander teilen.
Jeder Moment fließt dahin.
Unaufhörlich entsteht und vergeht die Empfindung in der grenzenlosen Lumineszenz der Bewußtheit.
Liebe heilt die Schmerzen der Welt.
Die Verzweiflung und Hoffnungslosigkeit aller Welten wird berührt von der liebevollen Güte, die sich der Empfindung im Herzen der Bewußtheit öffnet.
Diese Heilung heilt alle Wesen.
Du sendest Erbarmen und liebevolle Güte in den Körper,

den wir alle miteinander teilen.
Jeder Moment der Empfindung wird von grenzenlosem Mitgefühl und unendlicher Zuwendung absorbiert.
Jeder Moment geht im Herzen der Heilung auf.
Laß Deine Aufmerksamkeit ganz sanft zu Deinem Herzen zurückkehren. Fühle die Kraft und Sanftheit des Erbarmens, das in ihm wohnt. Erfühle diesen Heiler des Körpers, diese Heilerin der Welt.
Laß diese Heilung allen zum Segen gereichen und teile sie mit allen Wesen, wo sie auch sein mögen.
Mögen alle Wesen frei sein von Leid.
Mögen alle Wesen Heilung finden.
Mögen alle Wesen das unendliche Mitgefühl ihres wahren Wesens erkennen.

GÖNNE DIR EINIGE RUHIGE ATEMZÜGE,
BEVOR WIR VON EINER EBENE
ZUR NÄCHSTEN WECHSELN.
WIE AUCH IM WACHSEN ODER STERBEN
MÜSSEN WIR AN DER GRENZE
LOSLASSEN,
UM WEITERZUKOMMEN.
VERTRAUE DEM PROZESS.
LASS UNBEKÜMMERT LOS
UND WANDERE BESONNEN WEITER.

* * *

KAPITEL 18

Achtsam im Jetzt

Achtsamkeit ist die Eigenschaft des Gewahrseins, mit der wir auf die Inhalte des Geistes bezogen sind, ebenso wie Herzenswärme die Eigenschaft der liebevollen Güte bezeichnet, mit der wir zu den Inhalten der Welt in Beziehung stehen. Wenn wir Achtsamkeit entwickeln, erkennen wir die Einheit von Herz und Geist - wir erfahren sie, um die Worte eines Schamanen der Pueblo-Indianer zu gebrauchen, als „alles gleich".

Wenn wir den Augenblick direkt erleben und somit das Leben nicht einfach als nachträgliche Reflexion, als eine Erinnerung an den vergangenen Moment erfahren, erhöht sich unsere Präsenz. Präsenz befähigt uns, das Leben nicht zu versäumen.

Wir möchten in diesem Kapitel auf das Buch *SCHRITTE ZUM ERWACHEN* zurückgreifen, in welchem das Thema der Achtsamkeits-Praxis ausführlich erläutert wird, und einige der Wege beschreiben, auf denen wir das Jetzt voll und ganz würdigen können - Werkzeuge, mit deren Hilfe wir unser Denken als Gedankenprozeß, den Schmerz als einzelne Sinnesempfindung und Gefühle als vielgestaltige, veränderliche Geisteszustände erkennen können. Es sind Wege, auf denen wir die scheinbare Materialität unseres Tagtraumes durchbrechen und direkt ins Jetzt hinein - in das Leben selbst - erwachen können.

Nachdem wir eine Beziehung zu den körperlichen Empfindungen hergestellt haben, verengen wir den Konzentrationspunkt auf die reinen Empfindungen, die den Atem begleiten, um ein Bewußtsein für den exakten Augenblick zu entwickeln. Wir erkennen, daß es hauptsächlich unsere Identifikation mit den Gedanken und Gefühlen, mit der das Realitätsgefühl verstärkenden „Ich"-Reflexion ist, die das Leben zu einem Traum verzerrt, und wir fixieren uns auf dem Atem, um die Aufmerksamkeit auf die Ebene der fließenden Empfindungen zu lenken. Empfindungen sind keine Gedanken - sie sind das wortlose Gemurmel des Daseins, das sich von Moment zu Moment wandelt. Sie bilden einen Hintergrund, vor dem auch die leichteste Regung in Geist und Körper klar zu erkennen ist.

Sich auf die Ebene der Empfindungen einzustimmen, wo wir den Atem immer antreffen können, bedeutet, sich nicht im Denken oder in der Reaktivität der Gefühle zu verlieren. Wir sind imstande, unmittelbar zu antworten, einen Gedanken als vorüberschwebende Seifenblase und Gefühle als Wolken am weiten Sommerhimmel zu erkennen, und erziehen uns zu einer Würdigung des Augenblicks. Nichts kann uns dann noch ablenken, und alles wird zum idealen Schrot für die Mühle des Erwachens.

Deine Aufmerksamkeit sollte sich auf die Nasenlöcher richten, damit Du die Strömung jedes einzelnen Atemzuges erfühlen kannst. Du lauschst den vielfältigen Empfindungen, aus denen sich jedes Einatmen zusammensetzt. Du achtest auf die folgende Pause, in die sich Gedanken hineindrängen und in der sich Bilder entfalten, weil die Natur kein Vakuum duldet. Du verfolgst sorgfältig den ausströmenden Atem - seinen Beginn, seinen Mittelpunkt und sein Ende. Vollkommener Atem in vollkommener Bewußtheit. Nur wenige können sich anfangs auf mehr als ein halbes Dutzend aufeinanderfolgender Atemzüge konzentrieren, denn wenn sich das Raunen der Gedanken bemerkbar macht und und Bilder auf der Leinwand des Bewußtseins erscheinen, will der Geist abschweifen und ihnen in das Traumland folgen. Solche Ablenkungen treten jedoch nicht mehr auf, wenn wir zum Leben erwachen. Jeder Moment wird in seiner Einzigartigkeit erkannt und präsentiert sich selbst in klarer und absichtsloser Bewußtheit. Das Gewahrsein strebt weder auf etwas zu noch zieht es sich von irgendetwas zurück. Es gibt keine Verhaftung und kein Urteil. Auch das Wertungsstreben selbst erweist sich nur als ein nervöses Zucken der beständig konditionierten Persönlichkeit, als Kennzeichen ihres uralten „Flucht-oder-Kampf"-Syndroms - des ewigen, ermüdenden Tauziehens zwischen Vorliebe und Abneigung gegenüber den Darstellungen auf der Leinwand des Bewußtseins.

Achtsamkeit bedeutet, daß wir anerkennen, was geschieht, während es geschieht. Achtsamkeit strebt nicht danach, die wechselhaften Witterungen des Geistes zu beherrschen, sondern sie putzt das Fenster, aus dem wir hinausblicken können, um abzuschätzen, ob die Bedingungen für eine schöne Landpartie gegeben sind oder ob wir unsere Zeit besser zuhause im Herzen verbringen und persönliche Angelegenheiten ordnen sollten.

Wenn wir den Atem achtsam verfolgen, erleben wir unser Dasein auf der Ebene der Empfindung und registrieren sofort alles, was keine Empfindung ist: der leiseste Gedanke wird schon im Entstehen bemerkt, ein bedrückender Zustand schon in seinem Anfangsstadium entdeckt. Alles erhellt sich in einer urteilsfreien Beobachtung der Wirklichkeit. Im Erkennen des tiefen Strebens nach Kontrolle und Bewertung, das der Wahrnehmung in einer sich vertiefenden Stille unmittelbar folgt, beobachten wir das Geschehen, ohne uns im geringsten zurückzuziehen oder vorwärtszudrängen.

Wenn das Gewahrsein die deutlichsten Aktivitäten in Geist und Körper erforscht, läutert es sich und wird fähig, auch das subtilste Raunen der Gedanken, Gefühle und Empfindungen zu hören. Wir entdecken den Atem im Atem, den Gedankenprozeß im Denken, die Gefühle in den Gefühlen. Wir durchbrechen die Illusion eines denkenden „Jemand" und betrachten unsere „Jemandheit" einfach als eine weitere, vorüberschwebende Seifenblase.

Immer wieder führen wir die umherschweifende Aufmerksamkeit sanft zum Atem zurück, nehmen alle entstehenden Regungen zur Kenntnis und lassen uns von den subtilen Ängsten und Zweifeln, die über die Leinwand flackern, nicht mehr in Erstaunen versetzen. Wir entwickeln Courage und Geduld, Konzentration und Achtsamkeit, Offenheit und Klarheit. Wie auch die Aufmerksamkeit innerhalb einer Stunde vielleicht dutzende Male an die Entspannung des Bauches erinnert werden muß, so wird auch das Gewahrsein wieder und wieder von den vorüberfließenden Gedanken losgelöst, die sich unablässig in den zwischen Gewahrsein und Atem entstehenden Raum hineindrängen. Diese aufkommenden Gefühle, assoziierten Erinnerungen und Zukunftsträume zerrinnen wieder, und das Gewahrsein wird zum Kommen und Gehen der Empfindungen an den Nasenlöchern zurückgeführt.

Um uns diese Präsenz zu erleichtern, bedienen wir uns einer sanften Anerkennung, einer Kenntnisnahme der Wirklichkeit, so wie sie ist. Wir erkennen an, daß jeder Moment, den wir ganz und gar akzeptieren, kaum noch etwas enthält, das Identifikation oder Leid anziehen kann. Ein Moment der Bewertung, den wir erkannt und akzeptiert haben, kann nun kaum noch weitere Bewertungen entfachen. Das achtsame Anerkennen eines Augenblicks der Bewertung befreit den Augenblick selbst von aller Bewertung, und wir können ihn sogar schätzen wie das Spiel gebrochener Lichtstrahlen in einer an der Sonne vorüberziehenden Wolke. Um ihre Präzenz für die wechselnden Inhalte des Augenblicks zu fördern, wenden viele eine Technik an, bei der das Anerkennen der Geistesinhalte als leises Flüstern des Herzens betrachtet wird - wenn eine Bewertung den Geist durchläuft, flüstert es „Bewertung", und das Gewahrsein kehrt sanft zu den Empfindungen zurück, die jeden Atemzug begleiten. Kein Atemzug gleicht dem anderen. Wenn uns eine Regung der Angst durchläuft, registrieren wir ihre Bewegung, ihre ständig wechselnde Struktur mit der stillen Anmerkung „Angst". Wir registrieren den köstlichen Zustand der Freude in all seinen Nuancen, die im ewigen Fluß der Dinge alle gleichermaßen unbeständig sind. Die „Angst" ängstigt uns nicht mehr, die „Bewertung" bewertet nicht mehr, und die „Freude" versetzt uns nicht mehr in den freudlosen Zustand des Verlangens nach weiterer Freude.

Wir müssen jedoch nach wie vor die Neigungen des alten Geistes im Auge behalten. Wir zielen nicht darauf ab, uns im Atem einzukapseln, sondern wollen uns mit seiner Hilfe auf die Gegenwart einstimmen. Wenn wir erst einmal eine Verbindung zum Atem hergestellt haben, werden wir, wenn der Geist von einem automatischen Impuls der Angst oder des Zweifels ergriffen wird, nicht mit dem Atem ringen, sondern dem Gewahrsein gestatten, ganz und gar in die unaufhörliche Entfaltung dieses Zustands einzudringen - ebenso wie wir versucht haben, uns ganz sanft auf die unaufhörlichen Veränderungen des ein- und ausströmenden Atems zu fixieren, um eine absichtslose Bewußtheit zu entwikkeln. Achtsamkeit der Freude gegenüber bringt uns keineswegs schneller in den Himmel als Achtsamkeit gegenüber dem Zorn. Alle Objekte der Achtsamkeit sind als gleichwertig zu verstehen, keines bietet ein größeres Maß an Freiheit. Sobald wir uns aber an einem vergangenen Moment verhaften, tauschen wir die lebendige Wahrheit *dieses* Augenblicks gegen das starre Drehbuch unseres Tagtraums ein.

Die Beobachtung von Geisteszuständen wie dem der Interesselosigkeit oder des Zornes kann unserem Erwachen sehr zugute kommen. Viele müssen jedoch eine relativ hohe Stufe der Achtsamkeit erreichen, bevor es ihnen gelingen will, das Angenehme ebenso scharf im Auge zu behalten wie das Unangenehme. Möglicherweise bedarf es eines weit größeren Ansporns, gerade die Entfaltung tiefer Freude mit gleichmütiger, kontinuierlicher Offenheit zu beobachten, denn ihr verführerisches Wesen wird nur allzu sehnlich danach streben, Identifikationen zu schaffen und das Selbst an sich selbst zu fesseln. So wird uns jede innere Regung als perfekter Spiegel begleiten, wenn wir über die uralte Sucht nach den Inhalten des Geistes hinauswachsen und lernen, die Reflexion des Gewahrseins in jedem Objekt wahrzunehmen und uns des Gewahrseins selbst so klar bewußt zu werden, daß es von keinem Objekt des Geistes - weder von Ekstase noch von Trauer - zu einer Implosion veranlaßt werden kann. Indem wir die Objekte des Gewahrseins ebenso deutlich vom Gewahrsein selbst unterscheiden, wie die Sonne ihr eigenes, vom Mond reflektiertes Licht erkennt, enthüllt sich unser wahres Wesen. Es gibt keine Verhaftung, keine Verklammerung mehr, die unsere Heilung aufhalten könnte.

Bei manchen von uns wird sich alte Geist darüber beschweren, daß die fortwährende, achtsame Beobachtung des vorüberziehenden Schauspiels jede Spontaneität ersticken könnte. Doch vieles von dem, was wir Spontaneität nennen, ist in Wirklichkeit nur eine zwanghafte Zuckung. Wenn wir völlig präsent sind, ergeben sich zuvor verborgene Alternativen, die unsere Handlungsmöglichkeiten eher erweitern als schmälern. Statt einer Hypnose erleben wir eine „Dehypnose“, wie es ein Freund vor langer Zeit einmal ausdrückte. Wenn es auch den Anschein haben mag, als würden wir unsere Empfindungsfähigkeit dämpfen, öffnen wir uns doch tatsächlich immer tieferen Ebenen der Empfindung. Und was wir immer als „Lebendigkeit“ des Denkens erfahren haben, erweist sich bei näherem Hinsehen als das Funkeln der Bewußtheit, in der das Denken erfolgt.

Das Unbewußte kann uns nun bewußt werden, denn alles, was an verdrängtem Material oder an tief verborgener Anmut, Sanftheit und Grenzenlosigkeit in uns aufsteigt, ist keiner Zensur mehr unterworfen. Keine Worte können die vollkommene Freude und Freiheit, den absoluten Frieden eines offenen Geistes beschreiben - der gleichbedeutend mit einem offenen Herzen ist. Keine Hindernisse bestehen, niemand kann leiden - dies ist die vollkommenste Heilung.

Die Fragen „Wer bin ich?“, „Wer erleidet Schmerzen?“, „Wer ist krank?“ oder „Wer ist achtsam?“ ermutigen uns nun dazu, alles im Gewahrsein fließen zu lassen. Schmerz wird zu einer fließenden Empfindung, Gedanken werden zu vorüberschwebenden Seifenblasen, und Angst wird zu einer Wolke, die in grenzenloser Bewußtheit zerfließt. Das *WER?*, um das es immer geht, wird überwacht und ist kein Filter mehr, der unsere Wahrnehmung beeinflußt. Unsere ureigene Natur, die in Liebe und Bewußtheit besteht, wird unmittelbar erlebt. Und die natürliche Weichheit des Bauches, des Körpers, des Geistes wird zu unserem eigentlichen Dasein.

Viele Pilger auf diesem Pfad haben uns erzählt, daß der Ausspruch „Beobachte den Atem, entspanne den Bauch, öffne das Herz“ eine Mahnung zur Achtsamkeit und zum Mitgefühl für sie geworden sei, die sie über den Geist und Körper des Leidens hinaus in den tiefen Frieden ihrer Heilung geführt habe.

Die Ausrichtung auf den Atem mag am Anfang nicht einfach sein. Wir haben unsere Konzentrationsfähigkeit und Achtsamkeit in der Vergangenheit kaum entwickelt. Es mag anfangs sogar schwerfallen, sich nur auf einen einzigen Atemzug zu konzentrieren, ohne sich sofort wieder im Tagtraum des planenden, bewertenden und begehrenden Geistes zu verstricken. Doch wir können diesen Fixationspunkt im Einklang mit einer wachsenden Bereitschaft zur klaren Wahrnehmung des Augenblicks langsam und geduldig fördern. Wir brauchen nichts zu überstürzen. Haben wir den Fuß erst einmal auf den Pfad der Heilung gesetzt, erhält das Leben eine neue Bedeutung, und die Zeit kann uns nicht mehr versklaven. In jedem Schritt gründen alle Schritte, gründet die Heilung innerhalb der Heilung, gründet die Aussicht auf Freiheit. Und das Leben wird interessant. Diese kontinuierliche Bewußtheit, immer wieder aktiviert und fokussiert, erlaubt uns, mit den Freuden und Schmerzen in Geist und Körper in Verbindung zu treten und unmittelbar am Dasein teilzuhaben, ohne die geringsten Ängste oder Projektionen hinzuzufügen. Es ist, als würden wir uns selbst unverwandt in die Augen schauen, als würden wir uns selbst immer wieder zum ersten Male begegnen. Wir tauchen in den Fluß der stetigen Wandlung ein - in das Pulsieren, das Prickeln, die Hitze, die Kälte, die Härte und die Weichheit, die wir als den Körper erleben. Wir erforschen die Empfindungen am Brennpunkt ihres Entstehens. Wir sondieren die eigentliche Grundlage der Erfahrung, die wir „Leben" nennen, und untersuchen die Wahrnehmungsvorgänge und Filter, durch die wir der Lebenserscheinungen gewahr werden. Wir treten in eine neue Beziehung zum Leben ein, die keine Schablonen und Vorurteile kennt. Wir erfassen das Jetzt in absichtsloser Bewußtheit und erstreben nichts anderes mehr als die klare Erfahrung des Lebens.

Kontinuierliche Bewußtheit bedeutet, sich dem Jetzt am absoluten Nullpunkt des Nichtwissens zu nähern, sich von allen Auffassungen zu lösen und jene Farbfilter beiseitezulegen, die unsere Sicht auf die Realität so lange beeinflußt haben. Es bedeutet, zu sehen und das Sehen zu studieren, zu fühlen und das Fühlen zu studieren, zu beobachten und den Beobachter zu beobachten. Es bedeutet, direkt in das eigene Leben vorzustoßen. Und es bedeutet, unsere Konditionierungen unkonditioniert zu beobachten. Wir beobachten den Geist, um zu erkennen, wer wir *nicht* sind.

Wenn wir die Dinge so sehen, wie sie sind, vermindert sich die Verklammerung der alten Identifikationen am alten Geist. Die Objekte des Bewußtseins können mehr und mehr in klarem Gewahrsein dahinfließen. Wir verwechseln die Bewußtseinsobjekte immer weniger mit unserer wahren Identitität. Nach und nach erfahren wir das reine Gewahrsein auf direktem Wege und erkennen den eigentlichen Prozeß der Bewußtseinsentstehung. Wir dringen zu den Wurzeln unserer Erfahrung vor, um der altvertrauten Welt von neuem zu begegnen.

Wenn wir feststellen, wie schwierig es ist, „einfach nur den Atem zu beobachten", erkennen wir das Wesen dessen, was viele den „Affen-Geist" nennen. Der Geist schwingt sich wie ein Affe durch die Baumkronen, wird von seiner Verklammerung von Ast zu Ast getrieben und von seinem beständigen Verlangen nach dem nächsten Objekt, an dem er sich weiterhangeln kann, durch den Wald gehetzt - die schillernde Pracht des Blätterdaches verwischt sich zu einem verschwommenen Eindruck der Bewegung, der Verworrenheit, des Unbekannten.

Wenn das Gewahrsein immer wieder dazu ermutigt wird, ganz sanft zum Jetzt zurückzukehren, blickt es unverwandt geradeaus, und alle Bewegung erscheint einfach nur als ein vorüberziehendes Schauspiel. Die stetige Unbeständigkeit der Dinge, an denen wir uns lange verklammert haben, um unsere wirre und verwirrende Reise in Gang zu halten, offenbart sich bis ins kleinste Detail. Wir müssen unsere Lebensweise auch nicht im geringsten ändern, denn das Gewahrsein verändert alles von selbst, und vor uns ersteht ein neuer Pfad, der jeden unserer Schritte trägt.

Während das Gewahrsein immer wieder ganz sachte zum Atem zurückkehrt, um sich den Inhalten des Augenblicks zu öffnen, werden wir uns der Entfaltung des Lebensprozesses und des Raumes bewußt, in dem er sich vollzieht. Die Konzentration vertieft sich, und das Gewahrsein erfährt völlig neue Dimensionen des Seins. Unsere Reise läuft nun nicht mehr auf einen Zielpunkt zu, sondern dient einem zunehmenden Verständnis unserer wirklichen Identität. Gewahrsein heilt. Alles, wonach wir je suchten, ist in diesem einen Augenblick zu finden - das reine Sein, das Ewig-Heile, das Ewig-Unverletzte.

Es heißt: „Wenn Du ‚nur so viel' verstehen kannst, kannst Du alles verstehen." Wenn wir uns diesem Sekundenbruchteil, diesem Augenblick des Daseins völlig öffnen können, wird alles offenbar. Und wenn das ganze Leben so wie dieser Augenblick gelebt wird, wird es in seiner ganzen Fülle gelebt. Wenn uns aber „nur so viel" nicht genügt, werden wir auch am Leben nicht Genüge haben und den Verführungen der alten Todesträume erliegen.

Der alte Geist ist der Affen-Geist. Der alte Geist ist das Denken. Er ist die zwanghafte Reaktion auf unerforschte Reize. Er antwortet impulsiv und mechanisch, er erlebt das Jetzt als Traum, als ein verschwommenes Gefühl von Verwirrung und Leid. Der neue Geist ist „nur so viel". Er verleiht uns eine neue Herzensfülle, in der wir den Geist nicht ändern müssen, weil wir bereits auf eine völlig andere Weise in Beziehung zu ihm stehen. Er ist der Geist, der völlig im Herzen versunken ist. Er ist das erneuerte Leben, das Leben der Heilung.

Wir können Achtsamkeit auf ebenso vielfältige Weise üben wie wir Klavier spielen. Wenn man das Klavierspiel erlernt, wartet man vielleicht ständig darauf, „es richtig zu können". Oder aber man findet bereits am Üben Gefallen - an seiner zunehmenden Fingerfertigkeit und Ausdrucksfähigkeit. Man erfreut sich an der Harmonie der Klänge. Man kann in der Erwartung eines besseren Klanges ungeduldig auf die Tasten hämmern, und man kann wieder und wieder denselben Ton anspielen, um sich in den Charakter des Klaviers hineinzuhören. Manche erfreuen sich an jeder Minute des Übens, während es andere kaum erwarten können, Virtuosen zu werden.

Ebenso können wir uns auf ganz unterschiedliche Weise um Achtsamkeit bemühen. Manche attackieren den Geist voller Ungeduld und wollen seine Wandlung erzwingen. Andere seufzen in innigem Verstehen auf und freuen sich lächelnd über jeden Moment des geglückten Loslassens und der klaren Einsicht. Die Bestrebung, die Objekte des Geistes zu bedrängen und zu bezwingen, kann, wie es ein langjähriger Meditations-Praktiker einmal ausdrückte, zu „erbarmungsloser Achtsamkeit" führen. Wir können in dieser Schlacht gegen den Geist noch ungeduldiger, noch zielorientierter werden und noch mehr Ich, noch mehr Leid entfachen. Doch wenn wir die beobachteten Objekte, statt sie anzugreifen, einfach nur wahrnehmen, bewegen wir uns allmählich über den Geist, über den Tod und selbst über das „Dasein" hinaus. Wir betreten die unbeschreibliche Weiträumigkeit des reinen Seins.

Die Neigung, unserem Leid entrinnen zu wollen statt uns ihm zu öffnen, es zu heilen und uns mit ihm zu versöhnen, verdeutlicht sich auch in der Tendenz mancher Meditierenden, „gegen" die Geistesobjekte „anzugehen", um sie zu vertreiben. Diese „Verhärtung" der Praxis kann dazu führen, daß man sich im Leben nicht wohlfühlt - und auch nicht in der eigenen Haut. Bei einer „Milderung" der Praxis jedoch werden die Geistesobjekte eher um ihrer Leere willen gewürdigt als ihrer Stabilität wegen attackiert. Die Wahrnehmung fließt dahin, wird völlig erfahren. Mit dieser milden Einstellung zum Geist nähern wir uns dem Prozeß sanft und verständnisvoll und entwickeln das Mitgefühl, das für die Öffnung des Pfades zum Herzen notwendig ist. Wenn unsere absichtslose Empfänglichkeit von diesem profunden Element des Mitgefühls beseelt wird, dann ist die Übung so leicht wie der Atem innerhalb des Atems. Veränderung wird nicht mehr erzwungen, sondern einfach zugelassen. In diesem Mitgefühl beobachten wir die Tendenz zur Ausübung von Druck ganz gelassen, ohne Bestürzung oder Beurteilung.

Aufgrund der ausgeprägten Neigung, die Objekte unserer Furcht zu attackieren, muß man Meditations-Übungen ganz auf die lebendige Wahrheit der eigenen Belange abstimmen. Vieles von dem, was wir über Meditation gelesen haben - insbesondere in den Schriften der großen Lehrer des Ostens - entstammt einer mönchischen Tradition. Eine Meditationspraxis, die sich täglich auf achtzehn bis zwanzig Stunden erstreckt und in der tiefen Stille einer kontrollierten und positiven Umgebung vollzieht, mag unter den Bedingungen unseres westlichen Alltagslebens nicht ohne weiteres durchführbar sein. So entdecken wir wieder einmal, daß wir selbst der Pfad sind und die Meditation und das spirituelle Leben unserem Alltag angleichen müssen, statt dem Ideal eines Mönches oder einer Nonne nachzueifern, die unter völlig anderen Bedingungen in anderen Erdteilen leben. Wenn unsere Heilung die Tiefe des wirklichen Seins erreichen soll, muß sie in der lebendigen Gegenwart unseres Lebens wurzeln.

Daß unsere Praxis durchaus ein wenig den Bezug zu unserem Leben verlieren kann, mag uns die Situation vor Augen führen, die vor einigen Jahren einmal in einem buddhistischen Meditationszentrum in den Vereinigten Staaten entstand. Zwei Meditationslehrerinnen, die sich bei ihren langjährigen Aufenthalten in fernöstlichen Klöstern einer sehr traditionellen Disziplin verschrieben und beachtliche Erfahrungen gesammelt hatten, kehrten nach Amerika zurück und boten einer Reihe von Interessenten ein ausgedehntes Meditations-Seminar an. Als sie eines Tages die

Meditationshalle betraten, entdeckten sie eine Statue Quan Yins - der in China beheimateten weiblichen Form des buddhistischen Bodhisattvas des Mitempfindens - die an der Vorderseite des Podiums aufgestellt worden war, von dem aus sie die Meditation gewöhnlich leiteten. Geprägt von der restriktiven, von Männern dominierten Tradition der doch eigentlich überaus toleranten buddhistischen Lehre, bestanden sie darauf, daß diese weibliche Gestalt, dieser weibliche Buddha vom Podium entfernt werden und gegen eine herkömmliche, männliche Personifikation des Buddhismus ausgetauscht werden müsse. Vielleicht waren es allzuviele Jahre einer „verhärteten" Meditation gewesen, die sie fest an die überkommenen Vorstellungen kettete, die der alte Geist von der Meditationspraktik, vom Buddhismus hat. Vielleicht hätten sie sich irgendwo in ihrem Innern noch tiefer entspannen müssen, um ihr eigenes weibliches Wesen akzeptieren zu können, um in den Augen Buddhas zu erwachen. Indem sie es ablehnten, das Podium ihrer Lehren mit dem weiblichen Buddha zu teilen, lehnten sie auch ihre eigene Buddha-Natur ab, in welcher Gestalt sie auch in ihnen schlummern mochte.

Ein Freund, der sich wahrscheinlich ein wenig in fundamentalistischen Meditationskonzepten verloren hatte, nachdem wir viele Jahre intensiver Praxis miteinander geteilt hatten, sprach Ondrea und mich vor einiger Zeit nach einem unserer Vorträge einigermaßen bestürzt an. Es machte ihm erheblich zu schaffen, daß wir das Dharma (die Lehren Buddhas, auch definiert als die lebendige Wahrheit des Augenblicks) nicht in der traditionellen Weise übermitteln, an die er sich in langen Jahren gewöhnt hatte. „Ich weiß wirklich nicht, was ich tun würde, wenn ich mich nicht hinter das Dharma stellen könnte." Doch das Dharma ist nicht etwas, hinter dem man steht. Es ist das, was in uns lebt. In ihm erleben wir das Jetzt immer wieder neu. In ihm wird der Augenblick nicht in irgendein Schema der Akzeptabilität gezwängt, sondern kann im Herzen der ungezählten Möglichkeiten dahinfließen.

Ein Lehrer sagte einmal zu mir: „Sei kein Buddhist, sei Buddha. Sei kein Christ, sei Christus. Sei kein Meditierender, meditiere!" Unsere Heilung umfaßt mehr als nur Meditation. Dieser Lehrer sagte auch: „Laß Deine Meditation nicht auf dem Meditationskissen liegen." Wenn wir unsere Befreiung einfach nur durch stundenlanges Stillsitzen erreichen könnten, dann wären die zwei Dutzend Hennen im Hühnerstall vor unserem Fenster schon lange erleuchtet. Wir haben schon beobachtet, wie eine „Große Rote" tagelang unbeweglich auf ihrer Stange saß - und währenddessen möglicherweise produktiver war als viele Meditierende, denen wir begegnet sind und die sich in ihrer Praxis verhärtet hatten.

Wenn Achtsamkeit ausgewogen ist, dann tritt das mitfühlende Gewahrsein dem Geist nicht als Krieger entgegen (gerade die Furchtsamen verbergen sich oft unter dieser Maske), sondern als faszinierter, ehrerbietiger Pilger. Es leistet keinen Widerstand und wird durch nichts in Erstaunen versetzt. Nichts bringt es aus der Fassung. Es beobachtet einfach - nicht aus der Sicht irgendeines „Zentrums", eines „Standpunkts", der nur wieder die Vorstellung eines „Beobachtenden" und neues „Ich" auf den Plan rufen würde. Es beobachtet aus dem Innern einer weiträumigen Bewußtheit heraus, die den vorüberziehenden Prozeß würdigt und sich unaufhörlich dem Herzen der Heilung öffnet.

EINE ACHTSAMKEITS-MEDITATION DER BEOBACHTUNG DES ATEMS

(mit Vorschlägen zur Erweiterung der Übung)
(Man kann sie einem Partner langsam vorlesen und auch allein mit ihr arbeiten.)

Lenke Deine Aufmerksamkeit in den Körper hinein. Verankere sie auf der Ebene der Empfindungen, die in ihm hervorgerufen werden.
Fühle den Druck, den das Gesäß auf den Stuhl oder auf das Bett ausübt. Fühle die Hände, die im Schoß gefaltet sind oder zu Seiten des Körpers ruhen.
Öffne das Gewahrsein den vielfältigen Empfindungen, die in rascher Folge im Körper entstehen und vergehen. Ein Druckgefühl hier - eine andere Empfindung dort. Nimm den Körper einfach so wahr, wie er ist.
Richte die Aufmerksamkeit allmählich auf die Empfindungen, die von der Atmung des Körpers hervorgerufen werden.

Fühle sie im Bauch, fühle sie in der Brust, fühle sie im Hals. Fühle den Atem an den Nasenlöchern.
Lenke die Aufmerksamkeit einfach auf die Ebene der Empfindungen, in denen das Einströmen und Ausströmen des Atems im Körper fühlbar ist.
Wenn sich auf der Ebene der Empfindungen ein Kontakt zum Atem hergestellt hat, dann richte die Aufmerksamkeit allmählich auf die Nasenlöcher.
Beobachte alle Empfindungen, die jeden einzelnen Atemzug begleiten. Achte darauf, wo sie dominieren - an der Oberlippe, in den Öffnungen der Nasenlöcher oder an der Nasenspitze. Fixiere die Aufmerksamkeit ganz sanft auf diese Stelle.
Laß die Aufmerksamkeit den Bereich durchdringen, in dem die Empfindungen der einzelnen Atemzüge am deutlichsten spürbar sind. Postiere die Aufmerksamkeit bei den Nasenlöchern wie einen Wächter, den man an einem Stadttor aufgestellt hat. Laß das Gewahrsein jede Empfindung prüfen, die den Atem begleitet. Du brauchst keinen Druck auf den Atem auszuüben und Dich auch nicht auf ihn zu stützen. Laß das Gewahrsein einfach die wechselnden, vielfachen Empfindungen erfahren, die jedes Einatmen und jedes Ausatmen begleiten.
Beachte die Pause zwischen dem Ein- und Ausatmen und werde der entstehenden Gedanken oder Gefühle gewahr. Achte auf die subtile Absicht zum Ausatmen und laß den Atem in seinem natürlichen Rhythmus fließen.
Konzentriere Dich Augenblick für Augenblick auf die vielfältigen Empfindungen, die sich bei jedem Ausatmen entfalten.
Achte auf die Pause. Registriere den Willen zum Einatmen. Unaufhörlich stellt sich der Geist in Worten oder Bildern dar, die sich vor dem stummen Hintergrund der Empfindungen abzeichnen, welche bei jedem Einatmen und Ausatmen hervorgerufen werden.
Du denkst den Atem nicht, Du erfährst ihn direkt.

Du beobachtest, wie das Gewahrsein die Empfindungen, in denen sich jeder Moment des Atmungsprozesses bezeugt, immer feiner und subtiler werden läßt.
Laß den Körper aus sich selbst heraus atmen - Du brauchst den Atem weder zu kontrollieren noch zu gestalten. Bewahre einfach eine konzentrierte Bewußtheit bei, die aller Empfindungen gewahr wird und mit jedem Partikel dieser Wahrnehmung tiefer und tiefer in den Augenblick eindringt.
Nimm jede Bewegung wahr, durch die sich der abschweifende Geist verrät. Registriere das verführerische Merkmal, das in ihm aufblitzt und das Gewahrsein vom Atem weglocken will, einfach mit der stillen Anmerkung „Stolz" oder „Angst" oder „Vorahnung" oder „Seligkeit". Und kehre in einem sanften Loslassen völlig zum Atem zurück.
Nichts lenkt Dich ab. Jeder Moment des Denkens oder Fühlens oder einer körperlichen Empfindung wird einfach zur Kenntnis genommen - so wie er ist. Und sobald Du sein Erscheinen bemerkst, erinnerst Du Dich daran, wieder ganz sanft und mitfühlend zum Atem zurückzukehren.
Wenn sich Gedanken oder Gefühle bemerkbar machen, dann achte auf jede Bewertung oder Anspannung, die nach einer Änderung verlangt. Nimm den Geist einfach so wahr, wie er in der unermeßlichen Weite einer barmherzigen Bewußtheit erscheint und verlischt.
Auch wenn es in einer Minute ein Dutzend Mal notwendig sein sollte - kehre zum Atem immer wieder mit der sorglosen Anmerkung zurück: „Ahaa, wieder das Denken, wieder ein Gefühl, wieder ein Plan, wieder eine Bewertung...". Was auch immer erscheint - beobachte, wie es erscheint und laß ganz ruhig los, um zu den Empfindungen des Atems zurückzukehren.
Laß ganz sachte los und kehre zum Atem zurück.

DIE ÜBUNG ERWEITERN

Wenn sich der Kontakt zum Atem im Verlauf einiger Wochen gefestigt hat, während der wir die Aufmerksamkeit in inniger Beziehung zum Atem immer wieder auf die Nasenlöcher konzentriert haben, sobald sie durch Gedanken, Gefühle oder körperliche Empfindungen abgelenkt wurde, werden wir mit der ständigen Wanderung des Gewahrseins von einem Objekt zum anderen vertraut. Immer öfter finden wir uns in der unmittelbaren Gegenwart wieder.

Wenn die Aufmerksamkeit erst einmal imstande ist, sich sorglos von den funkelnden Objekten zu lösen, von denen sie angezogen wurde, und sich ohne Bewertung von Bewertungen, ohne Furcht von der Furcht und ohne Stolz vom Stolz lösen kann, dann lernen wir, wie wir die heilende Kraft dieses Augenblicks des Loslassens nutzen können.

Die innere Ruhe, die uns aus dem Verzicht auf eine momentane Verklammerung erwächst, vertieft unsere Geduld und unser Mitgefühl im Augenblick des Loslassens mehr und mehr. Jedes Mal, wenn wir uns von Gedanken und Gefühlen, von Zweifeln oder Wonnen lösen und zu den Empfindungen des Atems zurückkehren, fördern wir die Bereitschaft, über die Verhaftungen des alten Geistes hinauszugehen und dem staunenden Nichtwissen des folgenden Augenblicks zu vertrauen.

Mit jedem Augenblick des Loslassens erleben wir unsere Geburt und lindern unseren Tod.

Indem wir jeden Moment des Loslassens sehr genau verfolgen, geben wir den Dingen völlige Freiheit, ohne den leichtesten Druck auszuüben oder auf eine Änderung abzuzielen, und beobachten in unserer Abwendung vom Denken, wie jeder Gedanke als Seifenblase durch die unermeßliche Weite der Bewußtheit schwebt - ein zerbrechliches Gebilde, in dem sich unsere Traumwelt und geistige Peripherie widerspiegelt.

Jeder Moment der Loslösung vom Denken prägt unsere Erwiderung auf den nachfolgenden Gedankenprozeß. Jeder Moment der Loslösung von der Angst prägt unser weiteres Erleben des Angstzustandes. Jeder Moment, in dem wir die Empfindungen durch den Körper der Bewußtheit fließen, sie entstehen und wieder vergehen lassen, prägt unsere Reaktionen auf spätere Augenblicke des körperlichen oder seelischen Schmerzes.

In jedem Moment des Loslassens kann die Kraft der Heilung durch Geist und Körper fließen.

Wenn wir den Augenblick des Loslassens mit derselben Sensibilität erforscht haben wie den Atem, das Denken, das Fühlen, die Erwartung und die Enttäuschung, dann können wir diese Fähigkeit der Loslösung zu einem tieferen Gefühl des Sein-Lassens, des reinen Seins erweitern und entwickeln.

Verwandeln sich Gedanken an diesem Punkt in „Denken" und Erwartung in „Planung" oder „Vorstellung", werden diese Zustände bis ins tiefste ergründet, sobald sie vom Gewahrsein bemerkt werden.

Will sich ein Gedanke oder ein Gefühl immer wieder Geltung verschaffen und unablässig fortsetzen, obwohl wir uns wiederholt von ihm gelöst haben, wird das Gewahrsein dazu ermutigt, vollständig vom Atem abzulassen und direkt in diesen Zustand einzutreten, um seinen Impuls, seine Dichte, seine veränderliche Substanz und seinen Verlauf sorgfältig zu erforschen. Haben wir die Aufmerksamkeit erst einmal im Jetzt, in den Empfindungen der Atmung stabilisiert, sind wir fähig, das Schattenspiel des Augenblicks zu studieren. Wenn die Aufmerksamkeit immer wieder von einer Erinnerung, einem Gefühl, einem Verlangen oder einer Gedankenkette vom Atem weggelockt wird, verankern wir sie ganz und gar in diesem sich öffnenden Prozeß, damit sie seinen ganz persönlichen Charakter enthüllen und mit der Vertrautheit erfüllen kann, die eine Loslösung erleichtert.

Wenn wir uns vom Atem gelöst haben, um einen körperlichen oder seelischen Prozeß zu studieren, der sich vorübergehend in den Vordergrund gespielt hat, und der Geist von seinem neuen Brennpunkt abzuschweifen und den mentalen Katalog mit den alten Merkzetteln und Lebenserinnerungen durchzublättern beginnt, dann wird die Aktivität dieses Umherschweifens lediglich registriert, und mit einer innigen Loslösung wenden wir uns von neuem den Empfindungen an den Nasenlöchern zu, um zum Jetzt zurückzukehren.

Wir stellen fest, daß es ebenso schwierig ist, uns auf die intervenierenden Gedanken oder Gefühle zu konzentrieren wie auf den schwer erfaßbaren Atem, und bestärken das Gewahrsein darin, die Wirklichkeit so wahrzunehmen, wie sie ist - mit aller Achtsamkeit, die es aufbieten kann. Die Achtsamkeit gegenüber dem Atem wird zur Grundlage unserer Präsenz im Jetzt. So können wir allem, was Geist und Körper durchläuft, voller Mitgefühl und Anerkennung begegnen.

Nun ringen wir nicht mehr mit dem Geist oder kämpfen uns zum Atem durch, sondern öffnen uns allen Erscheinungen schon im Augenblick ihrer Entstehung. Jeder Augenblick von Geburt und Tod wird von der reinen Bewußtheit erfahren, die Geburt und Tod überschreitet und sich unaufhörlich ausdehnt und weitet.

Während wir immer wieder zum Atem zurückkehren, um den Augenblick so zu erleben, wie er ist, sehen wir alle Geistesinhalte in der Unsterblichkeit, im Unverletzten, im allumfassenden Ganzen dahinfließen. Wir verwechseln die Objekte des Gewahrseins nicht mehr mit dem Gewahrsein selbst. Völlig ausgeglichen, völlig offen erforschen wir alle Erscheinungen im Augenblick ihres Erscheinens.

Indem wir den an den Nasenlöchern vorbeistreichenden Atem sehr genau verfolgen, gewahren wir den leichtesten Hauch der ein- und ausströmenden Luft, das leiseste Flüstern der unterschwelligen Intentionen, die geringste Regung seelischer und körperlicher Reaktionen. Für das absichtlose Gewahrsein haben alle Forschungsobjekte den gleichen Rang - jedes kann in völliger Ruhe und Urteilslosigkeit entstehen und vergehen.

Während wir unsere Achtsamkeit gegenüber diesem Entfaltungsprozeß vertiefen, ohne mit Gewalt etwas begreifen oder eine Heilung erzwingen zu wollen, erwachen Einsicht und Wohlbefinden auf natürliche Weise. Durch unsere mitfühlende Offenheit, durch unsere Bereitschaft, den Atem in völliger Klarheit wahrzunehmen und alle Manifestationen des Geistes vorbehaltlos zuzulassen, werden wir auf Ebenen geheilt, die uns vorher nicht zugänglich waren.

Und im leisen Raunen des Geistes werden wir der Absichten gewahr, die jeder Bewegung des Körpers, jeder Handlung in der Welt vorausgehen. Die Wahrnehmung des Verlangens, sich zu kratzen, das der entsprechenden Handbewegung zugrunde liegt, gewährt Einsicht in die geistigen Impulse, die jeder Handlung den

Anstoß geben. Wir erkennen die Absicht, die Vermittlerin zwischen Verlangen und zwangsläufiger Handlung, schon an ihren anfänglichen Regungen, an ihrem ersten Räuspern. Wir durchschauen die Neigung zu unbewußten Reaktionen im klaren Licht des Loslassens - im Licht einer Bewußtheit, für die nur das Jetzt von Bedeutung ist.

Wir erwachen aus dem mechanischen Ablauf unseres Lebens, aus der fortwährenden Implosion und Explosion des Geistes im Körper und in der Welt, und vielleicht erahnen wir sogar, was ein Zen-Meister meinte, als er fragte: „Was war Dein Gesicht, bevor Du geboren wurdest?"

Indem wir dem ewigen Werden des Geistes zuschauen, der in diesem Raum des unveränderlichen Seins dahinfließt, setzen wir unserer Sucht nach der irrigen Identifikation mit dem Leid ein Ende und erfahren das Leben an der Wurzel seiner Entfaltung - in der unsterblichen Natur der allumfassenden Wirklichkeit.

* * *

KAPITEL 19

Hindernisse auf dem Heilungsweg

Auf dem Pfad der Heilung entfalten sich verschiedene Faktoren, die Gewahrsein und Mitgefühl daran hindern, unmittelbar in einen verletzten oder erkrankten Körperbereich einzudringen. Wenn wir die Aufmerksamkeit auf unser Leid richten, trifft sie auf tief verwurzelte Neigungen der Verhaftung, die den Schmerz aufrechterhalten und dem Zugriff heilender oder lindernder Kräfte entziehen. Diese Hindernisse verdichten die unbereinigten Geschäfte des Geistes und die gefühllosen Bereiche des Körpers, die sich uns in einem Leben zwanghafter Verdrängung des Ungewollten eingeprägt haben. Sie stützen die fehlgeleitete Identifikation, die uns dazu veranlaßt, zornentbrannt loszustürmen oder uns ängstlich zu ducken, und fördern die geistige Verunsicherung, die den Pfad zum Herzen versperrt und unsere Heilung beschränkt.

Wenn wir jedoch unsere Hindernisse mehr und mehr als Gelegenheit zur Selbsterforschung betrachten, dann verstehen wir allmählich den Sinn der Aussage buddhistischer Tradition, die besagt: „Je größer das Hindernis, desto größer die Erleuchtung." Wir verstehen nun, daß uns Krankheit und Verletzung Wege zur Freiheit öffnen können.

Wo auch immer sich Beschwerden und Schmerzen zeigen, werden Hindernisse erscheinen. Die Blockaden, die das Herz umgeben, werden uns schmerzhaft bewußt. Krankheit und Schmerz haben die Kraft, jene permanent verdrängten Inhalte aufzudecken, die man im Buddhismus *klesas* oder *samskaras* nennt - tief eingewurzelte Neigungen, die unter der Schwelle unseres normalerweise seichten Bewußtseins schlummern. In diesem Umstand ist auch der Grund dafür zu sehen, daß uns eine unmittelbare Beziehung zu Schmerz und Krankheit die tiefsten Ebenen der Heilung zu erschließen vermag.

Das Unbehagen, das uns aus einer Krankheit entsteht, kann man im metaphorischen Sinne regelrecht als einen Bohrer verstehen, der durch die harten Schichten der Panzerung und Verneinung dringt und auf das Reservoir der tief in uns eingeschlossenen Isolationen und Ängste stößt. Der Schleifstein für diesen Bohrer ist unsere Identifikation mit den Gefühlen der Hilflosigkeit und Verzweiflung - unsere Unfähigkeit, das Unkontrollierbare zu kontrollieren. Sie führt dazu, daß wir apathisch und depressiv werden, daß wir uns von einer Krankheit gefesselt und in Geist und Körper gefangen fühlen. Diese Enthüllung verdrängten und komprimierten Materials ermöglicht eine spontane Freisetzung tief eingewurzelter Leiden, die gleichsam nach Art eines artesischen Brunnens aus der Tiefe quellen. So können der lange eingeschlossene Schmerz und Unfriede des Geistes, sein Reservoir der Trauer und Verneinung endlich zur Oberfläche emporsprudeln. Dieses Aufbrodeln mag zwar anfangs eher wie ein widriger Wasserstrudel und kaum wie eine Einladung zu sanftem Schwimmen auf uns wirken. Wir werden jedoch bald erkennen, daß die Erforschung unserer Leiden ein Pfad zur Freude ist.

Diese Freisetzung alter Verklammerungen öffnet den Zugang zu immer tieferen Ebenen der Heilung. Erstaunt stellen wir fest, daß unser Eindringen in das scheinbar Schwere, Massive uns merklich leichter macht. Der Druck kann abfließen. Der Bauch entspannt und öffnet sich. Die Konturen des Atems zerrinnen im endlosen Raum. Nirgendwo besteht noch Isolation. Wir müssen nichts definieren, wir müssen niemand sein. Nur das reine Sein besteht. Nur so viel. Nur dieser Moment. Die Fülle, die alles erfüllt.

Wie es bereits in der Schilderung jener Vision zum Ausdruck kam, in der ich meine Kinder schwer verwundet sah, hatte mein eigener Widerstand mir einen tieferen Einblick erheblich verbaut. Erst als ich mich direkt auf das Hindernis konzentrierte, lösten sich die Blockaden im Licht einer bejahenden Bewußtheit auf. Das

Hindernis hatte in Wirklichkeit nicht in der Furcht vor diesem grauenvollen Geschehen bestanden, sondern in meiner Identifikation mit dieser Furcht.

Hindernisse, so hat es ein Freund einmal ausgedrückt, „sind Felsen, die sich im Eingang unserer Höhle aufgetürmt haben und uns die Auferstehung verwehren." Unsere zwanghafte Fixierung, unsere Unfähigkeit, die Augen von unserem Leid abzuwenden und uns von ihm zu lösen, ergibt ein Bild, in dem wir diese Felsblöcke umklammern, während sie schon ins Meer hinabrollen. Um eine unmittelbare Beziehung zu den Hindernissen zu schaffen, müssen wir sie loslassen, was bedeutet, daß wir sie in mitfühlender Bewußtheit bestehen lassen.

Wenn wir den Hindernissen auf dem Heilungsweg ins Auge sehen, wenn wir ihren Eigenschaften, ihren Strömungen, dem Klang ihrer Stimme und Sprache, der Art ihrer gedanklichen Manifestation, ihren geistig-körperlichen Merkmalen und Mustern auf den Grund gehen, treten wir allmählich zu den Hindernissen in Beziehung anstatt auf sie bezogen zu sein. Die Beziehung zum Zweifel schafft nun Vertrauen, die Beziehung zum Widerstand öffnet uns für die Bejahung und die Beziehung zur Angst führt uns in eine neue Furchtlosigkeit hinein. Hier haben wir wieder einmal vor Augen, daß unsere alte Konditionierung zum Rückzug vor Zweifeln und Ängsten, zum Verharren in Zwiespalt und Furcht unseren Fortschritt lähmt und uns den direkten Zugang zu diesen Hindernissen, die uns eine Teilhabe an unserer natürlichen Heilung so oft verwehrten, versperrt. Unsere Konditionierung zur Flucht vor dem Schmerz ist eine der relevantesten Ursachen für unser Leid. In gewisser Hinsicht sind wir sozusagen um 180 Grad vom Kurs abgewichen. Doch überraschenderweise ist die Heilung im Zentrum sowohl unserer Probleme als auch unserer Freuden zu finden - wir begegnen ihr im tiefsten Lebenskern. Wenn wir jenseits des alten Strebens nach Selbstschutz (bei dem unser Schmerz unerforscht bleibt und jedes Schmerzempfinden das Gefühl tiefer Verwundbarkeit in uns hinterläßt) wieder in unser Leben zurückfinden, haben wir eine reelle Aussicht auf Heilung und auch auf Befreiung.

Wir erkennen, daß wir mit jedem Schritt der Loslösung von unseren Hindernissen die Erfahrung ihres nächsten Auftretens rekonditionieren und neu gestalten. Mit jedem Loslassen dieser Blockaden steigt die Chance, daß wir uns beim nächsten Mal noch etwas eher von ihnen lösen können. In zunehmender geistiger Gelassenheit erleben wir, daß Zustände der Furcht, des Zweifels oder Widerstands, die sich mechanisch entfalten, in einer sich weitenden Bewußtheit aufgenommen werden, die kaum dazu neigt, in einer Identifikation zu implodieren und das Leid zu verdichten. Auch die Hindernisse werden nun als ein vorübergehender Prozeß erkannt; der Zorn erinnert uns an die Liebe, die Angst mahnt uns zur Entspannung, und Zustände wie Unrast und Langeweile wühlen die Seele nicht mehr auf, sondern dienen der tiefen Ruhe einer beständigen Bewußtheit als Brennpunkt. Viele unserer Eigenschaften, die wir lange Zeit als Feinde betrachtet haben, werden zu Mahnern und Verbündeten unseres Herzens. Die Hindernisse versperren nicht mehr unseren Weg, sondern werden zu Trittsteinen im Fluß der Achtlosigkeit.

Statt uns von diesen Eigenschaften aus dem Gleichgewicht bringen zu lassen, können wir sie würdigen und von ganzem Herzen annehmen. Wir werden auf dem Pfad der Heilung beispielsweise unweigerlich mit Zweifeln konfrontiert. Aber das Problem ist nicht der Zweifel, sondern unsere Übereinstimmung, unsere Identifikation mit dem Zweifel - sie ist es, die unseren Fortschritt hemmt. Der Zweifel, der uns zur Selbsterforschung veranlaßt, der nach einer direkten Erfahrung der Wahrheit fragt und den Geist für neue Möglichkeiten öffnet, vertieft die Heilung. Doch der Zweifel, der den Pfaden der Wahrnehmung mißtraut und sie verengt, bewirkt dies nicht. Wenn wir den hemmenden Zweifel klar und urteilslos als ein natürliches Element des Prozesses erkennen, sind wir fähig, diesem Geisteszustand ins Auge zu sehen. Auch wenn der Geist nach wie vor an sich selbst zweifeln mag, wird uns diese Bereitschaft zum Herantreten an den Zweifel mit Zuversicht erfüllen. Wenn das Gewahrsein feststellt, daß sich mit dem Zweifel nur der alte, impulsive Geist zur Geltung bringt, erkennt es das überpersönliche Wesen seines eigenen Prozesses und zweifelt nicht mehr daran, sich von den Hindernissen lösen zu können. Das Vertrauen in den Prozeß entwickelt sich, wenn wir eingesehen haben, daß auch der Zweifel im Grunde etwas Leeres, Mechanisches ist, daß sich in ihm nur ein automatisch ablaufender Impuls, nur ein weiterer Song aus den Top-Charts des geistigen Schauspiels bekundet. Er erweist sich nun als praktikabel, als weitere Experimentierbühne der Wahrheit.

Durch diese heilsame Klärung hat sich unser Vertrauen in den Zweifel so weit entwickelt, daß wir ihn fließen lassen und seine pessimistische Natur sanft erforschen können. Wir lassen ihn, statt ihn durch Verneinung und Furcht zu verdichten, so bestehen, wie er ist. Der Geist kann nun im heilenden Herzen versinken. Man kann es als Kuriosum vermerken, daß wir uns vielleicht anfangs vor Zweifeln fürchten, mit der Entfaltung unserer Achtsamkeit jedoch eher die Furcht bezweifeln. Wenn wir den Zweifeln in stetiger Bewußtheit und Entspannung begegnen, kann das vertrauensvolle Herz auch das leiseste Murmeln des zweifelnden Geistes vernehmen. Der Zweifel ist für das Gewahrsein nun keine *Blockade* mehr, sondern wird zu seinem *Objekt.* Er zentriert heilende Kräfte.

Wir können die Parallele zu einer Geschichte über den großen tibetischen Heiligen Milarepa ziehen, der einmal in der Meditation versunken war, als drei kriegslüsterne Dämonen am Eingang seiner Höhle erschienen. Während sie unter schaurigem Heulen und Kreischen Totenschädel klappern und blutige Schwerter rasseln ließen, drangen sie mit wüsten Beschimpfungen und umgeben vom Gestank verfaulenden Fleisches in die Höhle ein. Mit einem liebenswürdigen Lächeln und einer großzügigen Geste lud Milarepa sie ein, an seinem Feuer Platz zu nehmen und „einen Tee zu trinken". „Aber versetzt Dich denn unser Anblick nicht in Angst und Schrecken?!" wollten die Dämonen wissen. „In keiner Weise", erwiderte Milarepa und fügte dem Sinne nach hinzu: „Gerade in solchen Augenblicken, in denen die Dämonen der Angst und des Zweifels in Erscheinung treten, bin ich am dankbarsten dafür, daß ich auf dem Pfad der Heilung, daß ich ein Yogi bin. Kommt her und trinkt einen Tee mit mir. Macht es Euch bequem. Ihr seid immer willkommen. Euer abscheuliches Antlitz gemahnt mich nur, Bewußtheit und Mitgefühl in mir zu erwecken. Kommt und trinkt einen Tee!"

Indem wir die alten „Comic-Strip-Dämonen" des Geistes, die den Pfad zu unserem Herzen immer versperrten, mitfühlend und bewußt willkommen heißen, erkennen wir Angst und Zweifel,

Bewertung und Zorn selbst in ihren raffiniertesten Verkleidungen. Und die uralte Dynamik des Geistes, seine immer gleichen Mechanismen, können uns nicht mehr in Erstaunen versetzen. „Aaah - da seid Ihr ja! Na sowas! Wie möchtet Ihr den Tee denn gerne?"

Je enger unsere Beziehung zu diesen „Dämonen" des alten Geistes wird, desto feinere Details können wir erfassen. Wenn wir die Maserung des Fleisches und die Poren der Haut am Körper des Zorns, der Angst oder des Zweifels erkennen, kann uns sein leeres Zähnefletschen und sein furchterregendes Gebaren nicht mehr in die Defensive treiben. Indem wir den hinderlichen „Dämonen" direkt in die Augen blicken, erkennen wir die Trübheit ihrer Pupillen, die Farblosigkeit ihrer Iris und den grauen Star der Furcht, der ihre Wahrnehmung der Welt verschleiert.

Wenn wir vor diesen alten Hindernissen nicht mehr zurückweichen, sondern ihnen ein wenig unbeschwerter begegnen, stellen wir mit zunehmendem Frohsinn fest, daß sie das Herz umso weniger blockieren können, je eher wir sie willkommen heißen und uns ihrem Erscheinen mit der stillen Anmerkung „Zorn", „Furcht" oder „..." öffnen. Wir lassen uns kaum noch zu Wutanfällen oder anderen Gefühlsausbrüchen hinreißen, denn bevor eine Frustration in Wut umschlagen kann, haben wir ihre subtilen Vorzeichen längst bemerkt. Weil wir Feinheiten schon früh erkennen, kann uns nichts Grobes überwältigen. Weil wir in der Lage sind, schon den Impuls des Verlangens wahrzunehmen, das sich im Falle einer Enttäuschung als Zorn manifestiert, kann uns Zorn nicht mehr unversehens überraschen. Im weichen Bauch und im offenen Herzen, in dem für alles Raum ist, sehen wir dem Prozeß seiner Entfaltung einfach zu.

Anfangs wird es natürlich schwierig, wenn nicht gar unmöglich für uns sein, uns der Gewalt heftiger Wut oder blanken Entsetzens zu öffnen. Wir sind einfach überfordert. Doch unsere Kapazität der Offenheit für diese elementaren Verklammerungen wird sich erhöhen, wenn wir mit den kleinen Ärgernissen und täglichen Ängsten arbeiten. Auf diese Weise lernen wir, sie bereits zu bemerken, bevor sie zu einem regelrechten Wutanfall oder Schrecken anwachsen können. Wenn wir uns erst einmal die 2 $^1/_2$-Kilo-Gewichte vornehmen und langsam zu immer schwereren Gewichten übergehen, können wir unsere Kraft mit Ausdauer und Entschlossenheit schließlich bis zu ihrem Höchstmaß entwickeln. Kaum jemand wird auf die Idee kommen, ohne ausreichende Vorbereitung ein 150-Kilo-Gewicht zur Hochstrecke bringen zu wollen - und ebensowenig sinnvoll dürfte es sein, in einen gewaltigen Gefühlsausbruch einzutauchen und zu denken: „Wäre doch gelacht, wenn ich diesen Kram nicht ganz leicht loslassen könnte!“ Viel Glück dabei! Willkommen in der Welt der Hinkenden und Gebeugten.

Zweifelsohne sind wir nicht imstande, die 150-Kilo-Kobolde auf Anhieb zu überwinden. Schon wenn wir mit der Absicht zur Überwältigung an eine Wut oder Angst herantreten, werden wir uns eher selbst überwältigt fühlen, wenn sie uns ergreift. Doch wenn wir ihr aufrichtig und von ganzem Herzen begegnen, wird sie uns so vertraut werden wie die Kehrseite unserer Hand, oder besser gesagt wie die Kehrseite unseres Geistes. Wenn wir diese subtilen, hemmenden Mechnismen mehr und mehr ergründen, erkennen wir, daß Bezeichnungen wie „Angst“, „Zweifel“ oder „Zorn“ grobe Vereinfachungen eines relativ komplexen Prozesses darstellen. Der Zweifel umfaßt mehr als den „Zweifel“, die Angst mehr als die „Angst“ und der Zorn mehr als den „Zorn“.

Wenn wir Hindernisse wie den Zorn erforschen, stellen wir beispielsweise fest, daß er nicht in einem einheitlichen Zustand der Aversion, sondern in einer beständigen Abfolge vielfältiger Zustände und wechselnder Mentalitäten besteht, bei der vielleicht ein Moment der Frustration in einen Augenblick der Habgier übergeht und in dieser Weise Zustände von Angst, Zweifel, Selbstmitleid, Hochmut, Bewertung, Befangenheit, Selbstverneinung und Widerstreben durchlaufen werden - in stetiger Aufeinanderfolge verschmelzen sie miteinander, und die innere Dynamik des alten Geistes entfaltet sich ganz automatisch. Angst ist nicht einfach „Angst“, sondern ein Durchwandern von Zuständen der Bestürzung, der Frustration, des Widerwillens, des Mißtrauens, der Angriffslust, der Selbstverurteilung, und so weiter und so fort - jeder Geisteszustand löst sich im nächsten auf. Keiner beschränkt sich auf eine einzige Nuance - alle weisen eine sehr subtile Vielschichtigkeit auf.

Wenn wir in diese geistig-körperlichen Zustände, die uns so oft das Gefühl der Isolation vermittelt haben, eindringen, dann offenbaren sich ihre Wechselbeziehungen. In der Furcht treffen wir auf den Zorn, im Zweifel begegnen wir der Furcht, und im Zorn treffen wir den Zweifel an. Wir erleben das Fühlen im Gefühl, ebenso wie wir auf einer späteren Stufe vielleicht den Atem innerhalb des Atems entdecken - die subtile Weite, welche der scheinbaren Materialität aller Dinge innewohnt.

Auf dem Weg zur Heilung werden uns viele Geisteszustände begegnen, deren Wahrnehmung uns nicht eben leicht fallen dürfte. Möglicherweise werden wir sie verdrängen und leugnen. Unsere Heilung muß jedoch oberflächlich bleiben, wenn wir uns in dieser Weise zurückziehen und die Erforschung dessen ablehnen, was die Verschmelzung des Geistes mit dem Herzen behindert. Wenn wir uns einem Bereich körperlichen Unbehagens nähern, können wir viele dieser Geisteszustände deutlich erleben. Diese tiefere Ergründung der Gefühle, welche sich mit einem Schmerz oder einer Krankheit verbinden, kann in manchen Momenten zu beinahe ekstatischen Offenbarungen führen. Andererseits kann die Realität des alten Geistes aber auch in so großem Widerspruch zum Wunschbild unser selbst stehen, daß dieses Erleben recht schmerzhaft sein kann. Unendlich lange kann das Leid in uns eingeschlossen sein, in uralten Zeiten kann es wurzeln. Doch auf dem Weg der Heilung dient letztlich alles als „Schrot für die Mühle". Alles dient dem heilenden Studium.

In der achtsamen Arbeit mit den Hindernissen auf dem Heilungsweg erkennen wir, wie schwer uns die Loslösung von unserem Leid fällt. Wir sind sehr an ihm verhaftet und identifizieren uns sehr stark mit unserem geistig-körperlichen Schmerz. Unsere tiefe Aversion gegen Krankheit ist eine Form jener Verhaftung am Leid. Sie entspricht einer negativen Verhaftung, was heißen will, daß wir unermüdlich daran haften, Dinge zu verdrängen. Diese Haltung verdichtet Schmerzen und Widerstände. Sie verstärkt das Gefühl der Isolation, der Hilflosigkeit und Verzweiflung - das Gefühl, von der Heilung „abgeschnitten" zu sein und keinen Zugang zur eigentlichen Quelle der Gesundheit zu finden.

Wir identifizieren uns so stark mit Geist und Körper, daß wir die Symptome der Krankheit mit uns selbst gleichsetzen. Wenn wir den mit einer Krankheit verbundenen Zweifeln, Ängsten und Widerständen jedoch auf den Grund gehen, können wir wahrnehmen, daß es sich bei ihnen um unwillkürliche Prozesse handelt, um den mechanischen Ablauf gewohnheitsmäßiger Neigungen und Identifikationen des alten Geistes. Wir begegnen der Schwierigkeit der Loslösung von unserem Leid, wenn wir Erbarmen in die Krankheit ausstrahlen wollen und auf eine Blockade stoßen, die einer solchen Zuwendung Widerstand leistet. Wir entdecken, wie unbarmherzig wir sind, wie sehr wir uns daran gewöhnt haben, uns aus dem eigenen Herzen zu verbannen. Wir denken vielleicht: „Es ist doch nur Selbstverwöhnung, wenn ich Vergebung in meine Krankheit sende!" Uns wird klar, wie wenig Güte wir für uns selbst aufbringen, wie wenig Heilung wir in uns einlassen wollen.

Unser normales, tägliches Leben bietet für eine Einstimmung auf die latenten Hindernisse und das ungehaltene Gemurmel von Geist und Körper nur geringe Möglichkeiten. Aber der Tumor, die Wunde, die Depression und der Schmerz können uns als Kristallkugel, als außergewöhnlicher Spiegel für die geistigen Verhaftungen dienen. Man könnte sagen, daß körperliche Beschwerden die geistigen Verhaftungen wie mit einem Schleppnetz einfangen. Krankheit oder Stress können als überaus wirksames Biofeedback-Instrument eingesetzt werden. Der leichteste Anflug von Anspannung, von Widerstand, von Verhaftung am Leid schlägt sich in einer Erhöhung der Empfindungswellen nieder. Dieses subtile Feedback unseres Widerstands gegen den Schmerz, gegen das Leben kann ein idealer Lehrer sein.

Wenn wir uns einer Erkrankung liebevoll und bewußt nähern, zeichnet sich gerade in der Konfrontation mit Schwierigkeiten ab, was Liebe heißt. Wir fragen uns: „Was bedeutet es denn, Liebe in die Krankheit zu senden?" Wie unverständlich ist es doch, daß wir auf unsere früheren Schmerzen immer nur mit Ablehnung, Beklemmung und Fluchtreflexen reagiert haben! Gerade als wir der Kraft des Herzens am meisten bedurften, haben wir sie uns am entschiedensten versagt.

Eine liebevolle und bewußte Annäherung an die Hindernisse öffnet uns den Weg zur größten Freiheit. Mit der Erforschung unseres tiefsten Widerstandes gegen eine solche Teilhabe beginnt unsere Teilhabe am Leben.

Eine Krankheit rückt die Hindernisse in unser Blickfeld und holt sie aus der Verdrängung ins Licht der Bewußtheit. Krankheit bietet uns die Chance, Heilung zu finden. Sie führt uns in die wahre Natur der Liebe und Ganzheit hinein, in die alles umfassende Weite einer unbeschränkten Bewußtheit. Wir können die Wirklichkeit des Lebens ohne die Behinderung durch hemmende Filter oder unerledigte Geschäfte ganz direkt erfahren. Alles ist, wie es ist - reines Sein.

Ein eingeklemmter Nerv
an der Wurzel der Hand -
die mehr zu fassen suchte
als sie tragen konnte -
aber im Schmerz,
den weder Möglichkeit noch Drang
zur Veränderung umschließt -
erstrahlt das Licht.
Ah! Siehe dort! Christus im Innern Deiner Hand!

* * *

KAPITEL 20

Eine Tasse Tee am Feuer

Bevor wir weiter über die Vertiefung unseres Mitgefühls sprechen, müssen wir dem Umstand Beachtung schenken, daß Arglosigkeit und Friedfertigkeit die Grundlage des Mitempfindens bilden. Bevor wir daran denken, „etwas Gutes" zu tun, sollten wir uns ernsthaft entschließen, keinen Schaden und kein Leid zu verursachen. Ehe wir mir den Engeln unseres Mitgefühls spielen können, müssen wir uns mit den „Dämonen" unserer Verhaftungen zu einem Tee zusammensetzen. Wir müssen diesen Kobolden wie Milarepa am Allerheiligenfest des Geistes begegnen, ohne die Drohung des Verlangens zu fürchten: „Gib uns 'was, oder wir spielen Dir einen Streich!"* Nachdem wir die Bösewichter willkommen geheißen und Süßigkeiten an sie verschenkt haben, können sie sich zurückziehen und wie Kinder am Feuer zusammenkauern, um sich am Herzen der liebevollen Güte zu laben.

Die meisten Menschen sind im Grunde freundlich und liebenswürdig eingestellt, haben sich aber noch nicht von den reaktiven, verletzenden Merkmalen ihres Zornes befreit. Nur wenige haben mit ihren Aversionen oder Verwirrungen Tee getrunken. Die meisten verdrängen sie einfach und nehmen es in Kauf, daß sie

Diesen Spruch (*Trick-or-treat*) verwenden amerikanische Kinder am Abend vor Allerheiligen, wenn sie verkleidet an den Haustüren klingeln und um Süßigkeiten, kleine Geldgeschenke etc. bitten [Anm. d. Übers.].

dann unwillkürlich in einer Welt zum Ausbruch kommen, die ohnehin an einem Übermaß an Gewalt und Reaktivität zu leiden hat. Nur wenige Menschen sind bereit, Verantwortung für ihren Zorn zu übernehmen und ihre Friedfertigkeit zu vertiefen. Eine solche Verantwortlichkeit bedeutet, daß wir zum Zorn in Beziehung treten statt auf ihn bezogen zu sein. Sie beinhaltet die Fähigkeit, antworten zu können statt reagieren zu müssen. Verantwortung für den Zorn besagt, frei über ihn verfügen zu können. Bloße Reaktion auf den Zorn läßt das Leben im mechanischen Handeln des alten Geistes erstarren. Verantwortlichkeit erlebt das Jetzt auf ganz neue Weise. Reaktivität bewegt sich auf ausgetretenen Pfaden.

Wenn wir auf unseren Zorn reagieren, wälzen wir die Felsblöcke der Angst und des Mißtrauens in den Eingang unserer Höhle. Wenn wir ihm jedoch antworten, laden wir ihn zu einem Tee ein und stehen ihm Auge in Auge im Schein des Lichtes gegenüber, das durch die weite Öffnung unserer Höhle fällt. Selten treten wir mit unserem Zorn in eine so innige Verbindung, denn normalerweise fühlen wir uns, solange wir nicht wirklich aufgebracht sind, in seiner Gegenwart nicht wohl. Nur selten nehmen wir ihn in seinem Anfangsstadium wahr, denn wir neigen dazu, ihn zu leugnen und ihn wie auch uns selbst als „schlecht" abzustempeln. Und so werden uns die subtilen Merkmale seiner ersten Entfaltung gar nicht bewußt. Dieses vage Verständnis unseres Zornes ist ein Nebenprodukt unseres häufigen Zurückweichens vor unangenehmen Dingen - der Verurteilung unserer Urteile, des Ärgers darüber, daß wir uns wieder einmal geärgert haben.

Weil niemand frei von Verlangen ist, ist auch niemand frei von Zorn. Dieser stellt sich ein, wo es ein Territorium zu verteidigen gilt. Verlangen führt zum Zorn. Wenn ein Verlangen seine Erfüllung sucht und von irgendetwas aufgehalten wird, stellt sich Frustration ein. Das ist auch der Grund, warum wir uns des Verlangens völlig bewußt werden müssen, wenn wir Friedfertigkeit in der Welt verbreiten wollen.

In der direkten Beziehung zum Zorn erforschen wir seine Wurzeln. Wenn wir dem Impuls des Verlangens nachgehen, erfassen wir den Druck und den Sog des Geistes immer deutlicher. Wir erkennen das Wesen der Frustration selbst, die sich im Empfinden von Mangel und Habgier, im Gefühl der Verdichtung, der Anspannung und des Mißbehagens äußert. Indem wir die Frustration sorgfältig beobachten, erspüren wir den Punkt, an dem sie in Zorn umschlägt. Je öfter wir diese Transformation verfolgen, desto eher werden wir den Zorn an seinen subtilsten Vorzeichen erkennen. Je eher wir der Latenz bedrückender Zustände gewahr werden, desto weniger belasten sie uns, und desto leichtherziger können wir sie mit der humorvollen Anmerkung „Na sowas - wieder mal der Zorn!" zur Kenntnis nehmen. Es ist sehr wichtig, daß wir unserem Zorn auf den Grund gehen, denn so treten wir aus der unaufhörlichen Reaktion auf die Höhen und Tiefen des Lebens heraus und lassen keinen Schutt unbereinigter Geschäfte mehr hinter uns zurück. Wir haben diesen Zustand des Zornes ebenso wie viele andere bedrückende Zustände so oft übersehen und vernachlässigt, daß wir ihn kaum durchschauen. Wenn uns Zorn ergreift, halten wir ihn meist für unangebracht, hinterfragen ihn erst gar nicht und lassen ihn ungeheilt.

Unerforschter Zorn ruft weiteren Zorn hervor. Erforschter Zorn führt zur Harmonie. Wir bringen für uns selbst nur selten Mitgefühl und Interesse auf. Bei der Erforschung des Zorns entdecken wir die Isolation, in die er uns führt. Wenn wir uns ärgern, werden unsere Mitmenschen zu „Anderen". Obwohl uns dieser Zustand ohnehin mit kaum erträglichen Schmerzen erfüllt, meint der gnadenlose, reaktive Geist, daß wir noch weitere Bestrafung verdienten. Es dürfte wahrlich kaum einen größeren Fluch geben als den, der sich in den Worten äußert: „Möge Dich der Zorn bis an Dein Lebensende begleiten!" Wir würden nichts mehr sehen, riechen und schmecken können. Unser Leben würde zu einer angstvollen Verteidigung vermeintlich sicheren Territoriums verkümmern. Wir wären nicht einmal mehr fähig, mit der Welt in Berührung zu treten, denn der Zorn wirkt wie ein Schleier, der sich über die Sinne legt. Er blockiert die Wahrnehmung. Wenn wir die Frustration sorgfältig beobachten, erkennen wir, daß sich der Zorn ungebeten breitmacht und ein Eigenleben besitzt, einen Impuls, der aus all den früheren Momenten resultiert, in denen wir uns mit ihm identifiziert und in ihm isoliert haben. Doch wenn wir der Frustration „nichtwissend" begegnen, tritt keine Verdichtung eines Befriedigungsdranges ein, die ihren natürlichen Ablauf zum

Stocken bringen könnte, und statt ärgerlich zu reagieren, lernen wir, auf die Frustration zu antworten. Bloße Reaktion auf den Zorn erzeugt die Gewalt, Mißhandlung und Isolation, unter der wir so sehr leiden.

Wenn sich Mitgefühl entwickelt, erkennen wir den Schmerz, den uns der Zorn bereitet, und werden immer wieder daran erinnert, ihn ganz ruhig zu beobachten, wenn er uns ergreift. Mit einem rigorosen Gegenangriff, so wird uns klar, würden wir uns selbst und die ganze Welt impulsiv aus unserem Herzen verstoßen. Wir spüren die Kraft der Friedfertigkeit und gehen auf uns selbst mit einer Güte und Zuwendung ein, die wir auch einem verängstigten Kind erweisen würden.

Man hat uns gelehrt, daß sich unser Zorn nur auf zweierlei Weise handhaben ließe. Wir könnten ihn entweder unterdrücken oder „herauslassen". Beides aber sind Formen der Verhaftung am Zorn. Einerseits verdammen wir ihn, anderseits klammern wir uns an ihn. Kurioserweise stellen wir beim Studium des Zornes fest, daß wir von diesem Gefühl, egal wie oft es sich schon in uns entladen hat, nie lange Zeit erlöst waren. Wir sind erschöpft, bevor es gänzlich aus uns abgeflossen ist. Seine Heftigkeit zwingt uns in die Knie, ob wir nun den Weg der Verdrängung oder der Entladung gehen. Der unwillkürliche Ausbruch des Zornes schafft immer wieder gleichartige Situationen.

Wir wollen an dieser Stelle anmerken, daß es durchaus Mittel und Wege gibt, mit verdrängtem Zorn zu arbeiten und ihn an die Oberfläche zu bringen. Diejenigen, die mit ihrem Zorn nicht ohne weiteres in Kontakt treten können, haben die Möglichkeit, ihn unter der Leitung geübter Therapeuten zu stimulieren, indem sie beispielsweise auf eine Matratze schlagen oder zu schreien beginnen - unsere alte Freundin Elisabeth Kübler-Ross praktiziert dies mit Erfolg. Weil alles, was wir heilen wollen, erst einmal von uns akzeptiert werden muß, müssen sich viele von uns zunächst ihrer Emotionen bewußt werden, bevor sie weiter mit ihnen arbeiten können. Es ist eine Technik, die sehr genau auszubalancieren ist, damit der zur Oberfläche aufsteigende Zorn ohne jede Identifikation erforscht werden kann. Wie jede andere Technik - einschließlich der Meditation - kann sie zu einer Falle werden, wenn wir die Inhalte, die uns zu Bewußtsein kommen, mit unserem wahren

Wesen verwechseln. Unter solchen Umständen werden wir wahrscheinlich eher einen Krieg entfesseln als Frieden finden. Nur sehr ausgeglichene Therapeuten/-innen können uns helfen, den Zorn freizulegen und die Falle der Identifikation mit seiner Dynamik zu umgehen - denn der ungehemmte Ausbruch des Zornes wird diese Emotion zwar vorübergehend abfließen lassen, sein auf die Zukunft gerichtetes Potential jedoch eher festigen.

Unser Forschen läßt uns bald erkennen, wie unzweckmäßig es sein kann, den Zorn zu unterdrücken. Wenn wir ihn verdrängen, sammelt er sich außerhalb der Reichweite unseres normalen Gewahrseins an. Er hat Zugang zu Dir, aber Du hast keinen Zugang zu ihm. Er steuert Dich, er motiviert Dich, er trifft Entscheidungen für Dich, aber Du kannst nicht erkennen, „wer" die Zügel führt, denn Du hast keinen Einblick in die Bereiche des Unterbewußtseins. Und während wir erkennen, daß wir den Zorn nicht aus uns hervorholen können, stellen wir fest, daß wir ihn ebensowenig völlig unterdrücken können. Wir sind stets im Begriff, zu explodieren oder zu implodieren. Der Augenblick entgleitet uns.

Schließlich entdecken wir jedoch, daß es noch eine dritte Alternative gibt, den Zorn oder andere bedrückende Zustände zu handhaben. Wir können sie nicht nur unterdrücken oder zum Ausbruch kommen lassen, sondern ihnen auch ganz sanft den Weg ins Gewahrsein öffnen. Wir können Frieden mit ihnen schließen, um ein Gefühl für ihre Struktur, für ihre Nuancen und Tendenzen zu bekommen. Wir beginnen, das Wesen *des* Zornes zu erkunden, anstatt uns in *meinem* Zorn zu verlieren. Dem Zorn Raum zu geben, erfordert allerdings Mut. Es bedingt Anerkennung, die interessanterweise das genaue Gegenteil von Zorn beinhaltet. Angst und Zorn sind intensive Reaktionen des Widerwillens. Anerkennung ist eine freundliche Antwort. Allein der Akt der Anerkennung des Zornes läßt ihn zerfließen und gewährt Zugang zu subtileren Ebenen der Verhaftung. Anerkennung zieht dem Zorn die Maske vom Gesicht und läßt uns direkt in seine Augen blicken. Sie erlaubt es dem Zorn, zu entstehen und zu vergehen. Ich habe erlebt, daß Leute, die in der Meditation auf das tiefliegende Magma ihrer ohnmächtigen Wut gestoßen waren, mit schweißdurchnäßter Kleidung dasaßen und Atemzug für Atemzug darum kämpften, diesem Augenblick standzuhalten. Sie hatten erkannt, daß dieses verborgene Feuer ihren Weg erleuchten könne, wenn es zur Oberfläche gebracht würde.

Wenn wir der Vielschichtigkeit des Zornes gewahr werden und ihn mehr und mehr in seiner Entfaltung erleben - das wiederholte Ineinanderfließen von Gefühlen der Frustration, des starken Verlangens, des Verzichtes, des Mangels, des Selbstmitleids, der Rechtschaffenheit, des Stolzes, der Aggression, der Verwirrung - dann fragen wir uns schließlich: „Welcher dieser Zustände ist eigentlich der Zorn?“ Indem wir mit ihm in Beziehung stehen anstatt auf ihn bezogen zu sein, erkennen wir den Zorn als Prozeß.

Bei unserer Erkundung der Frustration bemerken wir, daß sich ein Stress-Gefühl mit ihr verbindet, das Geist und Körper belastet. Manche reagieren auf Stress mit Zorn, andere mit Angst. Wenn wir jeden Zustand in seiner deutlichsten Phase klar erkennen, können wir die mechanische Verkettung der Ereignisse im alten Geist durchbrechen. Wir sind in der Lage, ein wenig gelassener im reinen Sein zu ruhen - einem Raum, der dem Zorn die Entfaltung ermöglicht, ohne von ihm berührt zu werden. Wir leiden nicht mehr an einer falschen Identifikation mit dem Zorn, sondern beobachten, wie die Anspannung durch diesen Raum hindurchfließt. Zorn und Angst sind unvermeidliche Impulse des alten Geistes. Gewissenhaft erforscht, verlieren sie ihre Macht über uns. Indem wir die sorgsam geschmiedeten und tief in uns versenkten Glieder dieser Kette der Aktion und Reaktion betrachten, wird uns klar, daß Zorn etwas ganz Natürliches ist. Er ist so natürlich wie die zugrundeliegende Frustration, das dahinterstehende Verlangen. Aber sobald wir die Natürlichkeit des Zornes durchschauen und nicht mehr erschreckt vor ihm zurückweichen, erleben wir, daß uns jeder Augenblick seiner Entfaltung die Möglichkeit bietet, an uns zu arbeiten und mitfühlende Bewußtheit zu entwickeln. Wenn wir beispielsweise wissen, daß uns der Zorn sicherlich noch zehntausend Mal befallen wird, werden wir ihm bei seinem nächsten Erscheinen so begegnen, wie Milarepa den Unholden in seiner Höhle begegnete, und ihn willkommen heißen, um ihn genauer unter die Lupe zu nehmen. „Trink' doch etwas Tee. Mache es Dir bequem. Wärme Dich am Feuer.“ Und der Zorn beginnt zu fließen. Vielleicht wird er nun nicht mehr 10000 mal, sondern nur noch 9999 mal zu uns kommen. Jeder Moment, in dem wir uns ihm achtsam zuwenden statt zwanghaft auf ihn zu reagieren, erleichtert die Bürde und schwächt den Impuls des alten Geistes ab. Jeder Moment, in dem wir nicht auf den Zorn bezogen sind, sondern mit ihm in Beziehung stehen, entmagnetisiert ihn. Er verliert sein verführerisches Wesen, seine mechanische, zwanghafte Reaktivität, die uns immer wieder zum Handeln genötigt hat.

Ich erinnere mich daran, daß ich einmal vor einer Klostermauer stand, auf der „Zehn Regeln des Pfades" geschrieben waren. Eine der Regeln lautete: „Sei nicht zornig." Und ich dachte: „An diesem Ort wird wohl niemand die Erleuchtung finden." Wie soll man Befreiung erlangen, wenn man sein inneres Forschen an bestimmten Punkten abbrechen muß? Wenn jemand zu Dir sagt: „Sei nicht zornig", dann bist Du praktisch aufgefordert, Dein eigenes Sein zu leugnen. Dem Zorn zu gestatten, ins Sein zu treten, ohne selbst zum Zorn zu *werden*, erfordert eine sehr feine Balance; aber mit Angst auf den Zorn zu reagieren, setzt nur alte Mechanismen fort. Solange wir den Zorn, die Interesselosigkeit oder die Rastlosigkeit nicht im Herzen der Achtsamkeit willkommen heißen, werden wir von diesen flüchtigen Zuständen immer wieder aus dem Gleichgewicht gebracht. Wir sind sehr energisch darauf konditioniert worden, nicht zornig zu sein - in der Regel von jemandem, der bei diesen Gelegenheiten selbst zornig war. Wir üben uns in der Hartherzigkeit uns selbst gegenüber und fällen ein zorniges Urteil über den Zorn. Diese Strenge aber verhärtet uns noch mehr, und wir werden zum aktiven und passiven Objekt der Mißhandlung.

Ob es nun Zorn oder sogar Schmerz ist - wir können mit allen Zuständen umgehen, wenn wir uns ihnen in mitfühlender Bewußtheit nähern. Es kann sogar recht faszinierend sein, den Zorn zu beobachten. Wir schauen in sein Drehbuch, sehen seinem Schattenboxen zu und verfolgen seine inneren Monologe. „Das hätten die aber schon längst erledigen müssen!" „Also wie können die nur so sein!" „Ich würde das machen, aber mich fragt ja keiner!" Wir beobachten, wie er sein Spiel abwickelt, und wenn wir lange genug am Ball bleiben, stellen wir recht erbittert fest, daß sich in seiner Geschichte dieselbe Zeile ständig wiederholt. Wir entdekken seine „Tonband-Schleife", den unpersönlichen Prozeß, in dem sich seine Aussage immer wieder von neuem abspult. Indem wir die repetierten Bilder, die altvertraute Beteuerung unseres berechtigten Standpunkts, den Stolz, die Abwehrhaltung und das Gefühl vorenthaltener Liebe mitfühlend verfolgen, empfinden wir mehr und mehr Mitleid mit unserem Zorn und bieten ihm eine Tasse Tee an. Wir haben Erbarmen mit diesem armen, schmerzvollen Geisteszustand, mit dieser unfreiwilligen, rückwirkenden Gewalt, mit dieser Verschlossenheit, diesem harten Leben. Der Zorn erinnert uns jetzt daran, den Bauch zu entspannen und daran zu denken, daß niemand ein Objekt ist - alle sind die lebendige Soheit, sind Kinderseele, sind wir selbst.

Die Erforschung eines solchen Zustands wird zu einem sehr interessanten Unterfangen. Du sondierst ihn, hörst ihm zu, fühlst ihn, lernst ihn kennen. Wie wirkt der Zorn auf den Körper? Welche Stimme im Geist ist die seine? Welchen Klang hat diese Stimme? Nach welchem Drehbuch richtet er sich? Wird er von anderen Geisteszuständen begleitet? Was geht ihm voraus? Was folgt? Der Prozeß entfaltet sich im weiten Raum.

Wenn der Zorn in den Rahmen unserer Verantwortung rückt, beginnen wir zu ahnen, was es heißt, völlig lebendig zu sein. Und dieser Rahmen weitet sich aus, umspannt immer neue Geisteszustände und öffnet sich auch für die Zustände unserer Lieben - sie alle finden Raum in der tiefen Stille einer absichtslosen Erforschung, einer Bejahung des Seins. Wir verstecken uns nicht mehr im dunklen Wald der Reaktivität, wo unsere Gefühle ständig im Hinterhalt liegen und alles uns in Furcht und Anspannung versetzt. Statt dessen dringen wir tief in uns ein und erleben, wie die Ursache des Zorns verrinnt, wenn wir in eine ärgerliche Situation Liebe hineinfließen lassen. Und während wir unsere Aufmerksamkeit konstant auf die wechselhaften Schattierungen des Zornes, auf die Monologe und Bilder des Geistes, auf die Anspannungen des Körpers richten, entdecken wir unter all diesem Zorn eine tiefe Traurigkeit. Weil wir über nichts hinweggehen, weitet sich unser Forschen auch auf diese Traurigkeit aus, auf all die Augenblicke des Mangels, all die schweren Kümmernisse unseres Lebens - und unter dieser Traurigkeit entdecken wir einen Ozean der Liebe, der unsere wildesten Träume in den Schatten stellt.

So setzt die Erforschung des Zornes dem Unrecht in der Welt ein Ende und führt uns direkt in die alles umfassende Liebe, in unser wirkliches Wesen hinein. Haben wir dem Zorn erst einmal den Raum geöffnet, wo wir auf ihn eingehen, ihn erkunden und ihn annehmen können, dann erhebt er sich ins Licht unserer Ganzheit. Nun kann nicht einmal mehr der Zorn unser Herz verschließen. Er ist kein Hindernis mehr, sondern hat sich zu unserem Lehrer gewandelt, der uns mahnt, hinter die Dinge zu blicken und die Wirklichkeit zu entdecken.

In der Tradition der tibetischen Buddhisten ist davon die Rede, daß man den Zorn zu einem Hilfsmittel für die Praxis modifizieren könne, denn er beinhalte Qualitäten der Geradlinigkeit und Entschlossenheit, die auch der inneren Disziplin zugute kämen. Es kann der Zorn sein, der uns sagen läßt: „Keine Sekunde länger werde ich mein Herz verschließen - was genug ist, ist genug!" Es ist kein destruktiver Zorn, es ist der kreative Drang, mit unserer Arbeit weiterzukommen. Wir können der dem Zorn eigenen Neigung zur Reaktion eine Energie entlocken, die für den völligen Wiedereintritt in den Augenblick genutzt werden kann. Auch der Zorn hat es nicht gerne, wenn die Dinge so bleiben, wie sie sind. Wird diese Unzufriedenheit von seiner Aggression getrennt, kann sie uns dazu motivieren, den Pfad der Heilung zu beschreiten. Das ist wie Alchemie. Wir nehmen Schlacke und verwandeln sie in Gold. Nun erkennen wir, daß es nicht der Zorn war, der uns Probleme bereitete, sondern die Art und Weise, in der wir mit ihm umgegangen sind.

Wenn wir mit unserem Zorn immer wieder Tee getrunken haben, kann uns seine Tendenz, Identifikationen hervorzurufen, nicht mehr frustrieren oder überraschen. Wir erkennen mitfühlend an, daß es nun einmal die Art des Geistes ist, sich zu verklammern und über sich selbst nachzudenken. Statt uns aber in weiteren Identifikationen und in weiterer Feindschaft gegen den Geist, gegen den Schauplatz des Schmerzes zu verhärten, lernen wir es, Erbarmen zu empfinden. Wie lernen es, den Geist im Herzen anzunehmen. Wir lernen es, uns selbst zu lieben.

Wir erkennen nun, daß der den Kern des Zornes bildende Unwille ein wesentlicher Bestandteil der Panzerung des Herzens ist. Und wir begreifen, daß der Zorn eine Form der Trauer ist. Er ist eine Antwort auf einen Verlust. Er ist eine Antwort darauf, daß wir nicht bekommen, was wir haben wollen. Wir erkennen, daß wir über alles, worüber wir uns zu ärgern meinten, im Grunde traurig sind. Und so geht unsere Beziehung zum Zorn in der Arbeit mit der Trauer auf. Wir erbitten Mitgefühl und Heilung von unserem Herzen, um zu erfahren, was uns verschließt, und beim nächsten Mal vielleicht einen Sekundenbruchteil länger wach bleiben zu können.

Wenn wir dem Zorn Raum im Herzen geben, beobachten wir, daß unser Zorn manchmal größer ist, als dieser Raum verkraften kann. Die Gedanken sind so unwiderstehlich, daß sie uns automatisch zur Identifikation verführen, und der Stolz entfacht sie zu einem Feuer. Aber das ist erst der Anfang. Wir werden gewahr, daß der Geist aus seiner langen persönlichen Geschichte das unverbrüchliche Recht ableitet, zornig zu sein, und wir machen ihm dies auch nicht streitig, denn wir wissen, daß man uns mit der Verweigerung unseres Zornes auch das Recht zum Leben entzieht. Also gewähren wir dem Zorn völligen Einlaß in unseren Geist, anstatt uns wieder in den altbekannten Versuchen zu verstricken, ihn in irgendeine handliche Form zu biegen.

Wenn der Zorn so mächtig und die Identifikation so stark wird, daß im Geist für eine Ergründung kein Platz mehr bleibt, dann müssen wir lernen, in den Körper hineinzugehen und den Zorn als Sinnesempfindung zu untersuchen. Denn es ist leichter, dem Zorn in diesen Empfindungen nachzuspüren als in den Gedanken. Es kann sehr schwierig sein, der Angst in einem verängstigten Geist auf den Grund zu gehen, aber im Körper können wir immer Zugang zu ihr finden. Ihre Dichte, ihre rasche Modulation und ihre Spannung ist im Bauch, in der Kehle und im unteren Rücken recht deutlich zu spüren. Jeder Geisteszustand korrespondiert mit einem bestimmten Zustand des Körpers. Die Gedanken mögen unbewegt bleiben, aber die Empfindungen werden fließen. Wenn wir Zustände wie den Zorn die ersten Male erforschen, kann es geschehen, daß wir das Gewahrsein wieder und wieder in den Körper lenken, um zur körperlichen Struktur des Zornes zurückzufinden und den Geist vor seinem Sog zu bewahren. So können wir seine Leere allmählich erkennen und wenigstens einem seiner Aspekte mit Bewußtheit und Mitgefühl begegnen. Wenn wir keinen Geist hätten, der zornig werden könnte, dann wäre der Zorn theoretisch immer noch an den Kontraktionen und Empfindungen zu erkennen, die er im Körper hinterläßt. Wir könnten sogar sagen, ob wir uns freuen oder ängstigen, ob wir mißtrauisch oder erwartungsvoll sind, indem wir einfach nur die körperlichen Echos dieser Zustände verfolgen. Wenn wir dem Zorn im Geiste vielleicht auch nicht standhalten können, steht der Körper doch jederzeit einer Erforschung offen. Und hier mag es uns wenigstens einen Sekundenbruchteil länger möglich sein, den Zorn zu beobachten und uns nicht in ihm zu verlieren. Wieder einmal haben wir Gelegenheit, uns von alten Mechanismen zu befreien. Wieder einmal wird es uns möglich, auf das Leben zuzugehen, statt uns vor ihm zurückzuziehen.

Wenn wir mit diesen bedrückenden Zuständen und Emotionen derart innig in Beziehung treten, können wir auf die Versuche ihrer rationalen Verarbeitung verzichten. Eine rationale Auseinandersetzung mit Emotionen gleicht dem Bemühen, einen viereckigen Pflock in ein rundes Loch zu treiben. Emotionen haben ihren eigenen Charakter, und dasselbe gilt für die Gedanken. Sie sind nicht identisch, sondern entsprechen zwei unterschiedlichen Ebenen des Geistes. Der Versuch einer rationalen Auseinandersetzung mit Emotionen muß uns den Verstand rauben. Die psychiatrischen Kliniken sind angefüllt mit Menschen, die sich in ihre Gefühle hineindenken statt sie so zu erleben, wie sie sind. Sie wollen das Leben meistern, indem sie das weite Feld der Emotionen in die engen Grenzen des Denkens hineinpressen.

Ein geeignetes Beispiel für den Versuch, Emotionen auf rationale Weise zu begegnen, stellt unsere Beziehung zu einem Zustand dar, den wir Schuldbewußtsein nennen. Wir gehen beispielsweise spazieren und sagen zu jemandem: „Leben!“ Und diese Person erwidert: „Ah, das ist toll, genau das wollte ich hören.“ Und wir sind sehr zufrieden. Dann treffen wir die nächste Person und sagen: „Leben!“ zu ihr. Sie erwidert aber: „Oh, das ist schrecklich, wie können Sie so etwas zu mir sagen!“ Und wir sind furchtbar deprimiert. Wir haben das gleiche gesagt, wir haben das gleiche getan, und auch unsere Motivation war genau die gleiche - aber während uns die erste Handlung mit Stolz erfüllte, löste die zweite Gefühle des Schuldbewußtseins aus. Du reagierst auf die Welt des anderen, statt auf Deine eigene zu antworten. Doch seine Reaktionen haben überhaupt nichts mit Dir zu tun. Emotionen sind nicht rational, und sie brauchen es auch nicht zu sein. Das Bemühen, sie rational zu erfassen, führt unweigerlich zum schweren Konflikt mit ihnen. Wenn wir aber einfach beobachten, wie sich der Geist emotional äußert, wie er in der Reaktion auf die Welt lächelt oder die Stirn runzelt, dann werden wir Einblick in seine natürliche Entfaltung bekommen. Wenn wir der Welt unser Herz öffnen, verstehen wir zutiefst, daß wir nichts bewerten müssen und all unsere Heilung auf der Intention basiert. Die Intention „Leben!" war für alle gleich. Nur die Reaktionen unterschieden sich, und demzufolge auch die geistige Reaktion auf die Reaktionen. Man könnte sagen, daß das Schuldgefühl nur die Reibung darstellt, die bei der Begegnung zweier widerstreitender Willensordnungen entsteht. Der Geist fragt: „Wie wäre es jetzt mit einer schönen Eiswaffel?" Und fünf Minuten nach dem Genuß dieser Eiswaffel meldet sich der Geist wieder und sagt: „Das hätte ich nicht gemacht, wenn ich an Deiner Stelle wäre." Kein Wunder, daß wir alle verrückt sind! Doch wir erkennen, daß sich Schuldgefühle auch einstellen können, wenn wir nichts getan haben, um dessentwillen wir uns schuldig fühlen müßten.

So erging es auch einer Ordensschwester, die ein Hospiz an der Ostküste besuchte. Man ging mit ihr zum ersten Mal von Zimmer zu Zimmer und stellte sie verschiedenen schwerstkranken Patienten vor. Als sie am Bett einer 55-jährigen Frau stand, auf deren Gesicht die Schatten tiefer seelischer Schmerzen lagen, und eine Zeitlang mit ihr alleingelassen wurde, setzte sie sich neben diese unglückliche Patientin und ergriff ihre Hand. Ohne zu wissen, was sie tun sollte, aber ihrem Herzen folgend, schwieg sie einen Moment lang und sagte dann: „Ich halte diese Hand, und Gott hält Ihre andere Hand." Und in diesem Moment starb die Frau. Die Schwester empfand sofort heftige Schuldgefühle und tiefe Verwirrung. Sie hatte im absolut rechten Moment das absolut Richtige getan, und dennoch konnte die Irrationalität der Schuldgefühle ungehindert die Zügel ihres Geistes ergreifen.

So führt uns das Schuldbewußtsein in eine innere Erforschung, in eine Vertiefung des Lebens, in eine Öffnung des Pfades zum Herzen hinein. Auch Schuldbewußtsein ist nur einer der Top-Forties, die auf der alten Hitliste stehen. Wir müssen ihm weder rational begegnen noch unsere Anerkennung verweigern.

Indem wir den Hindernissen tief auf den Grund gehen und dem Gebot der Friedfertigkeit folgen, lassen wir allen Dingen ihre Freiheit. Wir lassen sie ihre natürliche Rolle spielen. Wir sind nicht länger zornig auf den Zorn und fühlen uns nicht mehr schuldig, weil wir manchmal Schuldgefühle haben. Wenn wir zornig sind, haben wir Raum für den Zorn. Wenn wir ängstlich sind, haben wir Raum für die Angst. Und wenn wir uns freuen, haben wir Raum für die Freude. Alles kann so sein, wie es ist. Wir betrachten das Leben als einen Segen, nicht als einen Fluch.

EINFÜHRUNG IN EINE ACHTSAME ERKUNDUNG BEDRÜCKENDER EMOTIONEN

Heilung folgt der Bewußtheit. Unsere Heilung ist so tief wie unser Forschen. Wenn sich unser Mitgefühl und unsere Bewußtheit erweitern, kann die Heilung in Geist und Körper Ebenen erreichen, die uns bislang unbekannt waren.

Wenn wir uns von Angst, Zorn, Schuldgefühlen, Zweifeln, Verwirrung, Gier, Schamgefühlen, Lust, Hartherzigkeit oder anderen dichten Wolken des Geistes „überwältigt“ fühlen, kann sich eine Erforschung, wie wir sie hier vorschlagen, als recht hilfreich erweisen.

Diese intensiven emotionalen Zustände wirken gleichsam wie Halluzinogene und präsentieren sich, als wären sie wirklicher als alles, was wir zuvor in uns fühlten. Sie sind von einer Aufregung und Unruhe geprägt, die unzweideutig signalisiert, daß sich dieses Mißbehagen für immer fortsetzen oder sogar noch steigern werde - daß es uns mit Haut und Haar verschlingen werde. Tatsächlich aber erleben wir es niemals, daß sich eine einzige Emotion endlos fortsetzt. Alles entwickelt sich. Weder die unerträglichsten noch die angenehmsten Zustände können sich dauerhaft in uns festsetzen. Wenn wir uns auf den Strom der Veränderung einstimmen, in dem diese Gefühle fließen können, treten wir aus der Identifikation mit „dem Leid“ wie auch mit „dem Leidenden“ heraus.

Es mag eine Weile dauern, bis wir den uralten Schmerzen des Geistes leichtherzig und bejahend mit der Anmerkung „Na so was - Du schon wieder!“ begegnen und sie zu einem Tee einladen können. Doch Meditationen wie die folgende können uns den

Umgang mit diesen bedrückenden Gefühlen erheblich erleichtern.

Allerdings hat der Begriff „Gefühle" eine Doppel-Bedeutung. Zum einen bedeutet er „Emotion", zum anderen „Empfindung". Hier drückt sich jedoch keine sprachliche Unsicherheit aus, sondern die Einsicht in die Wechselbeziehung zwischen der mentalen Erfahrung und ihrer körperlichen Äußerung. Jeder Geisteszustand korrespondiert mit einem bestimmten körperlichen Muster. Oft sind die Gedanken der Angst, des Zweifels etc. zu bestrickend und zu stark an die Identifikation mit *meiner* Angst und *meinem* Zweifel gekettet, als daß wir den Prozeß *der* Angst und *des* Zweifels überhaupt wahrnehmen könnten. Der alte, von Konditionierungen und Vorurteilen geleitete Geist implodiert so schnell in seiner Bilderwelt, daß wir keinen Abstand mehr zu diesen Gefühlen gewinnen können.

Stellen wir aber die körperlichen Äußerungen dieser Zustände in den Brennpunkt des Gewahrseins, entdecken wir einen Weg, der uns weiterführt. Wenn uns Unmut ergreift, vermag die Identifikation innerhalb einer einzigen Minute unser Bemühen um eine achtsame Beobachtung der Gedanken zu vereiteln und den Ausbruch des Zornes auszulösen. Doch wenn wir den Gedankeninhalt zur freien Entfaltung kommen lassen und die Aufmerksamkeit auf das korrespondierende Gefühlsmuster im Körper richten - auf die zusammengebissenen Zähne, den verhärteten Bauch, den angespannten Schließmuskel - dann können wir unsere Präsenz für einige Zeit aufrechterhalten.

Diese Meditation kann die Bürde schwerer Emotionen erleichtern, indem sie es uns ermöglicht, die bedrohliche Materialität dieser Zustände durch die schrittweise Erkundung ihrer zunehmenden Ausprägungen in Geist und Körper aufzulösen.

Der von dieser Meditation unterstützte Forschungsweg erlaubt uns, zu diesen Zuständen in Beziehung zu treten anstatt auf sie bezogen zu sein. Man kann die gründliche, stufenweise Untersuchung der scheinbar kompakten Schichten dieser bedrückenden Zustände mit der Betrachtung eines polierten Edelsteinsplitters unter dem Mikroskop vergleichen. Zuerst entdecken wir die starke Porosität der scheinbar glatten Oberfläche. Mit zunehmender Vergrößerung erfassen wir seine kristalline Struktur. Und indem wir noch tiefer in diese vermeintlich feste Materie eindringen, werden wir der großen Abstände zwischen den Molekülen gewahr, die wie verstreute Sternbilder an einem weiten, leeren Himmel glitzern. Und in noch größerer Tiefe entdecken wir den kosmischen Raum der atomaren Ebene - die unermeßliche Weite in diesem winzigen Stück Materie. Ein Raum, der dem Gewahrsein zu Verfügung steht, um seine eigene, grenzenlose Natur inmitten einer scheinbar kompakten Struktur zu durchdringen und zu erfahren.

EINE ACHTSAME ERKUNDUNG BEDRÜCKENDER EMOTIONEN

(Man kann sie einem Partner langsam vorlesen und auch allein mit ihr arbeiten.)

Wenn eine Identifikation mit massiven seelischen Zuständen (z.B. Angst, Zweifel oder Stolz) den Geist verengt und den Zugang zum Herzen beschränkt, dann suche Dir eine bequeme Sitzgelegenheit und schöpfe einige Male tief und ruhig Atem.

Mag der Geist auch mit vielen Stimmen auf Dich einreden - laß seine Worte einfach dahinfließen. Beobachte diesen intensiven Impuls in seiner Entfaltung.

Überlasse das Denken einfach den Gedanken. Der gleichmäßige Strom des Atems beginnt den Körper zu entspannen.

Der Bauch beginnt sich zu entspannen und für den Augenblick zu öffnen.

Verankere das Gewahrsein auf der Ebene der körperlichen Empfindungen.

Laß das Gewahrsein frei durch den Körper streifen und ihn erforschen.

Achte auf alle Bereiche, die angespannt oder verhärtet sind.

Achte auf die Bereiche, in denen ein Druck oder eine Aktivität zu spüren ist - in denen sich Hitze oder Kälte bemerkbar machen. Nimm das Kribbeln, das Vibrieren und Pulsieren wahr.

Öffne das Gewahrsein mehr und mehr für die Erfahrung des Körpers.

Fühle, wie die Empfindungen, die diesen Geisteszustand begleiten, in den Muskeln, Knochen und Körperschichten spürbar werden. Fühle die körperliche Struktur dieses seelischen Zustandes.

Erkunde die Empfindungen in Magen und Bauch. Ist dort Anspannung festzustellen? Verklammerung? Widerstand?

Laß die Aufmerksamkeit ganz ruhig in den Brustraum wandern. Schnürt irgendetwas den Atem ein? Macht sich dort ein Verlangen nach Kontrolle bemerkbar, das den Atem steuern oder zügeln will?

Laß das Gewahrsein langsam die Wirbelsäule hinunterwandern und achte auf jedes Gefühl des Kribbelns, der Hitze oder der Kälte.

Laß die Aufmerksamkeit überallhin wandern, wo eine Empfindung in den Vordergrund tritt, und erkunde so die körperliche Struktur dieses Geisteszustands.

Wie bezeichnet der Geist diese Gefühle?

Wie beschreibt er diese Erfahrung?

Nennt er sie Angst?

Nennt er sie Zorn?

Nennt er sie Freude?

Jeder Geisteszustand hat seine eigenen, besonderen Merkmale. Welches sind die Merkmale dieses Geisteszustands?

Laß das Gewahrsein den unaufhörlichen Prozeß dieses körperlichen Gefühls erforschen.

Verändern sich diese Empfindungen?

Bewegen sie sich durch mehrere Bereiche?

Drückt sich die körperliche Struktur dieses Zustands in einem Bereich deutlicher aus als in einem anderen?

Zum Beispiel im Rücken oder im Hals?

Oder im Bauch?

Was für Empfindungen sind in der Zunge zu spüren? Drückt sie gegen die Zähne? Liegt sie am Gaumen an? Welche Verklammerung drückt sich dort aus?
Was spielt sich am Scheitel des Kopfes ab?
Durchstreife einen Bereich nach dem anderen und beobachte die Äußerungen des Geistes im Körper.
Gehe der wortlosen Präsenz im Kern der Empfindung nach, untersuche die stetige Entfaltung der Gedanken vor diesem lautlosen Hintergrund.
Welche Stimmen sind in Geist und Körper zu hören?
Lausche einfach. Du brauchst ihnen nicht zu antworten.
Nimm sie einfach wahr.
Registriere den Tonfall dieser Stimmen, ihre Intensität.
Gib dem Gewahrsein Gelegenheit, sich diesem Lauschen noch etwas tiefer hinzugeben.
Ist es eine verärgerte Stimme?
Eine ängstliche Stimme?
Eine verunsicherte Stimme?
Lausche ihrem Klang.
Fühle ihre Struktur.
Schwingt irgendeine erkennbare *Absicht* in der Stimme mit?
Worauf zielt dieser geistig-körperliche Zustand, diese Emotion, dieser Persönlichkeitsaspekt ab?
Fühlst Du Dich durch ihn besser oder schlechter?
Zielt diese Intention auf Dein Wohlergehen ab? Bringt sie Dich Deinem wahren Wesen näher? Akzeptiert sie Dich so, wie Du bist?
Welchen Einfluß mögen Vergebung oder Liebe auf diesen Geist und Körper haben? Würde er sich weigern, sein Leid loszulassen?
Ist es eine Stimme, von der wir einen Rat annehmen würden?
Zeigt sie uns den Weg zur Ganzheit oder zur Niederlage?
Spricht Weisheit oder Liebe aus dieser Stimme?
Geht es ihr um Bewertung, Selbstmitleid oder Mißtrauen?
Lausche ihr einfach.

Erfahre den Moment einfach so, wie er ist.
Nehmen diese Gefühle einen Standpunkt ein, geben sie Dir für Deinen Weg eine Richtung vor?
Wo ist die Liebe?
Wo sind das Mitgefühl und die Güte?
Wo ist die Heilung, die diese Gefühle Dir bieten?
Laß die Aufmerksamkeit jetzt ganz tief in die Aktivität dieses Zustandes eintauchen.
Besteht er aus einer einzigen Emotion oder setzt er sich aus vielen unterschiedlichen Gefühlen zusammen?
Bringt er eine einzige Stimmung zum Ausdruck oder macht er sich in einem ständigen Wechel seiner Erscheinungsbilder bemerkbar?
Vielleicht sind mehrere Gefühlsebenen zu erkennen.
Eventuell geht ein Moment des Stolzes in ein Gefühl des Zornes über.
Ein Impuls der Aggression verschmilzt mit einem Gefühl des Selbstmitleids.
Ein Bedürfnis nach Bewertung verdichtet sich zu einem Augenblick der Hoffnungslosigkeit.
Jedes Gefühl zerrinnt wieder und fließt von einem Zustand in den anderen.
Zentriere Dich mehr und mehr in diesem Prozeß, nicht einfach nur in seinen Inhalten.
Nimm das Merkmal der Veränderung in diesem scheinbar so kompakten Zustand wahr.
Konzentriere Dich auf diese innere Aktivität.
Blicke wie durch ein Mikroskop, das sich sehr fein fokussieren läßt, in die Schichten dieser scheinbaren Materialität hinein und erforsche, wie sich unter den haarfeinen Bruchlinien und Kratzern der Oberfläche ihre molekulare Struktur entfaltet.
Weite Deine Bewußtheit mehr und mehr für diese konstante Erkundung der einzelnen Elemente, die den Fluß dieser Erfahrung bilden. Durchschaue die vielfachen, subtilen Gedanken, die das molekulare Gerüst dieser Erfahrung

formen. Gewahre das unpersönliche Wesen dieser Zustände, in denen sich doch so viel Persönlichkeit auszudrücken schien.
Beobachte, wie sie ihren Standpunkt zu verteidigen suchen.
Registriere, wie sie darauf beharren, wirklich zu sein und für alle Zeit Gültigkeit zu haben, obwohl sie doch in ständiger Veränderung begriffen sind.
Nimm wahr, wie sie sich ständig wiederholen.
Beobachte, wie die Stimmen, Empfindungen und Gefühle in einem automatischen Prozeß ineinander übergehen.
Beobachte, wie sich jeder Gedanke ganz von selbst wieder auflöst.
Beobachte die Impulsivität, mit der sich der nächste Gedanke zu Wort meldet.
Registriere die nächste Stimme, das nächste erscheinende Gefühl.
Beobachte den unablässigen Strom all dieser geistig-körperlichen Zustände - wie sie in stetigem Wechsel entstehen und vergehen.
Betrachte das „Drehbuch", das diesen gesamten Ablauf bestimmt.
Laß dies alles in Deiner Bewußtheit dahinfließen. Laß es unaufhörlich zur Entfaltung kommen.
Jeder dieser Zustände entwickelt sich aus eigenem Antrieb.
Sie alle kommen und gehen ohne Unterlaß.
Beobachte die unaufhörlichen Geburten und Tode der Gedanken.
Beobachte, wie sich das Leben immerfort aus sich selbst heraus entfaltet.
Die Gedanken denken sich selbst.
Die Gefühle fühlen sich selbst.
Gib diesen stetig wechselnden Empfindungen ein wenig mehr Raum - gib ihnen ein wenig mehr Freiheit, sich in einem entspannten Körper und in einem offenen Herzen zu entfalten.
Laß den Bauch aus sich selbst heraus atmen.

Die Brust ist frei.
Der Hals ist gelöst.
Die Zunge liegt weich und ruhig im Mund.
Du erfährst den Augenblick in seiner spontanen Entfaltung, ohne Dich im geringsten an ihm zu verhaften oder ihn zu beurteilen.
Du brauchst nichts zu verändern.
Du brauchst niemand zu sein.
Es gibt nur diesen barmherzigen Raum der Erforschung, in dem sich der Prozeß von Augenblick zu Augenblick entfaltet.
Was bisher so stabil erschien, hat sich nun als ein vielschichtiger Strom veränderlicher Elemente offenbart.
Du erschaffst den Augenblick nicht, Du hast einfach an ihm teil.
Du erkennst den Prozeß, der sich in diesem Zustand entfaltet - Du betrachtest seine Wirklichkeit in völliger Offenheit.
Jeder Erfahrungsmoment hat die Freiheit, sich in weiträumiger Bewußtheit auszubreiten. Er kann fließen, er kann sich im unermeßlichen Raum entwickeln.
Du beobachtest das Kommen und Gehen der Gedanken im weiten Raum des Geistes.
Du läßt die Empfindungen im entspannten Körper entstehen und vergehen.
Du bist offen.
Der weiche Bauch erspürt auch die geringste Verhaftung.
Der ruhige Atem umfließt auch die leichteste Spannung.
Du nimmst wahr.
Du beobachtest.
Laß es kommen.
Laß es bestehen.
Laß es los.
Für alles ist Raum.
Dieser Augenblick öffnet einen Weg zur Heilung.
Wie kostbar, wie lebendig ist doch diese Entfaltung des Lebens!

* * *

KAPITEL 21

Heilsame Wahrnehmung

Aller rationale Geist ist „alter" Geist, sobald wir ihn durchschaut haben. Von daher gibt uns die Sondierung seiner gegenwärtigen Beschaffenheit die Möglichkeit, im neuen Geist zu leben. Das Leben im Jetzt ist neues Leben. Jeder Gedanke ist alt, sobald sich der Erkenntnisprozeß einen Schritt weiterbewegt hat. Auch wenn es eine frühere Erkenntnis ist, an der wir uns verhaften, schaffen wir uns ein Hindernis. Wenn wir die Vergangenheit nicht als „Ich"-Gefühl mit uns umhertragen, sondern sie als alten Geist betrachten, dann leben wir im Brennpunkt des Seins - im Herzen der Heilung. Wir schieben keine unbereinigten Geschäfte vor uns her und „lassen keine Spuren zurück", wie es ein Lehrer einst formulierte. Alle Hindernisse auf dem Heilungsweg schwächen sich augenblicklich ab, sobald wir zu klarer Bewußtheit finden und erkennen, daß auch sie unbeständig sind, daß sie nur kurzzeitig in der Weite des Raumes entstehen und vergehen. Nichts zieht uns in die Vergangenheit zurück oder läßt uns blindlings in die Zukunft hineinstolpern. Im Jetzt finden wir alles, was wir suchen.

Wir beobachten, daß unser Widerstand, unsere Verneinung, unser Verlangen nach einer Änderung der Wirklichkeit uns veranlaßt, jedes Ereignis, jede Empfindung, jeden Geschmack, jede Berührung, jeden Laut, jeden Geruch durch eine Art psychischen Filter zu schicken. Es ist diese halbdurchlässige Membran unserer Wahrnehmung, unserer Sicht auf die Welt, unserer Bemühung, Unkontrollierbares zu kontrollieren und zu gestalten, die uns die

Welt in jeder kritischen Situation mit zaghafter Unschlüssigkeit und gedämpfter Bereitschaft zur Präsenz erleben läßt. Unsere gesamte Wahrnehmung muß ein Reduktionsventil passieren, welches nur jene Partikel durchläßt, die es zufolge ihrer Winzigkeit nicht sprengen, seine sichere Funktion nicht gefährden und die Schablonen des altes Geistes für den Umgang mit dem Leben nicht in Frage stellen können. Dies bedeutet, daß die Realität dem Traum angepaßt wird, daß sie verzerrt und unserem Selbstbild angeglichen wird.

Wenn wir die Wahrnehmung unter die Lupe nehmen, konzentrieren wir uns auf jenen Filter, auf den Widerstand gegen das Leben, auf die Beharrlichkeit, mit der wir die Dinge unseren Vorstellungen anzupassen suchen. Und wir erkennen, daß wir der direkten Wahrnehmung unserer Grenzen, der unerforschten Wildnis unseres Lebens und der Feuerprobe des Werdens und Wachsens immer ausgewichen sind. Uns wird bewußt, wie begrenzt unsere Heilung gewesen ist und wir oft wir in unserem Leben mit dem Rücken zur Wand gestanden haben. Wir haben uns weit vom Leben zurückgezogen, um „Übersicht über die Dinge“ zu haben, das heißt, um sie aus einer Entfernung, aus einer „sicheren Distanz“ betrachten zu können, die sie unbedeutend und harmlos erscheinen läßt. Wir haben uns nur selten so weit vorgewagt, daß wir die Poren und Kratzer auf dem Gesicht des Lebens erkennen konnten, das uns aus weiter Entfernung entgegenspäht. Wir haben uns von der Wahrnehmung selbst abgewandt und die Soheit dieses Augenblicks, die pulsierende Vitalität des Lebens gegen eine nachträgliche Reflexion eingetauscht. Wir haben die direkte Erfahrung gegen unseren Tagtraum eingewechselt. Unsere Heilung schimmert wie eine blasse Fata Morgana in der weiten Wüste unserer Ängste und Ablehnungen. Heilung aber bedeutet, daß wir unsere Nase an der Linse der Wahrnehmung plattdrücken, damit wir mit weit geöffneten Augen und Ohren, mit weit geöffnetem Körper und Geist direkt in unser Leben eintreten und die ungeahnte Weite und Klarheit entdecken können, in der alle Verzerrung zu reiner Transparenz zerfließt.

Während der Meditationserfahrung, in der ich meine Kinder sterben sah, hatte ich erkennen müssen, daß auch die geringste Verklammerung, die leichteste Verhaftung an den vorüberziehenden Gedanken unerträgliche Qualen verursachte. Ich erfuhr nicht irgendetwas über das Wesen „meines Geistes", sondern über das Wesen „des Geistes" schlechthin. Jede Verhaftung an der Vergangenheit, ja sogar an der letzten verstrichenen Sekunde, ob sie nun angenehm oder schmerzhaft war, kam im Vergleich mit der Offenheit des wachen Eintritts in die Gegenwart eines einzigen Augenblicks dem Zustand des Erstickens gleich.

So wird uns klar, daß es nicht einfach darum geht, die Hindernisse zu „konvertieren" und die Dämonen zu „missionieren", sondern darum, tief in den Raum einzutauchen, in dem sie dahinfließen. Beispielsweise dürfen wir bei der Erkundung unserer Zweifel, auch wenn sie zur Zuversicht führt, nicht an dieser Zuversicht festzuhalten, sondern müssen uns auf den Gesamtprozeß dieses Geschehens einlassen. Wir tauchen in das Undefinierbare ein - mögen auch noch so viele Definitionen durch den Raum unserer Erfahrung fließen.

Verhaftung ist unser Leid. Nie hat es einen Schmerz in unserem Leben, in unserer Seele gegeben, der nicht das Resultat einer Verhaftung am Verlangen nach einer Veränderung der Wirklichkeit war, ganz gleich, ob wir uns nach ihrer Steigerung oder Verminderung sehnten. Jede denkbare Verhaftung, auch wenn sie sich auf die Vorstellung der „Nichtverhaftung" bezieht, ist eine schmerzvolle Verdichtung gegen das Gefühl der unbeschränkten Vollkommenheit, das wir bei der unmittelbaren Teilhabe an der Entfaltung des Augenblicks erleben.

Dieses innige Loslassen, das ja in Wirklichkeit ein *absichtsloses Sein-Lassen* ist, läßt sich in der Praxis nicht eben leicht bewerkstelligen. Wir müssen auf dem Weg der Vertiefung dieser Loslösung nicht nur die Hindernisse klar erkennen und auflösen, sondern auch bestimmte heilsame Wesensmerkmale entwickeln, die dem Weg zum Tor des unverhafteten Augenblicks eine größere Transparenz verleihen.

Wenn wir uns diesem inneren Forschen hingeben, erlebt das offene Herz alles so, wie es ist, und wir treten in den Körper ein wie ein wißbegieriger Student, der einen Unterrichtsraum betritt, seine Stunden nimmt und sich seinen Hausaufgaben widmet. Wir bekommen das Gefühl, ein Gast im Körper zu sein, der die Sphäre der Vergänglichkeit, die irdische Ebene von Krieg und Frieden, von

Leid und Freude betritt - der die Schule der Heiligen besucht, um die lang ersehnte Heilung zu empfangen.

Wenn sich dies verdeutlicht, wird uns klar, daß die Heilung in vielfacher Weise mit der Beziehung des Herzens zur Erfahrung korrespondiert. Indem wir unsere alten Anschauungen ergründen, lassen wir die Verhaftung an den Inhalten des alten Geistes hinter uns und treten in unmittelbaren Kontakt mit der Energie, die den Lebensprozeß aufrechterhält. Wir erkennen, daß die Kraft, welche die Gedanken durch den Geist bewegt, auch die Sterne über den Himmel ziehen läßt. Wir denken nicht mehr „Ich bin der Körper" oder „Ich bin der Lebensprozeß", sondern erleben die „Bin-Heit" selbst - die Unermeßlichkeit, in der alle Inhalte und Prozesse dahinfließen. Wir schreiten über alles Alte und Neue, über Geburt und Tod hinaus und nähern uns der zeitlosen, formlosen, grenzenlosen Natur der reinen Bewußtheit. Wir erleben das Licht, welches auf die Leinwand des Bewußtseins strahlt, und erschauen die Schöpfung selbst - unser wahres Wesen.

Alles, was uns begegnet, ist nun Schrot für die Mühle unseres Erwachens. Wir stützen uns weder auf Aspekte des rationalen Geistes noch weichen wir ihnen aus. Wir kennen keine Hindernisse mehr. Wir lernen, inmitten der Hölle ein offenes Herz zu bewahren. Und alles entfaltet sich von selbst. Indem wir uns über allen höllischen Widerstand hinaus öffnen, tauchen wir in den Kern des Augenblicks ein und erleben die ganze Fülle unseres Mitempfindens und unserer teilnahmsvollen Freude. Unser Herz in der Hölle zu öffnen heißt, mit der Liebe zu verschmelzen, die alle Konditionierung übersteigt. Wir erfahren die grundlegende Realität, die essentielle Verbundenheit, die über alle Vorlieben und Abneigungen, alle Freuden und Schmerzen hinausgeht.

Viele wenden sich dieser Arbeit erst dann zu, wenn sie mit einer entmutigenden ärztlichen Prognose konfrontiert werden. Doch Du solltest mit dem Leben nicht warten, bis man Dir eröffnet, daß Du nur noch ein halbes Jahr zu leben hast. Dies ist keine Arbeit, die man bis zu dem Tag aufschiebt, an dem eine erschreckende Diagnose oder Prognose vorliegt. Diese Heilung steht Dir schon jetzt, in diesem Augenblick zur Verfügung. Die Verschmelzung mit unserem Herzen ist ein Prozeß der Loslösung von unserem Leid.

Es bietet sich eine Parallele zu der Geschichte über die acht chassidischen Gelehrten an, die einen alten hebräischen Text übersetzten und auf den Satz stießen: „Leid ist Gnade." Sie hielten inne und kamen nach kurzer, objektiver Beratung zu dem Schluß, daß sie diese Textstelle eigentlich nicht verstanden, obwohl sie ihnen schon oft begegnet war. „Kann denn Leid wirklich Gnade sein?" Keiner von ihnen wollte eine eventuell ungenaue Übersetzung dieser Aussage in Kauf nehmen, und alle meinten, daß man nicht weiterarbeiten könne, ohne ihren tieferen Sinn verstanden zu haben. „Wie mag das nur gemeint sein?" fragten sie sich. Einer der Rabbis meinte: „Draußen vor der Stadt lebt doch der Krüppel Jonathan. Dieser Jonathan hat in seinem Leben schon viele Qualen und Krankheiten erleiden müssen. Bei den großen Überschwemmungen, die sein Land zerstörten und sein Haus unter Schlamm begruben, ist auch sein Sohn ums Leben gekommen. Aber als er seinen Sohn bestattete und sein Haus wieder herrichtete, hat er zu Gott gesungen. Nach einigen Jahren wurde seine Frau sehr krank, denn der Ertrag seiner Felder reichte zum Leben kaum aus. Und dennoch hörte Jonathan mit seinem Singen nicht auf. Selbst als er sich später ein Bein brach und fortan hinken mußte, weil er sich keinen Arzt leisten und den Beinbruch richtig ausheilen konnte, verlor er seine Unerschütterlichkeit nicht. Wie karg seine Felder auch waren, wie schwer ihn die Dürre auch heimsuchte, Jonathan ließ nie davon ab, zu Gott zu beten und zu singen. Wenn irgendjemand weiß, warum Leid Gnade ist, dann ist es Jonathan. Er ist so arm und hat so viel Unglück erlebt, und trotzdem hat er seinen Frieden nicht verloren." So machten sich die acht Rabbis auf den Weg zu dem kümmerlichen Hof, auf dem Jonathan mit seiner Frau lebte. Sie trafen ihn auf der Veranda an, und er lud sie alle ein, an seinem kärglichen Abendessen teilzuhaben. Die Rabbis wollten dies natürlich nicht annehmen, und indem sie bekundeten, wie großzügig er sei, obwohl er doch so wenig habe, kamen sie auf den Grund ihres Besuches zu sprechen. Sie erzählten ihm von ihren Schwierigkeiten, die ihnen die gewissenhafte Übersetzung des Satzes „Leid ist Gnade" bereitete. Unter all den Menschen, die sie kennen würden, sei er der einzige, der ihnen seinen Sinn erhellen könne, denn trotz all seiner Mißgeschicke habe er seine Herzensgüte immer bewahrt. „Jonathan, Du hast Deinen Sohn verloren, Dein Hof wurde vernichtet und Du und Deine Frau sind sehr krank geworden. Wie ist es da möglich, daß Du Gott noch immer in Deinen Liedern preist? Wie hast Du erkannt, daß Leid Gnade sein kann?" Und Jonathan erwiderte schüchtern: „Oh, es tut mir sehr leid, daß Ihr diesen weiten Weg gekommen seid, ohne daß ich Euch helfen kann. Ich bin nicht der Mann, der Euch diese Frage beantworten könnte. Ich leide nicht."

Menschen, die sich der Heilung ganz und gar hingegeben haben, sagten uns, daß der Bereich ihrer körperlichen Schmerzen mehr und mehr zu einem Raum der Liebe geworden war. Sie strahlten nicht mehr einfach nur Liebe in diesen Bereich aus, sondern erfuhren die Liebe, sobald sie die Erkrankung in ihrer Bewußtheit aufnahmen. Die Krankheit wurde zu einem Spiegel ihres Herzens. Als sie tief in ihre Beschwerden und Beklemmungen eingetaucht waren, entdeckten sie den Ozean der Liebe, der jenseits des Zweifels und der Verzagtheit, jenseits des rationalen Geistes beginnt. Sie hatten zwar anfangs eine tiefere Bewußtheit in sich entwickeln müssen, um an den Hindernissen vorbeikommen und Liebe in die Krankheit senden zu können, aber schließlich hatte diese Liebe sogar ihre eigene Sehnsucht nach Liebe geläutert und alles überstrahlt. Ihre Erkrankung war zum Gefäß ihrer liebevollen Güte geworden. Ihre Beziehung zur Krankheit spiegelte das Erbarmen wider, mit dem sie sich selbst begegneten. Sie kamen in Berührung mit dem Sein, das über Körper und Geist hinausreicht und sich im frohen Spiel des grenzenlosen Mysteriums ergeht. Ihre Heilung ließ sie in die Essenz eintauchen, die jenseits von Schmerz und Krankheit, von Geist und Körper, von Leben und Tod zu finden ist. Sie gingen über einen „Jemand" hinaus, der eine Heilung oder Meditation erfährt, und traten in die Erfahrung selbst ein, in die weite, innere Ruhe, in der es keinen Meditierenden mehr gab - nur noch die Meditation, die über sich selbst meditierte. Sie öffneten sich der gleichmütigen Weiträumigkeit, auf die sich die „Ichlosigkeit" des Zen beziehen mag - dem gestaltlosen Gewahrsein, das der sich enfaltenden Schöpfung absichtslos zuschaut. Sie entdeckten die „Bin-Heit", die sich überallhin gleichzeitig ausdehnt, das reine, grenzenlose Sein, das absolute, uns allen gemeinsame Wesen. Und sie erinnerten sich wieder daran, daß „Ichlosigkeit" die ganze Fülle des Herzens enthält.

EINE MEDITATION DES LOSLASSENS

(aus *WER STIRBT?*)

(Man kann sie einem Partner langsam vorlesen und auch allein mit ihr arbeiten.)

Lenke Deine Aufmerksamkeit auf den Atem.

Nicht auf die Gedanken an den Atem, sondern auf die direkte Empfindung des Atems, der von selbst kommt und geht.

Richte das Gewahrsein direkt auf den Brennpunkt der Empfindung, während der Atem durch die Nasenlöcher ein- und ausströmt. Das Gewahrsein ist ruhig und offen, und es verbindet sich mit jedem einzelnen Atemzug, ohne im geringsten beeinflußt zu werden.

Nimm das natürliche Auf und Ab der Atemzüge wahr, ihr Kommen und Gehen.

Versuche nicht, sie zu steuern oder zu variieren. Beobachte sie einfach.

Öffne Dich mehr und mehr, um jede Veränderung der Empfindungen wahrzunehmen, die den Atem von Augenblick zu Augenblick begleiten.

Überlasse den Atem sich selbst. Denke nicht über ihn nach. Du brauchst ihn in keiner Weise zu kontrollieren. Laß den Atem so sein, wie er ist. Er kann langsam sein, er kann tief sein, er kann flach sein. Gewahrsein und Empfindung verschmelzen unaufhörlich - bei jedem Einatmen, bei jedem Ausatmen.

Laß den Atem ganz frei und natürlich fließen. Ohne jede Beeinflussung des Geistes. Der Atem atmet sich selbst. Unaufhörlich entfaltet sich die Empfindung in der unermeßlichen Weite der Bewußtheit.

Wenn Du merkst, daß der Geist den Atem gestalten, daß er ihn auch nur im geringsten kontrollieren will, dann nimm diese Absicht einfach wahr und laß den Atem frei dahinfließen. Keine Verhaftung. Keine Kontrolle.

Löse Dich vollständig von jeder Kontrolle über den Atem. Laß den Körper aus sich selbst heraus atmen. Mische Dich

in diesen subtilen Strom nicht ein.
Bewußtheit. Unermeßlich wie der Himmel. Weiter Raum.
Die Empfindungen des Atems entstehen und vergehen in dieser Offenheit. Du mußt nichts festhalten. Du mußt nichts tun. Nur der Atem existiert.
Jeder Atemzug ist einzigartig. Die Empfindungen verändern sich von Augenblick zu Augenblick.
Auch die anderen Empfindungen des Körpers entstehen und vergehen in grenzenloser Bewußtheit. Die Hände liegen gefaltet im Schoß. Das Gesäß ruht auf dem Kissen. Jeder Augenblick der Empfindung fließt frei dahin. Jeder Augenblick der Erfahrung kann sich frei entfalten. Du brauchst nichts zu beschreiben, und Du brauchst nichts zu unterbrechen.
Du definierst diese Erfahrung nicht, Du bist direkt mit ihr verbunden. Du *bist* einfach. Die Erfahrung fließt durch die endlose Weite des Gewahrseins.
Empfindungen des Atems. Empfindungen des Körpers. Sie fließen frei dahin. Du hältst den Atem nicht fest. Du gibst dem Körper keine Gestalt. Du nimmst nur Augenblicke der Erfahrung wahr, die in unermeßlicher Weite entstehen und vergehen.
Registriere, wie die Gedanken entstehen. Wie sie kommentieren, zurückdenken, nachdenken. Jeder Gedanke schwebt wie eine Seifenblase durch die unermeßliche Weite des Geistes. Er erhebt sich für einen Augenblick und fließt wieder in den Strom zurück. Du brauchst nichts zu kontrollieren. Du erfährst einfach den weiten, offenen Strom der Veränderung - einen Prozeß, der sich unaufhörlich entfaltet.
Die Gedanken denken sich selbst. Du brauchst nichts zu beurteilen, nichts hinzuzufügen. Löse Dich von jedem Streben nach Kontrolle. Laß die Dinge so sein, wie sie sind - wie sie in der endlosen Weite des Seins entstehen und vergehen.
Laß den Körper los. Laß die Empfindung im weiten Raum dahinfließen. Laß den Geist los. Die Gedanken. Die Gefühle. Sie entstehen und zerrinnen wieder. Du brauchst sie nicht

festzuhalten. Du brauchst nur zu sein. Voller Ruhe. Du öffnest Dich der grenzenlosen Weite der Bewußtheit.

Die Gedanken, daß Dir der Geist „gehört", daß Du „verantwortlich" für ihn bist, reihen sich in die Kette der Gedanken-Seifenblasen ein, die vorüberschweben. Gedanken an „mich", an „mein" tauchen auf und ziehen weiter. Augenblick für Augenblick. Laß sie kommen. Laß sie gehen. Du brauchst niemand zu sein. Du brauchst nichts zu tun. Du brauchst nirgendwo hinzugehen. Es gibt nur das Jetzt. Nur so viel. Löse Dich vom Körper. Löse Dich vom Geist. Erfahre das Sein, das sich ganz von selbst entfaltet - das aller Unterstützung, aller Kontrolle entbehren kann. Das keiner Beurteilung, keines Eingreifens bedarf. Erfahre nur das Sein. Nur den Strom und die Veränderung.

Sei still und wisse.

Verzichte ein für alle Mal auf jede Kontrolle. Löse Dich von Ängsten und Zweifeln. Überlasse alle Dinge dem Strom ihres eigenen Wesens.

Verschmelze mit der unermeßlichen Weite der Bewußtheit. Kein Körper. Kein Geist. Nur Gedanken. Nur Gefühle. Nur Empfindungen. Seifenblasen. Alles fließt im endlosen Raum. Augenblicke des Denkens. Des Hörens. Des Zurückdenkens. Des Bangens. Sie sind wie Wellen, die sich für einen Moment erheben und dann wieder im Ozean des Seins auflösen. In der Unermeßlichkeit Deines wahren Wesens.

Du brauchst niemand zu sein. Du brauchst nichts zu tun.

Jeder Augenblick kann sich frei entfalten.

Nirgendwo ist Widerstand. Laß den Wind direkt durch Dich hindurchwehen.

Du brauchst niemand zu sein - nur so viel. Dieser Augenblick genügt.

Es gibt keinen Ort, den Du aufsuchen mußt - nur das Jetzt. Nur das Hier.

Du brauchst nichts zu tun - das Sein genügt.

Indem wir an nichts festhalten, sind wir überall zugleich.

* * *

KAPITEL 22

Heilende Beziehungen

Als Ondrea und ich uns in den späten siebziger Jahren auf einem von mir geleiteten Workshop begegneten, hatte sie bereits zwei Krebs-Operationen hinter sich. Sie wollte an diesem Workshop teilnehmen, um ihr Verständnis des Todes zu erweitern und sich auf ihn vorzubereiten. Bei der ersten Operation wurden ihr Uterus und ihr Gebärmutterhals entfernt. Bei der zweiten beschäftigte man sich mit ihrer Harnblase. Beide Male wurden maligne Tumore entfernt. Seit dieser Zeit haben sich unsere Wege nicht mehr getrennt.

Obwohl uns eigentlich das Versprechen zusammengeführt hatte, daß ich alles daran setzen würde, ihr während ihres Todes zur Seite zu stehen, weitete sich unsere Beziehung so rasch aus, daß wir den Tod schon sehr bald hinter uns ließen. Da gab es einen Schatz, der so kostbar war, daß wir ihm all unsere Kraft hingaben: die heilende Beziehung.

Es ist kein Zufall, daß wir die Inspiration zur Mutterschoß-Meditation zu einer Zeit empfingen, in der Ondrea an der Heilung jenes Unterleibs-Bereiches arbeitete, in dem ihr Krebs entstanden war. Als sie mit dieser Meditation begann, erlebte sie sogar ihre erste Ovulation nach einer Pause von neun Jahren.

Jeder von uns spürte in der Kraft des anderen einen Zugang zur Ganzheit, zur Gesundheit. Jeder von uns war ein perfekter Spiegel für die Verhaftungen des anderen, für die Möglichkeit der Hingabe an die Liebe, an das Leben.

Unser Ehegelübde war:

Ich biete Dir meine Furcht, meine Unwissenheit und meine alten Verhaftungen dar, um sie in der Leere und in der Liebe mit Dir zu teilen.

Ich biete Dir die wechselvollen Höhen und Tiefen meines Geistes dar, um gemeinsam mit Dir zu wachsen und die lebendige Wahrheit in jedem Augenblick zu enthüllen, dem wir uns öffnen können.

Ich biete Dir die Liebe, die Verpflichtung meines Herzens dar, unsere Reise zum anderen Ufer zu erhellen.

Mit diesem Gelübde schließt sich der Kreis meines Lebens, das für alle Zeit unserem gemeinsamen Streben gewidmet sein wird, den Weg zu Gott zu finden und in die Liebe einzutauchen, die alle Formen übersteigt.

Während der ersten Jahre stand die Heilung im Mittelpunkt all unserer Fragen. Alle Vorstellungen, die wir von ihr hatten, schälten sich eine nach der anderen von uns ab. Heilung beschränkte sich nicht mehr auf die passive Haltung, die man während der Behandlung eines Arztes oder Heilers einnehmen mag. Es ging nicht mehr darum, „geheilt zu sein“, sondern das „geheilte Sein“ zu erleben, zu dem der Pfad wachsender Bewußtheit führt. Gleichsam ging sie, gingen wir diesen Weg nicht mehr um unser selbst willen, sondern der Vereinigung aller Wesen zuliebe. Man könnte sagen, daß die Heilung ihren egoistischen Aspekt verlor, daß die Möglichkeit jener Vereinigung mit jeder neuen Stufe der Bewußtheit in der zunehmend erschlossenen, undefinierten Allverbundenheit des Bauches immer deutlicher zu spüren war. Ebenso wuchs auch unsere Kraft, das Leid des anderen in das gemeinsame Herz hineinzuatmen.

In diesen ersten Jahren vollzog sich natürlich auch das Spiel, in dem sich unsere Geister miteinander und mit sich selbst bekanntmachten; aber mit jeder Prüfung und Ausmusterung unserer alten Gewohnheiten konnten wir uns tiefer für die Heilung öffnen. Auch in den Perioden, in denen der Geist umwölkt und verunsichert war, verließen wir nie den zeitlosen Pfad unserer konkreten, wechselseitigen Verbundenheit und Verpflichtung, der uns stets daran erinnerte, über den Geist der Isolation hinaus ins Herz der Heilung zu gehen. Wenn wir auch manchmal nicht wußten, ob wir nun Pilger auf dem Pfad oder Clowns in einem Zirkus waren, bestand unser nächster Schritt doch immer darin, in die Liebe hinein loszulassen, Mitgefühl und Bewußtheit zu vertiefen, die Last von unserer Seele zu nehmen, unsere Bürde Schritt für Schritt zu erleichtern - und zu heilen.

Man kann die Kraft einer heilenden Beziehung mit der Triangulationspraxis im Bereich der Funktechnik vergleichen. Wenn man den genauen Ursprungsort eines empfangenen Radiosignals nicht kennt, dann reicht zwar ein Empfänger aus, um dessen Entfernung einzuschätzen, aber es bedarf zweier Empfänger, um eine exakte Ortung vornehmen zu können. Die Quelle muß aus zwei unterschiedlichen Winkeln angepeilt werden, wenn man ihre Position berechnen will. Ondrea und ich stellten unsere Beziehung sozusagen in ein Netz trigonometrischer Punkte, die auf das Mysterium, auf das Unbekannte zielten - auf den Prozeß, aus dem alles hervorgeht, auf den Raum, in dem alles vergeht. Tatsächlich sind große Teile dieses Buches Elemente unseres eigenen Lernprozesses, in dem wir uns suchend und tastend auf das Licht zubewegten. Dieses Material wurzelt in vielfacher Weise in der Arbeit, nach der unsere Seelen und Körper auf ihrer Reise verlangten. In ihm finden sich die Techniken wieder, die wir in der Arbeit mit Ondreas Krebs und mit meinem angeborenen Wirbelsäulenleiden einsetzten.

Etwa zwei Jahre nach unserer ersten Begegnung erfuhr Ondrea von einem sehr engen Freund, einem hochangesehenen Kenner der östlichen Medizin, daß sie damit rechnen müsse, innerhalb eines halben Jahres zu sterben. Er war Experte auf dem Gebiet der Akupunktur, und wir hätten uns sicherlich seiner Behandlung anvertraut, wenn er nicht Tausende von Kilometern entfernt gewohnt hätte. Er markierte jedoch die Akupunkturpunkte auf Ondreas Körper, die man seinem Gefühl nach regelmäßig stimulieren mußte, um ihn zu einer Reorientierung und Selbstheilung anzuregen. Obwohl ich mich noch nie mit Akupunktur beschäftigt hatte, gab er mir einen Satz Nadeln und sagte: „Ganz wohl ist mir dabei nicht, aber in Anbetracht des Ernstes der Situation habt Ihr eigentlich nichts zu verlieren. Seid einfach sensibel und vertraut Eurer inneren Stimme."

Während der nächsten zwölf Monate setzte ich die Nadeln

mindestens dreimal in der Woche an äußerst empfindlichen Punkten ihres Rückens, ihres Unterleibs und ihrer Knie, und wir hofften, damit heilende Energien in diese Körperbereiche zu leiten. Manchmal liefen diese Sitzungen sehr ruhig ab, und Ondrea spürte augenblicklich neue Lebenskraft. Zu anderen Zeiten jedoch zuckte sie vor Schmerzen und weinte, denn infolge meiner Unerfahrenheit und Ungeschicklichkeit verursachten die Nadeln einen stechenden Schmerz in ihrem Körper. Diese Situationen gehörten zu den bedeutsamsten meines Lebens - ich fügte ausgerechnet dem Menschen Schmerzen zu, dem ich am allermeisten wünschte, daß er frei von Schmerzen sei. Es war eine extreme Lektion der Hilflosigkeit, die unser Gelöbnis und unser Vertrauen in das „Nichtwissen" weiter vertiefte. Um Leid zu lindern, mußte ich Leid verursachen. Wir vertrauten „dem Schmerz, der den Schmerz beendet", wie es ein Lehrer ausdrückte. Wir waren gewillt, auf der physischen Ebene zu erfahren, was man in der oftmals schmerzvollen Erforschung des Geistes als die Bereitschaft bezeichnen kann, sich tief eingewurzeltem Leid zu öffnen und dadurch das mitfühlende Licht heilender Bewußtheit zu entfalten. Es war nicht das „Kein Lohn ohne Schmerz"-Prinzip, sondern eine sanfte, auf den physischen Bereich bezogene Anwendung der Lehren, die sich bei der Auflösung des Schmerzes im geistigen Bereich als überaus heilsam erwiesen haben. Wissend, daß wir uns gewöhnlich in dem Schmerz verstricken, der den Schmerz bewahrt, trafen wir die bewußte Entscheidung, direkt mit den Hindernissen in Verbindung zu treten, die das Leid aufrechterhielten. Indem wir unsere alten Verhaftungen Schicht für Schicht freilegten, erfuhren wir die schmerzvolle Entspannung der verkrampften Faust, die sich auf ihre natürliche Offenheit besinnt. Wir förderten den geistig-körperlichen Schmerz zutage, um ihn im Herzen der Weisheit, im Herzen des Mitgefühls und der Bewußtheit zu heilen. In stillem Lauschen ließen wir uns von der inneren Stimme leiten.

Manchmal kamen uns beiden die Tränen, wenn ich eine Nadel drehen oder eine andere tiefer einführen mußte. Und wenn unsere Kinder einmal ins Schlafzimmer kamen und die vielen Nadeln sahen, die wie die Stacheln eines Igels aus Ondreas Rücken ragten, dann zuckten sie nur zusammen und zogen sich wieder zurück. Aber manchmal gesellten sie sich auch trotz ihres Widerwillens gegen den Schmerz zu uns und unterhielten sich - irgendwo in ihrem Innern regte sich das Vertrauen in die Liebe, die das Zimmer erfüllte.

Die absolute Hingabe und Zuversicht, mit der wir uns dem Glauben öffneten, daß uns dieser Prozeß weiterbringen würde, wurde zu einem wirksamen Element des Yogas unserer Heilung. Unablässig richteten wir uns auf den Triangulationspunkt des Ursprungs, der Unsterblichkeit aus. Es war eine außergewöhnliche Zeit.

Seit dieser Reise durch „Himmel und Hölle" sind nun einige Jahre vergangen, und Ondreas Körper wurde vom Krebs und von den Giftstoffen befreit, die seine Existenz bedroht hatten. Im Rückblick auf diese Zeit sind wir uns nicht sicher, ob es die Akupunktur oder die Fülle unserer gemeinsamen Liebe gewesen ist, die diese Heilung ermöglichte. Vielleicht hatte auch beides zusammengewirkt und war mit Ondreas Fähigkeit verschmolzen, sich selbst die Zuwendung zu schenken, mit der sie sich seit ihrer Jugendzeit in Krankenhäusern und Privatkliniken um leidende Menschen gekümmert hatte.

Wenn man uns jetzt, zehn Jahre nach Ondreas letzter Krebsdiagnose, fragen würde, wie es ihr gelungen sei, den Krebs aus ihrem Körper zu verbannen, dann müßten wir antworten: „Wir wissen es nicht." Aber es scheint eine Kombination aus Liebe und einer Technik gewesen zu sein, die den zu heilenden Körperbereich in den Brennpunkt mitfühlender Bewußtheit stellt. Es war kein Kampf gegen den Tod, sondern der Eintritt in die Offenheit des Herzens, der Geist und Körper wieder ins Gleichgewicht brachte.

Inzwischen gibt es eine geistige Richtung, die sich zunehmend verbreitet und jenes machtvolle Potential der körperlichen Heilung erforscht, das innerhalb einer Familie oder in einer Zweierbeziehung freigelegt werden kann. Wenn wir die Kraft der Liebe kennen, die wir auf unsere eigenen Krankheiten und Schmerzen ausstrahlen, können wir vielleicht ermessen, wie sehr dieser Prozeß an Effizienz gewinnen muß, wenn mehrere Menschen ihre Aufmerksamkeit und ihr Mitgefühl auf einen Körperbereich lenken, der nach Heilung verlangt. Wir können uns vorstellen, wir wirkungsvoll es sein mag, wenn sich mehrere Geister und Herzen gemeinsam auf eine Krankheit konzentrieren, die den Körper eines Angehörigen ergriffen hat. Jeder einzelne wirkt an dem auf den Ursprung gerichteten Netz trigonometrischer Punkte mit. Sowohl in einer kleineren oder größeren Familie als auch in einer Zweierbeziehung läßt sich ein tiefes Potential heilender Kräfte aktivieren. Zwei Wesen entdecken vereint das Eine.

EINE PARTNERSCHAFTLICHE HEIL-MEDITATION

(Sie kann von einem Recorder abgespielt oder von einer dritten Person langsam vorgelesen werden.)

Setzt Euch einander in bequemer Haltung gegenüber, so daß sich Eure Blicke sanft begegnen können.
Schließt jetzt für einen Moment die Augen.
Schaut auf das Licht, das in der Dunkelheit Eurer geschlossenen Lider schimmert.
Öffnet Eure Augen zu einem milden Blick, in dem Ihr Euch natürlich und entspannt begegnet.
Seht einander in die Augen.
Wenn Du den aktiven Pol der Heilung verkörperst, dann laß Dein Herz in Deinen Augen zum Ausdruck kommen.
Laß alle Liebe, alle Zuwendung, die Du spürst, in Deinen Augen sichtbar werden.
Verzichte auf einen „treuherzigen" Blick und trenne Dich von aufgesetzter Zärtlichkeit. Laß die Liebe einfach selbst aus Deinen Augen schauen.
Wisse, daß Du in die Augen eines Wesens blickst, das zu Zeiten unsagbar gelitten hat, das dieses Leid manchmal kaum ertragen konnte, und laß Dein Herz mit dem Leid dieses geliebten Wesens durch Deinen ruhigen Blick in Verbindung treten.
Schaue in die Augen eines Menschen, der geliebt werden möchte, und leite diese liebevolle Güte in seinen Geist.
Begegne jedem erwachenden Gefühl der Furcht, der Befangenheit oder der Unsicherheit mit Deiner innigen Güte,

Deinem Erbarmen. Betrachte jeden Geisteszustand als ein flüchtiges Schauspiel, das in den Augen Deines Gegenübers vorüberzieht.
Gewähre all diesen wechselhaften Gedanken und Gefühlen Vergebung und begegne jedem von ihnen mit Liebe und heilender Bewußtheit.
Jedes bange Gefühl Deines Partners zerfließt in Deinem Wunsch nach seinem Wohlergehen.
Wenn Du die Person bist, die sich der Heilung öffnet, dann laß diese Liebe einfach in Dich ein. Löse Dich von Deiner Befangenheit. Löse Dich von Deiner Angst davor, geliebt zu werden.
Entspanne Dich und nimm diese Heilung an. Laß die Barrieren los, die Dich von der Liebe, von der Heilung trennen.
Teilt miteinander einfach die Liebe dieses Augenblicks.
Zwei Herzen sitzen in einem heilenden Kreis. Das eine sendet Liebe aus, erlaubt der Liebe, sich zu übertragen. Das andere Herz empfängt sie und erlaubt ihr, alle Bereiche der Verhaftung oder des Schmerzes in Geist und Körper zu erfüllen.
Die eine Person sendet die Heilung in die andere hinein. Die Herzen können in der sanften Begegnung der Augen Verbindung aufnehmen und sich zu einem heilenden Abkommen vereinen. Beide werden in diesem Geschehen Heilung finden.
Einer von Euch sendet Liebe aus. Der andere leitet diese Liebe in das Ungeheilte hinein. Ihr werdet beide geheilt.
Registriert jede Anspannung der Augen. Ihr braucht das Blinzeln nicht zu unterdrücken - keine Mogelei. Eure Blicke begegnen sich zu einer gemeinsamen Heilung.
Entspannung. . .
Ihr braucht nicht liebevoll zu erscheinen - laßt einfach das Erscheinen der Liebe zu.
Du bist nicht *jemand*, der Liebe ausstrahlt, und Du bist nicht *jemand*, der Heilung erfährt - wir gehen über die Isolation

unserer scheinbaren Persönlichkeit hinaus, um ins Herz der Heilung einzutreten.
Gestehe es Dir zu, zu lieben. Gestehe es Dir zu, geliebt zu werden.
Wisse, daß schon ein einziger Gedanke einen undurchsichtigen Schleier über Deine Augen legen kann.
Beobachte, was zur Trennung führt - beobachte, wodurch die Verbindung wieder hergestellt wird.
Entspanne Dich. . .
Laß die Übermittlung der Liebe zu.
Erlaube es der Liebe, sanft empfangen zu werden.
Fühle, wie der ganze Körper von den Augen der Liebe trinkt.
Spüre, wie der ganze Körper in der Liebe dieses Wesens badet.
Laß seine Augen, seine Liebe den Raum in Dir berühren, der nach Heilung ruft.
Fühle, wie das Licht in den Augen Deines Partners die geistigen und körperlichen Räume erfüllt, die nach Vollkommenheit dürsten.
Laß seine Liebe den Schutzschild Deines Herzens zerschmelzen. Atme seine Liebe in Dein geöffnetes Herz hinein.
Fühle Dich von der Liebe wie von einer heilenden Kompresse umgeben, die alle Sorge aus Geist und Körper zieht. Spüre das Prickeln in dem Bereich, der die Heilung erwartet.
Öffne Dich dem Licht dieses Wesens. Erfülle den zu heilenden Bereich mit seiner liebevollen Güte und Vergebung. Fühle die Vibration, das Summen in seinem Innern.
Fühle, wie die Augen des anderen die Verhaftung aus Geist und Körper ziehen.
Wenn Du die Person bist, welche die Heilung ausstrahlt, näherst Du Dich dem Partner nicht, um ihm seinen Schmerz zu nehmen - Du sendest einfach nur Liebe aus, die Zweifel und Spannungen auflöst und Erfüllung schenkt.
Überlaßt die Heilung der Liebe. Erfüllt den Raum der Schmerzen mit Eurer Bewußtheit, so liebevoll, wie Ihr auch

mit Eurem einzigen Kind verbunden wäret.
Fühlt, wie diese Liebe die Schmerzen an sich zieht, wie Ihr Euch von ihnen lösen könnt.
Fühlt die Belebung, die an die Stelle der unbeachteten Taubheit oder des eingeschlossenen Schmerzes tritt.
Schließt nun Eure Augen.
Fühlt einfach die Energie, die sich im Körper sammelt. Wenn es um Deine Erkrankung geht, dann schaue in diesen Raum hinein und beobachte, wie er sich klärt, wie er sich erhellt, wie er sich öffnet.
Wenn die Energie von Deiner Seite ausstrahlt, dann schaue klar und liebevoll in den Körper Deines geliebten Partners hinein - öffne und entspanne die Bereiche des Unbehagens und des Schmerzes.
Gebt Euch dem Gefühl er Fülle und der Leere hin, dem Gefühl der Furcht und des Mutes - allem.
Fühlt die Verbundenheit - die Furcht vor der Verbundenheit. Alles. Fühlt alles.
Tauscht in dieser gemeinsamen Heilung nun die Rollen, so daß derjenige von Euch, der die Liebe in einem erkrankten Bereich empfing, diese nun ausstrahlt - er läßt diese Liebe in seinen Augen und durch sein Herz zum Ausdruck kommen. Und wer von Euch der Sender war, wird jetzt zum Empfänger, zum weiten, offenen Raum, der die Heilung erfährt.
Geist und Körper nehmen die Liebe in sich auf. Alle Trennung zerfließt im Herzen.
Ohne jeden Zwang. Ihr starrt Euch nicht an, sondern schaut Euch ruhig in die Augen.
Gestehe es Dir zu, geliebt zu werden. Löse Dich von der Befangenheit. Löse Dich von aller Verwirrung und öffne den Geist der Isolation für die Fülle dieser Liebe - laß ihn im Herzen der Heilung versinken.
Obwohl Ihr manchmal verunsichert, verärgert oder furchtsam gewesen seid, lebt in Euch eine große Liebe. Diese Liebe ist so tief, daß Ihr ihr einfach lauschen könnt, daß Ihr einfach

lieben, einfach sein könnt.
Über die Kluft zwischen zwei getrennten Geschöpfen spannt sich die Brücke der Liebe.
Atmet diese Liebe durch Eure Augen in den Körper der Heilung.
Atmet sie in das Zentrum der Schmerzen hinein.
Entspannt Euch. . .
In diesem Augenblick machtvoller Achtsamkeit trittst Du durch das Tor der Augen in das Herz des anderen ein und erfüllst es mit einer barmherzigen Bewußtheit und liebevollen Güte, die auch die dunkelsten Winkel in Geist und Körper erleuchtet.
Sanft und zärtlich taucht Ihr immer tiefer in das Erbarmen ein, das Ihr miteinander teilt.
In Euch selbst heilt Ihr die ganze Welt.
Werdet gewahr, wie diese Liebe ausgestrahlt und empfangen wird.
Erkennt, was sie blockiert. Wo sich eben noch Liebe entfaltete, breiten sich Gedanken aus.
Wisse, daß Du in die Augen Gottes, in die Augen der Göttin schaust - in die Augen all der heiligen Männer und Frauen, die jemals auf der Erde lebten. Sie nehmen Dich in ihren Herzen auf, und Dein Schmerz spiegelt sich in ihren sanften Augen wider. Es ist der Schmerz, den wir alle teilen.
In der Begegnung Eurer Augen erkennst Du, daß es niemanden gibt, der heilt, und niemanden, der der Heilung bedarf - es entfaltet sich nur die Heilung unserer gemeinsamen Leiden im einen Herzen, zu dem wir alle Zugang haben.
Entspannt Euch. . .
Atmet das AHHHH des Herzens in den Schmerz hinein.
Atmet das AHHHH in die Heilung hinein.
Hier finden wir uns alle wieder, „alle gleich“, und lassen alles, was uns trennt, im allumfassenden, gemeinsamen Herzen Heilung finden.
Erkennt, daß die Liebe den Körper und auch die ganze Welt

mit Heilung erfüllen kann.
Schließt nun Eure Augen. Laßt sie ruhen.
Entspannt Euch. . .
Fühlt, wie Geist und Körper geben und empfangen können.
Fühlt, wie dieser eine, gemeinsame Körper Heilung findet.
Öffnet nun wieder Eure Augen und blickt Euch an, ohne die Rolle des Gebenden oder Empfangenden anzunehmen. Gebt der Liebe einfach nur Raum.
Ihr braucht nicht zu lieben, sondern nur zu *sein* - denn das Sein ist die Liebe selbst.
Ihr braucht nur zu sein. Dies ist unser aller Sein.
Ergreife jetzt die Hand der Person, die Dir gegenübersitzt, und schließe die Augen. Erspüre den anderen in dieser Berührung.
Tauche noch tiefer in diese gemeinsame Heilung ein und laß die Welt Eurer äußeren Erscheinung hinter Dir. Gehe über die Masken, über den Schmerz, über die Trennung hinaus.
Fühle nur das gemeinsame Sein, so wie es sich Augenblick für Augenblick offenbart.
Fühle nur Offenheit. Zwei sind eins.
Alles ist eins.
Erkennt, was Euch in dieser Heilung vereint. Beobachtet auch, was sie beschränkt, was sie bindet. Ihr braucht nichts hervorzurufen. Fühlt jetzt einfach nur das, was ist. Ihr braucht nur zu *sein.*
Entspannt Euch. . .
Fühlt, wie die heilende Energie durch die Verbindung Eurer Hände strömt. Spürt sie als prickelndes, präsentes Sein, das durch Eure Arme in Eure Herzen strömt.
Laßt diese Energie von Eurem Herzen ausstrahlen, damit sie den ganzen Körper, die ganze Welt erfüllen kann.
Fühlt, wie sie sich im Bereich der Verklammerung oder Erkrankung sammelt und ihn heilen läßt.
Öffnet diesen Raum für die Heilung. Sie ist wie klares, reines Wasser, das in einen Gebirgssee fließt.

Fühlt die Kühle der Läuterung.
Fühlt die Wärme aktiver Heilung - die vibrierenden Wellen der Güte und der Gnade, die Verklammerung und Schmerz fortschwemmen.
Laß das Herz des anderen in Deinem Körper, Deinem Geist versinken. Fühle sein AHHHH im Zentrum Deines Schmerzes. Spüre, wie Dein Herz bei dieser Übertragung gereinigt und geläutert wird.
Mit jedem Augenblick entfalten sich tiefere Ebenen der Liebe und übertragen sich von einem zum anderen.
Entspannt Euch. . .
Wenn es Euch angebracht erscheint, dann öffnet jetzt die Augen.
Fühlt diesen gemeinsamen Körper der Heilung, der hier sitzt. Blicke noch einmal in die Augen Deines Partners und tausche für einige Momente mit ihm aus, wie Du die eine oder andere Erfahrungsebene empfunden hast. Sage aufrichtig, wie es für Dich gewesen ist, nicht wie es Dir am besten gefallen hätte. Wodurch ist die Offenheit in Dir entstanden, in der Du Liebe geben und empfangen konntest? Wo bist Du an Grenzen gestoßen?
Werdet Euch gemeinsam der Wahrheit bewußt, in die Euch dieses Bündnis der Heilung führt.

* * *

KAPITEL 23

Im Laboratorium des Lebens

Wenngleich wir bereits von der Arbeit mit den großen Disharmonien und Hindernissen in Geist und Körper gesprochen haben, erwächst uns unsere Zuversicht letztlich aus der Anwendung jener Techniken auf die kleinen Schmerzen und Blockaden unseres Alltags. Viele mögen zu diesem Buch gegriffen haben, weil sie eine Möglichkeit suchen, schwere Erkrankungen wie Krebs oder eine Herzkrankheit zu heilen, oder weil sie massive seelische Hindernisse wie Angst oder inneren Zwiespalt aus dem Weg räumen wollen. Doch gerade wenn wir den kleinen, alltäglichen Schmerzen, Kümmernissen und Enttäuschungen bewußt begegnen, wird es uns möglich, der Kraft von Mitgefühl und Gewahrsein, von innerer Ruhe und Bejahung gewahr zu werden. Da sich unsere Intention, über den äußeren Anschein hinauszugehen, zunehmend entwickelt und vertieft, können wir eine Problematik von innen her erfassen und in unserer Bewußtheit aufnehmen, um wirklich vollständig an unserem Leben teilzuhaben.

Manche dieser Techniken gibt es schon seit Tausenden von Jahren. Andere sind erst aus den Erkenntnissen der jüngsten Zeit entstanden. Als sich bei Ondrea und mir ein tieferes Verständnis der Heilung entwickelte, begannen wir damit, unseren Körper als eine Art von Laboratorium zu gebrauchen, in dem wir unsere Einsichten testen konnten. Da wir in einem großen Haus aus Lehmziegeln leben, das mit Kanonenöfen beheizt wird, blieb es nicht aus, daß wir uns immer wieder am heißen Metall verbrannten, wenn wir mit Kohlen hantierten oder Brennstoff nachfüllten. Indem wir in solchen Fällen nach der ersten Schreckreaktion Liebe in die schmerzende Körperstelle leiteten und den ursprünglichen Erstarrungsreflex beobachteten, konnten wir diesen Bereich durch liebevolle Achtsamkeit entspannen, uns ihm öffnen und ihm im Innersten des Herzens Raum geben. Nach einer oder zwei Stunden blieb dann oft nur eine Rötung oder höchstens eine Blase zurück. Und nach einigen Tagen wies die betroffene Stelle normalerweise keine Spuren einer Verletzung mehr auf. Um den Prozeß der Öffnung für normalerweise abgeblockte Erfahrungen zu testen, verzichteten wir auch manchmal auf eine Anwendung dieser Technik und gaben dem Geist Gelegenheit, nach einer solchen Verbrennung auf seiner zurückschreckenden, furchtsamen Reaktion zu beharren. In diesen Fällen stellten wir fest, daß die Brandwunde Blasen bildete, stark schmerzte und erst nach mindestens einer Woche verheilt war. In diesem Laboratorium des Lebens war es fast schon zu einem Spiel geworden, dem einen Schmerzbereich Liebe zu schenken und dem anderen nicht - und auf diese Weise selbst herauszufinden, was es mit dieser Technik wirklich auf sich hatte. Davon spricht auch Kabir, wenn er sagt: „Es ist nur wahr, wenn Du es selbst erfahren hast."

Wir erlebten die Wirksamkeit dieses Prozesses auch bei der Arbeit mit einem Nierenstein - dem zweiten innerhalb von zehn Jahren - der sich, als wir uns zu zweit auf den Punkt zunehmender Beschwerden konzentrierten, erst vergrößerte und dann zu einem feinen Pulver zerfiel, das leicht auszuscheiden war. Und auch bei einer Zahnfleischvereiterung, bei einer Halsentzündung und einem eingeklemmten Nerv konnten wir die heilende Energie einer konzentrierten, barmherzigen Bewußtheit überprüfen. Als wir diese Heilungsprozesse erlebten, dachten wir anfangs: „Das ist einfach zu schön, um wahr zu sein!" Wir meinten fast, irgendeinem Zauber erlegen zu sein. Doch bei der weiteren Anwendung dieser Techniken entdeckten wir allein die Magie einer tief konzentrierten Bewußtheit und einer barmherzigen, vergebungsvollen Ehrfurcht, die in Räume eindringen kann, welche sich infolge unserer altgewohnten Verdrängung verschlossen haben - und die uns diese Räume sanft und umfassend erschließen kann. Wir stießen auf eine innere Kraft, welche die selbstverschuldeten Wunden von

Geist und Körper ebenso heilen kann wie die „Zwänge“ des Lebens, denen wir gelegentlich in der Gestalt körperlicher und seelischer Schmerzen begegnen. Immer wieder fühlten wir uns an den Ausspruch des Zen-Meisters Suzuki Roshi erinnert: „Nichts geschieht außerhalb von Dir.“ Alles liegt innerhalb der Sphäre des Gewahrseins und der Reichweite tiefen Erbarmens.

Brandwunden am Arm, Abschürfungen oder Zahnbeschwerden gehören noch zu den geringeren Schmerzen, denen wir im Verlauf unseres Lebens im Körper begegnen können. Im Kapitel *HEILENDE BEZIEHUNGEN* haben wir bereits erwähnt, wie Ondrea ihren Krebs verbannen konnte, indem sie ihre Erkenntnisse mit geeigneten Techniken kombinierte. Dies war jedoch nicht die einzige Gelegenheit für uns, mit diesen Methoden im Laboratorium des Lebens zu experimentieren. Als ich neunzehn war, stellte man bei mir eine „angeborene Wirbelsäulenschwäche“ fest. Ich hatte mir im College Bandscheibenrisse im Bereich des vierten und fünften Lendenwirbels zugezogen und zwecks eines operativen Eingriffs nach Hause zurückkehren müssen. Die sporadischen Beschwerden im unteren Rücken, denen ich mit Aspirin und Bewegungseinschränkung beizukommen suchte, begleiteten mich nach der Operation viele Jahre lang. In meinen Vierzigern kam eine Bandscheibenlockerung im Halswirbelbereich dazu, die erhebliche Schmerzen verursachte und meine Bewegungsfähigkeit weiter verringerte. Meine ersten Reaktionen ordneten sich der Konditionierung des alten Geistes unter, Medikamente zu nehmen und auf Besserung zu hoffen. Das schien jedoch nicht zu funktionieren. Die Beschwerden nahmen zu, und Wellen des Schmerzes strömten in meinen rechten Arm hinein. Er wurde immer starrer und kribbelte periodisch, und die Schmerzen in Hals und Kopf strahlten in mein rechtes Auge aus. Da ich mich zu dieser Zeit mit der Arbeit an diesem Buch zu beschäftigen begann, mußte ich mich fragen: „Kann ich denn ein Buch über Heilung schreiben, wenn ich selbst keine Heilung finde?“ Ich befand mich noch in dem Stadium, in dem ich Heilung ausschließlich auf den Körper bezog. Aber als ich Vergebung statt Angst in den Schmerz zu senden und ihm mitfühlend zu antworten begann, statt zornig auf ihn zu reagieren, sah ich der Möglichkeit einer Heilung mit neuer Zuversicht entgegen. Während sich meine Gefühle des Zweifels und der persönlichen Schwäche verminderten, nahm ich ein tieferes Vertrauen in den Prozeß in mir wahr, und auch die Schmerzen begannen zurückzugehen. Ich konnte meinen Hals wieder leichter bewegen. Röntgenaufnahmen dieses Bereichs riefen beim Arzt ein Stirnrunzeln hervor, doch sein Hinweis, daß sich eine weitere Operation wohl nicht vermeiden lasse, bestärkten mich nur noch mehr in meinem Ehrgeiz, mit einem neuen „Nichtwissen" über etwas hinauszugehen, was andere nachdrücklich als „unheilbar" bezeichneten. Im Verlauf der folgenden Jahre hat sich das, was mich außer Gefecht zu setzen drohte, auf gelegentliche Beschwerden reduziert. Die Degeneration der Wirbelsäule scheint sich verlangsamt zu haben, und es gibt lange Perioden, in denen ich keinerlei Symptome spüre und voll beweglich bin. Wenn sich doch einmal Schmerzen einstellen, erinnern sie mich daran, meine Aufmerksamkeit wieder auf diesen Bereich zu lenken und mich einige Zeit meditativ in der Heilung zu entspannen und zu öffnen, die immer auf uns wartet.

Jede neue Empfindung in diesem Bereich erzieht mich nun zum Mitgefühl und zur Friedfertigkeit - zu einem Gefühl der umfassenden Teilhabe an dieser Inkarnation. Sie gibt mir Gelegenheit, in diesem Laboratorium vor mich hinzusummen und den Geist in meinem Tun heilen zu lassen. Zweifellos lerne ich auch in der Arbeit an diesem Buch, was wir alle lernen sollten.

Es ist der „verwundete Heiler", dem wir hier begegnen - jemand, den der Schmerz lehrt, zum Ende des Schmerzes zu gelangen und mit allen anderen verbunden zu sein, die mit ähnlichen Beschwerden leben müssen. Das Wirbelsäulenleiden hat mich gelehrt, mit dem offenbar ständig im Körper reflektierten Herzen verbunden zu sein, den schmerzenden Bereich zu entspannen und den beharrlichen Widerstand und die Verzweiflung zu ergründen, die uns vor dem Schmerz fliehen läßt. Als die Wirbelsäulenprobleme begannen, haderte ich mit meinen Beschwerden und suchte nach Heilmethoden, die mich von ihnen befreien würden. Ich wollte die Schmerzen besänftigen wie einen rasenden Hund, dem man ein Stück Fleisch vorwirft, um ihn sich so lange wie möglich vom Leibe zu halten. Ich interessierte mich kaum dafür, was diesen Hund überhaupt so reizte und was die Begegnung mit ihm eigentlich so unerträglich machte. Und ich suchte einen meiner

Lehrer auf und fragte ihn, wie ich mich vom Schmerz erleichtern könne. Er ließ sich erst gar nicht auf meinen Fluchtreflex ein und sagte einfach: „Suche nicht nach Erleichterung, suche nach der Wahrheit!“ Mir fällt im Moment kein Ausspruch ein, der unser Forschen so sehr inspiriert hat wie dieser.

Letztlich sind wir alle verwundete Heiler/innen, die auf dem Weg zur Vollendung sind und deren Ganzheit, deren Vollkommenheit direkt unter der Oberfläche ihrer äußerlichen Verhaftungen schlummert. Die Erforschung unserer Beschwerden vermittelt uns ein Gefühl der Befriedigung und Ganzheit, das wir vorher nicht für möglich hielten. In diesem Laboratorium des Lebens wird jeder unserer Tage zu einem Experiment der Wahrheit.

* * *

KAPITEL 24

Wahrhaftige Ganzheit

Wir sind Hunderten von Menschen begegnet, die ihre Ganzheit in der Heilung ihres Körpers wie auch in der Heilung ihres Todes fanden, und die meisten von ihnen vertrauten in bestimmter Weise ihrer eigenen, einzigartigen Gabe, den Weg durch ihre mißliche Lage zu erspüren. Die in seelischer, körperlicher und spiritueller Hinsicht erfolgreichsten Heilungen, deren Zeugen wir wurden, schienen von einem gewissen Selbstvertrauen inspiriert zu sein, das die Abhängigkeit von angeordneten Therapien und Techniken in den Hintergrund treten ließ. All diese Patienten schienen die Haltung zu teilen, daß ihre Beschwerden kein Fluch und keine Strafe, sondern eine Lehre, ja beinahe eine Initiation seien.

Während sich ihr Blick klärte, gaben sie es auf, ihre Krankheit zu analysieren und sich in den oberflächlichen Fragen des Verstandes nach dem Warum und Weshalb zu verlieren. Statt dessen drangen sie unmittelbar in den Kern der Dinge ein. Sie ließen die geläufigen Platitüden über Krankheitsursachen hinter sich, weil sie spürten, daß die Zusammenhänge wesentlich komplexer waren. Sie übernahmen ihre Heilung nicht aus zweiter Hand, sondern waren innerlich an ihr beteiligt und akzeptierten die Notwendigkeit einer kreativen Angleichung ihrer jeweiligen Therapien an ihre individuellen Bedürfnisse.

Obwohl sie, wie jeder von uns, durch die gängigen Mythen der Krankheitsentstehung indoktriniert waren - die von der Vorstellung einer göttlichen Bestrafung über die ängstliche Interpretation der Auswirkung karmischer Kräfte bis in die Gefilde der immer wieder mißverstandenen „Holismen" reichen, die alte, psychische Verhaftungen als Krankheitsursache verantwortlich machen - verwechselten sie den zum Mond weisenden Finger nicht mit dem Mond selbst. Sie verstanden, daß die Enthüllung alter Verhaftungen kein Anlaß zur Bewertung, sondern ein Weg zur Heilung war.

Sie *analysierten* die Erkrankung nicht mehr. Wenn sie sich alter Verhaftungen bewußt wurden, seufzten sie nicht gequält darüber auf, eine weitere Krankheitsursache entdeckt zu haben, sondern setzten einfach den Prozeß fort, der ihre Loslösung von diesen Fesseln ermöglichte. Sie drangen, wie es ein Patient formulierte, durch die „verkalkte, äußere Schale des Denkens", welche die Krankheit umschloß, um ihre eigene, innere Richtschnur zu finden. Sie hörten auf, ihr Leben gedanklich zu erfassen, und versenkten sich unmittelbar in die Heilung. Weil sie erkannten, wie tief die Heilung Geist und Körper erfüllen konnte, wenn sie nicht bei der Frage „Warum bin ich zornig?" stehenblieben, öffneten sie sich der Frage „Was ist Zorn?" und stießen damit auf den Kern des Problems. Sie fragten sich nicht mehr „Warum bin ich krank?", sondern „Was ist Krankheit?" Sie fragten nicht „Warum habe ich Schmerzen?", sondern „Was ist der Schmerz?" Sie gingen über allgemein bekannte „holistische" Allgemeinplätze wie „Du bist für Deine Krankheit selbst verantwortlich" hinaus und destillierten aus solchen Aussagen die tiefere Wahrheit, daß wir eher unserer Erkrankung *gegenüber* verantwortlich sind als *für* sie.

Sie durchschauten, daß die Vorstellung der Verantwortung *für* die Krankheit Schuldgefühle erzeugt und den urteilenden Geist stimuliert - daß die Verantwortung *gegenüber* dem Schmerz, *gegenüber* unseren Beschwerden jedoch bedeutet, daß wir direkt zu ihnen in Beziehung treten, daß wir ihnen antworten können, anstatt zwanghaft auf sie reagieren zu müssen. Die Vorstellung, daß wir für die Krankheit verantwortlich sind, bindet uns an die Oberflächlichkeit des alten Geistes und ruft die Scham- und Trauergefühle auf den Plan, die eine Heilung blockieren. Der Erkrankung *gegenüber* verantwortlich zu sein bedeutet, sich der Heilung zu öffnen und mit dem Herzen zu antworten, anstatt mit dem Verstand zu reagieren.

Ich habe viele Menschen sterben sehen, die für ihre Krankheit verantwortlich zu sein glaubten - unter großen Schmerzen und mit dem Gefühl, infolge ihrer Unfähigkeit zur Genesung persönlich gescheitert zu sein. Sie begegneten sich selbst und ihren Angehörigen so ablehnend, daß sie kaum zu einem liebevollen Abschied oder einer zärtlichen Berührung in der Lage waren. Während sie sich dem Streß ergaben, der jede Heilung blockiert und alle Beschwerden verstärkt, erkoren sie die Panzerung des Herzens zum Steuermann ihrer Reise ins Unbekannte. Wir lernten aber auch Menschen kennen, die sich gleichermaßen für ihre Krankheit verantwortlich fühlten und dennoch mit weit geöffnetem Herzen starben - spürbar imstande, den Augenblick in voller Klarheit zu erfahren. Sie waren sich der Kraft des Pfades der Friedfertigkeit bewußt, und so konnten sie sich selbst liebevoll annehmen und ihren nächsten Schritt ganz sanft vollziehen. Sie begegneten ihren Beschwerden nicht mit Bewertungen, sondern mit einer schonungsvollen Bewußtheit, die sich allen Äußerungen des Lebens verständnisvoll öffnen konnte.

Bewertungen erzeugen eine Anspannung, welche die Heilung einem Streß aussetzt. Mitgefühl und Bewußtheit erzeugen eine Weisheit, die ihren eigenen Weg durch das Dunkel finden kann.

Manche sagten mir anfangs, daß ihr Krebs aus dem Zorn bestehe, der sich in ihrer Leber aufgestaut habe, daß er „die Lektion aus einem früheren Leben" oder das Resultat ungeklärter Verhaftungen sei, die (beispielsweise in einem Tumor) versteinert seien - aber sie blieben an diesem Punkt nicht etwa stehen. Sie wandten sich ihrer Erkrankung mit großem Nichtwissen zu, nahmen ihre Lehre an und kamen dem Ziel ein Stück näher. Sie erkannten, daß gerade diese „ganz und gar kapierten" Halbwahrheiten sehr gefährlich sind. Sie versuchten nicht, ihre Krankheit in eine rationale, ordentliche Schublade zu packen, um sie kontrollieren oder von außen her „verstehen" zu können. Sie erkannten, daß schon die Vorstellung, wir könnten den Ursprung einer Krankheit verstehen und die einzelnen Lektionen berücksichtigen, um derentwillen wir Geburt annahmen, ein deutliches Zeichen der „Arroganz unseres Wissens" ist, wie es ein Patient formulierte. Während sie sich vor Augen führten, wie viele Menschen ein beispielhaftes Leben ohne Verhaftung und Streß geführt haben und dennoch nicht von körperlicher Krankheit verschont geblieben waren, gaben sie sich ihrem Nichtwissen noch tiefer hin.

Ein befreundeter Arzt, auf dessen Visitenkarte „Arzt für Ganzheitsmedizin" zu lesen war, bevor er an Krebs erkrankte, nannte viele seiner Kollegen, die jene rudimentären Wahrheiten vertraten, „Halb-Ganzheitliche". Er meinte, daß man all diese auf Kausalprinzipien beruhenden Krankheitskonzepte über Bord werfen müsse, um in direkten Kontakt mit dem Krebs treten zu können. Er sagte, er habe seinen Krebs geheilt, indem er „über die Halbwahrheiten anderer Leute hinaus in den Kern der Sache gegangen" sei. Er vertraute seinem eigenen Genius zur Heilung.

Einige der Feststellungen, die dieser Arzt einige Jahre später traf, möchte ich an dieser Stelle sinngemäß wiedergeben: „Ich habe mich ‚Arzt für Ganzheitsmedizin' genannt, und dabei bin ich selbst nicht einmal teilweise ‚ganz' gesund gewesen. Ich habe so vieles voneinander getrennt, habe mein Leben in so viele kleine Fächer unterteilt. In der Praxis war ich der Arzt, aber wenn ich nach Hause kam, hätte ich vermutlich selbst verarztet werden müssen. Die Ganzheitlichkeit, zu der ich mich gewissermaßen anspornte, erschöpfte sich in Diätplänen, Workshops und all diesem Kram. Aber ich machte das alles nur mit dem Kopf. Ich dachte immer über alles nach, was ich machte, anstatt es einfach nur zu machen. Als ich dann Krebs bekam, stürzte mich die Vorstellung, meine Krankheit selbst erschaffen, sie mit meinem Streß aktiviert zu haben, in ein solches Gefühl der Hilflosigkeit, daß ich fast zugrunde gegangen wäre. Ich fühlte mich absolut verantwortlich und machte mir große Vorwürfe, daß ich nicht fähig war, mich zu heilen. Ich unternahm alles mögliche, um den Krebs loszuwerden - ohne Erfolg. Ich ging zur Einzel- und zur Gruppentherapie. Ich nahm an Selbstbehauptungs- und Aggressionsbefreiungs - Workshops teil. Ich ernährte mich nach einer speziellen Diät. All diese Therapien schienen mir tatsächlich ein wenig Auftrieb zu geben - ich meine, ich war nicht mehr ganz so tief unten wie vorher, aber der Tod bedrohte mich noch immer. Und dann wurde mir dieser Krieg bewußt. All diese Konzepte verstärkten meinen Haß auf mich selbst und auf den Krebs. Ich hatte das Gefühl, ein großer Heuchler und Versager zu sein. Aber ich erkannte, daß mich die Wut und die Selbstverachtung, zu der diese Vorstellungen der selbstverantworteten Krankheit führten, förmlich zermürbten. Ich fühlte mich absolut hilflos, betrachtete mich selbst als meinen größten Feind und traute mir einfach nicht zu, gesund werden zu können. Ich meinte, völlig starrköpfig und engherzig zu sein, weil ich mich nicht heilen konnte. Ich stand ständig unter Druck und war nur damit beschäftigt, ‚alles richtig zu machen' - aber es war kein richtiges Leben mehr. Mir wurde qualvoll bewußt, wie übel ich mich selbst behandelte, und ich fing damit an, Liebe und Vergebung in meine Tumore zu senden. Und nach einigen Monaten schienen sie sich tatsächlich zurückzubilden. Zum ersten Mal fühlte ich mich von ganzem Herzen mit meiner Heilung verbunden. Ich lernte ganz einfach, achtsam zu sein und Liebe und Vergebung zu empfinden. Ich hörte auf, mich zu *denken*, und fing an, ich selbst zu *sein*. Dieser Krebs lehrte mich, was mir meine zehnjährige Praxis nicht hatte vermitteln können. Heute schmerzt es mich, an die Oberflächlichkeit und Selbstgerechtigkeit zu denken, aus der heraus ich meinen Patienten erzählt hatte, daß es ganz allein von ihnen selbst abhinge, ob sie leben oder sterben würden - daß sie es sich selbst aussuchen könnten. Sicherlich würde ich meine Heilung stark blockieren, wenn ich mich für den Tod entschiede, aber auch eine Entscheidung für das Leben, mag sie auf das Ergebnis auch nicht ohne Einfluß sein, bietet noch nicht die Garantie für eine erfolgreiche Heilung. Ich bat all jene um Vergebung, die ich in die Irre geführt hatte, indem ich so viele Theorien an sie weitergab, die ich selbst überhaupt nicht überprüft hatte. Aber dieser Krebs hat alles auf den Kopf gestellt. Er machte meine Ganzheitlichkeit überhaupt erst ‚ganz'. Vor sieben Jahren hat man mir gesagt, daß ich sterben würde. Inzwischen aber fühle ich mich lebendiger als jemals zuvor. Ich glaube sogar, daß ich es eigentlich nur meinem Krebs zu verdanken habe, heute wirklich lebendig zu sein."

Wir können selbst jene allgemein populären Vorstellungen, die beispielsweise von einer freien Wahl zwischen Leben und Tod ausgehen, in einer Weise sublimieren, daß die „halbe Ganzheitlichkeit", mit der sich der Geist so schnell begnügt, nicht noch weiter untermauert wird und die Wahrheit zu einem grellen Werbesticker-Slogan verkümmert.

Dieses ursprünglich wohlgemeinte Klischee hat viele Menschen verwirrt, indem es ihnen suggerierte, daß sich eine Person, die gestorben ist, „für den Tod entschieden" und uns willentlich verlassen hat, daß sie gleichsam den Lebensfunken in sich absterben ließ. Und dies ruft wiederum die Überzeugung auf den Plan, daß sich all jene, die ihre physische Gesundheit wiedererlangten, schlicht und einfach „für das Leben entschieden" haben. Die Zusammenhänge sind jedoch weit komplexer. Ich habe allzu viele Menschen sterben sehen, die sich rückhaltlos um ihr Leben bemühten, als daß ich der Meinung, der Tod müsse in jedem Fall aus einer Ablehnung des Lebens resultieren, noch beipflichten könnte. Ich habe erlebt, wie ihr Herz im Leben Heilung fand, wie ihr Tod diese Heilung auf alle austrahlen ließ, die ihnen nahe kamen. Ich habe erlebt, wie diese Kausalitätsprinzipien jenen Menschen Schmerz bereiteten, die sich mit aller Kraft vom Krebs, von Aids, von einer Herzkrankheit oder einer genetischen Abnormität zu kurieren suchten und dennoch keine körperliche Heilung erreichten. Weil sie meinten, nicht „richtig drauf" zu sein, starben sie im Groll gegen das Leben und sich selbst.

Ich habe es erlebt, daß Kommentare wie „Du bist für Deine Krankheit selbst verantwortlich" oder „Entscheide Dich, ob Du leben oder sterben willst" eine Heilung blockierten und die Brücke zum Herzen unter der Last von Ängsten und Selbstbewertungen zerbrechen ließen. Ich sah, wie alte Frauen, die ihre Männer schon viele Jahre zuvor verloren hatten und in Genesungsheimen an ihren Rollstühlen festgeschnallt waren, täglich ihren Tod herbeisehnten und allmählich ihren Glauben an einen barmherzigen Gott verloren, weil er sie nicht sterben ließ. Ich habe dies so oft miterlebt, daß ich nicht mehr glauben kann, daß es zum Sterben nur einer Entscheidung für den Tod bedarf.

Wie uns jeder Augenblick vor die Wahl stellt, entweder im neuen Geist zu erwachen oder im alten weiterzuträumen, so kann auch eine Wahl zwischen Leben und Tod den Verlauf einer Krankheit zwar *beeinflussen* - nicht aber ihren Ausgang *bestimmen*. Eine Entscheidung für das Leben ermutigt uns zur Selbsterforschung und inneren Bejahung. Die Frage „Soll ich mich für das Leben oder für den Tod entscheiden?" wird vom alten Geist gestellt, der seine essentielle Ganzheit innerhalb oder außerhalb des Körpers vergessen hat.

Der Geist greift nur allzu schnell nach Antworten. Sein Vorgehen gleicht dem Versuch, das Wesen einer Frucht durch das Kinderspiel zu ergründen, bei dem man nach aufgehängten Äpfeln schnappt. Den Mund aufgerissen, das Gesicht vom Saft beträufelt und nach allem Erreichbarem schnappend, häufen wir einen Berg angebissener, kaum gekosteter Früchte an, die wir dann in einer Grube verfaulen lassen. Und wieder sperren wir den Mund auf, um nach weiteren Äpfeln zu haschen. Ganz anders ist es, wenn wir uns hinsetzen, einen Apfel in die Hand nehmen und prüfen, wie er aussieht, wie er duftet und wie er sich anfühlt - wenn wir den Apfel unmittelbar erleben und seine Süße mit forschenden Zähnen erschmecken. Wir wissen, daß uns auch zehn Körbe voller Äpfel, die wir wahllos gesammelt haben, nicht die Erkenntnis schenken können, die uns ein einziger, vollständig genossener Apfel vermittelt. In diesem einen Apfel sind alle Äpfel enthalten. Hier verdeutlicht sich der Unterschied zwischen dem Forschen, dem *WAS* der Dinge, und der Analyse, dem *WARUM* der Dinge (die den alten Geist sehr rasch ausrufen läßt: „Ach, ich Ärmster!")

Wir erkennen also, daß unsere Wahl darauf Einfluß hat, *wie* wir krank sind, jedoch nicht immer darüber bestimmt, *daß* wir krank sind. Wir können uns in diesem Augenblick dafür entscheiden, völlig lebendig zu sein. Wir müssen es nicht der offenbar großen Zahl an Leuten nachmachen und auf eine terminale Prognose warten, bevor wir es uns zugestehen, lebendig zu sein. Wir können uns jetzt, im „Nur So Viel" dazu entscheiden, den alten Geist zu erforschen und jene Halbwahrheiten abzulegen, die auf dem Pfad zur Ganzheit herumliegen. Wir können uns jetzt dafür entscheiden, die kleinen Schmerzen zu erkunden, um selbst herauszufinden, wie der Streß unsere Beschwerden beeinflußt, wie der Widerstand den Schmerz verstärkt. Wir können uns jetzt dafür entscheiden, den Schmerz zu ergründen und die Lehre anzunehmen, die er uns vermittelt. Wir können uns jetzt dafür entscheiden, lebendig zu werden und durch die Erforschung unserer Angst dafür zu sorgen, daß uns kein Schrecken überwältigen kann. Wir können uns jetzt dafür entscheiden, lebendig zu sein, ohne die Möglichkeit zu verleumden, auch im Tod unsere Heilung zu finden.

Vor kurzem begegnete ich auf einem Workshop einer Frau, die

sich in einem fortgeschrittenen Krebsstadium befand und im Widerstreit mit sich lag, weil sie glaubte, ihre eigene Realität zu erzeugen. „Da ich meine eigene Realität erschaffen habe, habe ich auch diesen Krebs erschaffen. Aber das Heilmittel kann ich nicht erschaffen. Ich bin nicht der Mensch, für den ich mich gehalten habe. Kein Wunder, daß ich krank bin." Ihr vordergründiges Verständnis und ihre Selbstbewertung schienen ihre Heilung einzuschränken. Als ich sie fragte: „Bist Du die *alleinige* Schöpferin Deiner Realität?", stand ihr Mund vor Verwirrung und Ratlosigkeit weit offen, bis sich schließlich ein Lächeln auf ihrem Gesicht ausbreitete. Sie sagte: „Nein, ich glaube, ganz so ist es nicht. Aber ich bin sicher, daß ich dabei die Hauptrolle spiele." Diese in kurioser Weise von ihr mißverstandene Therorie der Erschaffung der eigenen Realität hatten sie ihres Glaubens und ihres Selbstvertrauens beraubt, anstatt ihr die Zuversicht einzuflößen, die von dieser These ursprünglich ausgehen sollte. Indem sie ihr eigenes Wesen im Vertrauen des Nichtwissens tiefer und tiefer erforschte, ließ sie ihr altes Wissen hinter sich zurück und stellte sich die grundlegenden Fragen: „Was bedeutet *ich*?"; „Was bedeutet *erschaffen*?"; „Was ist Realität?" Einige Zeit später sagte sie zu mir: „Weißt Du, diese Idee, daß ich die Schöpferin meiner Realität sei, ist eigentlich weniger eine Täuschung, sondern vielmehr ein Rätsel, das mich vor die Aufgabe stellt, dieses ‚Ich' zu ergründen. Je tiefer ich gehe, desto mehr wird dieses ‚Ich' zum gesamten Universum, das sich selbst aus sich selbst heraus erschafft. Vielleicht habe ich diese Aussage nur etwas zu persönlich genommen." Nun versucht sie nicht mehr, die Krankheit mit der Vorstellung „Ich habe meine eigene Realität erschaffen" abzuwehren, sondern arbeitet mit den Fragen „Wer erschafft?" und „Wer stirbt?". Was die Zukunft ihr auch immer bringen mag, sie ist darauf vorbereitet.

Vor einigen Jahren erzählte uns ein Arzt von einer seiner Patientinnen, die „alles nur mögliche unternommen hatte, um ihren Krebs loszuwerden - ohne Erfolg". Obwohl sie sehr intensiv mit den neuesten Techniken gearbeitet hatte, schritt ihr Krebs so weit fort, daß sie schließlich an der Schwelle des Todes stand. Sie wollte „noch ein letztes Mal Urlaub machen" und fuhr an die Westküste, um einige Zeit an den Stränden Südkaliforniens zu verbringen.

Dort begegnete sie einem bekannten Heiler, dem es offenbar in zwei Sitzungen durch Auflegen seiner Hände gelang, sie völlig von ihrem Schmerz und ihrem Krebs zu befreien. Zwei Wochen später jedoch nahm sich die Frau das Leben.

Nachdem sie geheilt worden war, hatte sie zu einer Freundin gesagt, sie habe nun gesehen, wie einfach ihre Heilung gewesen sei, und habe nun erst recht das Gefühl, als Mensch versagt zu haben. „Ich habe den Tod wirklich verdient." Die von ihr übernommenen Vorstellungen, *für* ihre Krankheit verantwortlich zu sein und sich einst „gegen das Leben" entschieden zu haben, hatten das Gefühl tiefer Verzweiflung in ihr hinterlassen und sie des Vertrauens in ihre eigene Kraft beraubt.

In ihrer Glaubenswelt war kein Platz dafür gewesen, auf eine solche Weise geheilt zu werden. Man hatte vergessen, ihr zu sagen, daß all ihre bisherige Arbeit dazu beigetragen hatte, sich dieser Heilung überhaupt so weit öffnen zu können. Und der Heiler hatte sich in seinem Glauben, *für* ihre Heilung und nicht ihr *gegenüber* verantwortlich zu sein, vielleicht selbst zu wichtig genommen. Sonst hätte er mit ihr darüber gesprochen, daß sie innerlich bereits so vorbereitet war, daß ihr Organismus nur noch eines kleinen, energetischen Anstoßes bedurfte, um eine Wende vollziehen zu können.

Die größten Heiler/innen, die ich kenne, sagen im allgemeinen, daß sie selbst nichts täten, sondern „alles von Gott bewirkt" werde. Sie geben der zu heilenden Person ihre Kraft zurück. Sie bestärken sie ebensowenig darin, ein „Opfer der Heilung" zu sein, wie sie ihr einreden, ein Opfer der Krankheit zu sein. Sie ermutigen sie zu der Erkenntnis, daß Heilung unser Geburtsrecht ist, daß sie eintritt, wenn wir uns selbst nicht mehr im Wege stehen und die Barriere zwischen Geist und Herz zerschmelzen lassen.

Der große indische Heilige Ramakrishna bemerkte einmal, daß es zwei Dinge gebe, die Gott zum Lachen brächten - nämlich wenn ein Heiler behaupte: „Ich habe ihn geheilt", und wenn zankende Eheleute sagten: „Wir haben nichts miteinander gemein!"

Ich möchte mit den Worten jenes befreundeten Arztes sagen: „Sei kein Halb-Ganzheitlicher." In unserem Wissen gibt es nichts, was wir auf einer tieferen Ebene nicht noch klarer erkennen könnten. Heilung kennt keinen Endpunkt.

Wir können unsere halbherzige Ganzheitlichkeit in der Geschichte des Mannes wiedererkennen, der eines Nachmittags in seinem Lehnstuhl sitzt und merkt, daß der Fluß über die Ufer getreten ist und sein Haus zu überschwemmen droht. Er klettert auf seinen Stuhl und beobachtet das steigende Wasser. Da kommen zwei Nachbarn mit ihrem Kanu angepaddelt und bieten ihm an, ihn in Sicherheit zu bringen. Aber er winkt ab und sagt: „Nein, in Euer Kanu steige ich nicht. Gott wird mich retten!" Er sieht die Flut höher steigen und begibt sich in das obere Stockwerk seines Hauses. Da manövriert sich ein Schlauchboot durch seine schwimmenden Möbel, das mit einem Beamten der örtlichen Polizeibehörde bemannt ist.

„Steigen Sie doch ein!", beschwört ihn der Polizist.

Aber der Mann wendet sich kopfschüttelnd ab und sagt: „Nein, ich brauche Ihre Hilfe nicht. Gott wird mich retten!"

Als er nach einer weiteren Stunde auf dem First des Daches sitzt und ihm das Wasser bis zur Brust reicht, schwebt ein Hubschrauber heran, aus dem eine Strickleiter hinabgelassen wird, und die Besatzung dringt darauf, daß er an Bord klettern solle.

„Nein, ich brauche Ihre Hilfe nicht", ruft er zurück. „Gott wird mich retten!"

Das Wasser steigt weiter, und er ertrinkt. Er findet sich in den himmlischen Sphären wieder, sucht Gott auf und fragt ihn in barschem Ton: „Wo bist Du gewesen, als ich Dich brauchte?"

Und Gott wendet sich ihm zu und erwidert liebevoll: „Nun, zuerst bin ich als Kanu bei Dir erschienen, dann kam ich als Schlauchboot, und zuletzt bin ich als Hubschrauber gekommen."

Wenn wir Gott in allen Dingen sehen, wenn wir erkennen, daß alles ein Prozeß ist, können wir über die Vorstellungen „Gott" oder „Prozeß" hinausgehen und in die Soheit eintreten, die von diesen Begriffen nebelhaft repräsentiert wird. Unsere Heilung kann die „verkalkte, äußere Schale des Denkens" durchdringen und als ein Gefühl des reinen Seins erfahren werden.

* * *

KAPITEL 25

Eintritt ins Feuer

Ein Sinnspruch lautet: „Dies ist keine Welt, die auf meinem Tun, geschweige denn auf meinen Entscheidungen beruht, aber es ist die Welt, in die ich hineingeboren wurde, um Gott zu erkennen."

Wahrscheinlich würden nur nur wenige Menschen diese Region der Unbeständigkeit und Verhaftung zu ihrem Dauerwohnsitz erwählen, aber für viele ist sie als Unterrichtsraum sehr wertvoll geworden. Die Geburt ist unsere schmerzvolle Initiation in diese widrige Sphäre der Dualität. Indem wir auf unserem Weg durch die Matrix unseres Lebensraums in jedes sich bietende Schlupfloch gleiten, streben wir nach der Anpassung unserer vollkommenen Seele an die sich ewig wandelnde Welt der Menschen und Dinge, der Vorlieben und Abneigungen, der Gewinne und Verluste. Hineingeboren in eine Sphäre, in der die meisten das Glück gegen vorübergehendes Vergnügen eingetauscht haben, irren wir oftmals bedrückt zwischen Freude und Schmerz umher und sind manchmal nicht einmal in der Lage, zwischen beidem zu unterscheiden.

Und so finden wir uns alle inmitten dieses vorüberziehenden Schauspiels wieder, erforschen unsere Freuden und Schmerzen und suchen nach dem Licht, das sich im Feuer verbirgt. Indem wir lernen, inmitten der Hölle ein offenes Herz zu bewahren, überschreiten wir den Himmel und die Dualität.

Der einzigartige Sufi-Dichter Rumi sagt, daß wir Gott, unser ursprüngliches Wesen, „immer unmittelbar vor Augen haben":

Ein Feuer liegt uns zur Linken, ein lieblicher Strom zur Rechten.
Eine Schar wandert zum Feuer, geht in das Feuer hinein, während die andere
den süßen Wassern des Stromes zustrebt.
Niemand weiß, welche von ihnen die Gesegneten sind und welche nicht.
Wer immer in das Feuer geht, erscheint mit einem Male im Strom.
Und der Kopf, der unter die Oberfläche des Wassers taucht,
streckt sich aus dem Feuer hervor.
Die meisten Menschen hüten sich vor dem Weg ins Feuer,
und so enden sie in ihm.
Die das Wasser des Vergnügens lieben und sich ihm ergeben,
sehen sich betrogen, wenn es zur Wende kommt.

Rumis Worte entstammen dem innersten Herzen eines dem spirituellen Geiste gewidmeten Lebens und geben uns zu verstehen, daß wir mit dem Gang ins Feuer den Weg in den Schmerz beschreiten, der den Schmerz beendet, daß wir uns mit ihm der tiefen Freude einer unverschleierten Bewußtheit nähern. Doch wenn wir in die Wellen vermeintlichen Vergnügens eintauchen, versinken wir in dem Schmerz, der den Schmerz fortbestehen läßt und in den Durst unserer täglichen Trauer hineinführt. Er untermauert die Verneinung und Verklammerung des alten Geistes, läßt uns wässrig, runzelig und aufgedunsen werden, macht uns lieblos und ungeliebt und beraubt uns allen Lebens, aller Lebendigkeit.

Rumi bekräftigt, daß die Wahrheit immer verfügbar ist, jedoch nur selten beachtet wird:

Das betrügerische Spiel setzt sich fort.
Die Stimme im Feuer spricht die Wahrheit
und sagt: Ich bin nicht Feuer,
ich bin Urquell. Tritt in mich ein
und kümmere Dich nicht um die Funken.

Er fordert uns auf, die im Geiste erscheinenden Hindernisse auf dem Weg zum Herzen zu erforschen. Er gemahnt uns, uns den Schmerzen zu öffnen, die uns begegnen, wenn wir uns der Konfrontation mit den Ursachen unserer Unsicherheit nähern und die so lange verkrampfte Faust unserer Verklammerung Finger für Finger lösen, um die offene Hand zu entdecken - die wirkliche Weiträumigkeit unseres wahren Wesens.

Wenn Gott Dein Freund ist, dann ist das Feuer Dein Wasser.
Du solltest Dir wünschen,
hunderttausend Mottenflügel zu besitzen,
damit sie verbrennen können - jede Nacht ein Flügelpaar.
Die Motte erblickt das Licht und fliegt ins Feuer.
Du solltest das Feuer erkennen und zum Lichte streben.
Feuer ist das Element Gottes, das die Welt verzehrt.
Das Wasser welt-bewahrend.
Gleichsam gibt sich das eine den Anschein des anderen.
Was den Augen, die Du jetzt besitzt,
als Wasser erscheint, wird Dich verbrennen.
Was wie Feuer erscheint, ist eine große Wohltat,
wenn es Dich umgibt.

Wenn wir in die Trauer eintauchen, die nach der Ablenkung des Vergnügens schrie, öffnet sich das weite Herz wie Milarepa, um sich am Feuer zu wärmen. Das Feuer erweckt die Aufmerksamkeit des Herzens. Es verlangt unsere Heilung. Das Wasser schläfert uns oft ein und läßt uns im stets wiederkehrenden Traum der Isolation versinken, der uns wie Duellanten nach Satisfaktion verlangen läßt. Feuer verzehrt das, was ist. Wasser dürstet nach mehr.

Ein Freund, der an der Hodgkin-Krankheit litt, äußerte einmal: „Ich weiß, daß ich da hindurch muß, weil es keinen Ausweg gibt, aber es ist die wahre Hölle." Einige Wochen später, als er seine Trauer über das Ausbleiben der erhofften Heilung ergründet und sich in seinem Herzen von der Vergangenheit gelöst hatte, sprach er mich wieder an und sagte: „Weißt Du, Bejahung ist die reinste Magie." Sein Gesicht strahlte - das Feuer hatte ihn geläutert. Sein Tod war einfach nur ein ausströmender Atemhauch. Eine einzige Träne drang aus seinem Augenwinkel, als er das Leben losließ - als er völlig ins Leben eintrat und die Heilung des Todes fand.

Wenn wir die Tiefe unseres Potentials des Leidens und der Freude wahrhaft erkennen, beginnt unsere wirkliche Geburt. Diese Geburt schließt auch den Tod nicht aus. Ein Lehrer sagte einmal: „Ein Leben, das den Tod nicht einbezieht, kann äußerst verwirrend sein.“ Ganz und gar geboren, nehmen wir das Leben so, wie es ist - ohne Wenn und Aber.

Und schließlich hören wir auf, uns nach den anderen zu richten. Wir versuchen nicht mehr, korrekt zu trauern oder den Tod eines anderen nachzuahmen. Wir hören auf, das „Musterbeispiel eines Gefangenen“ abzugeben. Wir leben unser eigenes Leben und sterben unseren eigenen Tod. Wir tauchen tief in das Feuer unseres Schmerzes ein und entdecken, von neuer Zuversicht und Kraft erfüllt, die kühlen Fluten unserer Heilung. Wir nehmen die Dinge so, wie sie sind, und erkennen voller Ruhe, daß wir auch in den Perioden des unzugänglichen Herzens und der getrübten Geistes über eine barmherzige Bewußtheit verfügen, die sogar unserer Verschlossenheit Raum geben kann. Immer wieder besinnen wir uns darauf, den Bauch zu entspannen und dem Frieden eine Chance zu geben.

Stets hat man uns glauben gemacht, daß uns eine Heilung - wie auch göttliche Gnade - Wohlbefinden einbringen müsse. Doch der Eintritt in das Feuer unserer Heilung wird anfangs nicht immer angenehm sein. Möglicherweise ergreift uns ein heftiges Verlangen, uns vor dem Feuer zurückzuziehen, den Schmerz aus Geist und Körper zu verdrängen und eine freundliche Oase zu suchen, in der wir uns verbergen können. Dieser Kampf gegen das Feuer des Augenblicks, beherrscht von unserer Angst vor Erkenntnis, vermittelt uns nicht das Gefühl des Schwimmens, sondern des Ertrinkens.

Wir müssen uns dem Feuer langsam nähern, um zu erkennen, daß der blondhaarige Junge, der an uns vorbeiradelt, nicht unser Sohn ist, der vor drei Monaten von einem Mann überfahren wurde, der Fahrerflucht beging. Daß die Frau mit den ergrauten Haaren und dem geblümten Schal, die neben uns an der Ampel wartet, nicht unsere Mutter ist, die vor einem Jahr starb. Überall erblickt der Geist sich selbst. Überall sucht er nach Wasser - und verbrennt. Das Herz geht ins Feuer und wird gekühlt und erfrischt. Die Verneinung unseres Schmerzes, der Widerwille gegen die völlige Hingabe an den Augenblick, gleicht dem Abpflücken von Früchten in einem brennenden Obstgarten.

Auch wenn sich all dies auf dem Papier leicht lesen läßt - sich dem Schmerz zu öffnen, den Geist im Herzen versinken zu lassen, sich inmitten des Leides der Heilung zu ergeben - die Praxis gestaltet sich meist schwieriger.

Wenn wir uns nicht Hals über Kopf in das Feuer hineinstürzen, sondern den Ablauf dieses Prozesses auf unser eigenes Zeitgefühl abstimmen, können wir den Weg bewußt beschreiten. Wir machen einen Schritt, ruhen für einen Moment aus und vollziehen den nächsten. Allmählich gewöhnen wir uns an die Hitze und dringen behutsam durch den geschmolzenen Panzer des Herzens. Ohne von den Flammen der Trauer und Isolation verbrannt zu werden, begegnen wir den Schmerzen der Welt in der vollkommenen Liebe der universalen Heilung.

* * *

KAPITEL 26

Heilung im Tod

Den vergangenen Moment loszulassen und sich dem nächsten völlig zu öffnen heißt, in das Leben hinein zu sterben und in den Tod hinein zu heilen. In jeden Augenblick vorbehaltlos einzutreten, ohne die Vergangenheit zu verzerren oder vor der Zukunft zu fliehen heißt, unseren Tod nicht aus der Heilung auszuschließen. In den Tod, in das Leben hinein zu heilen heißt, unser Herz bei jedem neuen Übergang zu öffnen. Wir geben allem Neuen Raum, ohne an der Vergangenheit zu haften - wir entdecken das Göttliche in diesem einen Augenblick und haben teil an der Gnade, an unserem wahren Wesen.

Unser Sterben erfährt die Qualität einer Heilung, wenn alle, die uns begleiten, von der Erkenntnis der Kostbarkeit jedes dieser Augenblicke bewegt sind. Unser Sterben wird zur Heilung, wenn alles Ungesagte mit Vergebung und Liebe berührt wird, wenn alle unerfüllten Verpflichtungen der Vergangenheit barmherzig und liebevoll aufgelöst wurden. In den Tod hinein zu heilen bedeutet, inmitten des Traumes zu erwachen. Es bedeutet, das vergangene Leben und auch diesen kostbaren, gemeinsamen Augenblick zu segnen. In den Tod hinein zu heilen bedeutet, alles loszulassen, was das Herz blockiert - alle Hindernisse fließen zu lassen. Wir geben uns ganz und gar dem Leben hin, schließen nichts aus und sind offen für Evolution und Wandlung. In den Tod hinein zu heilen bedeutet, sich von der Verhaftung an Inhalten zu lösen und völlig in den Prozeß einzutauchen. Wir betrachten den Tod als eine

Stufe dieses Prozesses, als eine Pforte in das Kontinuum endlosen Seins.

Wenn wir in den Tod hinein heilen, löst sich das isolierte Ich im universalen Sein auf, und es wird klar, daß uns jede Trennung vom Leben auch von einer Heilung trennt. Wir verneinen die Heilung, wenn wir den Tod verneinen oder versuchen, ihn zu einem Spiegelbild unserer fiktiven Persönlichkeit zurechtzubiegen. In den Tod hinein zu heilen bedeutet, den Aspekt des Lebens, den wir „Sterben" nennen, als Gelegenheit zu nutzen, im Herzen der Heilung aufzugehen. Es ist eine Erfahrung, bei der unsere „Jemandheit" mit der Einheit aller Dinge verschmilzt, bei der sich die Spannung der Besonderheit löst, bei der wir an der essentiellen Weite der Entfaltung teilhaben.

Wenn wir die Prozesse, die den Gedanken „Ich" erzeugen, klar und deutlich in der Weite unseres Loslassens dahinfließen sehen, setzen wir der irrigen Vorstellung ein Ende, daß „ich" es bin, der diese Prozesse hervorruft, und erkennen, daß das Gegenteil der Fall ist. Wir gewahren, wie diese ineinander verflochtenen und wechselweise dominierenden Prozesse die Persönlichkeit erzeugen - den immer neuen Tagtraum, den wir „Ich" nennen. Während wir aber beobachten, wie diese Qualitäten unsere Erfahrung formen und das Gefühl eines fiktiven, separaten Selbst erzeugen, gelangen wir zu der Erkenntnis, daß auch dieses isolierte „Ich", das wir beim Tod zu verlieren glauben, nur eine Reflexion der Bewußtheit ist, welche diese Prozesse wahrnimmt.

MEDITATION DER HEILUNG IM TOD

(Man kann sie einem Partner langsam vorlesen und auch allein mit ihr arbeiten.)

Bringe den Körper in eine bequeme Position und lenke die Aufmerksamkeit auf den Atem.
Laß Geist und Körper zur Ruhe kommen.
Entspanne den Körper. Laß den Atem aus sich selbst heraus fließen, ohne die Dauer der Atemzüge in irgendeiner Weise zu beeinflussen.

Du brauchst nichts zu verändern, Du brauchst nirgendwohin abzuschweifen - dieser Augenblick genügt.
Augenblick für Augenblick entspannst Du den Körper und läßt das Gefühl der Materialität immer subtiler werden.
Fühle, wie die Gravitation auf diesen irdischen Körper wirkt. Fühle, wie sich die Konturen seiner Dichte, seiner Materialität zu verfeinern und aufzulösen beginnen.
Deine Arme und Beine sind völlig gelöst. Dein ganzes Leben lang hast Du darauf vertraut, daß diese Hände und Arme die Welt an Dich heranziehen oder von Dir fernhalten. Löse Dich nun von der Kraft Deiner Arme und laß sie mit Deinem Herzen zusammenfließen. Laß die Spannung der Hände und Arme in der Weiträumigkeit vergehen, in der alle Empfindungen dahinfließen.
Die Empfindungen der Beine, des Rumpfes, der Schultern und des Kopfes - sie alle werden im weichen Bauch, im weiten Herzen erfahren.
Laß diesen Körper wie einen schmelzenden Eiswürfel aus seiner festen Stofflichkeit in das weiche, klare Fließen seiner essentiellen Gestaltlosigkeit übergehen. Der Körper ist nicht mehr an eine feste Struktur gebunden, sondern verschmilzt mit den süßen Fluten des Gefühls von Weite und Formlosigkeit.
Die Schmerzen zerrinnen, und der leichte, innere Körper der Bewußtheit beginnt aus seinem engen, irdenen Gefäß herauszufließen.
Während das Gefühl eines festen Körpers zu formloser Substanz zerfließt, wenden sich die Sinne nach innen. Augenblick für Augenblick nehmen sie das Leben wahr, das den Körper verläßt und frei dahinzuschweben beginnt.
Die Konturen lösen sich auf, die Stofflichkeit verflüchtigt sich wie eine Kristallkugel aus Eis, die zu Wasser zerschmilzt, in der Luft verdunstet und sich gleichmäßig im Raum verteilt.
Jede aufkommende Verhaftung zerfließt im Herzen - Du löst Dich von Deinem Namen, Du löst Dich von Deinem Ansehen,

Du löst Dich von Deiner Familie, Du löst Dich von der Form - jeder Augenblick des Daseins ist von Erbarmen erfüllt.
Jeder wahrgenommene Gedanke zerfließt in der grenzenlosen Geduld und Güte unseres essentiellen Wesens.
Jede Empfindung löst sich in der nächsten auf - dieser Prozeß entfaltet sich in einer von allen körperlichen Fesseln befreiten Bewußtheit.
Jede Regung in Geist und Körper wird von der unermeßlichen Weite des leichten Körpers ewiger Bewußtheit absorbiert.
Alles löst sich auf, zerfließt ganz still im Raum.
Sanft läßt Du alles los, was zum Körper zurückstreben will.
Während die Formlosigkeit fortschreitet, dankst Du dem Körper, segnest ihn und nimmst in tiefer Anerkennung Abschied von ihm.
Ganz frei, ganz schwerelos schwebt der leichte Körper dahin - seine formlose Substanz verteilt sich im Raum, verfliegt zu einem Gefühl endlosen Seins und vollkommener Sicherheit.
Das Bewußtsein ist so leicht wie die Luft geworden und erinnert sich des hilfreichen Körpers, den es soeben verlassen hat, in tiefer Dankbarkeit und Anerkennung.
Du läßt los. Raum zerrinnt im Raum.
Licht vergeht im Licht.
Jede Wahrnehmung, jeder Gedanke, jede Empfindung, jedes Gefühl schwebt sanft dahin, zerfließt und vergeht im weiten, grenzenlosen Raum.
Bilder des vergangenen Lebens zerrinnen eines nach dem anderen - Eindrücke, die noch so frisch sind, daß sie fast „real“ erscheinen. Für einen Augenblick wissen wir nicht, auf welcher Seite des Traumes wir erwacht sind.
Jedes Bild löst sich im Atem auf, und der Atem verfliegt in feiner, dünner Luft.
Laß den letzten Atemzug erscheinen.
Laß den letzten Atemzug vergehen.
Du löst Dich auf im unermeßlichen Raum, der leichte Körper ist befreit von seiner stofflichen Form. Du bist mit allem

Existierenden verbunden - jedes Gefühl einer Isolation hat sich in der endlosen Weite des Seins verflüchtigt.
Jeder Atemhauch zerfließt im Raum, als wäre es der letzte.
Mit jedem Einatmen strömen Bewußtheit und Erbarmen in Dich ein. Mit jedem Ausatmen sendest Du Vergebung und Segen hinaus in die Welt.
Jeder Atemhauch vergeht im Raum.
Jeder Atemzug ist der letzte. Die Verbindung zwischen dem schweren Körper und dem inneren Körper des Lichtes, der Bewußtheit, hat sich gelöst. Jeder Atemzug vergeht. Jeder Atemhauch verliert sich im Raum.
Alles schwebt leicht und schwerelos dahin.
Gehe nun über alles hinaus. Schwebe völlig frei. Jenseits aller Dinge, in absoluter Freiheit.
Tauche sanft in das Licht der Bewußtheit ein, befreit von diesem engen Körper. Erlöst von dieser Inkarnation.
Laß Dich im Licht versinken - im reinen, klaren Glanz Deines ursprünglichen Wesens.
Nur Raum. Raum, der im Raum dahinschwebt.
Löse Dich von allem. Gib Dich diesem Licht liebevoll hin.
Nur Licht durchströmt den unermeßlichen Raum, durchfließt frei die grenzenlose Bewußtheit.
Bewußtheit zerfließt im Licht. Licht, das sich selbst in sich selbst erfährt.
Raum im Raum. Jedes Gefühl der Isolation verliert sich in reiner „Bin-Heit".
Nur Sein erfüllt die endlose Weite.
Klarer, endloser Raum. Weiter, unendlicher Raum.
Heute, an diesem Tag Deines Todes, sind mehr als zweihundertfünfzigtausend Menschen mit Dir gestorben. Erfühle das Wunder, das sie erwartet, und wünsche ihnen Glück.
Mögen alle Wesen vom Leid erlöst werden. Mögen alle Wesen Heilung aus ihrem Tod empfangen.
Mögen alle Wesen ihrem Lebensprozeß so viel Vertrauen

schenken, daß sie auch dem Tod vertrauen und sich gnadenvoll im Unbekannten auflösen können.
Mögen alle Wesen darauf bauen, daß sie vom Herzen der Heilung lebendig und wohlbehalten durch den Tod getragen werden. Dem Jetzt völlig hingegeben, dehnen wir uns aus in das Wunder endloser Bewußtheit, unendlicher Gnade.

* * *

KAPITEL 27

Den Krieg beenden

„Niemand hat den Schmerz verdient. Niemand hat es verdient, zu leiden."

Wie steht der Geist zu dieser Aussage? Wer leidet zu Recht? Hat Hitler den Schmerz verdient? Der Vergewaltiger? Der Schänder? Der Unnachsichtige? Wer leidet zu Recht? Dies ist eine wichtige Frage, denn sie umreißt jene Bereiche unser selbst, die wir zur Hölle verurteilen, die wir in die unerforschte Dunkelheit der beharrlich verdrängten Schmerzen des Geistes verbannen. Wie vieles in unserem Leben bleibt ungelebt, wie viele Konflikte tragen wir mit uns herum? Kann sich unser Herz auch noch öffnen, wenn sich Grausamkeit, Gefühllosigkeit, Egoismus und Unbarmherzigkeit in unserem Geist erheben? Oder begegnen wir diesen Emotionen, diesen Gefühlen, diesen Trieben, diesen Verhärtungen mit noch weniger Vergebung, mit noch weniger Bewußtheit und Erbarmen? Führen wir Krieg mit uns selbst, wenn sich der unfreundliche Aspekt des Geistes bemerkbar macht? Bringen wir noch mehr Kälte in diese oftmals gefühllose Welt? Oder besinnen wir uns darauf, daß wir den Krieg beenden können, indem wir dem Geist im Herzen begegnen, indem wir uns „unsere natürliche Güte" zunutze machen? Wie können wir den Kampf in unserem Innern beenden, der uns den Geist fürchten und nicht erkennen läßt, daß er ein exzellentes Werkzeug sein kann, um diesen bedrückenden Gefühlen mit einer tieferen Einsicht zu begegnen? Unter welchen Umständen treten wir an unsere uralten inneren Konflikte mit

Erbarmen und Bewußtheit heran? Wann wird „nur so viel“ zum Angelpunkt? Wann betrachten wir unsere Schmerzen nicht als Bestrafung, sondern als eine einzigartige Möglichkeit, Frieden zu schaffen?

Immer wieder erhebt sich die alte Frage: Wie soll ich Frieden schaffen, wo immer nur Krieg herrschte? Wie soll ich inmitten des Existenzkampfes Liebe in mir erwecken?

Wie gelangen wir zu der klaren Akzeptanz und befreienden Erkenntnis, die den Dichter Wendell Berry in seinem Gedicht „Bekenntnis“ sagen läßt:

Ich wünschte, meine Seele könnte unbekümmert sein -
aber sie ist es nicht.
Gäbe es nicht den Zorn, die Begierde und den Stolz -
ich wäre sicherlich ein Heiliger.

Dies sind Fragen, die keiner Antwort bedürfen. Es sind Fragen, die uns das Leben stellt. Und es ist auch die Strategie für unser Erwachen. Es ist der besondere Pfad, den jeder von uns beschreiten muß, um über alle Besonderheit und Individualität hinauszuwachsen und den Krieg der Isolation zu beenden - um auf die Heldenrolle in unserem eigenen Melodram zu verzichten und hinter ihr etwas wahrhaft Heroisches und Wertvolles zu entdekken. Es ist die Weisheit des Herzens - des großen Friedensstifters, des Überwinders der Gegensätze - die den nächsten notwendigen Schritt erspürt, den Abgrund überschreitet und sich dem Geist mit einem Segen statt mit Angst und Verwünschung nähert. Der Geist wie auch der unruhige Körper der Krankheit werden in ihrer ganzen Wirklichkeit im Herzen aufgenommen, damit sie heilen und ihre ureigene Vollkommenheit manifestieren können.

Während des Korea-Krieges bemühte sich der Schriftsteller und Meditationspraktiker Paul Reps um eine Einreisebewilligung für Japan, um in einem Zen-Kloster in Kyoto studieren und praktizieren zu können. Damals diente Japan jedoch als militärischer Flotten- und Luftwaffenstützpunkt für die im Korea-Krieg eingesetzten Truppen. Zivilreisende aus dem Westen erhielten kein Visum. Als er bei der japanischen Einwanderungsbehörde vorsprach und die erforderlichen Dokumente vorlegte, sagte man ihm, daß er nicht nach Japan reisen könne, da er kein „militärisch Verbündeter“ sei. Er ließ sich seinen Einreiseantrag noch einmal aushändigen, drehte ihn um und schrieb auf die Rückseite: „Eine Schale grünen Tee bereitend, beende ich den Krieg.“ Dann reichte er dem Einwanderungsbeamten den Antrag über den Schreibtisch zurück. Der Beamte besah sich das Papier eine Weile und las still die Zeile: „Eine Schale grünen Tee bereitend, beende ich den Krieg.“ Dann wendete er das Blatt und unterzeichnete die Bewilligung für Reps' Einreise nach Japan. Wieder aufblickend, sagte er: „Gerade jetzt brauchen wir in Japan Leute wie Sie.“

Aber was bedeutet es, eine Schale grünen Tee zu bereiten und damit den Krieg zu beenden? Reps war nicht etwa raffiniert, sondern realistisch. Seine Aussage beinhaltete, daß man unserem unablässigen Ringen nach Kontrolle und unseren tief eingeprägten inneren Konflikten keineswegs mit der Gewalt, dem „Siegeswillen“, der Gnadenlosigkeit und dem Hader des alten Geistes begegnen müsse. Wenn wir eine Schale Tee zubereiten, die den Krieg nicht fortsetzt und den Konflikt, die Ungeduld, das Warten und das Verlangen nach einer Änderung der Wirklichkeit nicht vertieft, lassen wir einfach nur das Wasser kochen. Haben wir jemals das Wasser einfach nur kochen lassen? Haben wir jemals einfach nur im Körper geruht, ohne irgendwohin abschweifen zu wollen, ohne mehr zu wollen als „nur so viel“? Oder *denken* wir das kochende Wasser? Erwarten wir, daß es kocht? Stellen wir uns vor, daß es kocht? Sind wir ungeduldig, wenn es noch nicht kocht? Hast Du jemals das Wasser für eine Tasse Tee gekocht, ohne ein Ziel zu kennen, ohne das Bedürfnis nach einer Veränderung des Wassers zu haben? Ohne zu warten? Warten ist Krieg. Ungeduld ist Krieg. Das Jetzt befriedigt nicht, der Friede bleibt aus. Der Krieg im Geist geht weiter, der Augenblick reicht einfach nicht aus - „Wo bleibt mein Tee?!!!“ Ich bereite eine Tasse Tee und nähre den Krieg. Ein neuer Konflikt. Eine neue Vorstellung davon, wie die Dinge sein sollten - und weniger Raum für die Wirklichkeit der Dinge.

Wenn wir nicht auf den nächsten Augenblick warten, wenn wir nicht darum ringen, eine befriedigende Gegenwart zu schaffen, spüren wir, daß „nur so viel“ alles ist, was wir brauchen. Wir sitzen am Tisch und registrieren: „Ah, jetzt eine Tasse Tee!“ Wir bemerken, wie Geist und Körper denken, daß eine Tasse Tee jetzt sehr angenehm wäre. Wir beobachten die Motivation, Tee zu machen, ohne zu denken: „Ich muß jetzt unbedingt eine Tasse Tee haben!“ Das ist Krieg, das ist das gefrorene Wasser unbedingten Vergnügens. Das sind weitere Spannungen, weitere Konflikte, weitere Schritte auf ausgetretenen Pfaden. Wir beobachten, wie wir uns vom Tisch erheben, wie wir zum Küchenschrank gehen. Wir beobachten die Erwartung. Erwartung ist Krieg. Erwartung ist Leid. Erwartung ist Enttäuschung. Aber wir sind stattdessen einfach präsent. Kein Konflikt. Kein aufgeregtes Durchwühlen der Teevorräte, um nur ja den optimalen Gaumenkitzel zu erwischen. Stattdessen darf der Tee *Dich* auswählen. Der Tee wird nicht gegriffen, er kann den Weg in Deine Hand finden.

Eine Schale grünen Tee bereitend, beendest Du den Krieg. Du beobachtest, Du registrierst, Du schmeckst das Verlangen nach Tee, während sich die Hand dem Teekessel nähert. Du fühlst die metallische Kälte seines Henkels in der warmen Haut Deiner Hand. Du fühlst die Struktur seines Henkels. Weiter brauchst Du nichts zu tun, nirgendwohin mußt Du abschweifen. Die Soheit, die Ewigkeit dieses Augenblicks genügt. Du gehst zur Spüle und spürst den Boden unter Deinen Füßen. Der Arm streckt sich aus, und während sich die Hand dem Wasserhahn nähert, spürst Du das Gewicht des Teekessels. Du empfindest die Kälte des Wasserhahns. Alles kann so bleiben, wie es ist. Du lauschst dem Klang des Wassers, das in den Kessel strömt. Du verfolgst, wie sich dieser Klang beim Füllen des Kessels verändert. Du registrierst die Erwartung, daß sich der Kessel füllt. Du beobachtest die Sorge, daß das Wasser überfließen könnte. Du streckst die Hand aus, um den Hahn zu schließen, fühlst das Kondenswasser, das sich an ihm niedergeschlagen hat, und hörst das Knirschen des Dichtungsringes beim Zudrehen des Hahnes. Die Hand nähert sich wieder dem Kessel, und Du fühlst die Muskelspannung, mit der die Finger seinen Henkel umschließen. Und während Du ihn zum Herd trägst, merkst Du, um wieviel schwerer der gefüllte Kessel jetzt ist. Du hörst den Puff des zündenden Gases unter dem Teekessel und spürst vielleicht die Hitze, die um den Kessel herum zur Hand emporsteigt. Du siehst, wie sich die Hand zurückzieht. Und Du bemerkst auch die subtile Furcht vor einer Verbrennung. Du bleibst ganz und gar im Augenblick. Nichts weiter. Keine Erinnerung wird in die Gegenwart gezerrt, um den Augenblick zu filtern.

Das Jetzt reicht aus. Deine Präsenz genügt. Da ist nur das Geräusch der Luftbläschen im siedenden Wasser. Die Beine bewegen sich vor und zurück, während Du durch die Küche gehst, um das Schraubglas mit dem Tee zu holen. Die Augen richten sich auf das Glas. Du registrierst das Wiedererkennen. Das Verlangen. Die Hand berührt das Glas. Seine Oberfläche ist kühl. Der Tee und Du. Nichts weiter. Du fühlst die Muskeln, die Dir helfen, das Glas vom Bord zu nehmen. Du hörst das leise Scharren, mit dem es sich von ihm löst. Nur so viel. Du drehst langsam den Deckel vom Teeglas. Du fühlst die Muskeln, die den Arm beugen und strecken, Du spürst den Druck der Finger und die unterschiedlichen Oberflächen von Glas und Deckel. Das Glas ist geöffnet. Das Aroma des grünen Tees steigt in die Nase. Du schnupperst den Duft. Empfindest Behagen. Der schimmernde Löffel taucht in den dunklen Tee - nichts trübt diesen Augenblick. Kein Krieg, kein Abschweifen. Alles ist hier und jetzt. Du füllst den Tee in die Tasse. Der Klang des Löffels. Die Hand zieht sich zurück.

Du gehst wieder zum Küchenstuhl, fühlst die Beugung der Knie und bemerkst, wie die Erde den Körper an sich ziehen will. Du fühlst, wie sich das Kissen nähert, um diesen schweren Körper zu tragen. Du hörst den Klang des siedenden Wassers. Du bist hier, das genügt. Jetzt der aufsteigende Dampf. Die Absicht, aufzustehen und den Kessel zum Tee zu bringen. Nur das kochende Wasser. Nur der stehende Körper. Nur ein Henkel, der sich jetzt warm anfühlt. Nur das Gewicht des gefüllten Kessels, das an den Muskeln zieht. Nur die Füße, die den Körper wieder zum Tisch tragen. Nur das Absetzen des heißen Kessels an einer Stelle, wo nichts verbrennen oder versengen kann. Du bemerkst die Absicht, die Bewegung der Armmuskulatur beim Neigen des Kessels über der Tasse. Das Gefühl der Gewichtsverminderung, wenn sich das sprudelnde Wasser über den Tee ergießt. Nichts weiter als Dampf. Nichts weiter als Tee. Alles kann so bleiben. Nur die Empfindung des kühlen Löffels in der Hand. Nur der Klang des Löffels, der den Tee durch das Wasser rührt. Nur der subtile Widerstand des Wassers am Löffel. Jeder Augenblick wird so wahrgenommen, wie er ist - das reicht aus. Kein Tee, der schon vor seiner Zubereitung getrunken wird. Kein weiterer Krieg. Nur so viel. Nur der ungewöhnlich weite Raum des Fehlens jeder Notwendigkeit. Wenn der

Körper nur steht, nimmt ungeduldiges Warten keinen Raum ein. Entweder Du wartest, oder Du hast Geduld. Geduld ist Frieden. Warten ist Krieg.

Du wartest auf keinen Tee, Du wartest auf nichts, Du wartest nicht einmal darauf, daß diese Geschichte endet. Beendest Du den Krieg beim Lesen dieser Geschichte, oder setzt Du ihn fort? Fehlt diesem Augenblick noch etwas, oder füllt er alles aus? Wie vollständig erfährst Du diesen Augenblick? Du nimmst wahr, daß der Tee fertig ist. Ohne zu denken: „Endlich eine Tasse Tee!“ Es ist nur eine Tasse Tee. Nur wieder eine Gelegenheit zur Heilung. Nur die Hand, die sich ausstreckt, um den Griff der Tasse zu fassen. Nur das Gefühl von Wärme. Nur die Berührung mit der Tasse, die Empfindung des Duftes. Nur eine Tasse Tee. Nur dieser völlig neue Moment. Nur die Hand, die die Tasse hält. Nur der Arm, der sie heranführt. Nur der zunehmende Duft, wenn sich die Tasse den Lippen nähert. Absolut präsent. Du verfolgst, wie sich die Wärme der Tasse auf die Unterlippe überträgt, wie sich die Oberlippe krümmt, um die Flüssigkeit zu empfangen. Du gewahrst den ersten Geschmack des Tees, bevor er Deine Lippen berührt. Sein Duft und seine Wärme strömen in den Mund. Sein ganzes Aroma entfaltet sich. Dankbar schmeckt die Zunge den warmen Tee. Genießend spült sie ihn durch den Mund. Du bemerkst die Absicht, ihn in die Kehle rinnen zu lassen. Die Wärme, die sich bis in den Magen ausbreitet. Was für eine wunderbare Tasse Tee. Ein Tee des Friedens, der Befriedigung. Mit dem Trinken einer Tasse Tee beende ich den Krieg.

Dies ist ein Bild, das wir des öfteren mit verschiedenen Gruppen geteilt haben. Nachdem wir diese Tee-Zeremonie kürzlich einmal in einem Vortrag behandelt hatten, ging ich während einer Pause durch den Mittelgang des Auditoriums und erblickte einen Mann, der mir, gestützt durch eine Gehhilfe, durch den Gang entgegenkam. Offensichtlich war er schon seit langer Zeit krank. Sein Körper war fast zum Skelett abgemagert. Als wir auf halbem Weg zusammentrafen, blickte er mit funkelnden Augen zu mir auf und sagte: „Mit meinem Krebstod beende ich den Krieg.“ Wir standen in einem Kreis des Schweigens inmitten des Ganges, und von beiden Seiten drängten die Menschen geräuschvoll an uns heran. Und unsere Augen begegneten sich im Jetzt. Persönlichkeit und Vergangenheit schälten sich Schicht um Schicht von uns ab, Inkarnationen der Verhaftung und der Identifikation zerrannen in der schimmernden Gegenwart des reinen Daseins zweier Wesen im Sein. Es war wirklich einzigartig. In seinem Blick lag die Antwort auf die alte Frage: „Soll ich meine Suche nach Heilung aufgeben und mich einfach dem Tod überlassen?" Er hatte Leben und Tod hinter sich gelassen und war über die Identifikation mit einem Körper oder einer im Körper wohnenden, isolierten Entität hinausgegangen - er war selbst zur Heilung geworden. Er war, was wir sind, wenn wir aufhören, das zu werden, was wir zu sein glauben. Ihn einen Erleuchteten zu nennen, würde den Punkt nicht treffen. Der Begriff „Erleuchtung" hat ebensoviel Leid und Verwirrung hervorgerufen wie alle anderen bekannten Konzepte. Doch man kann mit Fug und Recht sagen, daß er „leuchtend" war. Er war weder vor seinem Krebs noch vor irgeneinem anderen Element seines Lebens geflohen. Er lebte so uneingeschränkt in der Gegenwart, daß die Kämpfe eines ganzen Lebens zum Stillstand gekommen waren, daß in ihm ein weiter Raum für das Leben, für den Krebs, für den Schmerz, für den Tod entstanden war. Wie er mir erzählte, hatte ihn der Schmerz gelehrt, daß jedes Ausweichen den Krieg nur verschärfte. Er setzte tiefes Vertrauen in den Frieden reinen Seins. Er hatte das Wunder in einer Tasse Tee entdeckt. Er hatte das Wunder eines voll und ganz gelebten Tages ergründet. Er hatte die Heilung von seinem Krebs gefunden.

Er führte keinen Krieg mehr gegen sich selbst oder gegen irgendetwas anderes, er starb einfach nur an Krebs. Wenn er traurig war, war er einfach nur traurig. Wenn er Angst hatte, hatte er einfach nur Angst. Wenn er glücklich war, war er einfach nur glücklich. Weil er keine Veränderung erzwang, sondern alle Veränderung dem Augenblick überließ, strömte eine Sanftheit aus seinem Herzen, welche die inneren Konflikte aller Menschen linderte, die ihm begegneten. Weil er die Schlacht gegen das Leben beendet hatte, gab er die Heilung auch an seine Lieben weiter, die ihm still zur Seite standen und lernten, was es heißt, im Jetzt zu leben - und mit Würde zu sterben. All die Jahre, in denen er sich seine akademische Position erobern mußte, in denen er mit seinem Krebs ringen und unter großen Schmerzen im Bett liegen mußte, in denen er *mit* dem Leben, in Wirklichkeit aber *um* das

Leben ringen mußte, hatten sich durch sein tief eingeprägtes Verlangen nach Sicherheit und Geborgenheit hindurchgebrannt und ihn aus dem Schlupfwinkel seines Lebens heraus in eine Welt des reinen Seins geführt. „Mit meinem Krebstod beende ich den Krieg."

Wie oft beendet unsere Heilung den Krieg? Ja, wie oft beenden unsere spirituellen Praktiken den Krieg? Ist vielleicht ein neuer, heiliger Krieg daraus entstanden, eine neue, im Namen einer geistigen oder körperlichen Heilung geführte Schlacht? Wie oft betrachten wir eine Heilung als Gelegenheit, völlig zum Leben zu erwachen?

Ist unsere Heilung eine Heilung, oder ist sie einfach nur eine neue Verhaftung? Wenn wir uns diese Fragen zu stellen beginnen, dann berührt uns die Heilung auch auf tieferen Ebenen, und das Lied des Friedens, das leise Flüstern des Herzens erreicht unser Ohr. Wer ist für dieses feine Raunen so empfindsam, daß er seine Freunde mit einer Geste der Hand besänftigen und zu ihnen sagen kann: „Es ist doch alles in Ordnung. Mein Herz singt ja nur." Mit meinem Herzanfall beende ich den Krieg.

Bei einem der letzten Retreats begegneten wir einer Frau, die geradezu überschäumend bekannte, daß es in ihrem Leben Momente gegeben habe, in denen sie ihre noch kleinen Kinder am liebsten aus dem Fenster geworfen hätte. Und diese Anwandlungen hatte sie sich nie verziehen. Sie haßte sich selbst, weil sie „manchmal innerlich so herzlos" war. Während sie erzählte, zitterte ihr Körper unter der Anspannung der in ihr eingeschlossenen Angst und Selbstverachtung. Ihre Wut auf den eigenen Zorn verschärfte den Krieg. Aber als wir später die ganze Gruppe fragten, welche der anwesenden Eltern solche Gefühle ebenfalls kannten, streckten sich Dutzende von Händen in die Höhe, und im Hintergrund rief jemand: „Ahaa - na so was!", woraufhin ein allgemeines Gelächter ausbrach. Allen war klar, wie oft wir dem Geist um seiner Ausfälle und seines Egoismus willen mit Haß begegnen. Ein tiefes Seufzen ging durch die Reihen, als sich die Herzen öffneten, denn vielen wurde einmal mehr die Selbstquälerei bewußt, zu der uns die Beziehung zu den natürlichen Launen und Schrullen des wechselhaften Geistes immer wieder verleitet. Gerade in diesen Augenblicken der Einsicht in unsere

Erbarmungslosigkeit zeigt sich deutlich, wie sehr die Welt auf unser Mitgefühl und unser Erbarmen wartet. Je mehr uns die Herzlosigkeit und Angst des Geistes bewußt wird, desto weniger tragen wir zur Herzlosigkeit unseres kollektiven Körpers, unseres gemeinsamen Universums bei. Indem ich erkenne, wie sehr es dem Geist zuweilen an Liebe mangelt, beende ich den Krieg.

Wir beenden den Krieg, wenn wir Schritt für Schritt weitergehen. Wir setzen den Krieg fort, wenn wir diese Schritte bewerten und analysieren. Wenn alles „nur so viel" für uns geworden ist, stellt sich dem offenen Herzen nichts mehr in den Weg, und nichts kann uns schaden oder stören. Und wir erkennen mehr und mehr, daß die Loslösung von unserem Leid, auch wenn sie die schwerste Arbeit unseres Lebens ist, die reichste Ernte für unser Leben erbringt. Leichten Herzens erkennen wir im Schauspiel der Welt die Entfaltung des in seiner Konditionierung verwurzelten Geistes. Was uns auf dem Pfad der Heilung begegnet, wird uns kaum noch in Erstaunen versetzen, wenn wir Heilung als unser Geburtsrecht betrachten und unser Herz der Fülle des Augenblicks öffnen.

Ein Freund sagte einmal: „Wir sind alle Gott, aber deshalb sind wir noch keine Heiligen." Wir sind in diese Welt hineingeboren, um zu erkennen, wer es ist, der geboren wurde. Wir sind hierhergekommen, um unseren Studienplan zum Abschluß zu bringen, um Himmel und Hölle mit offenem Herzen durchschreiten zu lernen und unseren Freuden und Wonnen wie auch unseren Schmerzen und Verwirrungen mit Bewußtheit und Mitgefühl zu begegnen. In jedem von uns entfaltet sich ein Prozeß der Vollendung seiner Geburt, des Erwachens zu vollkommener Präsenz. So sagt es Kabir:

Wir alle mühen uns ab, doch niemand hat es weit gebracht.
Laß ab von Deinem Hochmut und sieh Dich
in Deinem Innern um.
Der blaue Himmel öffnet sich weiter und weiter,
das stete Gefühl des Scheiterns versiegt,
der Schaden, den ich mir zufügte, verblaßt,
und Millionen Sonnen treten in ihrem Licht hervor,
wenn ich unerschütterlich in dieser Welt ruhe.
Ich höre Glocken klingen, die niemand läutete.
Die „Liebe" birgt eine Freude,
die all unsere Erfahrung übersteigt.

Regen fällt herab, obwohl der Himmel frei von Wolken ist,
und ich sehe Flüsse aus reinem Licht.
Alle Räume des Universums sind durchdrungen
von einer einzigen Liebe.
Doch wie schwer ist es, diese Freude
in all unseren Körpern zu fühlen!
Die auf ihren Verstand hoffen, gehen fehl.
Der Hochmut des Verstandes hat uns von jener Liebe getrennt.
Schon das Wort „Verstand“ gibt Dir das Gefühl
meilenweiter Entfernung.
Wie glücklich können wir uns schätzen,
denn inmitten all dieser Freude
singen wir in unserem eigenen, kleinen Boot.
Diese Verse erzählen von der Begegnung des Selbst
mit sich selbst.
In diesen Liedern erinnern wir uns nicht mehr
an Tod und Verlust.
Sie erheben sich über alles Werden und Vergehen.

Wenn wir uns der Heilung ergeben, die jenseits der Vorstellungen von Leben und Tod auf uns wartet, werden wir, was wir schon immer waren. Wir begegnen dem Sein, das vor der Geburt und nach dem Tod besteht. Wir entdecken, daß unsere Heilung niemals enden wird. Unser Leben wird vollkommen, jeder unserer Schritte wird kostbar, und jeder Augenblick bringt uns der Gnade der immerwährenden Heilung, der ewigen Unverwundbarkeit, der Unsterblichkeit näher.

Ich koste den Nektar des Daseins, und der Krieg hört auf.

GÖNNE DIR EINIGE RUHIGE ATEMZÜGE,
BEVOR WIR VON EINER EBENE
ZUR NÄCHSTEN WECHSELN.
WIE AUCH IM WACHSEN ODER STERBEN
MÜSSEN WIR AN DER GRENZE
LOSLASSEN,
UM WEITERZUKOMMEN.
VERTRAUE DEM PROZESS,
LASS UNBEKÜMMERT LOS
UND WANDERE BESONNEN WEITER.

* * *

Liste empfohlener Bücher

Wir möchten an dieser Stelle auf den Büchernachweis in *WER STIRBT? - WEGE DURCH DEN TOD* verweisen und lediglich einige Titel anführen, die zwischenzeitlich neu erschienen sind:

Only Don't Know, Seung Sahn.

Buddha steht kopf, Seung Sahn,

A Still Forest Pool, Aachan Cha (herausgegeben von Jack Kornfield).

Open Secret - Versions of Rumi, übersetzt von John Moyne und Coleman Barks.

The Miracle of Mindfulness, Being Peace, Thich Nhat Hanh.

Love Is Letting Go of Fear, Teach Only Love, Goodbye to Guilt, Gerald Jampolsky.

Seeking the Heart of Wisdom, Jack Kornfield und Joseph Goldstein.

The Ruins of the Heart - The Lyric Poetry of Rumi, übersetzt von Edmund Helminski.

Ich bin, Sri Nisargadatta Maharaj,

Tonbandcassetten der geleiteten Meditationen und Vorträge von Stephen Levine können bestellt werden bei:
Warm Rock Tapes
P.O.Box 100
Chamisal, New Mexico 87521, USA

* * *

Stephen Levine

Wege durch den Tod

Das erste Buch, das uns zeigt, wie die Beschäftigung mit dem Prozeß des Sterbens uns für die Unermeßlichkeit des Lebens öffnet.

400 Seiten
Qualitätsbroschur
ISBN 3-933496-11-X

Stephen Levine, Dichter und Meditationslehrer, früher enger Mitarbeiter von Elisabeth Kübler-Ross, führt uns einfühlsam und voller Poesie auf den Weg des vollkommenen Gewahrseins am Leben als perfekte Vorbereitung für alles, was unerwartet auf uns zukommen kann: Trauer oder Freude, Verlust oder Bereicherung, Tod oder ein anderes neues Lebenswunder.

Das Buch umfaßt zwei Hauptteile,
die Arbeit an uns selbst:

> Levine ermutigt uns, unsere eigenen Gedanken, Ängste, Sorgen und Verlangen – ohne Bewertung – zu erforschen und unser Herz für uns selbst zu öffnen. So erkennen wir, wie wir durch unseren eigenen Widerstand gegen das, was ist, uns unsere eigene ‚Hölle' schaffen.

und die Arbeit mit dem Anderen:

> Bei der Begleitung Sterbender lösen sich die Hindernisse zwischen unseren Herzen auf, wenn wir uns der Einzigartigkeit des Anderen gegenüber öffnen und Gedanken und Bewertungen loslassen.

Eine wertvolle Hilfe für alle auf ihrem Lebensweg, seien sie erkrankt oder gesund, ‚Helfer' oder ‚Betroffene'.

Stephen Levine

Schritte zum Erwachen

Meditation der Achtsamkeit

Dieses Buch über die Meditation der Achtsamkeit (Vipassana) ist simpel und einfach – es ist klar und wohltuend spontan. Es ist einfach so, wie die Dinge sind.

170 Seiten
Qualitätsbroschur
ISBN 3-933496-17-9

„Dies ist das einfach und liebevoll geschriebene Buch eines Mannes, der uns an seinen persönlichen Erfahrungen und Einsichten in die Wirkungsweise der Meditation und der menschlichen Bewußtseinswerdung teilhaben läßt. Ein wundervolles Buch, das allen zu empfehlen ist, die an ihrer inneren Weiterentwicklung interessiert sind."

Elisabeth Kübler-Ross

Schritte zum Erwachen wird für diejenigen von großem Nutzen sein, die sich der inneren Reise bewußt geworden sind und sich auf den Weg gemacht haben.

Es ist in den USA in weit mehr als einem Dutzend Auflagen erschienen und wurde neben **Wege durch den Tod** zu einem fundamentalen Lehrbuch in Meditationszentren, Krankenhäusern, Hospizen, Gesundheitsprojekten sowie Krebs- und Aids-Initiativen.

Stephen & Ondrea Levine

In Liebe umarmen

Der spirituelle Wegweiser für Liebende

Stephen und Ondrea Levines phantastisches Buch über das Potential von Liebesbeziehungen. Von beiden gelebt und in einem selbstgewählten siebenjährigen Experiment entwickelt. Ein Buch ohne Beispiel!

360 Seiten,
gebunden
ISBN 3-933496-21-7

„Stephens und Ondreas Arbeit gehört zu den tiefsten, heilsamsten und aufrichtigsten Beiträgen zum modernen spirituellen Leben Amerikas. Was sie uns in ‚In Liebe umarmen' vermitteln, ist voller Segen."

Jack Kornfield

Nur wenige Menschen erkennen, wie machtvoll eine Liebesbeziehung als ein Medium gemeinsamer Heilung sein kann – sowohl im körperlichen als auch im emotionalen oder spirituellen Sinne.

Dieses Buch handelt nicht davon, wie man zu einer ‚netten' Partnerschaft findet, sondern beschäftigt sich damit, wie man eine Partnerschaft als Mittel zu tiefgreifendem inneren Wachstum einsetzen kann.

„Wenn Du danach strebst, Deine Liebesbeziehung in eine gemeinsame innere Reise zur spirituellen Verwirklichung zu verwandeln, dann ist ‚In Liebe umarmen' der am subtilsten artikulierte Ratgeber, den Du gegenwärtig finden kannst."

Ram Dass